Joseph de Monny de Mornay

Generalbericht über die französische Ackerbau-Enquête

Joseph de Monny de Mornay

Generalbericht über die französische Ackerbau-Enquête

ISBN/EAN: 9783743498105

Hergestellt in Europa, USA, Kanada, Australien, Japan

Cover: Foto ©Suzi / pixelio.de

Weitere Bücher finden Sie auf **www.hansebooks.com**

General-Bericht

über die

französische Ackerbau-Enquête

erstattet

an den Minister für Ackerbau, Handel und
öffentliche Arbeiten

von

J. de Monny de Mornay,

General-Kommissar der Enquête.

———

Nebst einem Anhange, den Bericht des Ackerbauministers an den
Kaiser enthaltend.

———

Deutsch bearbeitet

von

Rittergutsbesitzer Dr. M. Bauer, Dr. med. W. Rawack

und

Dr. phil. Carl Filly.

Berlin, 1871.

Verlag von Wiegandt & Hempel.

Landwirthschaftliche Verlagsbuchhandlung.

Vorwort.

„Förderung der materiellen Interessen", das war unstreitig
eine der Hauptaufgaben der Regierung Napoleons III.,
und eben so eines der Hauptmittel, auf das dieselbe ihr
Ansehen stützte.

Wer die Entwickelung Frankreichs in den letzten
20 Jahren unbefangen betrachtet, kann denn auch nicht
bestreiten, dass es der kaiserlichen Regierung gelungen,
dieselbe zu einer in materieller Beziehung günstigen zu
gestalten. Insbesondere für die Landwirthschaft hat Napoleon's Regierung viel, sehr viel gethan und zum Theil recht
erhebliche Erfolge erzielt; übrigens darf man, um nicht
ungerecht zu sein, nicht verkennen, dass bereits unter
der Regierung Louis Philipps und früher die Keime zu
dieser glücklichen Entwickelung gelegt worden waren und
die kaiserliche Regierung es nur besser verstand, durch
äussere Mittel, wie theilweise Einführung des Freihandels,
Einrichtung von Konkursen und Ausstellungen mit hohen
Prämien, geräuschvolle Anbahnung von Meliorationen,
Errichtung von kaiserlichen Musterwirthschaften, Verbesserung der Wege etc., der Landwirthschaft einen mehr
in die Augen fallenden Impuls zu geben.

Trotz aller dieser Bemühungen bildete sich eine sogenannte landwirthschaftliche Krisis aus, es erhoben sich zahlreiche Klagen und Wünsche, wie dies ja bekanntlich fast gleichzeitig auch in Deutschland der Fall war. Ohne uns hier über die Bedeutung und die Begründung jener überall gehörten Klagen näher auszusprechen, konstatiren wir nur, dass die veränderte Lage der Landwirthschaft aus den durch Eisenbahnen, Handelsverträge etc. durchaus veränderten wirthschaftlichen Verhältnissen hervorging und naturgemäss, bis eine veränderte Wirthschaftsweise denselben gerecht geworden, der Landwirthschaft schwierige Aufgaben stellte, die zu jenen Klagen Veranlassung gaben. Die kaiserliche Regierung beeilte sich, vielleicht nicht ohne den Hintergedanken, sich selbst eine Verherrlichung zu bereiten, eine grossartige Untersuchung aller auf die Landwirthschaft bezüglichen Verhältnisse anzuordnen und zur Ausführung zu bringen, wobei ein möglichst grosser Apparat zur Anwendung kam und höchst bedeutende Geldmittel aufgewendet wurden.

Das Ergebniss der Enquête wurde behufs der Berathung durch eine General-Kommission (Commission supérieure) in einem in Rücksicht auf das vorliegende gewaltige Material verhältnissmässig kurzen Berichte zusammengefasst, der den Gegenstand der nachfolgenden Bearbeitung bildet.

Von der Erwägung geleitet, dass dieser Bericht ein höchst schätzbares Material enthalte, welches auch bei dem Studium der diesseitigen landwirthschaftlichen Verhältnisse einer eingehenden Beachtung werth erscheine, zumal viele der Klagen der Landwirthe diesseits und jenseits des Rheines auf gleiche oder ähnliche veranlassende Ursachen zurückzuführen seien, stellte der Ge-

neral-Sekretär des königlich preussischen Landes-Oeko-
nomie-Kollegiums, Geheimer Regierungsrath v. Salviati,
in der letzten Sitzungsperiode des genannten Kollegiums
unter anderen den Antrag, bei dem Herrn Minister für
die landwirthschaftlichen Angelegenheiten es zu befürworten, dass durch eine Unterstützung der erwähnte Bericht in einer deutschen Bearbeitung dem landwirthschaftlichen Publikum zugänglich gemacht werde. (Vergl.
Annalen der Landwirthschaft, Monatsblatt 1870, April-
Mai-Heft, S. 197 ff. u. S. 205).

Auf die Empfehlung des Kollegiums hat denn auch
der Herr Minister für die landwirthschaftlichen Angelegenheiten eine Unterstützung bewilligt, und ist der Un-
terzeichnete in Gemeinschaft mit dem Rittergutsbesitzer
Dr. Max Bauer und dem Dr. Wolfgang Rawack
beauftragt worden, den „Rapport à son Excellence Monsieur
le Ministre Secrétaire d'Etat au département de l'agriculture, du commerce et des travaux publics, par le direc-
teur de l'agriculture, Commissaire général de l'Enquête"
in deutscher Sprache zu bearbeiten.

Die Bearbeitung, welche hiermit dem Publikum vorgelegt wird, hat sich in der Hauptsache darauf beschränkt,
eine möglichst getreue Uebersetzung mit Weglassung der
ganz unwesentlichen Abschnitte zu liefern. Bei den
mannigfachen Ungenauigkeiten und Flüchtigkeiten, die
der Bericht enthält, bei dem offenbaren Streben, Alles in
einem möglichst günstigen Lichte erscheinen zu lassen
und besonders die kaiserliche Verwaltung in nach allen
Seiten vorsorglicher Thätigkeit zu zeigen, legte den Be-
arbeitern die Versuchung nahe, eine eingehende Kritik
zu üben. Da eine solche Kritik indessen bedeutende
Vorstudien und eine mindestens gleich umfangreiche

Ausführung, wie sie der Bericht selbst bietet, erforderte, so haben sich die Bearbeiter damit begnügt, in kurzen Noten die auffallendsten Unrichtigkeiten zu berichtigen und auf analoge Verhältnisse bei uns hinzuweisen, vielfach auch zum leichteren Verständniss die französischen Masse etc. in deutsche zu übersetzen.

Im Anhange ist der Bericht des Ackerbauministers Louvet an den Kaiser (Rapport à l'Empereur sur les travaux de la Commission supérieure de l'enquête agricole) mitgetheilt worden, ein Bericht, von dem man in der That sagen kann: „Viel Geschrei und wenig Wolle", da er eigentlich Alles beim Alten zu lassen empfiehlt und fast keine fruchtbaren Schlüsse aus dem ungeheuren Material zieht, das durch die Enquête aufgehäuft worden ist. Die Enttäuschung ist auch in Frankreich eine ziemlich allgemeine, und wurde dem Missmuthe darüber in der unabhängigen französischen Presse sehr energisch Ausdruck gegeben. So äussert sich Emile Jacquemin, Redakteur des Journals „La vie des Champs" in genanntem Journal wie folgt:

„Wunderbares Ding; dieser Bericht enthält keine Lösung. Ohne Zweifel werden wir sie später haben. Er beginnt damit, sehr wichtige, in der Enquête erhobene Fragen bei Seite zu schieben, indem er erklärt, dass sie bereits gelöst seien, oder dass sie binnen Kurzem gelöst werden würden, oder dass sie über die Kompetenz der Kommission hinausgingen. An Stelle der von den Landwirthen ausgesprochenen Wünsche, die in den 40 Bänden Druckschriften der Enquête enthalten sind, welche letztere sich das grosse Publikum nur schwer zur Einsicht verschaffen kann, haben wir die Ansichten der Commission supérieure. — Beschränken wir uns darauf, zu konstatiren,

dass die Kommission der Regierung *keine* Lösung vorschlägt, dass sie vielmehr die grösste Rückhaltung in
Bezug auf die von der Verwaltung zu ergreifenden Massregeln zeigt."

Schärfer noch spricht sich der Chefredakteur des
„Journal d'Agriculture pratique", E. Lecouteux, in der
Nummer des genannten Journals vom 2. Juni aus. „Nach
vier Jahren von Verhandlungen und eingehenden Untersuchungen, heisst es daselbst, sei das Resultat, nämlich
der Schlussbericht an den Kaiser, weiter Nichts, als eine
Staatsschrift, die fast in jedem Punkte den Forderungen
der Landwirthe ausweiche oder entgegentrete. Sie sei
eine grosse Negirung. Die Regierung antworte auf
Alles: Non possumus. In der Kommission hätten Rücksichten auf die Finanzen und auf die Industrie über-
wogen, sie sei voll von Achtung für die Tradition, für den
Code Napoléon, für die Finanzverwaltung, für das Militär
régime und habe sich übermässig konservativ und so
furchtsam erwiesen, dass man glauben sollte, die Lage
der Landwirthschaft lasse Nichts zu wünschen übrig. — —
Man müsste sagen, dass viele Versprechungen nicht gehalten seien. — — Es scheine, als ob der Minister der
Ansicht huldige, das Budget sei eines der schönsten Mo-
numente, der Nerv aller Reformen, in jeder Beziehung
ein unantastbares Kleinod."

Schliesslich sei noch bemerkt, dass die Kapitel II.,
III. u. IV. von Dr. Bauer, Kapitel VI., VII. u. VIII. von
Dr. Rawack, der Rest vom Unterzeichneten bearbeitet
worden ist.

Berlin, den 20. November 1870.

Carl Filly.

Inhalts-Verzeichniss.

IX

Kapitel VI.

Kapitel X.

Anhang.

Einleitung.

Herr Minister!

Um den Vorschriften des Artikels 9 der Verfügung vom 28. März 1866, durch welche die Enquête über den Zustand uud die Bedürfnisse der Landwirthschaft angeordnet wurde, nachzukommen, habe ich in meiner Eigenschaft als General-Kommissarius einen allgemeinen Bericht über die Gesammtheit der von der *Commission supérieure*, von den Departements-Kommissionen und von der Verwaltung gesammelten Schriftstücke und Nachweisungen jeder Art zu erstatten. Diese Arbeit, welche ich hiermit die Ehre habe, Euer Excellenz zu unterbreiten, wird ausserdem die Fragen bezeichnen, welche aus der Enquête sich ergeben,*) und über welche die *Commission supérieure* berufen sein wird zu berathen, Fragen, welche Euer Excellenz nach der kaiserlichen Verordnung vom 28. März 1866 endgültig festzustellen haben.

Schon in einem vorläufigen Berichte, welchen ich am 7. März d. J. (1868) erstattete, hatte ich die Ehre, Euer Excellenz Rechnung zu legen über das bisher Geschehene.

Obgleich jener Bericht nothwendiger Weise noch unvollständig war, so gestattete er doch zu erkennen, dass die Enquête — Dank dem Geiste und der Ergebenheit der hervorragenden Männer, welchen die Sorge der Leitung der Arbeiten bei der Ausführung eines so

---

*) Wir haben geglaubt, diese Fragen übergehen zu dürfen, zumal wir den inzwischen erschienenen Bericht des Ackerbauministers am Schluss als Anhang mittheilen. Filly.

umfassenden und mühevollen Unternehmens anvertraut worden war —
überall mit solcher Unparteilichkeit, mit einem so gewissenhaften
Bestreben, die Wahrheit zu erforschen, durchgeführt worden ist, dass
Niemand unter denjenigen, welche sich ernstlich mit den landwirthschaftlichen Interessen beschäftigen, verfehlen wird, die Art und
Weise anzuerkennen, mit welcher die Absichten der Regierung erkannt und ausgeführt worden sind. Jener Bericht stellte die nachstehenden Thatsachen fest, welche ich hier ganz kurz wiederholen will.

Die Ackerbau-Enquête war verfügt worden durch eine Verordnung vom 28. März 1866, welche eine *Commission supérieure*
einsetzte, unter deren Leitung die Enquête durchgeführt werden sollte.

Nach Beendigung der unvermeidlichen Vorarbeiten, namentlich
der Vorberathung eines Entwurfs zu einem allgemeinen Fragebogen
und zu einem Reglement für die schriftlichen und mündlichen Erhebungen, welche in den verschiedenen Theilen des Reiches gemacht
werden sollten, versammelte sich die Kommission im Juni 1866
und berieth in ihren ersten Sitzungen die bei den lokalen Erhebungen zu verfolgende Methode.

Ihre Berathungen erstreckten sich zunächst auf das Reglement
und auf den allgemeinen Fragebogen, welchen sie mit einigen Veränderungen annahm. Sie beschloss, behufs der Erhebungen in den
Departements, die Theilung des Landes in 28 Kreise, in welche die
89 Departements derart eingeordnet wurden, dass jeder Kreis die
einander benachbarten und so weit möglich in ihren Kulturverhält-
nissen ähnlichen Departements umfasst. In jedem Kreise wurde die
Leitung der Arbeiten einem Präsidenten anvertraut, welcher aus der
Zahl der Mitglieder der *Commission supérieure* erwählt wurde. Es
wurde ihnen in Rücksicht auf die nothwendig sehr verschiedenen
Verhältnisse, welche die einzelnen Kreise darboten, die grösste Freiheit in der Art des Vorgehens gelassen. Dieselben setzten sich sofort mit den Präfekten in Verbindung behufs der Bildung von Departements-Kommissionen, welche an Ort und Stelle selbst zu operiren
hatten. Mehr als 20,000 Exemplare des für die schriftlichen Er-

hebungen als Grundlage dienenden Fragebogens wurden an die Prä-
fekturen gesendet und in ausreichendem Masse an die Landwirthschaftskammern, an die landwirthschaftlichen Vereine, an die Mitglieder der General- und Arrondissementsräthe und an alle diejenigen
Personen vertheilt, welche geeignet erschienen, eine nützliche schriftliche Angabe zu machen. Vor dem Beginn der Erhebungen seitens
der Lokal-Kommissionen mussten genügende Fristen gelassen werden,
damit die schriftlichen Antworten rechtzeitig geliefert werden konnten, um ihnen vorgelegt zu werden; etwa 6000 Fragebogen sind mit
Antworten eingegangen.

In Folge dieser und derjenigen Verzögerungen, welche durch
die Konstituirung und Vereinigung der Departements-Kommissionen
nöthig wurden, desgleichen durch die Verhältnisse und Bedürfnisse
der Landwirthschaft bedingt waren, haben die Erhebungen etwa um
die Mitte des Septembers begonnen. Fast überall wurden sie während des Oktobers und Novembers durchgeführt und in allen Theilen
des Reiches in der ersten Hälfte des Dezembers beendet.

Die Departements-Kommissionen, welche für das ganze Reich
aus 1000 bis 1100 Personen bestanden, also im Mittel aus 10 bis
12 Personen für jedes Departement, hatten an 270 Orten gearbeitet,
d. h. nicht allein in allen Hauptstädten der Departements, sondern
auch in fast 200 anderen Städten; die durch dieselben entgegen-
genommenen mündlichen Aussagen belaufen sich auf 3500 bis 4000.

Die Präsidenten der Departements-Kommissionen haben sich
sofort damit beschäftigt, Euer Excellenz Kenntniss zu geben von den
durch die Enquête in den einzelnen Kreisen erlangten Ergebnissen.
Sie haben nach und nach ihre Berichte eingereicht, und sobald sich
eine bestimmte Zahl derselben in den Händen der Verwaltung befand, wurde die *Commission supérieure* am 7. März 1867 wiederum
versammelt, um befragt zu werden, welche Richtung ihren Arbeiten
zu geben sei. In dieser Sitzung hatte ich die Ehre, den hier in
der Kürze wiederholten Bericht zu erstatten.

Seitdem hat die *Commission supérieure* ihre Arbeiten ohne
Unterbrechung und mit grossem Eifer bis Ende Juni fortgesetzt.

Um ihr Urtheil befragt, welche der zahlreichen Schriftstücke gedruckt werden sollten, hat sie zuerst ihre Ansicht dahin ausge-gesprochen, dass es rathsam erscheine, die Berichte der Präsidenten der Departements-Kommissionen zum Druck zu geben: sie hat ausserdem geglaubt, dass es nützlich sein würde, alle schriftlich und mündlich gemachten Erhebungen einer Prüfung zu unterziehen, und hat sich zu diesem Zwecke in Sektionen getheilt, deren jede diese Arbeit für eine bestimmte Zahl von Kreisen auszuführen hatte.

Die sieben Sektionen machten sich unmittelbar ans Werk. Jede derselben bestand aus 6 bis 7 Mitgliedern der *Commission supérieure*, unter dem Vorsitze eines derselben, und besass in der Person eines Auditors vom Staatsrath einen Sekretair, welcher be-auftragt wurde, einen Auszug aus sämmtlichen Schriftstücken an-zufertigen, insbesondere auch alle Wünsche, welche in Betreff der verschiedenen Gegenstände der Enquête laut geworden, zusammen zu stellen. Diese nothwendiger Weise sehr lange Arbeit wurde von den Beauftragten mit eben so viel Sachkenntniss als Eifer aus-geführt und sehr schnell beendet.

Jede Sektion hat mehrere Sitzungen gehalten, die in den ver-schiedenen Departements erhobenen Wünsche verlesen lassen und darüber Beschluss gefasst, welche derselben als Basis einer Berathung dienen sollten. Eine gewisse Anzahl der Wünsche ist mit Still-schweigen übergangen, weil es unnütz schien, die Motive der Ab-lehnung anzugeben. Es ist übrigens zu bemerken, dass die Ent-scheidung der Sektion nur eine berathende sein konnte, weil es Sache Eurer Excellenz war, diejenigen Fragen definitiv zu bestimmen, über welche die *Commission supérieure* zu berathen berufen sein sollte.

Von der *Commission supérieure* beauftragt, zu prüfen, welche Schriftstücke ausser den Berichten der Lokal-Ausschüsse zu drucken sein würden, haben die Sektionen den Wunsch ausgesprochen, es möge Alles publizirt werden, was die mündlichen Erhebungen und die Arbeiten der Departements-Ausschüsse angeht, also die Proto-kolle ihrer Sitzungen, die Aussagen der vernommenen Personen und die Fragebogen, welche die Mehrzahl der Kommissionen auf Grund ihrer Berathungen ausgefüllt hatte. Die Bedeutung dieser Schrift-stücke ist je nach den Kreisen von verschiedenem Werthe, denn die grosse Freiheit in der Art des Vorgehens der einzelnen Präsi-denten hatte zur Folge, dass man auf verschiedenen Wegen die Auf-gabe zu erfüllen strebte. Der Vorschlag der Sektionen, alle münd-lichen Erhebungen zu drucken, fand die Zustimmung der *Commis-sion supérieure.*

Was die schriftlich beantworteten Fragebogen betrifft, so ist ihre Zahl und Ausdehnung sehr bedeutend. Es waren 161 Fragen gestellt und, wie oben gesagt, 5000 bis 6000 Fragebogen eingeliefert worden. Die Kommission hat beschlossen, dass es jedem ihrer Mit-glieder, welche den Departements-Enquêten präsidirt hatten, über-lassen bleiben sollte, darüber zu befinden, was in Betreff jedes Kreises zu thun sei. Im Allgemeinen haben die genannten Präsi-denten nicht geglaubt, dass es am Platze sei, die schriftlichen Er-hebungen zu drucken. Ihre Zahl und die Entwickelungen, welche einige unter ihnen darbieten, würden der schon erheblichen Publi-kation, welche die Enquête nöthig mache, eine zu grosse Ausdehnung geben und die aufzuwendenden Kosten masslos vermehren. Für die Mehrzahl der Departements hat man sich darauf beschränkt, am Schluss der gedruckten Schriftstücke eine Liste über die eingegan-genen Fragebogen und andere schriftliche Mittheilungen anzufügen: dieselben verbleiben im Ministerium für Ackerbau, Handel und öffentliche Arbeiten, um nach Bedürfniss von denjenigen Personen eingesehen zu werden, welche dies wünschen sollten. Indessen haben einige Präsidenten ein Resumé der in den Fragebogen enthaltenen Antworten über die wichtigsten Punkte verfasst, und andere haben diejenigen unter den Fragebogen bezeichnet, welche zu drucken nützlich sein könnte.

Andererseits hatte der Artikel 9 der Verordnung vom 28. März 1866 angedeutet, dass es wünschenswerth wäre, dass Mit-theilungen über den Zustand der Landwirthschaft im Auslande ge-sammelt würden, Mittheilungen, welche der in Frankreich gemachten

Enquête zur nützlichen Ergänzung und zu interessanten Vergleichen
dienen könnten.

Um diesen Gedanken zur Ausführung zu bringen, haben sich
Euer Excellenz mit dem Minister der auswärtigen Angelegenheiten
in Verbindung gesetzt, um durch seine Dazwischenkunft derartige
Informationen durch unsere diplomatischen Agenten und Konsuln zu
erlangen. Zahlreiche und interessante Berichte sind aus den verschiedenen Ländern Europa's und auch von mehreren wichtigen
Punkten Asien's, Afrika's, der vereinigten Staaten und Südamerika's
eingegangen. Die *Commission supérieure* hat die Prüfung dieser
Berichte einem Ausschusse übertragen, welcher sich wiederholt versammelt hat, um etwa hundert solcher Schriftstücke in Empfang zu
nehmen. Sie hat die Arbeit derart unter ihre Mitglieder vertheilt,
dass jedes Mitglied diejenigen Berichte erhielt, die entweder sich auf
ein oder auf mehre benachbarte Länder bezogen, oder die unter sich,
sei es vom politischen, sei es vom landwirthschaftlichen Standpunkte
betrachtet, in einer gewissen Beziehung standen. Sie hat endlich
auf den Bericht der einzelnen Mitglieder beschlossen, der *Commission supérieure* vorzuschlagen, den grössten Theil dieser Schriftstücke
drucken zu lassen, welcher Vorschlag angenommen worden ist.

Ein anderer Ausschuss hatte die Aufgabe, die verschiedenen,
der Verwaltung ausserhalb der Enquête zugegangenen Dokumente
einer Prüfung zu unterziehen.

Endlich hat die *Commission supérieure* Ende Mai und während
des ganzen Juni sich einer Reihe mündlicher Erhebungen unterzogen, wie dies durch die Verordnung vom 28. März 1866 in Artikel 8 verfügt worden war; sie hat nach und nach 37 französische
und ausländische Landwirthe, Volkswirthe und verschiedene andere
Personen, von welchen sie glaubte, dass sie über gewisse Spezial-
fragen Auskunft geben könnten, vernommen. Alle Aussagen sind
stenographisch niedergeschrieben worden, wie es die Verordnung von
1866 vorschrieb; die Niederschriften sind alsdann den Vernommenen
zur Revision vorgelegt und darauf zum Druck gegeben, um der

Commission supérieure unterbreitet und mit den anderen Dokumenten veröffentlicht zu werden.

Der Druck ist, soweit es die Zahl und Grösse der einzelnen
Stücke gestattete, möglichst beschleunigt worden. Die Publikation
wird vier Reihen umfassen. Die erste Reihe, welche aber erst zuletzt veröffentlicht werden kann, wird aus den allgemeinen Berichten,
den Berichten, die auf die Verwaltung Bezug haben, den Verordnungen, den Berichten und Protokollen der *Commission supérieure,*
sowie aus ihren Berathungen und Besprechungen bestehen. Die
zweite Reihe wird die auf die departementalen Erhebungen bezüglichen
Stücke umfassen, welche zum Druck bestimmt sind, und welche für
jeden Kreis in einem besonderen Bande vereinigt werden sollen, um
in reichlicher Anzahl in den bezüglichen Departements zur Vertheilung gelangen zu können. In der dritten Reihe werden die vor
der *Commission supérieure* gemachten mündlichen Aussagen eine
Stelle finden; endlich sollen die aus dem Auslande gekommenen
Mittheilungen, nach Ländern geordnet, eine vierte Reihe bilden.

Derart ist der Weg, welcher bisher verfolgt worden ist. Die
eigentliche Enquête, d. h. die Vereinigung der Erhebungen, welche
sie über die Lage und die Bedürfnisse der Landwirthschaft zu
sammeln die Aufgabe hatte, ist gegenwärtig beendet. Es ist nun
Aufgabe der *Commission supérieure,* diejenigen Schlüsse zu ziehen,
welche aus der Gesammtheit derselben zu ziehen sind. Die Prüfung
der so verschiedenen und wichtigen Fragen, welche darin angeregt
sind, eröffnet ihren Berathungen das umfassendste und inhaltreichste
Feld, welches sich den Untersuchungen erleuchteter und kompetenter
Männer darbieten kann.

Es wird endlich uns noch übrig bleiben, dem Kaiser den all-
gemeinen General-Bericht zu unterbreiten, in welchem Euer Excell.
Seiner Majestät Rechnung zu legen haben werden über die der
Commission supérieure vorgelegten Fragen, über die von der Kom-
mission ausgesprochenen Ansichten und folglich darüber, was diese
Ansichten zu thun gestatten.*)

----
*) Dieser inzwischen erstattete Bericht folgt am Schluss des Ganzen.   Filly.

Die Aufgabe, die ich gegenwärtig zu lösen habe, besteht darin, nach und nach die verschiedenen Fragen, über welche vielleicht die *Commission supérieure* zu berathen haben wird, zu prüfen, ihren augenblicklichen Stand auseinander zu setzen und die Wünsche kennen zu lehren, welche laut geworden sind, sowie die Lösungen derselben, welche vorgeschlagen worden sind. Es kann in diesem Berichte nicht davon die Rede sein, ein Urtheil über die verschiedenen zu behandelnden Punkte abzugeben, noch meine persönliche Meinung auszudrücken, sondern nur diejenigen Ansichten kennen zu lehren, welche über jeden dieser Punkte bei der Enquête laut geworden sind, sowie alle diejenigen Thatsachen zu sammeln, welche im Stande sind, die Diskussion zu erleichtern. Dies zu thun, habe ich mich überall bemüht, und ich halte es für gut zu betonen, dass die in diesem Berichte in dem einen oder in dem andern Sinne enthaltenen Betrachtungen der Enquête entlehnt sind und nicht als der Ausdruck meiner besonderen Ansicht betrachtet werden dürfen.

Um das Studium und die Diskussion der zu prüfenden Fragen zu erleichtern, hat es mir gut geschienen, sie nach gewissen Kapiteln zu ordnen, indem dabei so ziemlich die in dem Fragebogen befolgte Anordnung eingehalten wurde.

Kapitel I

**Eigenthums-Verhältnisse. Vertheilung des Eigenthums. Art der Ueber-
tragung. Kataster. Grenz-Verhältnisse. Art der Nutzung.**

In Bezug auf das Eigenthum ist mit besonderem Nachdruck hervorzuheben die tiefe und beständige Veränderung, welche in der **Vertheilung des Bodens** unter den verschiedenen Arten der Eigenthümer
vor sich gegangen ist.

Die *grossen Güter* sind, mit seltenen Ausnahmen, zerstückelt:
solche von 100 Hektaren (400 Morgen) könnten in jedem Departement
mit leichter Mühe gezählt werden, sie bilden nur einen kleinen
Bruchtheil des gesammten Kulturlandes. Indessen ist es unmöglich,
das Verhältniss in Zahlen anzugeben, da dasselbe von Departement
zu Departement wechselt; nur so viel lässt sich feststellen, dass im
Westen und Süden mehr grosse Güter sich erhalten haben, als im
Norden und Osten.

Uebrigens muss bemerkt werden, dass sich seit einigen Jahren
eine Bewegung geltend macht, die dahin gerichtet ist, das unthätige
Leben der Stadt mit dem Landleben zu vertauschen und das im
Handel und in der Industrie erworbene Kapital in Landbesitz anzu-
legen. Dadurch wird die seit 60 Jahren herrschende Richtung, die
Güter zu zerstückeln, gemässigt.

Gleiches gilt aber nicht für die *Güter mittlerer Grösse*, deren
Zahl sich mehr und mehr vermindert. Die Schwierigkeiten der
Bewirthschaftung und der Mangel an Arbeitern sind nicht ohne

Einfluss auf diese Erscheinung; die Ursache derselben ist aber besonders zu suchen in der Zunahme des Luxus, in dem Bestreben, Kapitalien mittlerer Grösse in industriellen Unternehmungen, welche hohe Zinsen gewähren, unterzubringen, da die bescheideneren, aber weniger unsicheren Erträge des Grund und Bodens immer weniger genügen.

Was der grosse Grundbesitz verloren hat, was der mittlere täglich verliert, Alles nimmt der Kleinbesitz auf.

Der *kleine Eigenthümer* rundet nicht nur alljährlich seinen Besitz ab, sondern neben ihm ist der ländliche Arbeiterstand durch die Erhöhung der Löhne wohlhabender geworden und erhebt sich seinerseits zum Besitzer; in den meisten Departements sind mindestens 75 pCt. der ländlichen Arbeiter Eigenthümer geworden. Der Kleinbesitz hat einen ansehnlichen Theil des Grund und Bodens inne, und dieser Theil vergrössert sich ohne Aufhören.*)

Zu dieser Erscheinung kann man sich nur Glück wünschen; sie ist gleichzeitig ein Beweis des zunehmenden Wohlstandes und ein Unterpfand für die Sicherheit der Gesellschaft. Aus dieser Thatsache, welche für die ganze Frage entscheidend ist, ergeben sich zwei Folgen, deren eine den *Preis* der Grundstücke, deren andere die *Bodenproduktion* betrifft.

Indem der Kleinbesitzer ununterbrochen erwirbt, erhöht sich der Preis solcher Parzellen, welche seiner Arbeitskraft und seinen Mitteln entsprechen, in merklicher Weise. Die Konkurrenz der Käufer ist lebhaft, und die Parzellenverkäufe sind für den Verkäufer einträglich, wenn die Zeitabschnitte, die zwischen den einzelnen Parzellirungen vergehen, genügend sind, um die Ersparnisse anzusammeln.

Dagegen haben die im Ganzen verkauften Grundstücke und solche, welche wegen ihrer Lage nur für den grossen oder mittleren Betrieb sich eignen, eine gewisse Preisminderung erfahren; diese Preisminderung wechselt je nach den verschiedenen Departements, aber man übertreibt sie, wenn man das Jahr 1846 oder 1847 zum Vergleiche heranzieht; denn man kommt allgemein darin überein, dass um diese Zeit die Preise in Folge von Kapitalüberfluss, welchem nur eine beschränkte Zahl von industriellen Unternehmungen offen stand, übermässig hoch waren.

*) Aehnliche Verhältnisse walten in der preussischen Rheinprovinz ob, wo ein Gut von 800 Morgen zu den grössten gehört. **Filly.**

Was die **Produktion** betrifft, so ist es zweifellos, dass die Zerstückelung des Eigenthums derselben im Allgemeinen günstig gewesen ist. Der Wirth, der für sich selbst sein Land bearbeitet, leistet mehr, als der Lohnarbeiter; seine eifrigen Bemühungen vermehren die Menge der Erzeugnisse.*)

Diese Vortheile haben indessen auch ihre Nachtheile, und die Enquête zeigt überall einen betrübenden Erfolg, wie ihn jedes zum Extrem getriebene Gute erzeugt: es ist dies die *Zerbröckelung des Bodens.* In vielen Departements geht die mittlere Grösse der Parzellen hinab bis auf 20, 15 und 10 Aren ($^4/_5$, $^3/_5$ und $^2/_5$ Morgen) und oft selbst noch darunter; in den meisten Fällen, besonders im Osten, sind die Parzellen einer Wirthschaft noch von einander getrennt durch eine Entfernung von mehreren Kilometern.**) Uebrigens datirt für diesen Theil Frankreichs jener Zustand schon aus sehr alter Zeit; aus einer auf den Grenzen der Departements de la Côted'or, de la Haute-Marne und de la Haute-Saône gelegenen Gemeinde habe ich Kaufkontrakte vor mir, welche von Bauern am Ende des sechszehnten Jahrhunderts über Parzellen von meist weniger als 20 Aren Grösse abgeschlossen sind.***)

Die Folgen des *Uebermasses der Zerstückelung* sind Verluste an Zeit und Kraft, Hindernisse in der freien Wahl der Schlageintheilung und der Kulturen, endlich häufige Prozesse zwischen den Nachbarn. Obgleich diese Uebelstände lebhaft empfunden werden, so nimmt die Zerstückelung doch täglich noch zu, wozu vielfache Umstände beitragen, und zwar zunächst der *Ankauf von Parzellen,* besonders aber die *Theilung bei jedem Wechsel der Erbschaft unter die Erbberechtigten.*

Die Enquête bietet häufige Kritiken des Gesetzes, welches die **Erbfolge** ordnet, häufiger aber noch der Rechtspflege, welche das

---

*) Wir werden im Anhange zu diesem Kapitel uns hierüber etwas ausführlicher äussern.　　　　　　　　　　　　　　　　　　　　　　　　　F.

**) 1 Kilometer fasst 1/7 pr. Meile.　　　　　　　　　　　　　　　　F.

***)　　 1571: Kauf von $\frac{5}{8}$ Tagewerk (19 Aren 0,4 Cent.)
　　　　 1580: „　„ $\frac{1}{4}$　„　(7 „ 18 „)
　　　　 1587: „　„ $\frac{1}{2}$　„　(14 „ 36 „)
　　　　 1587: „　„ $\frac{1}{3}$　„　(9 „ 57 „)
　　　　 1587: „　„ $\frac{1}{4}$　„　(7 „ 18 „)
　　　　 1587: „　„ 1　„　(18 „ 72 „)

Letzterer durch einen Herrn von einem Bauern, welcher das Stück selbst früher von einem Herrn gekauft hatte. Gleiche Thatsachen liegen vor von 1674, 1675, 1680, 1685.

Gesetz handhabt. Artikel 826 des Code Napoléon verordnet: „Jeder
Erbe kann seinen Antheil an den Mobilien und Immobilien der Erbschaft in natura fordern." Artikel 832 fügt hinzu: „Bei der Bildung
und Zusammensetzung der Theile soll man so viel als möglich es
vermeiden, die Nutzungen (exploitations) zu theilen; es ist zweckmässig, jedem Theile, wenn es sein kann, die gleiche Menge von
Mobilien, von Immobilien, von Rechten und Forderungen gleicher
Art und gleichen Werthes zuzuweisen."

Gestützt auf diese beiden Artikel, hat der Kassationshof jedes
Testament für umstossbar erklärt, welches, wenn es auch ganz gleiche
Theile festsetzt, diese Theile so bestimmt, dass die einen aus Immobilien, die andern aus Mobilien oder Geld bestehen. Desgleichen
hebt derselbe eine Erbtheilung auf, sobald fast sämmtliche Immobilien
gegen Geldentschädigung einem Theile zugewiesen sind, wenn die
Immobilien theilbar sind, und wenn es möglich ist, daraus Theile
von ziemlich gleichem Werthe zu bilden.*)

Diese Rechtsprechung des obersten Gerichtshofes macht demnach die Identität der Theile obligatorisch, und ich glaube über
diese Frage die nachstehenden Auslassungen eines der Berichte über
eine Departements-Enquête anführen zu sollen:

„Einer der Punkte, auf welchen man in dem Departement (Lot
et Garonne) den grössten Werth legte, war die Nothwendigkeit einer
veränderten Gesetzgebung betreffs der Erbtheilung.

„Die Erbtheilungen sind hier sehr zahlreich, und man hat im
Allgemeinen den Gedanken des Gesetzgebers von 1803 in dem Sinne
zur Ausführung gebracht, dass der Familienvater mit einer Art
häuslicher Rechtspflege bekleidet und demnach bevollmächtigt sei,
schon bei Lebzeiten seine Güter zu theilen und dabei den verschiedenen Verhältnissen, welche er allein richtig beurtheilen kann,
Rechnung zu tragen; aber man klagt, dass dieses dem Familienvater verbriefte Recht beeinträchtigt werde durch die öffentliche
Rechtspflege, welche vor Allem verlange, dass die Theile in gleichem
Verhältniss aus Mobilien und Immobilien bestehen. Thatsächlich
wählt der Vater in der Regel unter seinen Kindern eines aus, dem
er die ganze Wirthschaft zuweist; der betreffende Sohn verheirathet
sich und zahlt mit der Mitgift seiner Frau seinen Geschwistern das-

*) Entscheidungen des Kassationshofes vom 10. Dezember 1848, 28. Fe-
bruar 1855, 7. Januar 1863.

jenige Erbtheil aus, welches sie gesetzlich zu fordern berechtigt sind.*)
Diese Sitte, welche in dem Wunsche des Familienvaters begründet
ist, sein Grundeigenthum nicht zu zerstückeln, steht mit der Rechtspflege nicht im Einklange und hat viele Prozesse im Gefolge. Der
kaiserliche Prokurator von Villeneuve sur Lot hat angegeben, dass
in jedem der beiden Jahre 1864 und 1865 allein in seinem Arrondissement nicht weniger als 20 Prozesse dieser Art geführt wurden. Es ist überflüssig, auf die traurigen Folgen besonders hinzuweisen, welche für den Bestand und die richtige Nutzung des
Grundeigenthums daraus entstehen.

„Man hat sich gefragt, wie diesem Uebelstande abzuhelfen sei.
Einige haben vorgeschlagen, dass man den zur freien Verfügung des
Vaters bestimmten Theil vergrössere, aber sie haben sich beeilt hinzuzufügen, dass durch eine solche Aenderung unsere Gesetzgebung
von erheblichen Inkonvenienzen betroffen werden würde, und dass
dies auch nicht der Wille des Landes sei. Die Meisten, besonders
die Mitglieder des Gerichtshofes zu Agen, waren der Ansicht, das
Beste, was geschehen könne, bestehe darin, dem Familienvater zu
gestatten, die einzelnen Erbtheile den Eigenthümlichkeiten der einzelnen Kinder anzupassen, ohne sich darüber zu beunruhigen, dass
das eine mehr an Mobilien, das andere mehr an Immobilien erhalte.
Diese Lösung der Frage erschiene um so vernünftiger, zumal der
Unterschied zwischen mobilem und immobilem Vermögen heute weniger Bedeutung habe als ehemals.

„Dasjenige der vorgeschlagenen Mittel, das am ehesten zum
Ziele führen dürfte, wäre, durch Gesetz zu bestimmen, dass Art. 832
des Code Napoléon nicht Anwendung finde bei Erbtheilungen unter
Seitenverwandten (ascendents).

„Man hat aber auch dagegen Einspruch erhoben, dass im Falle
einer Klage wegen Verkürzung (der Erbschaft) nach dem Wortlaute
der gerichtlichen Erkenntnisse die Abschätzung der Erbschaft nach
ihrem Werthe am Todestage des Erblassers gemacht werden müsse;
man hat dagegen verlangt, dass diese Abschätzung zur Zeit der
Theilung erfolge, um zu vermeiden, dass der Mehrwerth, welcher
durch gute Bewirthschaftung und Arbeit erzielt worden, nicht die
Folge hätte, die Klagen auf Nullität wegen Verkürzung zu vermehren.

---

*) Merkwürdiger Weise ist nirgend erwähnt, dass in den rein baskischen Di-
strikten Spaniens und Frankreichs noch heute das Recht der Erstgeburt, sei der
Erste männlichen oder weiblichen Geschlechts, streng aufrecht erhalten und kaum
jemals angefochten wird. F.

„Endlich hat man sich beklagt über die Länge der Fristen bei
Nullitätsklagen bei Erbtheilungen, welche durch Art. 1304 des
Code Napoléon auf 10 Jahre nach dem Todestage des Erblassers
festgesetzt werden. Man hat bemerkt, dass diese Frist, oft noch
durch Minderjährigkeit verlängert, das Eigenthum in grosse Unsicherheit versetze, und man hat deshalb verlangt, dass sie auf 5,
ja selbst auf 2 Jahre abgekürzt werde."

Aber die Rechtspflege ist nicht die alleinige Ursache dieses
Zustandes, Eifersucht und Misstrauen der Erben schaden noch
viel mehr. Jeder Erbe verlangt die Naturaltheilung jeder Parzelle
der Erbschaft in gleiche Theile, und auf diese Weise wird der
Boden bei jeder neuen Generation zerbröckelt.*)

Gegen diesen Missbrauch, welcher sich täglich wiederholt und
jede Nutzung unmöglich zu machen droht, sind verschiedene Mittel
vorgeschlagen worden. Am weitesten gehen einige der aus dem
Nièvre, dem Allier und dem Puys-de-Dôme Vernommenen, indem sie
volle Testirfreiheit verlangen; nach ihnen soll dem Vater überlassen
bleiben, seine Habe unter seine Kinder in ungleiche Theile zu theilen, und zwar sowohl nach Quantität als nach Qualität.

Ohne gerade so weit zu gehen, haben Andere den Wunsch ausgesprochen, dass der zur freien Verfügung stehende Antheil vergrössert werde. Ferner wünschen die Bewohner des Departements
Savoyen die Bestimmung des früher geltenden sardinischen Rechtes
zurück, nach welcher die abwesenden Geschwister von der Naturaltheilung ausgeschlossen wurden, dafür aber eine Entschädigung in
Geld und Mobilien erhielten.

In den südlichen Provinzen ist das Herkommen stärker als das
geltende moderne Gesetz; dies hat zur Folge, dass der grössere Theil
oder die Gesammtheit oft dem ältesten Sohne verbleibt unter der
Bedingung, die Miterben zu entschädigen.

Diese aus einer früheren Zeit stammenden Ansichten und Gewohnheiten sind aufrechterhalten worden im Namen gesellschaftlicher
Interessen und unter dem Einflusse verschiedener Gefühle; aber damit hat sich dieser Bericht nicht zu beschäftigen, er hat sich darauf

---

*) Es ist vielleicht nicht ohne Interesse, zu konstatiren, dass, wenigstens in
einzelnen Provinzen, wo man sich über einen Uebelstand beklagt, den der Code
Napoléon verschulden soll, ähnliche Uebelstände schon vor 1789 bestanden. So
veranlasste im Jahre 1770 Herr v. Galaisière, Intendant von Lorraine und Herr
v. Neuville, die Bewohner dieses Dorfes zu einer neuen, den Rechten der Einzelnen entsprechenden Vertheilung der Ländereien.

zu beschränken, zu konstatiren, dass diese Ansichten unter den Verfechtern einer Reform nicht die Majorität gehabt haben. Die Mehrzahl hat gezeigt, dass sie am Prinzip der gleichen Theilung festhält, aber Viele unter ihnen haben im Interesse der Nutzung gefordert, dass gesetzliche Bestimmungen gestatten mögen, der Zerstückelung und Auseinanderreissung zu begegnen, sei es durch gleichwerthige Entschädigung in Mobilien oder in Geld an die Erben, welche ihren Antheil nicht an Immobilien erhalten, sei es selbst durch den obligatorischen Verkauf des Besitzthums.

Der praktische Erfolg dieser beiden Vorschläge kann zweifelhaft erscheinen, und hat man von anderer Seite die Schwierigkeiten hervorgehoben, welche die geforderte Gleichwerthigkeit der Entschädigung darbieten würde, indem die gleiche Rente nicht dem gleichen Kapital entspreche, ob dies nun in Immobilien oder in beweglichen Werthen bestehe. Die beweglichen Werthe sind übrigens auf dem Lande auch viel zu wenig vorhanden, um als ein wesentlicher Theil des Vermögens unserer Landleute behandelt werden zu können.

Andererseits würde eine gesetzliche Bestimmung, welche die Theilung der Parzellen unter einer gewissen Grösse untersagt, oder welche in gewissen Fällen den Verkauf des unbeweglichen Eigenthums gebietet, Vielen als sehr willkürlich erscheinen, abgesehen von der Schwierigkeit der Ausführung einer solchen Massregel. Nach der Meinung dieser Leute würde sich das Gesetz blind an die Stelle des Willens der Parteien setzen, welche grossjährig sind und im Stande, ihre Handlungen selbst abzuwägen, und der Erfolg könnte ein für ihre wohlverstandenen Interessen betrübender sein.

Es haben sich denn auch die meisten der Vernommenen und der Kommissionen der Departements gegen diese Vorschläge ausgesprochen, aus Furcht, es möchte aus ihrer praktischen Einführung eine ununterbrochene Behinderung im freien Gebrauche des Eigenthums erwachsen, wenn sie nicht gar in eine Verletzung der Gleichheit bei Erbschaftstheilungen ausarte.

Diese Betrachtungen haben dazu geführt, zu untersuchen, durch welche *indirekten Mittel* ohne Schädigung des Prinzips es möglich sein möchte, die übermässige Zerstückelung zu bekämpfen. Ueberall hat man einstimmig die Wiederherstellung des Gesetzes vom 16. Juni 1824, betreffend den Austausch benachbarter Ländereien, gefordert. Dieses Gesetz (Artikel 2) unterwarf den Austausch ländlicher Grundstücke einer festen Gebühr von 1 Franc (8 Sgr.), wenn die ausgetauschten Stücke an das Eigenthum Desjenigen grenzten, der sie erhielt. Eine der Grösse der Stücke entsprechende Steuer sollte nur erhoben werden für die Herausgabe von Stücken zur Ausgleichung bei Erbtheilungen.

Diese Bestimmungen wurden durch das Finanzgesetz vom Jahre 1834 wieder aufgehoben, und wurde fortan bei solchen Geschäften wieder eine proportionale Steuer erhoben*). Zur Stütze dieser Veränderung hatte der Finanzminister verwiesen auf die Verluste, welche dem Staatsschatze durch die Bestimmung vom 16. Juni 1824 erwachsen, auf die auf Grund des Gesetzes abgeschlossenen betrügerischen Verträge, auf die Nachtheile der dadurch erleichterten Wiederherstellung von Gütern grösseren Umfanges etc.

Man ist gegenwärtig der Ansicht, dass durch eine Beschränkung des Benefiziums einer fixen Steuer auf den Austausch von Parzellen, welche eine bestimmte Grösse nicht überschreiten und nur für eine gute Nutzung nothwendig sind, allen Missbräuchen leicht vorgebeugt werden könne.

Von einigen Seiten ist jedoch hervorgehoben worden, dass das wichtigste Hinderniss derartiger Zusammenlegungen in dem Misstrauen zu suchen sei, das durch einen Vorschlag dieser Art bei dem Landwirthe entstehe; aber die grosse Majorität der Aussagen geht davon aus, dass die proportionale Gebühr sehr hinderlich für die Zusammenlegung durch Parzellentausch ist; die durch das Beispiel der verständigeren Wirthe erlangten guten Resultate würden nicht verfehlen, Nachahmer zu gewinnen.

Wie über die Zerstückelung beklagt man sich über die **Unsicherheit des Besitzes.** Diese Unsicherheit hat zwei Hauptursachen: Die ausserordentliche *Beweglichkeit der Grenzen*, eine Folge des häufigen Besitzwechsels, und die *ungenauen Grössenangaben*, welche sich

---

*) Gesetz vom 24. Mai 1834, Art. 16: „Die Bestimmungen des Art. 2 vom 16. Juni 1824, welches die Gebühr von Einschreibungen für Tauschverträge, bei welchen eine der Parteien Güter erhält, die den ihrigen angrenzen, auf einen Franc festsetzt, sind und bleiben abgeschafft.

„Diese Besitzwechsel geniessen diejenige Steuerermässigung, welche für den Austausch ganz allgemein in der zweiten Bestimmung desselben Artikels festgesetzt sind."

Diese zweite Bestimmung lautet: „In Bezug auf jeden andern Austausch von Immobilien, welcher Art sie auch seien, wird die Gebühr von 2%, festgesetzt durch Artikel 69 des Gesetzes vom 12. Dezember 1798, auf 1% ermässigt; sie wird, wie früher, von dem Werthe eines der Theile erhoben; diejenige von ½%, festgesetzt durch Art. 54 vom 28. April 1816, wird gleichfalls nur von dem Werthe eines der Theile erhoben."

bisher häufig mit oder ohne Absicht in den Verkaufs-, Theilungs- etc. Akten finden. Daher denn beständige Eingriffe in die Kultur, freiwillige oder unfreiwillige Usurpationen, welche häufig eine Veranlassung zu Prozessen unter den Nachbarn geben.

In Gegenden, wo das Grundeigenthum eine grössere Ausdehnung behalten hat, beschränkt sich das Uebel auf unwichtige Beschädigungen; aber in Provinzen, wo die mittlere Grösse der Parzellen einige Aren nicht überschreitet, wo alle vier Seiten jedes Stückchen Landes durch eine Furche von den Nachbarstückchen geschieden werden, erwächst für den Eigenthümer ein erheblicher Verlust.

Hieraus entspringen die Klagen, und hier hat man nach einer Abhülfe gesucht. Insbesondere im Departement de la Meuse haben mehrere Gemeinden eine genaue *Vermessung* und *Grenzberichtigung* ausführen lassen. Unter Zustimmung aller Grundbesitzer haben von einer Lokalkommission ernannte Feldmesser die Operationen ausgeführt, indem sie die Besitztitel verifizirt und die in die Akten eingetragenen Grössen einer Kontrolle unterzogen haben; die Ungenauigkeiten wurden beseitigt, die Parzellen neu vermessen und Grenzsteine gesetzt. Man kann sich eine Vorstellung von der Bedeutung dieser Arbeit machen, wenn man erwägt, dass in einer dieser Gemeinden 832 Hektaren (3320 Morgen), welche 270 Eigenthümern gehörten, aus 5,348 Parzellen bestanden. Obgleich in Folge dessen die Kosten 21 Francs per Hektare (42 Sgr. pro Morgen) betrugen, so ist man doch allgemein von dem Erfolge befriedigt, und findet das Beispiel Nachahmung.

Die hohe Kommission, welche aus dem Munde der Herren *Millon* und *Roussel - Couchot* die Einzelnheiten über die vorgenommenen Arbeiten erfahren hat, wird sich erinnern, dass eine der am lebhaftesten empfundenen, für die Gemeinden aus dem Unternehmen erwachsenen Wohlthaten darin besteht, dass man eine Reihe von Feldwegen geschaffen hat, welche den Zugang zu den meisten Parzellen erleichtern; zu diesem Zwecke haben die einzelnen Besitzer freiwillig kleine Stückchen Landes abgetreten, um sich einen bequemen Zugang zu ihrem Acker zu sichern und damit zugleich Freiheit in der Fruchtfolge und Fortschritt in der Kultur, was bisher die Lage des Feldes verbot.

Im *Osten* des Landes und in mehreren Departements, insbesondere dem der Haute-Vienne, wo das Fehlen natürlicher Grenzen und die Zerstückelung den gegenwärtigen Zustand schwer empfinden lassen, hat man verlangt, dass durch Gesetz eine allgemeine Vermessung und Grenzberichtigung in der Weise vorgeschrieben würde, dass bei Zustimmung der Majorität der Widerstand Einzelner die Ausführung nicht verhindern solle. In zweiter Stelle wünschte man, dass derartige Arbeiten durch die Departements mittelst Zahlung von Subventionen ermuthigt würden. Man hat es insbesondere als sehr nützlich bezeichnet, dass auf das Departements-Budget die Besoldung für einen Feldmesser gesetzt würde, welcher den Gemeinden seine Dienste umsonst zur Verfügung stellen und alle Garantieen für seine Befähigung und seine Ehrenhaftigkeit bieten würde; indessen ist dies Sache der Generalräthe.

In einem grossen Theile der Departements hat man gewünscht, dass mit der *allgemeinen und obligatorischen Grenzberichtigung und Marksteinsetzung* die Erneuerung des *Katasters* verbunden würde; es wird davon weiter unten bei Gelegenheit der Grundsteuer-Veranlagung die Rede sein. Hier kann ich mich darauf beschränken, anzuführen, dass die Kommissionen und die von ihnen Vernommenen, indem sie die Herstellung eines neuen Katasters mit einer Berichtigung der Feldgrenzen in Verbindung brachten, im Auge hatten:

1) die Ausgaben dafür unter den Staat, die Gemeinden und die Grundbesitzer zu vertheilen, um sie weniger drückend und leichter realisirbar zu machen;

2) das Kataster zur Feststellung gewisser Titel für das Eigenthum dienen zu lassen.

Was bisher über den Grundbesitz gesagt worden ist, lässt erwarten, was die Enquête in Bezug auf die **Nutzung** desselben konstatirt. Wenn man die ganze Sachlage zusammenfasst und den unvermeidlichen Ausnahmen Rechnung trägt, so kann man behaupten, dass die Kultur und die Produktion seit 20 Jahren in Frankreich erhebliche Fortschritte gemacht haben. Man kann im grossen Ganzen, entsprechend den verschiedenen Arten der Nutzung, verschiedene Erfolge nachweisen.

Die *grossen* Besitzungen, in der Regel von kenntnissreichen Leuten bewirthschaftet, zeigen gewöhnlich gute Ergebnisse.

In den kleinen Wirthschaften erringt die aufmerksame Arbeit des Besitzers, welcher selbst und in der Regel ohne fremde Hülfe sein Besitzthum bewirthschaftet, wirkliche Erfolge.

Die *mittleren* Besitzungen liegen in der Mitte zwischen beiden; sie werden bewirthschaftet durch die Eigenthümer oder durch Pächter, oder durch Halbscheidpächter: ihnen fehlt im Allgemeinen genügendes Betriebskapital, und sie bedürfen, wie die grossen Güter, wenn auch in geringerem Masse, der Beihülfe von Arbeitern oder von Dienstleuten, deren Mangel und hoher Lohn überall nachgewiesen worden ist.

Trotz alledem steigt im Allgemeinen der *Pachtzins*, selbst in Gegenden, wo der Kaufpreis gefallen ist. Zur Erklärung dieser Anomalie haben mehrere der von den Enquête-Kommissarien Vernommenen sich dahin geäussert, dass die Besitzer aus ihrem Eigenthume eine grössere Einnahme ziehen wollen, um die wachsenden Ausgaben bestreiten zu können, dass sie daher nur bei hohem Pachtzins Pachtverträge abschliessen: andererseits sind die Pächter genöthigt, diese hohen Forderungen zu bewilligen, um nicht der Beschäftigung zu entsagen, die sie allein verstehen.

Wenn die Thatsache wahr wäre, dass die Pächter so lästige Bedingungen eingingen, so müsste der Misserfolg häufiger, die Fallimente müssten zahlreicher sein. Indessen ergiebt sich aus den Untersuchungen der Enquête-Kommission, dass, wenige Beispiele ausgenommen, Nichts darauf hindeutet, dass die Wirthe sich in einer ungünstigeren Lage befänden, als ehedem. Weit entfernt davon, hat die grosse Mehrzahl der Vernommenen anerkannt, dass die ganze Lebensweise des Landwirthes sich allgemein und in bemerklichem Grade verbessert habe: Wohnung, Nahrung, Kleidung, Alles zeigt ein vor 30 Jahren unbekanntes Wohlergehen; Viele, welche andere Zeiten und andere, einfachere Sitten gekannt haben, haben nicht gezaudert auszusagen, dass, wenn eine Wirthshaft zuweilen am Ende eines Jahres heut zu Tage einen geringeren Ertrag aufweist, dies geschehe, weil die Lebensweise zu leicht in einen gewissen Luxus ausarte, und dass der Landbewohner nicht immer die Vermehrung seiner Ausgaben in Einklang zu bringen wisse mit der Vermehrung seiner Einnahmen.

So viel steht fest, dass trotz des Steigens des Pachtzinses, der nur in einzelnen, isolirten Gegenden sich vermindert hat, die Pächter sich in besserer Lage befinden, als ehemals.

Indessen beklagen sich die Pächter allgemein über die kurze *Dauer der Pachtverträge*. Diesen Umstand betrachtet man als nachtheilig für die Kultur und für eine gute und fruchtbringende Nutzung des ländlichen Eigenthums. Die kurze Dauer der Pacht verhindert den Pächter, Meliorationen vorzunehmen, deren Früchte oft erst nach ziemlich langer Zeit zu ernten sind; oder, wenn der Pächter im Beginn der Pacht sein Land meliorirt, um daraus den möglichsten Vortheil zu ziehen, d. h. um während der letzten Pachtjahre durch

2*

Uebermass von Produktion den Boden zu erschöpfen, so widerstreitet dies den Grundsätzen einer richtigen Landwirthschaft: man begreift leicht den Nachtheil, der daraus erwachsen kann, selbst im Interesse des Gemeinwohles, wenn die Pacht eine sehr begrenzte Zeit dauert.

Man hat bei der Enquête deshalb auch vielfach verlangt, dass Massregeln ergriffen würden, um die Dauer der Pachtverträge bei Landgütern zu verlängern. Man möchte z. B., dass bei fehlendem Vertrage die Pachtzeit 12 Jahre dauere, während der Wortlaut des Artikels 1774 des Code Napoléon sagt: „Die Pacht eines Landgutes ohne schriftlichen Kontrakt dauert, so ist anzunehmen, diejenige Zeit, die nöthig ist, damit der Pächter alle Früchte des gepachteten Gutes sammele."

Man verlangte ferner, dass öffentliche Anstalten, z. B. Klostergüter, das Beispiel langer Pachten geben möchten; dass solche Pachten erlaubt würden für die Besitzungen Minderjähriger und Geistesschwacher und für Nutzniesser, und dass in dieser Beziehung die Bestimmungen der Artikel 1718 u. 595 und in Verbindung damit die Artikel 1429 u. 1430*) abgeändert würden, welche nur eine Dauer von nicht mehr als 9 Jahren gestatten.

Die Verminderung der *Gebühren für Pachtverträge* oder ein

---

*) Artikel 1429: Die Pachtverträge, welche der Ehemann allein abgeschlossen hat über die Güter seiner Frau, wenn sie 9 Jahre überschreiten, sind im Falle einer Trennung der Eheleute nur verpflichtend gegenüber der Frau oder deren Erben für die Zeit, welche noch an 9 Jahren der ersten Periode fehlt, wenn die Parteien noch darin sind, oder der zweiten Periode und so fort in der Weise, dass der Pächter nur das Recht hat, diejenige Periode von 9 Jahren im Genusse der Pacht zu bleiben, in welcher er sich eintretenden Falles befindet.

Artikel 1430: Die Pachtverträge von 9 Jahren und darunter, welche der Ehemann in Betreff der Güter seiner Frau allein geschlossen oder erneuert hat, früher als 3 Jahre vor Ablauf des laufenden Kontraktes, wenn es sich um ländliche Besitzungen handelt, und früher als 2 Jahre vor derselben Epoche, wenn es sich um Häuser handelt, sind ohne Effekt, wenigstens, wenn ihre Ausführung nicht vor der Auflösung der Gemeinschaft erfolgt ist.

Artikel 595: Der Nutzniesser kann sein Recht selbst ausüben, oder dasselbe gegen Pacht einem Andern überlassen, oder dasselbe sogar verkaufen oder verschenken. Wenn er es in Pacht giebt, hat er sich in Betreff der Zeit, wo die Pachtkontrakte erneuert werden sollen und für deren Dauer den Regeln zu unterwerfen, welche für den Ehemann bestehen in Rücksicht auf die Güter seiner Frau.

Artikel 1718: Die Artikel des Titels vom Ehe-Kontrakte und von den gegenseitigen Rechten der Ehegatten, welche sich auf die Güter der verheiratheten Frauen beziehen, sind auf die Pachtverträge betreffs der Güter von Minderjährigen anzuwenden.

besserer Modus der Erhebung derselben wird gleichfalls gewünscht, wovon bei dem Kapitel über die Finanz-Gesetzgebung die Rede sein soll.

Um endlich den nachtheiligen Folgen zu begegnen, welche die Pächter bei zu kurze Zeit dauernder Pacht zu fürchten haben, wird als eine der nützlichsten Massregeln vorgeschlagen, in die Verträge eine bindende Klausel aufzunehmen, welche dem abziehenden Pächter den Ersatz der nachweisbaren Auslagen sichert, soweit dieselben für Bodenmeliorationen aufgewendet worden sind. Es scheint nach den gehörten Aussagen in England ein System der Art zu bestehen, dessen ausgezeichneter Erfolg feststeht. Wenn ein neuer Pächter ein Gut übernimmt, so wird eine Prüfung durch Sachverständige vorgenommen, um den Zustand des Bodens und der Kultur fest-zustellen; wenn der Pächter später die Pacht verlässt, wird eine neue Abschätzung ausgeführt; ergiebt sich ein Mehrwerth, so hat der Grundbesitzer den abziehenden Pächter dafür zu entschädigen. Letzterer hat daher alle Ursache, Meliorationen auszuführen, nicht aber den Boden zu erschöpfen, weil er weiss, dass seine Auslagen nicht verloren gehen, dass er also das Kapital vermehrt, das er seinen Kindern hinterlässt*).

---

*) So viel uns bekannt, herrscht keineswegs in dieser Frage in England ein allgemein angenommenes System; es scheint die Schätzung und Entschädigung für vom Pächter ausgeführte Meliorationen auch dort noch eine ungelöste Frage zu sein und nur eine Art Billigkeitsgefühl die einzelnen Grundbesitzer zu veranlassen, dem abziehenden Pächter für ausgeführte Meliorationen eine Abfindung zu bewilligen. Es ergiebt sich dies, wenigstens in Bezug auf Düngung, aus einem Vortrage, den J. B. Lawes, der bekannte Besitzer der Versuchswirthschaft zu Rothamsted, am 4. April 1870 im Farmers' Club zu London gehalten hat (Exhaustion of the Soil, in relation to Landlords' Covenants, and the Valuation of Unexhausted Improvements. London, Rogerson and Tuxford). In diesem Vortrage, der sich mit der Abschätzung der nicht ausgenutzten Bodenverbesserung beschäftigt, sagt der Redner (S. 4 der Druckschrift): „Es ist nicht minder überraschend, dass mit der bedeutenden Zunahme des Gebrauches zugekauften Viehfutters, dessen Werth nur in der *Verbindung* des Werthes als Nahrung und des Werthes des damit erzeugten *Düngers* ausgedrückt werden kann, *noch keine allgemein anerkannte Grundlage oder ein allgemeines System angenommen ist für die Werthschätzung des noch nicht ausgenutzten (unexhausted) Düngers in Rücksicht auf den abziehenden Pächter* einerseits und den Grundbesitzer oder den neu anziehenden Pächter andererseits."

Es dürfte nicht ohne Interesse sein, aus seinen auf Grund des sehr interessanten Vortrages formulirten Schlüssen folgende hier anzuführen:

5. „Es kann keine einfache Vorschrift, anwendbar auf die verschiedenen Bodenarten, Jahreszeiten, Ernten und Dünger, gegeben werden zur Abschätzung des

Dies System ist nicht ohne Bedenken; man hat dazu bemerkt, dass es in der Praxis ernstliche Schwierigkeiten bieten dürfte; aber diejenigen Personen, welche es als ein Mittel zur Verbesserung des Looses der Pächter und der Lage des ländlichen Eigenthums empfehlen, meinen, dass diese Schwierigkeiten leicht überwunden werden könnten.

In den Dokumenten, *welche gelegentlich der Enquête seitens unserer diplomatischen Agenten und Konsuln in verschiedenen* **fremden Ländern** *gesammelt worden sind*, finden sich Mittheilungen über den Grundbesitz, über seine Vertheilung, über die Art der Uebertragung, über seine Nutzung, Mittheilungen, welche sich wie folgt zusammenfassen lassen:

In **England** besteht keine Neigung, die Güter zu theilen; denn sie bringen niedrige Zinsen, und die kleinen Ersparnisse zieht man vor, in industriellen Unternehmungen anzulegen, welche viel höhere Zinsen tragen. Uebrigens ist das Prinzip des *grossen Grundbesitzes* in Grossbritannien so festgewurzelt, dass man bei Verkäufen grosser Güter unter den grossen und reichen Industriellen immer Personen findet, welche das Ganze zu hohen Preisen kaufen, weit über den Preisen, welche man durch Parzellenverkauf erhalten würde; auch ist die Theilung des Grundbesitzes sehr selten. Ein englischer Schriftsteller, Herr *Fawcett*, behauptet, dass gegenwärtig die Zahl der Grundeigenthümer nur ein Drittheil derjenigen des Jahres 1800 betrage. Die Landgüter werden gewöhnlich durch Pächter bewirthschaftet.

Der Verkaufspreis der Ländereien ist um 15 bis 30°/₀ gestiegen, desgleichen ist der Pachtzins gestiegen, besonders, wenn die Pachtung Weiden besitzt.

---

unausgenutzten, auf den Acker gebrachten Düngers, welcher bereits eine Ernte erzeugt hat."

6. „Durch die Abschätzung so mancher Stalldünger und so mancher Düngerbestandtheile, entstanden aus dem angekauften Futter, soweit sie noch keine Ernte erzeugt haben, ebenso des Strohes der letzten Ernte, kann eine billige Entschädigung für den abziehenden Pächter gefunden werden, während der anziehende Pächter nur verpflichtet ist, dafür zu zahlen, was festgesetzt und leicht in Geldwerth auszudrücken ist."

Dagegen enthält die neue *irische* Landbill auf diesen Gegenstand bezügliche Bestimmungen, die jedoch im Oberhause des Parlaments auf heftigen Widerstand stossen. Filly.

Wenn ein Familienvater ohne Testament stirbt, so gehen die
Immobilien auf den ältesten Sohn über. Man bemüht sich, durch
Substitutionen (Adoptionen) das Eigenthum so lange als möglich in
der Familie zu erhalten. Im Allgemeinen verfügt der Eigenthümer
über seine Güter testamentarisch in der Weise, dass er dem ältesten
Sohne den Grundbesitz zuweist; keine gesetzliche Bestimmung verhindert ihn, darüber nach eigenem Befinden zu verfügen; aber die
Macht des Herkommens beherrscht Alles. Die kleinen Besitzungen
werden beim Tode des Besitzers ziemlich häufig verkauft oder getheilt.

In **Schottland** liegen die Verhältnisse fast gleich. Obgleich der
Grundbesitz in den Händen einer kleinen Zahl grosser Eigenthümer
sich befindet, so haben doch auch hier wie in England Kaufleute
und Fabrikanten seit einiger Zeit ihr Bestreben darauf gerichtet, das
im Handel und in der Industrie erworbene Vermögen in Grundbesitz
anzulegen. Deshalb steigen die Bodenpreise. Bei der Uebertragung
von Erbschaften giebt es zwei Arten, je nachdem der Grundbesitz
mit einer nachgesetzten Erbfolge (Substitution) belastet oder im absolut freien Besitze des Inhabers ist. Im letzteren Falle kann der
Besitzer nach freiem Ermessen darüber verfügen, selbst zum Nachtheil seiner Kinder. Das Gesetz behält ihnen nur einige Ansprüche
auf das Mobiliarvermögen vor. Stirbt Jemand ohne Testament, so
verlangt die Landessitte, die man fast niemals verletzt, dass der
älteste Sohn den ganzen Grundbesitz erbe; die übrigen Kinder theilen
unter sich zu gleichen Theilen das Kapitalvermögen und die sonstigen
Mobilien. Wenn der Verstorbene nur Töchter hinterlässt, so theilen
diese die Erbschaft unter sich zu gleichen Theilen mit der Beschränkung, dass das Schloss nebst Park und den unmittelbar dazu gehörigen Aeckern und Wiesen der ältesten Tochter zufallen. Es giebt
eine Reihe von Besitzungen, über die der Besitzer nicht frei verfügen kann; es sind dies die sogenannten *Entailed-Estates*. Derjenige, der ein Landgut schafft, hat das Recht, zu bestimmen, auf
welche Weise dasselbe nach seinem Tode allezeit vererbt werden
soll. Wenn auf diese Weise über einen Grundbesitz verfügt worden
ist, so ist eine Parlaments-Akte nöthig, um die Verfügung zu ändern. In diesem Falle ist der Erbe als Nutzniesser, nicht als Eigenthümer zu betrachten. Die Einrichtung wird als ein Hinderniss der
Melioration angesehen, und ist der Wunsch allgemein, alles Grundeigenthum von diesem Servitut zu befreien.

In **Irland** ist der Grundbesitz sehr ungleich vertheilt und wird
meist von Pächtern bewirthschaftet. Die Pacht dauert in der Regel

61, 31 oder 21 Jahre. Das Erbe wird gemeiniglich substituirt und geht auf den ältesten Sohn über. Gesetz und Sitte stimmen in dem Bestreben überein, den Grundbesitz ungetheilt zu erhalten und selbst ihn zu vergrössern. Theilung findet nur bei Zahlungsunfähigkeit des Inhabers und bei Zwangsverkäufen statt.

. In **Belgien** ist der Grundbesitz sehr zerstückelt und wird immer noch weiter zerstückelt. Allgemein herrscht das Pachtsystem, die Pachten werden allgemein auf 3 Jahre abgeschlossen. Seit 1830 ist der Pachtzins schnell und andauernd gestiegen, und hat sich der Güterpreis seit jener Zeit erheblich gesteigert.[*)

Die Erbschaftsverhältnisse sind wie in Frankreich durch den Code civil geordnet.

In den **Niederlanden** wechseln die Verhältnisse des Grundeigenthums mit den Provinzen. In Limburg, Nordbrabant, Groningen und Friesland ist der Grundbesitz zerstückelt, in Mittel- und Nordholland, in Seeland, Utrecht und besonders in Geldern ist der Grundbesitz wenig getheilt. Wenige grosse Eigenthümer bewirthschaften ihren Grundbesitz selbst. Wenn sie nicht selbst wirthschaften, so verpachten sie nach dem Code hollandais, welcher dem Code Napoléon nachgebildet ist. Seit 30 Jahren sind sowohl der Pachtzins als die Güterpreise gestiegen. Die Vererbung erfolgt auf Grundlage der Landesgesetze. Obgleich dieselben den französischen sonst gleich sind, ist die Bodenzerstückelung doch weniger möglich. Im Allgemeinen erbt der älteste Sohn den Grundbesitz und entschädigt seine Geschwister auf Grundlage einer von den Verwandten vorgenommenen Schätzung.

In **Dänemark** herrscht das Bestreben, die Zahl der Grundstücke zu vermehren, letztere somit selbstverständlich kleiner zu machen. Es ist dies eine Folge der Abschaffung der Frohndienste, des Fortschrittes der Kultur und der Vermehrung der Bevölkerung. Im Allgemeinen bewirthschaften die Eigenthümer ihre Güter selbst. Seit 1850 sind die Güterpreise erheblich gestiegen.

Was die Erbfolge betrifft, so ist dieselbe bei Fidei-Kommissgütern (Grafschaften, Baronien) durch die Stiftungsurkunden geordnet. Bei dem übrigen Grundbesitz hat man Herrengüter von Bauern-

---

*) Es muss bemerkt werden, dass es in Belgien noch viel grossen Grundbesitz giebt, der aber nicht im Ganzen, sondern im kleinen Parcellen verpachtet wird, wodurch leicht der Anschein erweckt wird, als gebe es gar keinen grossen Grundbesitz. In Folge der Erbtheilung wird im Ganzen wenig zerstückelt, sobald dadurch die Wirthschaft beeinträchtigt werden würde; man zieht es in diesem Falle vor, das Gut zu verkaufen. (Vergl. Ann. d. Ldw., Monatsbl. Bd. 41, S. 170—176.)   F.

gütern zu unterscheiden. Der Besitzer eines Herrengutes (Soedegaard) kann über mehr als die Hälfte seines Vermögens zu Gunsten desjenigen Kindes verfügen, dem er das Herrengut hinterlassen will. Ist kein Testament vorhanden, so erben die männlichen Nachkommen gemeinschaftlich das Herrengut und haben sich unter sich auseinander zu setzen; erfolgt eine Einigung nicht, so wird das Gut verkauft. Bei den Bauergütern (Bondegaard) kann der Vater dasjenige seiner Kinder auswählen, welches den Grundbesitz erben soll. Ist kein Testament vorhanden, so erben sämmtliche Kinder gemeinschaftlich. Erfolgt keine Einigung darüber, welches der Kinder den Grundbesitz übernehmen und die andern entschädigen soll, so muss das Gut verkauft werden. Theilung ist äusserst selten; sie erfolgt nie in mehr als zwei Theile; es ist dazu der Konsens der Regierung nöthig, welche als Bedingung ihrer Einwilligung verlangt, dass auf jedem Theilstücke ein Wohnhaus errichtet werde

In **Schweden und Norwegen** ist seit 30 Jahren durch Theilung die Zahl der Güter um etwa 30% vergrössert. Im Allgemeinen wirthschaften die Besitzer selbst, andernfalls wird auf kürzere oder längere Zeit verpachtet. Die Pacht ist theils Geldpacht, theils Geld- und Naturalpacht. Die Güterpreise, welche bis 1854 jählings gestiegen waren, sind seit jener Zeit in sehr erheblichem Grade gefallen. An das Erbe haben sämmtliche Kinder gleiche Ansprüche, doch hat der älteste Sohn das Recht, zu verlangen, dass ihm gegen mässige Entschädigung der Geschwister der ganze Grundbesitz überlassen werde. Sitten und Gewohnheiten sind überhaupt oft stärker als das Gesetz; in einigen Provinzen, z. B. in Dalekarlien, ist Theilung die Regel, in anderen vermeidet man so viel als möglich jede Zerstückelung. Ausserdem giebt es in Schweden noch Majorate, jedoch nur in geringer Zahl, die mehr und mehr verschwinden.

In **Preussen** (alten Bestandes) zählt man 1,716,535 kleine Besitzungen, 391,586 mittlere und 33,365 grosse. Fast sämmtliche Güter werden von den Besitzern selbst bewirthschaftet; verpachtet werden nur sehr wenige Güter, hauptsächlich Kirchen- und Stiftungs-Güter und Staatsdomänen. Güterpreise und Pachtzins sind in Folge der Werthverminderung des Geldes und der Vermehrung und Verbesserung der Kommunikationsmittel auf mehr als das Doppelte gestiegen.[*]) Die Vererbung grosser Güter wird gewöhnlich durch

---

[*]) Diese Angabe schwebt gar sehr in der Luft, da nicht angegeben ist, von welchem Zeitpunkte an diese Steigerung zu rechnen ist. **F.**

Testament geordnet; kleinere Besitzungen werden nach Massgabe der Erbschaftsgesetze vererbt. Das preussische Gesetz sichert jedem Kinde einen Minimalantheil an der Erbschaft (Pflichttheil); der Pflichttheil beträgt die Hälfte desjenigen, was das Kind erhalten würde, wenn der Vater ohne Testament gestorben ist. Trotzdem hat eine Theilung des Grundbesitzes nicht in beunruhigendem Grade stattgefunden. Man theilt denselben so wenig als möglich; in der Regel übernimmt einer der Erben das Gut zu einem mässigen Preise und zahlt die Kaufsumme in vorher festgesetzten Terminen nach und nach ab. *)

---

*) Die in Betreff Preussens gemachten Angaben sind gleich denen in Bezug auf die übrigen Länder gemachten sehr summarisch und gestatten durchaus keinen Einblick in die Vertheilung des Grundeigenthums. Wollten wir auf eine spezielle Darlegung der bezüglichen Verhältnisse eingehen, so würde dies, wie wir glauben, über unsere Aufgabe hinausgehen; wir müssen uns deshalb begnügen, auf den II. Hauptabschnitt des ersten Bandes des Werkes von Dr. Meitzen zu verweisen (Der Boden und die landw Verhältnisse des Preuss. Staates nach dem Gebietsumfange vor 1866. Berlin, in Kommission bei Wiegandt & Hempel).

Zur Ergänzung, resp. Erläuterung der oben in dem Enquête-Berichte mitgetheilten Zahlen entnehmen wir dem genannten Werke Nachstehendes:

1859 gab es in den 6 östlichen Provinzen Preussens, ausschliesslich des Regierungs-Bezirks Stralsund und in Westfalen

344,737 spannfähige bäuerliche Besitzungen mit 33,498,433 Morg. Land, also jede Besitzung von durchschnittlich 97 Morgen. Ihre Zahl hat sich seit 1816 nur um 1,95% vermindert, die durchschnittliche Grösse der einzelnen Besitzungen ist dieselbe geblieben

Ausserdem gab es

604,501 nicht spannfähige Kleinbesitzer mit 4,833,826 Morgen Land, also jede Besitzung durchschnittlich fast 8 Morgen.

Die Gesammtfläche der 6 östlichen Provinzen und Westfalens, ausschliesslich des Reg.-Bezirkes Stralsund und der grossen Strandgewässer betrug in demselben Jahre 95,181,893 Morgen. Davon kamen auf

den nicht bäuerlichen und Grossbesitz	56,849,634 Mrg.	=	59,73%
den spannfähigen bäuerlichen Besitz	33,498,433 „	=	35,20%
den nicht spannfähigen Kleinbesitz	4,833,826 „	=	5,07%

Indessen liegen die Verhältnisse in den verschiedenen Provinzen Preussens sehr verschieden; die grösste Zerstückelung des Bodens hat in der Rheinprovinz stattgefunden, die auch noch eines Zusammenlegungs-Gesetzes entbehrt. Auffällig ist, dass der preussischen sogenannten „Separations-Gesetzgebung" und ihrer höchst segensreichen Folgen für die Kultur in dem Berichte mit keinem Worte gedacht wird, einer Gesetzgebung, die mutatis mutandis in Frankreich viele der jetzt beklagten Uebelstände beseitigen würde. Freilich würde sich der l'esprit de nous autres Français, der sich angeblich gegen jede Beschränkung der Freiheit auflehnt, gegen eine solche Gesetzgebung sträuben, die zwar nicht die Freiheit, sondern die Willkür ein wenig beschränkt, aber gleichzeitig Freiheit für die wirthschaftlichen

In **Baiern** giebt es sehr wenig grosse Besitzungen: die meisten Besitzer sind selbst praktische Landwirthe, Pachtungen sind äusserst selten. Die Güterpreise, welche von 1849 —1859 bedeutend gestiegen waren, sind seit 1860 ansehnlich gefallen. Im Todesfalle geht der Grundbesitz in der Regel an das älteste Familienglied über. Auf diese Weise wird die Bewirthschaftung in einer Hand vereinigt. Die Geschwister werden in Folge dessen meist Dienstboten und besitzen in der Regel keine Mittel, einen eigenen Hausstand einzurichten und sich zu verheirathen.*) Nach den Aussagen des Baron *von Moreau* besitzt Baiern ein Gesetz über bäuerliche Fidei-Kommisse, das den Zweck hat, die Vereinigung des Grundbesitzes zu begünstigen. Ein Gesetz vom 28. Mai 1852 verbietet die Zerstückelung der Güter innerhalb gewisser Grenzen und bedroht die Verletzung desselben mit Geld- und Gefängnissstrafe. Doch gilt dies Gesetz nur für Baiern diesseits**) des Rheines, nicht für Rheinbaiern, wo der Code Napoléon noch in Kraft und die Zerstückelung unbegrenzt ist.

In der **Schweiz** ist der Grundbesitz sehr vertheilt, und sind daselbst grössere Güter sehr selten. Die Besitzer bewirthschaften ihr Land selbst, Pacht bildet eine Ausnahme. Die Bodenpreise sind erheblich gestiegen und haben sich in einigen Kantonen seit 30 Jahren verdoppelt. Die Vererbung erfolgt entweder laut Gesetz oder nach dem Willen des Erblassers. In den Urkantonen: Zug, Luzern. Schwyz, Unterwalden, verlangt die Sitte, dass der Grundbesitz an *einen* Erben falle, welcher die anderen Erben zu entschädigen hat.

Interessen, nicht blos der Gesammtheit, sondern jedes einzelnen Besitzers schafft. Statt, wie im Berichte geschehen, umständlich darzuthun, dass eigentlich Nichts geschehen soll zur Beseitigung der anerkannten Uebelstände, hätte man die Erfolge der Separationsgesetze in Deutschland schildern sollen.

Die im Berichte konstatirte Steigerung der Pacht- und Kaufpreise in Preussen ist für die verschiedenen Gegenden doch auch eine sehr verschiedene; in den letzten Jahren sind die Kaufpreise, wenn nicht sogar gefallen, in einzelnen Gegenden doch auch nicht mehr gestiegen.

Das Erbrecht ist in den verschiedenen Landestheilen nicht nur durch Sitte und Herkommen vielfach modifizirt, sondern es bestehen bekanntlich noch gesetzliche Verschiedenheiten. Was im Berichte gesagt ist, gilt streng genommen nur dort, wo das Allgemeine Landrecht in alleiniger Gültigkeit ist.   Filly..

*) Dazu kommt die eigenthümliche Gemeindegesetzgebung in Baiern, welche mehr noch als der Mangel an Grundbesitz die Bildung eines eigenen Hausstandes verhindert.   F.

**) Von deutscher Seite aus.   F.

Im Kanton Waadt sind die Bestimmungen des Code Napoléon in den Code vaudois aufgenommen. Indessen kommt es häufig vor, dass eines der Kinder den väterlichen Besitz übernimmt und den Geschwistern eine jährliche Rente zahlt; die Geschwister gehen in Dienste und suchen sich nach und nach so viel zu ersparen, um selbst ein kleines Besitzthum zu kaufen.

Aus **Oesterreich** sind keine rechtzeitigen Mittheilungen eingegangen. Die Aussage eines grossen **ungarischen** Grundbesitzers, des Grafen *Zichy*, konstatirt, dass die Grundbesitz-Verhältnisse seit 1848 aufs vollständigste verändert worden sind; die Revolution hat die Bauern zu Eigenthümern gemacht, was bis dahin nur der Adel und die Geistlichkeit sein konnte. Es giebt in Ungarn Besitzungen von höchst bedeutendem Umfange, so die Güter des Fürsten *Esterhazy*, dessen Grundbesitz 100 geographische Quadratmeilen umfassen soll. Früher war in diesem Lande das Pachtsystem ganz unbekannt; erst ganz neuerdings haben sehr grosse Grundbesitzer ihre Grundstücke in Halbpacht gegeben. Geldpacht giebt es nur bei Staatsdomänen. Seit 1848 ist der Bodenpreis gefallen, eine Folge der politischen Krisen und der bedeutenden Steuern ($1/_3$ des Reinertrages).

Dem Erbschaftsgesetze fehlt alle Schärfe, und Graf *Zichy* hat erklärt, dass er in dieser Beziehung nichts Sicheres und Bestimmtes angeben könne. Das alte Gesetz war die lex fiduciaris, d. h. die Güter waren nach Massgabe der Lehnbriefe männlichen und weiblichen Geschlechtes (sexus masculini oder sexus feminini). Gegenwärtig wird der Grundbesitz nicht gleichmässig getheilt: es giebt Majorate, es giebt, wenn auch ziemlich selten, Herrschaften (Seigneuriats), wo der Aelteste der Familie das Gut besitzt, ohne dass der Sohn vom Vater erbt. Man hat auch ein Gesetz aufrecht erhalten, welches verbietet, die bäuerlichen Grundstücke in mehr als vier Theile zu theilen.

In **Russland** besteht der Grundbesitz aus grossen und kleinen Gütern, mittlere können sich später bilden, aber zur Zeit bestehen solche nicht. Die Aufhebung der Leibeigenschaft im eigentlichen Russland und die gesetzlich gegebene Möglichkeit in den baltischen Provinzen, dass Bauern und Stadtbürger Land erwerben können, werden zur Theilung des bis jetzt wenig zerstückelten Grundeigenthums beitragen.[*] Man giebt immer an, dass die Bewirthschaftung

---

[*] Thatsächlich sind zur Zeit in den baltischen Provinzen schon viele Bauern Grundeigenthümer. Vergl. Wochenbl. der Annalen der Landwirthschaft 1869, S. 1, 23, 43, 192 u. 1870, S. 32 u. 41.　　　　　　F.

durch den Eigenthümer geschehe, aber sie erfolgt allgemein durch einen
Administrator oder Intendanten, dessen unerlaubte Einnahmen oft
grösser sind, als die Einnahmen eines Pächters. Kleinere Besitzungen werden an Bauern verpachtet; früher bestand der Pachtzins in Frohndiensten, gegenwärtig sucht man letzteren durch Geld
zu ersetzen. Im eigentlichen Russland ist der Bodenwerth nicht
gestiegen, in den baltischen Provinzen hat er sich verdreifacht. Die
grossen, dem Adel gehörigen Güter bilden oft Majorate, die auf den
Aeltesten der Familie vererbt werden. Diejenigen Grundstücke,
welche nicht zu Majoraten gehören, werden unter die Kinder getheilt. Sämmtliche Töchter erhalten in diesem Falle nur einen
Theil*), so gross auch ihre Zahl sei. Aber diese Theilung ist nur
eine fiktive; der Grundbesitz bleibt unzertheilt und wird von einem
Sohne bewirthschaftet, die Ansprüche der übrigen Kinder werden
hypothekarisch eingetragen Für die Bauern giebt es noch kein
Erbschaftsgesetz.**)

Im nördlichen Theile **Portugal's** ist der Grundbesitz sehr zerstückelt, im Süden trifft man noch grössere Besitzungen, in Alan-
tejo solche von ungeheurer Ausdehnung, die *einer* Familie gehören.
Die kleineren und mittleren Güter werden im Allgemeinen von den
Eigenthümern bewirthschaftet, die meisten der grossen werden verpachtet und zwar gegen Geldpacht, während bei kleinen Naturalpacht
üblich ist. Der Pachtzins wird nach dem halben Ertrage bemessen,
der Kaufpreis nach zwanzigjährigem Pachtzins. Letzterer hat sich
bei kleinen Besitzungen erhöht, nicht aber bei grossen. Nach dem
portugiesischen Gesetze kann der Besitzer über $1/_3$ des Eigenthums
nach Belieben verfügen. Früher war es Gebrauch, das älteste Familienglied zu bevorzugen; doch schwindet dieser Gebrauch mehr

---

*) Das will sagen, sie erhalten alle zusammen so viel wie je ein Sohn. F.
**) Ein solches würde aber auch jeder Basis entbehren, so lange der einzelne
bäuerliche Wirth eigentlich kein Privateigenthum, sondern seinen Grund und Boden
nur in Gemeinschaft mit den Gemeindegenossen besitzt. Bevor daher nicht der
Gemeindebesitz in Privateigenthum der Gemeindeglieder verwandelt ist, kann von
einem Erbrecht auf Grundeigenthum keine Rede sein. Mit diesem gemeinschaft-
lichen Besitz, der übrigens mit der ganzen Anschauungsweise des russischen Bauern,
mit seinen Sitten und Gebräuchen so eng verwachsen ist, dass es sogar zweifelhaft erscheint, ob hier jemals Einzelbesitz vortheilhaft sein würde, hängt auch die
Besteuerung zur Zeit noch eng zusammen, die mit der Aenderung der Besitzverhältnisse gleichzeitig eine durchgreifende Aenderung erheischen würde. Es erscheint
sehr auffällig, dass der vorliegende Bericht dieser, von den übrigen Ländern Europas
so sehr abweichenden Verhältnisse mit keiner Silbe Erwähnung thut. F.

und mehr, insbesondere seit Erlass des Gesetzes vom 19. Mai 1863,
welches durch Abschaffung der Majorate viele Ländereien dem gemeinen Rechte unterwarf. Die Vererbung ist wie in Frankreich
geordnet, mit Ausnahme der gemeinsamen Erbfolge, welche bis in's
zehnte Glied Platz greift. Die für drei Menschenalter in Erbpacht
gegebenen Grundstücke gehen auf die im Erbpacht-Vertrage bezeichneten Personen in der ebenda festgesetzten Reihenfolge über. Die
kleineren und mittleren Besitzungen werden gewöhnlich getheilt, die
grossen sucht man so viel als möglich zusammen in der Hand *eines*
Kindes zu erhalten, in der Regel in der des ältesten.

In **Spanien** ist mit Ausnahme einiger Provinzen, z. B. der
Insel Majorka, das Grundeigenthum ausserordentlich zerstückelt und
wird noch immer mehr zerstückelt. Die kleinen Besitzer kultiviren
in der Regel ihren Besitz selbst, die grossen verpachten denselben
und zwar auf Grund schriftlicher, vor dem Notar abgeschlossener
Verträge. Seit 30 Jahren ist der Bodenpreis erheblich gestiegen, ja
hat sich verdoppelt. Die Vererbung erfolgt nach den Bestimmungen
des Civil-Gesetzbuches, das dem Code Napoléon sehr analog ist; in
einigen Provinzen jedoch herrschen noch Lokal-Gebräuche und die
Bestimmungen des römischen Rechtes. Auch giebt es noch Majorate, die jedoch mehr und mehr verschwinden.[*)]

Auch im Norden des Königreichs **Italien** ist der Grundbesitz
sehr zerstückelt und wird noch weiter zerstückelt; im Süden herrscht
dagegen der Grossbesitz vor, desgleichen in den Marken und in der
Romagna; aber mit der Einführung des italienischen Gesetzbuches
beginnt auch hier die Zerstückelung. Ausser in Piemont sind die
Güterpreise und der Pachtpreis erheblich gestiegen, in einigen Gegenden sogar auf das Doppelte. Nach dem Civil-Gesetzbuche des
Königreichs Italien vom 25. Juni 1865, welches seit dem 1. Januar
1866 in Kraft getreten ist, kann der Familienvater über die Hälfte
seines Vermögens, ohne Rücksicht auf die Zahl seiner Kinder, frei
verfügen, über zwei Drittheile aber, wenn der Testator keine Kinder,
sondern nur Seitenverwandte hinterlässt. In einigen Provinzen ist
man jedoch bestrebt, nach Massgabe der älteren Gesetze die männlichen Erben zu bevorzugen und die Zerstückelung des Grundbesitzes
zu beschränken.

Da der Grundbesitz in der **römischen** Kampagna in den

---

*) Weit Eingehenderes enthält ein Artikel im Monatsbl. der Ann. der Landw.
von K. v. Briesen, Bd. 47, S. 148 ff.   F.

Händen weniger Besitzer und zum grösseren Theile in todter Hand sich befindet, so giebt es dort wenig Besitzwechsel und die Zerstückelung kommt nur ausnahmsweise vor. Der Pachtpreis ist in den letzten Jahren gestiegen.*)

In der **Türkei** liegen nach den aus der Provinz Trapezunt eingegangenen Mittheilungen viele Ländereien brach, sie sind sehr zerstückelt und zu zwei Drittheilen im Besitze von Bauern. Die Besitzer bebauen ihr Feld selbst mit Hülfe ihrer Verwandten und Freunde, da sie zu arm sind, Arbeiter zu bezahlen. Pachtungen sind ausserordentlich selten. Die Bodenpreise haben sich seit 30 Jahren verdoppelt. Der vierte Abschnitt des Koran ordnet die Erbfolge.

In **Aegypten** gehört die Hälfte aller Ländereien dem Vicekönige, seiner Familie und den hohen Beamten, mit einem Worte den Eroberern; die andere Hälfte gehört zum Theil dem Bürgerthum, zum Theil den Fellahs, d. h. den eingeborenen Bauern. Die grossen Grundbesitzer wirthschaften selbst, der mittlere Besitz wird den kleinen Eigenthümern in Pacht gegeben, welche neben ihrem Eigenthum die Pachtgrundstücke bebauen. In Unterägypten variirt der Pachtzins von $12\frac{1}{2}$ Fr. bis 150 Fr. für den Hektare (von 25 Sgr. bis 10 Thlr. pro Morgen), in Oberägypten von $1\frac{1}{10}$ Fr. bis 50 Fr. (von $4\frac{1}{4}$ Sgr. bis $3\frac{1}{3}$ Thaler pro Morgen.) Diese Verschiedenheiten werden bedingt durch die mehr oder minder günstige Lage einerseits in Bezug auf die Möglichkeit der Bewässerung, andererseits in Bezug auf die Leichtigkeit des Transportes der Produkte. In Folge der seit 10 Jahren betriebenen Baumwollenkultur in grösserem Masse ist der Bodenwerth gestiegen. Die Vererbung erfolgt nach dem Koran. Alles Eigenthum, mobiles und immobiles, wird unter die Erben getheilt. Türke sowohl, als Araber lieben den Grundbesitz, deshalb ist eine Zerstückelung desselben, ausser bei Erbtheilungen, selten.

In den **Vereinigten Staaten** von Nordamerika giebt es sehr grosse Besitzungen, der Boden ist wegen der grossen, noch nicht kultivirten Bodenflächen nicht sehr zerstückelt.**) Die Regierung giebt in gewissen Staaten jedem Einwanderer unentgeltlich 10 Hek-

---

*) Es ist auffällig, dass der Bericht des Umstandes nicht erwähnt, dass hier meist noch Naturalpacht herrscht und die grossen Besitzungen einer ganzen Reihe von Pächtern überlassen werden, die meist ein ärmliches Leben führen, Verhältnisse, die zum Theil im übrigen civilisirten Europa ganz unerhört sind.   F.

**) In den nördlichen atlantischen Staaten ist zum Theil die Zerstückelung und damit die Höhe der Bodenpreise ziemlich weit vorgeschritten.   F.

taren (40 Morgen) Landes, und die Bürger können, wenn sie die
Kosten der Vermessung und das Setzen der Marksteine übernehmen,
für 2 Fr. einen Hektar kaufen. Im südlichen Theile wird sowohl
der grosse als der kleine Besitz von den Eigenthümern selbst bewirthschaftet, im nördlichen wirthschaften die kleineren Besitzer
auch selbst, während die grösseren häufig verpachten. Seit der
Aufhebung der Negersklaverei gewinnt auch im Süden das Verpachten an Boden und ist der Pachtpreis gestiegen. In den einzelnen Staaten herrschen besondere Erbrechtsgesetze Der Erblasser
hat vollkommen freie Verfügung über den Grundbesitz, ausgenommen
das Witthum seiner Gattin. Jede verheirathete Frau hat, so lange
sie lebt, den Genuss der Zinsen eines Drittheils vom Grundbesitz
ihres Gatten. In der Regel wird der Grundbesitz nach dem Tode
des Eigenthümers verkauft.

Auch aus **Südamerika** sind einige Mittheilungen erfolgt. In
der Republik *Uruguay* variirt die Grösse des Besitzes gemäss der
Entfernung desselben von der Hauptstadt Montevideo. Dicht bei
der Stadt giebt es viele kleine Besitzungen, aber in einer Entfernung
von 60 Kilometern (8—9 Meilen) giebt es Güter, deren Grösse von
2 bis 20 und mehr Quadratmeilen variirt. Die kleinen Besitzungen
werden vom Eigenthümer bewirthschaftet, die grossen theils durch
die Eigenthümer, theils durch Pächter. Kaufpreis und Pachtzins
sind bedingt durch die Entfernung von Montevideo. Die Erbschaft
wird unter Erben gleichen Grades in gleiche Theile getheilt ohne
Unterschied des Geschlechtes, und jeder Erbe verfügt über seinen
Antheil nach Belieben, so dass eine Zerstückelung des Bodens un-
ausbleiblich ist.

In **Chili** herrschen grosse Besitzungen vor. Mit Ausnahme der
unmittelbaren Umgebung der Städte giebt es wenig Besitzungen von
weniger als 12 bis 15 Hektaren (48—60 Morgen), aber man trifft
solche von 10,000 bis 15,000 Hektaren (40,000-60,000 Morgen).
Die Bewirthschaftung geschieht in der Regel durch die Eigenthümer.
Die Bodenpreise, welche seit der Entdeckung Kaliforniens gestiegen
waren, sind seit einigen Jahren wieder gefallen. Das die Vererbung
regelnde Gesetz ist dem Code Napoléon nachgebildet. Das seit einigen
Jahren geltende neue Gesetzbuch verfolgt den Zweck, die Theilung
des Grundbesitzes zu erleichtern und den Werth derjenigen Grundstücke zu erhöhen, welche nach dem früheren spanischen Gesetze in den
Händen der männlichen Erben vereinigt und meist unbebaut blieben.

Anhang zu Kapitel I.

Die auf Seite 11 entwickelten rosigen Anschauungen über die „Vortheile" der Zerstückelung des Grundeigenthums, zumal wenn sie in eine Atomisirung ausartet, dürften doch nur selten begründet erscheinen; in Rheinpreussen befürwortet man zwar eine Zerstückelung in dem Sinne, dass Jeder in die Lage versetzt werde, Grundeigenthum zu erwerben, aber es herrscht doch die Sitte, dass, wenn durch die Zertheilung eine unwirthschaftliche Zerstückelung droht, die Erben in der Regel lieber den Verkauf des Grundstückes beschliessen. Zwar hat die preussische Zusammenlegungs-Gesetzgebung daselbst aus hier nicht zu erörternden Gründen noch nicht Eingang gefunden; indessen hat man längst die Nachtheile der Parzellen-Wirthschaft erkannt, und täglich mehren sich die freien Vereinbarungen behufs Austausches und Zusammenlegens der Grundstücke, die übrigens, unserer Meinung nach, nicht das leisten, was eine gesetzlich geordnete Zusammenlegung, die die Gesammtgemeinden umfasst, bewirken würde.

Auf vortreffliche Weise schildert die Folgen der Zerstückelung der Direktor der General-Kommission zu Kassel, Geh. Reg.-Rath *Wilhelmy*, in seinem Jahresberichte pro 1869, indem er sich über die Verhältnisse im Kreise Wetzlar verbreitet. Wir können es uns nicht versagen, den betreffenden Theil des erwähnten Berichtes hier einzufügen. Derselbe lautet:

„Da in dem Kreise Wetzlar die Zerstückelung des Grundbesitzes grösser ist, als in irgend einer andern Gegend des preussischen Staates, so sollte man glauben, dass dort in gleichem Masse das Bedürfniss und das Verlangen nach Zusammenlegung hervortreten würde. Nichts destoweniger ist noch keine einzige Provokation auf wirthschaftliche Zusammenlegung einer Gemarkung eingegangen. Dies mag um so auffälliger erscheinen, als der Landrath des Kreises in hohem Grade fortgesetzt bemüht ist, die dortigen Grundbesitzer zur Stellung von dergleichen Anträgen zu veranlassen. Bei einer Reise, die ich voriges Jahr mit dem Landruthe in dem Kreise gemacht, habe ich namentlich in dem Kleebachsgrunde bei den grösseren Grundbesitzern fast überall Sinn und auch Verständniss für die grossen wirthschaftlichen Vortheile, welche die Zusammenlegungen in ihrem Gefolge haben, gefunden, allein, da zur Begründung eines Antrags auf Zusammenlegung nach dem Gesetze vom 5. April 1869 die Zustimmung der Besitzer von mehr als der *Hälfte* des Grundbesitzes, welche gleichzeitig mehr als die Hälfte des Katastral-Reinertrages repräsentiren muss, gehört, so fällt es eben erstaunlich schwer, eine gesetzlich begründete

3

Provokation zu Stande zu bringen, denn grosse landwirthschaftliche Güter existiren in dem Kreise Wetzlar gar nicht, indem die ausgedehnten Besitzungen der Fürsten fast nur aus Waldungen bestehen, und diejenigen Grundbesitzer, welche dort zu den grösseren gezählt werden, haben nur zwischen 40 und 70 Morgen inne.

„Bei diesen gesetzlichen Erschwerungen wird es im Kreise Wetzlar nur langsam mit der Ausführung des Zusammenlegungs-Gesetzes vorwärts gehen.

„Um durch Beispiel zu wirken, wünscht der Landrath, dass eine oder ein Paar Gemarkungen auf Staatskosten konsolidirt werden möchten. Ich habe mich indessen stets dagegen ausgesprochen, denn einmal würde ein solches Beneficium doch nur dann gewährt werden können, wenn *sämmtliche* Grundbesitzer einer Gemarkung unter der gedachten Bedingung sich mit der Zusammenlegung einverstanden erklären wollen, was sich event. auch vielleicht gar nicht einmal erreichen liesse; und dann, wie wollte man es eigentlich vor den Grundsätzen einer gleichmässigen Gerechtigkeit rechtfertigen, anderen Gemeinden diese Wohlthat blos darum, weil sie dieselbe später in Anspruch genommen haben, zu versagen. Thut man es dennoch, so wird diese Versagung mehr wirken, als das Beispiel, d. h. man wird dadurch vielleicht sogar dem sich aus dem Bedürfniss entwickelnden Drange entgegenarbeiten. Nur wenn das Beispiel eine Frucht des nach Neugestaltung aus den unhaltbar gewordenen Zuständen ringenden Bedürfnisses ist, wird es wirken, nicht aber, wenn es nur ein Ergebniss künstlicher Reizmittel ist. Ich kann mich daher nicht entschliessen, den Wunsch des Herrn Landraths zu befürworten.

„Dass übrigens die landwirthschaftlichen Zustände im Kreise Wetzlar unhaltbar geworden sind, und dass sie demzufolge über kurz oder lang von selbst dazu führen werden, die betheiligten Gutsbesitzer zu veranlassen, von dem Gesetze Gebrauch zu machen, braucht kaum begründet zu werden.

„Die Zerstückelung des Grund und Bodens ist dem Kreise verderblich geworden; trotz seiner im Allgemeinen guten Bodenverhältnisse und trotz seines Reichthums an Bergwerken geht der Kreis von Jahr zu Jahr mehr zurück, durch fortgesetzte Theilung sind nicht blos die Stücke, sondern auch die Wirthschaften immer kleiner geworden. Ein kräftiger Bauernstand existirt dort fast gar nicht mehr, sondern nur die jämmerlichste Zwergwirthschaft. Die Männer gehen in die Gruben und überlassen die Landwirthschaft ihren Weibern und Kindern, oder, wenn sie mittlere Besitzer sind und ein Paar Kühe haben, so bringen sie ihr Leben auf der Landstrasse zu, wo sie mit Eisensteinfuhren beschäftigt sind, quälen ihr Vieh ab und verfallen selbst oft einem liederlichen Lebenswandel. Die meisten Besitzer müssen eben vom Tagelohn leben. Aber auch diejenigen Besitzer, die das Gewerbe der Landwirthschaft ausschliesslich betreiben, befinden sich in der Regel in höchst dürftigen wirthschaftlichen Verhältnissen. Wenn ein Bauer 20 Morgen hat, so muss er bei der enormen Zerstückelung und Zerstreutheit seiner Parzellen, die häufig mehr denn 100 Stück betragen, seine ganze Zeit und Arbeitskraft verwenden, um auf der Gemarkung mit seinem Vieh herumzuziehen und seine Stücke zu bestellen. Ausserdem ist eine intensive Wirthschaft gar nicht möglich, denn die Parzellen-Wirthschaft hat zugleich den strengsten Flurzwang im Gefolge. Bestellung und Aberntung geschehen auf Kommando des Gemeinde-Vorstehers. In der Zwischenzeit darf sich bei Strafe Niemand auf den gewöhnlichen Feldwegen betreffen lassen. Erst mit dem Johannistage darf das Gras geschnitten werden, auch wenn es lange vorher schon reif ist. Alles bewegt sich in althergebrachter Weise, und wie der Boden einmal vertheilt ist, kann davon gar nicht abgewichen werden. Alle Fortschritte, die die neuere Landwirthschaft gemacht hat, sind davon ausgeschlossen.

„Wunderbar mag es daher auf den ersten Augenblick erscheinen, dass trotzdem, dass der Ackerbau auf einer so niedrigen Stufe der Kultur steht, dennoch die Bodenpreise eine so erstaunliche Höhe haben. Auch dies erklärt sich aus der übermässigen Zerstückelung und dem jeden intensiven Betrieb hindernden Zwange.

„Weil die Stücke so klein geworden sind, dass Jeder sich so viel sparen kann, um ein kleines Stück zu erwerben, so hat sich dort, wie überall mehr oder minder, wo parzellirter Besitz herrschend ist, die Sitte eingewurzelt, dass auch der kleine Mann alle seine Ersparnisse in Grund und Boden anlegt. Desgleichen thun die grösseren Besitzer. Auf Verbesserung ihres Vieh- und Wirthschafts-Inventariums, auf Boden-Meliorationen etc. können sie bei den einmal obwaltenden Verhältnissen kaum Etwas verwenden, sie legen also alle ihre Ersparnisse wieder in Grund und Boden, nur zur Vergrösserung ihres Besitzthums an. Stirbt der Besitzer aber, so fällt sein Besitzthum wieder auseinander, denn da Kapitals-Ansammlungen nicht geschehen und bei den hohen Anschaffungs-Preisen des Besitzthums auch nicht geschehen konnten, so kann in Todesfällen die Auseinandersetzung der Erben nicht in Geld erfolgen, sondern die zusammengekauften Güter werden immer wieder durch Naturaltheilung zerrissen, und dabei entscheiden nicht etwa wirthschaftliche Rücksichten, sondern das Loos. Der fleissige Wirth bringt sein Leben damit zu, sich einen grösseren Grundbesitz zusammen zu kaufen, und am Ende seines Lebens ist sein Bemühen umsonst gewesen. Die Erben müssen von Neuem anfangen, zu kaufen.

„Die Folge aller dieser Verhältnisse ist, dass nach der stets feilen und fast zu Atomen herabsinkenden Waare des Grundbesitzes ein ausserordentlicher Begehr, eine äusserst lebhafte Nachfrage ist. In Folge dieser starken Konkurrenz hat der Grund und Boden, der nur nach Quadratruthen verkauft wird, einen ganz ausserordentlich hohen Kaufwerth. Als ich im vorigen Jahre auf meiner Reise durch den Kreis Wetzlar mit dem Landrathe das Dorf Niederkleen berührte, erzählte uns der dortige Gemeinde-Vorsteher, dass daselbst den Tag zuvor ein Gut von 17 Morgen öffentlich verkauft und dafür ein Preis von 16,000 Gulden gelöst worden sei. Die Versteigerung war natürlich im Wirthshause parzellenweise mit möglichst langen Zielen geschehen. Nach einer alten Gewohnheit ist der Verkäufer gehalten, von jedem Gulden des Kaufpreises 1 Heller an die Bietenden zum Vertrinken abzugeben. Damit keiner der Wirthe Schaden leide, wurden die 90 Gulden in 3 Wirthshäusern des Orts zu gleichen Theilen vertrunken. Das Protokoll, das der Verkäufer erhält, pflegt derselbe mit 10 und 15 Procent Verlust zu verkaufen. Der Käufer weiss sein Geld schon zu bekommen,

„Es sind dies ganz ingeniöse Reizmittel, welche die Sitte erfunden hat, die Kauflust der Ansteigernden zu beleben und anzufeuern. Wie schwer es hält, dergleichen Gewohnheiten auszurotten, brauche ich nicht zu sagen.

„Komme ich nun auf jenen einzelnen Fall zurück, so ergiebt sich das Facit, dass pro Morgen 940 Gulden gezahlt worden sind. Es müssten also pro Morgen durchschnittlich 47 Gulden oder 27 Thaler etwa gezogen werden, wenn die Käufer ihre Rechnung finden wollten. Das übersteigt bei Weitem den Brutto-Ertrag. Nach diesem aber richtet sich der Kaufpreis in Gegenden, wo kein rationeller landwirthschaftlicher Betrieb vorhanden ist, und die meisten Grundbesitzer nur Tagelöhner sind, denn diese bezahlen in der Regel nicht blos die Bodenrente, sondern zugleich ihre eigene Arbeitsrente. Wäre ihre Arbeit nun auf eine fleissige, intensive Spatenkultur gerichtet, so wäre die Sache noch allenfalls zu erklären; aber bei der Kultur, wie sie im Wetzlar'schen stattfindet, wird diese Arbeit doch zu theuer bezahlt, und man kann jene hohen Preise nur als einen Krebsschaden betrachten, der die Gegend ruiniren muss.

„Dass übrigens das oben angeführte Beispiel nicht etwa blos eine Ausnahme bildet, ergiebt sich daraus, dass nach einer Versicherung des Landraths die Ruthe Land dort durchschnittlich 2 Thlr. bis 3 Thlr. kostet.

„Ich habe mich über diesen Punkt darum so ausführlich ausgelassen, weil man von der Zusammenlegung der Grundstücke eine Erschwerung der Erwerbung von Grundbesitz und ein Sinken der Kaufpreise fürchtet, und diese Furcht ist nicht das kleinste Hinderniss der Konsolidation. Diese Besorgnisse scheinen eine gewisse Berechtigung zu haben; allein, wenn man erwägt, dass Meliorationen, Verbesserung des Viehstandes, fleissigere und bessere Bearbeitung des Bodens, Abstreifung des Flurzwanges und die ungeheure Ersparniss an Arbeitskraft und Wirthschaftskosten die Boden- und Arbeitsrente erst in ein richtiges Verhältniss mit dem in dem Boden steckenden Anlagekapitale setzen und demgemäss dahin führen werden, dass die hohen Preise nicht mehr als Verschwendung des kleinen Mannes und als das krankhafte Resultat in sich ganz ungesunder Verhältnisse anzusehen sind, sondern in den erhöhten Erträgen eine wirkliche Verzinsung finden werden, so wird man einsehen, dass mit der Beseitigung jener ungesunden und unhaltbaren Zustände die Preise nicht sinken, im Gegentheil durch die steigende Kultur, die noch immer und überall im Gefolge der Zusammenlegungen eingetreten ist, ein derselben entsprechendes gesundes Wachsthum erhalten werden. Dass die Zusammenlegungen und der grosse wirthschaftliche Werth, den sie haben, und der sofort mit ihrer Ausführung erkennbar wird, der eingerissenen Parzellirungs-Sitte, welche Besitzthümer und Stücke immer wieder willkürlich zerreisst, einen Damm setzen werden, dessen kann man allerdings gewärtig sein; aber bei der Menge von kleinen Besitzthümern und Stücken, und bei der gesetzlich fortbestehenden Theilbarkeit des Grund und Bodens ist zu fürchten, dass den kleinen Leuten alsdann nicht mehr vergönnt sein werde, sich ein Stück Land zu kaufen, sich sesshaft zu machen oder zu einem ordentlichen Ackersmann emporzuarbeiten, das ist eitel Vorurtheil.

„Diese Voreingenommenheiten bilden indessen grosse Schwierigkeiten, die nur langsam besiegt werden wollen."   F.

Kapitel II.

Kapital. Mittel des Kredits.

Die Thatsache unzureichender und ungenügender Kapitalien, sowohl für die erste Inangriffnahme landwirthschaftlicher Unternehmungen, als später des Betriebskapitals, ist in der Enquête im Allgemeinen gekennzeichnet und festgestellt.

Einige Departementskommissionen haben versucht, diejenige Summe im Mittel festzustellen, welche pro Hektare für nothwendig erachtet wird, und annähernd die Geldquellen zu schätzen, welche der Bodenkultur thatsächlich zugewendet werden. Sie erkannten aber wohl, wie sehr die ausserordentlich grossen Verschiedenheiten in der Produktion in einem und demselben Departement von der Schätzung abwichen. Es wäre also unmöglich, für ganz Frankreich die Zahlen festzustellen, welche einige Wahrscheinlichkeit für Genauigkeit bieten könnten.

Doch die obige Behauptung bleibt in ihrer Allgemeinheit in Kraft.

Welches sind die Gründe für diesen Zustand der Dinge? Womit kann dem Uebelstande abgeholfen werden? Dies sind die Punkte, über welche die Enquête zahlreiche Beobachtungen angestellt hat.

Die Antwort auf die erste Frage ist überall dieselbe. Einerseits die Entwickelung des beweglichen Vermögens*), die Leichtigkeit,

---

*) Valeur qualité relative des objets en vertu de laquelle on obtient en échange de l'un une plus ou moins grande quantité de l'autre   Mozin.

es zu verwalten, und die vortheilhaften Einkünfte, welche es gewährt; anderseits der Mangel an Menschen, die Schwierigkeit lohnender Ausbeute, die Verhältnisse der Hypothekenordnung, die Langsamkeit und die Förmlichkeiten, welche bei der Beschlagnahme von Immobilien und bei gerichtlichen Verkäufen statt haben. Alle diese Gründe tragen zusammen dazu bei, die Kapitalien dem Grundbesitz und sogar dem Hypothekenmarkte zu entziehen.

Zwei andere, zweifelsohne deshalb weniger allgemein angeführte Ursachen, weil sie, da sie älteren Ursprunges, weniger in die Augen springen, scheinen indessen, zum Theil wenigstens, auf das bedauerliche Resultat einen mindestens eben so grossen Einfluss zu üben.

Was den kleinen Besitzer betrifft, so ist es das übermässige Verlangen, seine Besitzung zu vergrössern; dieses verleitet ihn, seine Ersparnisse auf eine, meist nur Lasten mit sich bringende Erwerbung des Nachbarfeldes zu verwenden, statt sie Früchte tragen zu lassen durch Verbesserung des Bodens, den er schon hat

Bei dem Pächter ist es ein analoger Grund; nämlich der Ehrgeiz, eine Pachtung zu haben, deren Ausdehnung seine Kräfte übersteigt.

Welches nun auch die Ursachen des Uebels sein mögen — ist Abhülfe möglich? Darüber sind die verschiedensten Meinungen zu Tage gefördert worden, und scharfe Denker sind darüber in vollstem Widerspruche.

In einigen Departements, besonders in solchen, welche Paris nahe liegen, zeigt man sich von dem Nutzen überzeugt, welche Kreditinstitute, eigens geschaffen zur Hilfe für die Landwirthschaft, bringen könnten. Von ihrer *Gründung* oder von der *Entwickelung* derer, welche schon existiren, werden die fruchtbarsten Resultate erwartet: und man glaubt, dass eine intelligent und gut geleitete Landwirthschaft zu einem ebenso hohen Zinsfusse wie die Industrie Geld leihen könnte.

Betreffs anderer Punkte indessen hat man den Gedanken ausgesprochen, dass, wenn *eine* dem Landmanne das Geldleihen erleichterte und die Wege des Kredits bequemer machte, ihm der Weg zum Untergange geöffnet würde*). Diese Meinung stützt sich auf die zahlreichen Beispiele von Landleuten, welche, indem sie nur Geld liehen,

---

*) Ich erinnere an den bedeutungsvollen Prinzipien-Kampf, den gerade auch *diese* Frage bei uns herausrief und über den — trotz zahlloser Journal-, Zeitungs- und Brochüren-Artikel — die Akten wohl entschieden noch *nicht* geschlossen sind. Dr. B.

um zu kaufen, nicht aber um zu melioriren, endlich, von der Last der kontrahirten Schulden erdrückt, untergingen. Man hat gesagt, das Ersparte solle dem Besitzer nur die Meliorationen sichern (das Ersparte solle die Ausgaben für Meliorationen decken); und der Pächter werde stets am sichersten Geld von seinem Verpächter leihen können.

Endlich hat ein Gefühl der Vermittlung in einer grossen Anzahl von Aussagen vorgeherrscht.

Da die Lage der Dinge seit langer Zeit beinahe dieselbe ist, so fühlt man kein Bedürfniss nach Neuerungen; und da viele Leute für den Landwirth geborgte Summen nur *dann* für vortheilhaft halten, wenn er sie zu aussergewöhnlich niedrigem Zinsfusse bekommen kann, so hält man sich nicht bei Schwierigkeiten auf, deren Lösung man nicht voraussieht.

Die Fragen, welche sich an den landwirthschaftlichen Kredit knüpfen, sind übrigens in der Enquête von zwei Gesichtspunkten aus geprüft worden. Unter denjenigen, welche sich über das Thema geäussert, haben sich die Einen mit den bis jetzt gemachten (versuchten) Anstrengungen und den Resultaten, welche durch schon bestehende Kreditinstitute erreicht worden sind, beschäftigt; Andere haben gewisse Systeme, welche seit lange in höchst vager Weise formulirt waren, vorgeschlagen, oder sie haben gewisse Massregeln zur Sprache gebracht, um *dem*, was sie in den thatsächlichen Mitteln für ungenügend hielten, zu Hilfe zu kommen.

Von dem ersten dieser beiden Gesichtspunkte aus sind betreffs der Wirksamkeit der beiden Gesellschaften: des *Crédit foncier* und des *Crédit agricole* verschiedene Beobachtungen gemacht werden. Der Crédit foncier, sagt man, hat seine Wirksamkeit auf *städtische Liegenschaften* beschränkt, und seine Darlehne sind an so unbequeme Förmlichkeiten und an so lästige Bedingungen geknüpft, dass der ländliche Grundbesitz von ihm keine Hilfe erwarten konnte. Der übermässig hohe Werth, den man auf die Untersuchung über die Aechtheit der Besitztitel legt, zu hohe Zinsen für die Darlehne, das sind die hauptsächlichsten Klagen, welche man gegen diese Gesellschaft vorbringt.

Die Thätigkeit des Crédit agricole ist auf dem Lande, wo der Mangel von Filialen und übertrieben hohe Zinsen der Darlehne die Entleiher entfernt haben, noch weniger gefühlt worden. Der Zweck also, den sein Name anzeigt, ist verfehlt worden; die Organisation eines Specialkredits, bestimmt dem einfachen Landmanne zu Hilfe zu kommen, *muss noch geschaffen werden.*

Die Einwendungen gegen den Crédit foncier und den Crédit agricole sind aber durch Zahlen und durch Beweise widerlegt worden.

In der Generalversammlung seiner Aktionaire hat der Verwaltungsrath des Crédit foncier vor einigen Monaten bei der Rechnungslegung der Verwaltungsthätigkeit von 1866 konstatirt, das am Schlusse von 14 Jahren seines Bestehens für 208,137,864 Francs Darlehen, sichergestellt durch Grundbesitz in den Departements (das Seine-Departement nicht eingerechnet), bewilligt worden sind.

Davon sind für 141,242,530 Frcs. (37,664,675 Thlr.) auf ländliche Besitzer eingetragen worden, sicherlich nicht, weil diese Alle sich mit Ackerkultur abgeben; aber diese Zahlen konstatiren doch, dass die Gesellschaft weit entfernt ist, diejenigen Arbeiten, welche sich an den ländlichen Grundbesitz anknüpfen, zu vernachlässigen.

Die Herren Vertreter des Crédit foncier haben in ihrer Erklärung vor der Hauptkommission der Enquête sogar erklärt, dass sie diese aufsuchten und gern annähmen, um ihr Risiko nicht in den Städten auf *einem* Fleck zu haben.

Sie haben hinzugefügt, dass die Anführungen, welche über die Bedürfnisse des Kredits hinsichtlich der Besitztitel vorgebracht seien, nicht genau wären, abgesehen von einigen speziellen Fällen, wie etwa Schenkung durch vorgängige Erbtheilung, wo die Güter wegen der Unregelmässigkeit einem besonderen Verfahren*), rapport, unterworfen sein können, und für welche sich folglich wegen der Ungewissheit des Besitzes, in wessen Händen es sich befindet, ein sicheres Pfand nicht feststellen lässt.

Der Crédit agricole hat den in den Statuten ausgesprochenen Zweck durchaus und streng erfüllt; dieser ist „der Landwirthschaft oder den sich daran knüpfenden Gewerben *Kapitalien oder Kredite zu verschaffen, indem er durch seine Garantie den Diskont oder den Handel mit Papieren, welche in spätestens 3 Monaten zahlbar sind* (exigible), *bewirkt oder erleichert;* Kredite zu eröffnen oder auf eine längere Verfallzeit, aber nicht über 3 Jahre, auf Pfand oder gegen eine andere „specielle Sicherheit zu borgen." (Art. II. der Statuten.) Seine Rolle ist somit die eines Giranten und *seit 1866 hat er den Diskont von mehr als einer Milliarde bewirkt,* ohne je ein

---

*) *Rapport* bedeutet in der Jurispr. das Hineinwerfen in die Masse, z. B. immeuble subjet à r. Ich habe keinen anderen Kunstausdruck dafür, vielleicht: „*in die Masse des Erblassers geworfen werden müssen*"? Dr. B.

landwirthschaftliches Unternehmen ausgeschlagen zu haben. 62 Millionen hat er auf Unterpfand (Mehl, Weine etc.) geliehen. Seine Thätigkeit hat er nicht in seinen Pariser Bureaux konzentrirt: er hat 11 Filialen (Marseille, Angoulème, Poitiers, Lille, Troyes, Limoges, Avignon, Agen, Saint-Jean d'Angely etc.) und hat 423 Korrespondenten in kleineren Orten angestellt. Diese Korrespondenten, welche er noch zu vermehren sucht, sind intelligente *Landleute,* welche mit der Lage der Bauern bekannt sind, und deren Thätigkeit darin besteht, landwirthschaftliche Papiere zu übertragen, indem sie ihnen die erste Unterschrift geben.

Mehr noch, 2 unter dem Patronate des Crédit agricole gegründete Gesellschaften: das Comptoir d'agriculture und das Approvisionnement helfen ihm bei seinen Arbeiten.

Seine Vergütung schwankt von $^1/_2$ bis 1% und ist nur die gerechte Vergütung für sein Risiko bei den Garantien. Was die Höhe der Zinsen anbetrifft, so würde es von einem Kreditinstitute nicht abhängen können, dieselben zu erhöhen oder zu erniedrigen. Das Kapital ist *eins* und kann sich der Landwirthschaft nicht unter günstigeren Bedingungen als dem Handel zuwenden. Wenn es ein sicheres Pfand findet, so begnügt es sich mit einem geringeren Zinsfusse, wenn es unsicher ist, so will es das Risiko decken, und deshalb, da die Landwirthschaft die kaufmännischen Respektstage (diejenigen 3 Tage Frist, binnen welchen nach Verfall eines Wechsels dieser bezahlt werden muss) noch nicht kennen gelernt hat, bieten sich ihm noch keine günstigen Bedingungen dar. Dieser Umstand spricht sich in dem *Widerwillen der Bank von Frankreich* aus, bei welcher schliesslich alle Operationen zusammentreffen, landwirthschaftliche Papiere anzunehmen.

In der zweiten Gedankenreihe, welche ich eben angeführt habe, hat man besonders verlangt, dass ein *grosses Geldinstitut* geschaffen werde, welches *besonders* der Landwirthschaft leihen soll, und welches ihr diejenigen Dienste leisten könnte, die die Bank von Frankreich den Gewerben (Industrie) leistet; dass man die Entwickelung von kooperativen Kreditgenossenschaften unter den Landleuten begünstigen solle; dass Kreditgesellschaften oder kantonale Banken gegründet würden, welche Pfandbriefe emittiren könnten; dass die Freiheit der Emissionsbanken unter der Autorität und der Aufsicht der Regierung gesichert werde; dass man die öffentlichen Landschaftsbanken und ihre Stiftsmittel (Kapitalien) vermehre, sei es dadurch, dass man Sparkasseneinlagen an ihre Kassen abliefere, sei es durch Anlage der 100 Millionen, welche die Drainage nicht benutzt hat; dass man die Postämter als Depositen- und Sparkassen nutzbar mache, um zu Darlehnen für die Landwirthschaft zu kommen; dass Filialen der Bank von Frankreich in allen Hauptstädten der Departements und sogar der Arrondissements errichtet würden; dass die Statuten der Bank in *der* Weise erweitert würden, dass sie Papiere, welche zu landwirthschaftlichen Operationen Bezug haben, unter *denselben* Bedingungen annehmen könne, wie diejenigen von Gewerbetreibenden und Kaufleuten; dass man Docks oder allgemeine Magazine schaffe, in welchen der Landmann gegen Niederlage von Getreide oder anderer Lebensmittel Kapitalien bekommen könnte.*)

Sicherlich haben einige dieser Wünsche einen praktischen Werth und können ein ernstliches Nachdenken verdienen. Im Allgemeinen aber würde das Resultat, welches man durch diese mannichfachen Kombinationen im Auge hat, welche sich nur als äusserst vage Theorien zeigen, meistens nur das sein, der Landwirthschaft Geld billig zu verschaffen, d. h. zu einem niedrigeren Preise als den Gewerben und dem Handel, deren beträchtlicherer Gewinn, sagt man, drückendere Lasten ertragen könne. Dies aber ist ein Gedanke, welchen Sachverständige im Allgemeinen für durchaus unausführbar halten. Nach ihnen kann die Landwirthschaft, welche für längere Zeit borgen muss, und welche in der Ausführung ihrer Verbindlichkeiten nicht die Genauigkeit und Pünktlichkeit der kaufmännischen Gebräuche befolgt, nicht günstigere Bedingungen erwarten, als jeder Andere, welcher borgt. Nichtsdestoweniger glaubt man, dass, wenn die Landwirthschaft ihren Kredit auch nicht anstrengen kann, um Land zu kaufen, sie ihn doch bei den landwirthschaftlichen Gewerben und besonders bei denjenigen verwerthen kann, welche schon

---

*) Es ist vollständig unmöglich, auf irgend eine dieser vielen, zum Theil frommen, zum Theil höchst beachtenswerthen und vortrefflichen Ideen und Wünsche im Gesichtspunkte unserer heimischen analogen Forderungen und Bitten einzugehen, ohne damit gleichzeitig abermals in ein Terrain herüberzugreifen, dessen Grenzen dieser Arbeit wenigstens geschlossen bleiben müssen, will man nicht ein Buch auf das andre pfropfen. Eine ganze Literatur — so darf ich es wohl ohne Uebertreibung nennen — hat sich dieser brennenden und tief in den ganzen Organismus unsers ländlichen Seins einschneidenden Fragen seit Jahr und Tag bemächtigt. Jede einzelne der obenstehenden ist bis ins weiteste und breiteste ventilirt worden, und es ruft schon ein lebhaftes Interesse wach, wie gleichzeitig aus den verschiedensten Perspektiven verschiedener Länder unter so verschiedenen Vorbedingungen doch immer ein und dasselbe grosse und schwer wiegende punctum saliens angestrebt wird. — Dr. B.

nach kurzer Verfallzeit Gewinn abwerfen. Unter dieser Bedingung kann sie in den bestehenden Instituten oder in denjenigen, welche mit diesem besonderen Zwecke ins Leben treten könnten, besonders, wenn sie mehr und mehr die Gewohnheit einer grossen Regelmässigkeit in der Erfüllung ihrer Verbindlichkeiten annimmt, Kreditquellen finden, welche mit ihren Bedürfnissen in Einklang stehen.

Das Departement der Seine-et-Marne, in dem die Landwirthschaft weit vorgeschritten ist, und wo sie sich häufig mit der Industrie verbindet, bietet seit mehreren Jahren ein Beispiel, welches diese Ansicht unterstützt.

In Melun ist unter der Leitung bewährter Männer und unter dem kräftigen Patronate des Crédit agricole eine Gesellschaft gegründet worden; sie ist zu einem Umsatze (mouvement d'affaires) gelangt, welcher 1867 ungefähr 30 Millionen beträgt. Ihre Thätigkeit besteht darin, die Wechsel des Landwirthes, welcher, seiner bekannten Zahlungsfähigkeit gemäss, seine, seiner Frau oder eines Dritten Unterschrift leistet oder sogar hypothekarische Sicherheit bietet, zu endossiren, *ehe sie an die Bank* abgehen, deren Diskont der Normalregulator für den Preis des Geldes ist.

Für sein Conto zieht die Gesellschaft 2 $^0/_0$ Gebühren ab, dazu kommt noch $^1/_2$ $^0/_0$, welches der Crédit agricole empfängt, so dass, wenn der Zinsfuss der *Bank* 2$^1/_2$ $^0/_0$ beträgt, die vom Geldentnehmer gezahlten Zinsen 5 $^0/_0$ betragen; so wenigstens war es in den ersten Monaten des Jahres 1867. Wenn indessen, wie 1864 der Diskont der *Bank* auf 8 — 9 $^0/_0$ steigt, so steigt der Preis des Darlehns auf 10 — 11 $^0/_0$.

Trotz dieser Schwankungen und dieses hohen Geldpreises haben die Geldentleiher des Seine- et Marne-Departements in der blossen *Möglichkeit*, Credit zu erlangen, Vortheil erblickt. Dies beweist die fortwährend wachsende Zahl der Geschäfte der Gesellschaft, welche sich von 10 Millionen im ersten Jahre allmälig auf 13 Millionen im zweiten, bis auf 19,220,000 Francs im dritten gehoben haben und welche, wie ich oben mitgetheilt, den vom Direktor der Gesellschaft und von einem Mitgliede des Ueberwachungsrathes gemachten Mittheilungen zufolge im Jahre 1867 die Höhe von 30 Millionen erreicht haben werden. —

Man sieht aber, dass diese Gesellschaft dem Landmanne das Geld nicht zu niedrigem Zinsfusse verschafft, sondern dass sie sich für ihr Vermittleramt auch noch eine ziemlich hohe Gebühr zahlen lässt. Ist dies nun in den Nachbarländern anders und finden sich dort, wie es so oft versichert worden ist, feste Etablissements, welche der Landwirthschaft einen besonderen Kredit gewähren, und zwar zu einem günstigeren Preise und zu annehmbareren Bedingungen, als dem Handel gewährt wird?

Die *schottischen Banken* sind häufig als Muster von landwirthschaftlichen Kreditinstituten angeführt worden: man hat behauptet, sie hätten durch das ihnen gewährte *Notenemissionsrecht* diesen Kredit mit Papier begründet; man hat behauptet, sie borgten stets zu sehr niedrigen Zinsen und ausschliesslich der Landwirthschaft.

Die neuesten Untersuchungen eines Gelehrten, des durch seine Studien über die Bankfrage bekannten Herrn *Wolowski*, gestatten die Bewahrheitung dieser Behauptung durch einige bis dahin unbekannte Ziffern.

Aus dem Verzeichniss, welches 1864 auf Befehl des Parlaments angefertigt wurde, und welches die Lage dieser Institute in 4 verschiedenen Zeiträumen dieses Jahrhunderts: 1. Jan. 1819, 1. Jan. 1830, 1. Jan. 1845 und 1. Jan. 1864 feststellt, sieht man, dass die Zahl der Banken mit Notenemission, welche im Jahre 1869 gerade 30 betrug, sich fortschreitend *vermindert hat:* im Jahre 1864 waren nicht mehr als 13, und ihre Zahl ist heute, weil 2 dieser Institute in Eins aufgegangen sind, auf 12 hinabgesunken.

Aber diese Banken bedecken mit ihren Filialen, mit ihren „branches", welches die englische Bezeichnung dafür ist, das ganze Land, und durch eine Bewegung, welche der eben erwähnten entgegengesetzt ist, haben diese branches, deren es 1819 nur 96 gab, im Jahre 1864 die *beachtenswerthe* Menge von *591* erreicht. Man sieht, dass bei einer Bevölkerung von ungefähr 3 1/2 Million Einwohnern eine Bank auf ungefähr 5000 Seelen kommt, und folglich jede derselben den Interessen, denen sie dienen soll, sehr nahe liegt.

Ihre Interessen sind weit entfernt, ausschliesslich landwirthschaftliche zu sein; die Darlehne, welche die Landwirthschaft empfängt, sind im Gegentheil nur sehr gering, und die Ersparnisse des flachen Landes dienen mehr dem industriellen und kaufmännischen Kredit, als die städtischen Kapitalien den ländlichen Bedürfnissen zu Hilfe kommen.

Die Wirksamkeit der Banken, was man darüber auch hat sagen können, ist nicht, Geld mittelst Papier zu schaffen. Unbegrenzt bis 1845, hat die *Notenemission den schottischen Banken viel Unheil gebracht,* und das Gesetz beschränkte die autorisirte Notenzirkulation;

sie beträgt jetzt 2,749,271 Pfund Sterling (weniger als 69 Millionen Frcs.).

Der Werth der Noten, welche in ganz Schottland zirkuliren, übersteigt gewöhnlich nicht den Gesammtwerth der edeln Metalle, welche aufbewahrt werden, um den Forderungen bei Einlösung dieser Noten gerecht werden zu können, d. h. der Baarvorrath beträgt 2 Mill. Pfd. St. (50 Mill. Frcs.)

Am 2. Februar 1867 betrug er sogar 62,500,000 Frcs., aber am 30. März waren es nur 36 Millionen.

Die schottischen Banken nützen also nicht durch die Menge des emittirten Papiers. Ihr Hauptverdienst besteht darin, als Vermittler und als Begegnungspunkt zwischen dem Ersparten und dem Unternehmungsgeiste zu dienen. Auf allen Punkten des Territoriums sammeln sie die Einlagen und schütten sie wiederum, durch offene Kredite, in gewerbliche, kaufmännische und landwirthschaftliche Unternehmungen aus.

Die Einlagen, welche die kolossale Höhe von 1500 Mill. Frcs. betragen, werden unter den verschiedenen Bezeichnungen: deposit receipts oder operating deposit accounts, je nachdem der Einleger sich das Recht vorbehält, dieselbe auf Sicht durch Bankscheine (Bankanweisung) zu erheben, oder ob er sich verbindlich macht, die ganze Summe oder einen Theil davon in Person zu erheben. Da in letzterem Falle das Institut dauerhafter ist und keinen Spielraum für Ausgaben hat, welche durch den Gebrauch von checks verursacht werden könnten, so ist der Zinsfuss höher. Von 1789 bis 1867 hat man ihn zwischen 2 und 5 % schwanken sehen.

In dem ersten Falle, welcher eine laufende Rechnung (Conto corrent) darstellt, schwankt der stets geringere Zinsfuss zwischen 1 1/2 und 4 %, wenn er vergütet wird nach den täglichen Schwankungen, oder von 2 bis 4 1/2 %, wenn er nach dem Minimum der monatlichen Schwankungen berechnet wird.

Nachdem nun die Kapitalien in dieser Weise niedergelegt sind, eröffnen die Banken den Geldleihern Kredite, dessen Formen und Zinsen gleichmässig schwanken.

Die „cash accounts" werden unter der Garantie zweier oder mehrerer Bürgen eröffnet. Sie bilden die Hauptquelle der der Landwirthschaft offen stehenden Kredite; und nie seit 1822 ist der Zinsfuss unter 4 % gefallen, lange hat er zwischen 4 und 5 % geschwankt.

Die „over drafts" unterscheiden sich von den cash accounts nur durch die Möglichkeit, welche der Klient der Bank erlangt, Wechsel auf sie zu ziehen. In diesem Falle ist der darauf gezahlte Zinsfuss etwas beträchtlicher: der Abzug wird gewöhnlich auf $\frac{1}{2}\%$ angegeben.

Da einmal das Gegentheil behauptet worden ist, so ist es wichtig, zu bemerken, dass die schottischen Banken und alle ihre Filialen, weit entfernt, einander Konkurrenz zu machen, zu der nämlichen Zeit, für die unter verschiedenen Titeln gegebenen Vorschüsse *dieselben* Zinsen nehmen, und dass sie für die gemachten Einlagen *dieselben* Interessen zahlen. Alle 14 Tage vereinigen sich die Bankdirektoren und beschliessen den Tarif für alle Operationen; ein Cirkular unterrichtet die branches von ihrem Beschlusse, nach welchem sie sich zu richten haben.

Alles in Allem sind die *schottischen Banken keine* rein landwirthschaftlichen Kreditinstitute: sie emittiren Papier nur in sehr geringem Masse; in ihren Operationen gehen sie zusammen und modificiren für keinen ihrer Klienten, welches die Art seiner Operationen auch sein mag, den Normalpreis, auf welchen das Geld durch das natürliche Gesetz von Angebot und Nachfrage gestiegen ist, ein Gesetz, dem die schottischen Landwirthe sich zu unterwerfen wissen.

Anzuerkennen sind die grossen Dienste, welche diese Institute und ihre zahllosen Zweige, die das ganze Land bedecken, geleistet haben, *dadurch,* dass sie zur Sparsamkeit und Thätigkeit antreiben und vor Allem den Landmann an Pünktlichkeit in den kaufmännischen Gebräuchen gewöhnen.

Was in Schottland vor sich geht, findet ebenso auf der *Insel Jersey* statt. In den 63 dortigen Banken oder, besser gesagt, Comtoiren, treffen Einlagen und Vorschüsse zusammen, sie emittiren für nur 2—3 Millionen Noten und geben doch den Anstoss zu einem Kapitalumsatz, welcher 2500 Millionen Frcs. erreicht.

Ehe wir nun diese specielle Frage der Kreditinstitute verlassen, müssen wir 2 wichtige Einwendungen machen, welche einmal den Projekten von Specialbanken mit Notenemission, zum Andern der geforderten und thatsächlich durch die Gesetzgebung autorisirten Schöpfung von grossen allgemeinen Kornmagazinen widersprechen.

1) Der erste Artikel des Gesetzes vom 24. Germinal und 4. Floréal des Jahres XI., welches die Schöpfung der Bank von Frankreich enthält, bestimmt, dass „die in Paris unter dem Namen der Bank von Frankreich gebildete Gesellschaft das *ausschliessliche* Privilegium haben soll, Banknoten unter den in diesem Gesetze bestimmten Bedingungen zu emittiren," und dieser Artikel ist durch die Gesetze,

welche das Privilegium dieses grossen Instituts verlängern, wiederholt worden. Es ist wahr, die Frage der Bankfreiheit ist in der
letzten Zeit viel ventilirt worden. Erst kürzlich hat eine Enquête
über diesen Gegenstand stattgefunden, aber die Akten sind noch
nicht geschlossen, und diese wichtige Frage berührt zu viele Interessen ausserhalb der Landwirthschaft, als dass es möglich wäre, hier
näher darauf einzugehen.

2) Leute, welche den Getreidehandel genau kennen, nehmen
keinen Anstand zu behaupten, dass die Anhäufung grosser Mengen
Getreides in Magazinen sofort eine Erhitzung und eine Gährung verursachen würde, welche die Waaren verschlechtern würde. (?)

Um die Leichtigkeit des Kredits für die Landwirthschaft zu vermehren, könnte man noch einige Modifikationen in Betracht ziehen,
welche sich in die schon bestehende Gesetzgebung einführen liessen.
In dieser Hinsicht sind Wünsche ausgesprochen worden, welche verschiedene Fragen, die schon vor dieser Enquête in 2 Specialkom-
missionen 1856 und 1866 geprüft worden sind, erleichtern würden.
Aus den Arbeiten der letzten dieser Kommissionen ist ein Gesetzesvorschlag hervorgegangen, über welchen Herr *Josseau* in einem Rapport Bericht erstattet hat, und welcher der Prüfung des Staatsrathes
bereits unterbreitet worden ist.

Folgendes sind die Worte, mit welchen der Berichterstatter
den Zweck angiebt, welchen sich die Kommission vorgezeichnet
hatte:

„Der landwirthschaftliche Kredit *ist* jetzt und *wird* ferner-
hin Ursachen, welche mehr von wirthschaftlichen und sittlichen
Gründen (faits) als von gesetzlichen Anordnungen abhängen, unterworfen sein, d. h. also, von dem mehr oder weniger grossen Ueber-
flusse der Kapitalien, den guten Gebräuchen (Gewohnheiten) und der
Zahlungsfähigkeit der Landleute, welche ihn in Anspruch nehmen.
Wie klug und wünschenswerth uns die Abänderungen in den Gesetzen, welche dies Vorhaben vorschlägt, auch erscheinen mögen, so
werden wir uns doch hüten, dafür zu bürgen, dass ihre wirkliche
Ausführung die *chimären Resultate haben werde*, welche gewisse
Leute davon erwarten, und dass sie der Landwirthschaft Kapital in
unbegrenzter Menge und zu einem niederen Preise als dem Handel
und den Gewerben verschaffen werden.“

„*Vom Gesichtspunkte des Kredits, die Landwirthschaft* den *Bedingungen zu nähern, in welchen sich die beiden anderen Zweige
der menschlichen Thätigkeit befinden, das ist das einzig wahrhaft*

praktische Ziel, das ist das einzige Problem, deren Lösungen durch die Vernunft und durch die Wissenschaft gut geheissen werden können; und auch das Einzige, welches wir uns zu lösen vorgenommen haben."

Die in dem von der Kommission vorbereiteten Gesetzesvorschlage angedeuteten Massregeln, deren Verwirklichung eine grosse Zahl der departementalen Kommissionen und derjenigen Herren, welche in der Enquête agricole gehört worden sind, bestehen:

1) in Abänderungen, welche in den Abschnitt des Code Nap., der von der Verpfändung*) handelt, derart einzuführen, dass man ein landwirthschaftliches Faustpfand (gage) schüfe, welches nicht dislocirt würde;

2) in einer Erweiterung des den Düngerhändlern im Art. 2102 des Code zugesicherten Privilegiums;

3) in einer Anwendung des *kaufmännischen Gerichtsverfahrens* auf Landwirthe, welche für ihre Bedürfnisse in einer landwirthschaftlichen Unternehmung (exploitation) *eigene Wechsel* (billet à ordre-payable, par celui qui le fait à la personne dénommé ou à son ordre *Mozin*) unterschreiben;

4) in der Reform der Artikel des Code, welche das Halten des Viehes ordnen.**) Ich gedenke, die 3 letzten Punkte, von denen eben die Rede gewesen ist, zu prüfen, den einen in dem Kapitel, welches von dem Dünger handelt (IV. §. 2), die beiden anderen in dem Kapitel, in welchem die civile und allgemeine Gesetzgebung abgehandelt wird (VIII). An dieser Stelle will ich mich darauf beschränken, nur von dem landwirthschaftlichen *Faustpfande* zu sprechen, welches sich an die Fragen des Kredits unmittelbarer anschliesst, als die übrigen vorgeschlagenen Verbesserungen.

Bei dem thatsächlichen Zustande der Gesetzgebung kann der Landwirth, welcher ein beträchtliches *landwirthschaftliches Material* besitzt, und welches oft einen bedeutenden Werth hat, dieses als Bürgschaft der Verbindlichkeiten, welche er eingegangen ist, noch

---

*) Code Nap. 2072: Le nantissement d'une chose mobilière s'appelle gage (Faustpfand), celui d'une chose immobilière s'appelle antichrèse (Verpfändung des Niessbrauches.)

**) Cheptel-contrat par lequel l'une des parties donne à l'autre un fonds de bétail pour le garder, le nourrir, et le soigner sous certaines conditions, *cheptel* donné au fermier-contrat par lequel on donne une métairie à ferme, à la charge, qu'à l'exspiration du bail, le fermier ou preneur laissera les bestiaux d'une valeur égale ou prix de l'estimation de ceux qu'il a reçus.   Dr. B.

gar nicht bestimmen; er kann ihn nicht verpfänden. Art. 2076 des Code Nap. lautet nämlich: „das Privilegium des Faustpfandes besteht nur insoweit, als dieses Faustpfand in den Besitz des Gläubigers oder eines Dritten, über welchen die Parteien sich geeinigt haben, übertragen ist und sich noch darin befindet." Die Ausführung dieser Bestimmung des Code ist ganz unmöglich, wenn es sich um Material und Ackergeräthschaften, welche für die Kultur nothwendig sind und um zur *Bewirthschaftung (des Grundstückes)* nöthiges Vieh handelt; ebenso unmöglich ist sie, wenn von geernteten Früchten die Rede ist, deren Fortschaffung an einen anderen Ort und deren Uebertragung in den Besitz des Gläubigers beträchtliche Kosten verursachen und meist auf unübersteigliche Schwierigkeiten stossen würde. Diese thatsächliche Unmöglichkeit beabsichtigt man durch neue gesetzliche Bestimmungen aufhören zu lassen, und ich werde mich nicht darauf einlassen, eine Frage zu erörtern, welche der Bericht des Herrn Josseau so interessant und so vollständig beleuchtet hat. Ich begnüge mich zu sagen, dass bei der mündlichen Berichterstattung vor der Kommission dieselbe Frage durchgesprochen worden ist, und dass, wenn die vorgeschlagene Massregel auch vielseitig unterstützt wird, sie doch auch sehr unterrichtete Männer, deren *massgebendes Urtheil* in ähnlichen Gegenständen nicht bestritten werden kann, zu Gegnern hat.

Unter den Bestimmungen, mittelst welcher man auf den Zustand des Kredits zu Gunsten der Landwirtbschaft einwirken zu können meint, hat man auch *Vereinfachung des Verfahrens und Verminderung der Kosten für öffentliche Verkäufe etc.* vorgeschlagen. In dem Kapitel über die Civilgesetzgebung (VIII.) werde ich auch diese Punkte, über welche dem gesetzgebenden Körper bereits ein Gesetzesvorschlag unterbreitet worden ist, untersuchen.

In vielen Departements hat man sich über die Leichtigkeit, Geld in Effekten anlegen zu können, beklagt, weil dadurch der Landwirthschaft viele Kapitalien entzogen würden; man bedauert lebhaft die zu leichte Aufnahme von ausländischen Papieren, Staatspapieren und Aktien in den Börsenkourszettel. Seit einigen Jahren finden diese Papiere ihren Weg mehr und mehr in die Provinzen. Die kleinen Kapitalisten in den Städten haben angefangen, ihre Ersparnisse zum grossen Theile in solchen Papieren anzulegen; allmälig brechen sie sich Bahn auf das flache Land; und in einer Provinzialstadt von 50,000 Einwohnern hat man den Werth, der für Rechnung des Departements blos in spanischen Papieren angelegt war, auf 12 Millionen schätzen können. Viele

4

dieser Geldanlagen sind für die Inhaber von Aktien oder selbst Obligationen nicht günstig gewesen. Was nun im Uebrigen das Resultat auch sein mag, beträchtliche Summen, welche, sagt man, sonst in Grund und Boden oder in Hypotheken angelegt worden wären, sind durch diese Verwendung der Landwirthschaft entzogen worden.

Vor Allem aber spricht sich die öffentliche Meinung *gegen* die mit *Prämien* oder mit *Lotterien verbundenen Papiere* aus. Diese Wahrscheinlichkeit auf ausserordentliche Gewinne, sagt man, sei eine mächtige Lockspeise für die kleinen Kapitalien, und aus diesem Grunde hat man gefordert, dass der Minister des Innern den Lotterien, *selbst denjenigen mit wohlthätigem Zwecke,* jede Erlaubniss entschieden versage.*)

Diesen Punkt betreffend, muss bemerkt werden, dass in Frankreich die Erlaubniss zu Lotterien nur mit der äussersten Vorsicht ertheilt worden ist. Die Regierung hat es von Neuem in der letzten Sitzungsperiode des gesetzgebenden Körpers erklärt und sich verpflichtet, auf dem betretenen Wege fortzufahren.

Die Ermittelungen, welche im **Auslande** über die Kapitalfrage und die Mittel des Kredits für die Landwirthschaft angestellt worden sind, dürften folgendes Gesammtresultat liefern.

In **England** haben der Besitzer und der Pächter in der Regel genügende Mittel, um dem Boden *das* Kapital zuzuwenden, welches er braucht: aber in einem Lande, wo die Kultur weit vorgeschritten ist und die Konkurrenz ihren höchsten Gipfel erreicht hat, müsste das Kapital manchmal viel bedeutender sein, um die gewünschten Vervollkommnungen und Verbesserungen ins Leben treten zu lassen. In diesem Falle müssen Besitzer und Pächter den Kredit in Anspruch nehmen.

In England giebt es keine öffentlichen Kreditinstitute ähnlich denen, die in Deutschland und Frankreich unter dem Namen von Bodenkreditanstalten (Crédit foncier) wirksam sind. Es sind Privatanstalten, an welche die Landwirthschaft sich wendet, um sich die ihr nöthigen Kapitalien zu verschaffen. Der Zinsfuss beträgt im Mittel 5 %.

In **Schottland** wie in England verfügen die meisten Besitzer und Pächter über zulängliche Mittel. Wenn die Kapitalien in nicht

---

*) Aehnliche Stimmen sind selbst Angesichts der jetzt so modernen Pferde-Verloosungen, von denen wir 1870 in Preussen 6 floriren sehen, laut geworden. — Dr. R.

genügender Menge in Händen der Grundbesitzer sind, so können diese sie leicht von Privatbodenkreditinstituten auf Hypothek bekommen. Anderseits hat England zweimal, seit 1845, 100 Millionen Frcs. für Darlehne auf Landgüter in ganz England bestimmt, und Schottland allein hat den grössten Theil dieser Fonds erhalten; daher datiren sich die grossen Fortschritte der Landwirthschaft. Welches nun auch der Ursprung des Darlehns sein mag, es ist, die Amortisation eingerechnet, zu einem Zinsfusse von $6\frac{1}{2}$ oder 7 % abgeschlossen. Wenn sonst ein Besitzer ein Grundstück in guten Stand setzen will, so wendet er sich an eine Meliorationsgesellschaft welche es übernimmt, auf eigene Kosten und durch ihre Leute alle nothwendigen Arbeiten ausführen zu lassen. Diesen Gesellschaften werden ihre Auslagen dadurch zurückerstattet, dass der Schuldner 21 Jahre hindurch jährlich $6\frac{1}{2}$ % von dem ganzen ausgelegten Kapitale zahlt. Manchmal schiesst der Besitzer dem Pächter die nöthigen Mittel vor. Wegen seiner kaufmännischen Beziehungen geniesst der Landmann in Schottland den Vortheil, wie jeder andere Geschäftsmann oder Gewerbtreibende behandelt zu werden, und er findet in den Banken, welche sein Papier annehmen, eine beträchtliche Stütze seines ihm leicht gewährten Kredits. Ich habe eben ausführlich über die Banken in Schottland gesprochen und in dem Urtheil, welches Herr Wolowski über diesen Gegenstand vor der Oberkommission der Enquête agricole abgegeben hat, finden sich ausführliche und sehr interessante Einzelheiten.

Abgesehen von einer gewissen Anzahl Grundbesitzer und reicher Pächter, besitzen die Landleute **Irlands** selten die genügenden Kapitalien, und die kleinen Pächter haben im Allgemeinen nur wenig Kredit. Diejenigen, welche Bürgschaft stellen, verschaffen sich Geld zu dem gewöhnlichen Zinsfusse der Bank von Irland, der zwischen 4 und 6 % schwankt.

Das Kapital für die Landwirthschaft ist in **Belgien** nicht immer ausreichend. Der ländliche Besitzer kann sich Mittel verschaffen, indem er seine Besitzung gegen Hypothek verpfändet. Für ihn ist der Preis des Geldes nicht viel theuerer als für den Geschäftsmann oder Gewerbetreibenden, er schwankt je nach dem augenblicklichen Zinsfusse von 4—6 %. Kreditinstitute für die Landwirthschaft sind in Belgien noch nicht gegründet worden.

In **Holland** sind die Kapitalien zur Bewirthschaftung und Melioration der Güter gewöhnlich ausreichend. Selten borgt man; wenn

man es muss, so findet man zu 4 °/₀ Geld auf der Staatshypotheken-
bank in Amsterdam; häufiger aber wendet man sich an einen Notar
oder an den Besitzer des Pachtgutes. Selten zahlt man in diesem Falle
mehr als 5 °/₀.

Abgesehen von den grossen und mittleren Grundbesitzern, besitzt
in **Dänemark** die grössere Menge der Landleute im Allgemeinen die
zu Meliorationen der Güter nöthigen Mittel nicht. Die Administration der Pupillengelder leiht ihnen auf Hypothek, nachdem sie
durch Sachverständige das Grundstück hat abschätzen lassen. Ausserdem giebt es landwirthschaftliche Kreditgesellschaften, welche auf
allgemein als durchaus gerecht anerkannten Grundlagen basirt
und seit 15 Jahren in Wirksamkeit sind; sie leihen gewöhnlich zu 4 °/₀. Mit einem Worte, es giebt keine andere Schwierigkeit
Geld zu borgen als diejenige, welche aus dem Mangel an vorräthigem
Gelde entsteht.   .

Den grösseren Wirthschaften **Schwedens** fehlen in der Regel
die Mittel. Die Bank von Schweden, die Provinzialbanken, die allgemeine Hypothekenbank und die Genossenschaft des Bodenkredits
leihen den Besitzern Geld zu einem Zinsfusse von 7, 8 und 9 °/₀.
Augenblicklich ist der Preis des Geldes 8 °/₀. ein Zinsfuss, welcher
sich mit dem möglichen Gewinne der schwedischen Landwirthschaft
durchaus *nicht* verträgt.

Dieselben Erscheinungen zeigen sich in **Norwegen,** und die Kapitalien sind dort in nicht ausreichender Menge vorhanden. Der
Hypothekenkredit ist genügend entwickelt. Im Jahre 1851 wurde
durch den Staat eine königliche Hypothekenbank gegründet, hauptsächlich in der Absicht, den Landleuten Kapitalien zu verschaffen.
Der Zinsfuss beträgt 5 bis 5¹/₄ °/₀. Das Geld, welches Kapitalisten
den Landwirthen leihen, wird gewöhnlich mit 6 °/₀ verzinst.

In den *mittleren* und *westlichen* Provinzen **Preussens** verfügen
die Besitzer und Pächter im Allgemeinen über genügende Kapitalien
und hinlänglichen Kredit für die Bedürfnisse der Bewirthschaftung:
doch in den ärmeren Provinzen des Ostens beklagt man sich sehr
oft über gänzlichen Mangel daran. In den letzteren ist es, besonders für die kleinen und mittleren Grundbesitzer, schwierig, Geld
aufzunehmen, selbst wenn hypothekarische Sicherheit geleistet wird;
das liegt an dem gegenwärtigen Finanzzustande.*) Den Rittergut-
besitzern ist es leicht, bei den landwirthschaftlichen Kreditgesell-

*) Den Beweis für diese ebenso kurz als ungenau hingeworfene Aeusserung
hat der Herr Berichterstatter beizubringen — vergessen.   Dr. B.

schaften Geld zu einem ziemlich niedrigen Zinsfusse zu bekommen.
Es giebt dort landschaftliche Genossenschaften unter dem Namen:
„Provinzial-Landschaft", deren Ursprung bis zum 7jährigen Kriege
hinaufreicht. Sie bestehen in allen alten Provinzen des Königreiches,
ausgenommen in Westfalen und der Rheinprovinz. Die Grundlage dieser
Einrichtung beruht auf Gegenseitigkeit, indem alle Rittergutsbesitzer in
eine Kreditgenossenschaft zusammengetreten sind, welche, auf Verlangen der Mitglieder, diesen bis zu einer gewissen Grenze gegen
Hypothek Pfandbriefe giebt, welche im Handel leicht Käufer finden.
Ausser $3\frac{1}{2}$ bis 4 % Zinsen für die in ihrem Nutzen emittirten Pfandbriefe müssen die Besitzer, welche borgen, auch noch $\frac{1}{2}$ % an
Amortisationsgebühren zahlen. Die so erlangten Kapitalien kommen
somit, die Amortisation eingerechnet, auf 4 bis $4\frac{1}{2}$ %. Alle Ritter-
güter der Provinz, gleichgiltig ob sie der Provinziallandschaft gegenüber mit Hypothek belastet sind oder nicht, haften den Inhabern von
Pfandbriefen gegenüber solidarisch.

In **Baiern** sind die einzigen landschaftlichen Kreditinstitute die
Hypothekenbanken in München und Nürnberg. Sie leihen zu 5 bis
$5\frac{1}{2}$ %, wovon $4\frac{1}{2}$ % Zinsen 1 % Amortisationsgebühren sind.
Der Zinsfuss ist im Steigen begriffen. Man leiht ungern Geld auf
ländlichen Grundbesitz, woraus hervorgeht, dass die Lage des landwirthschaftlichen Kredits täglich zweifelhafter wird. Der Baron
von Moreau hat in seinen Studien hierüber ausgeführt, dass die
politischen Wirren dem ländlichen Kredite viel geschadet hätten,
dass er aber sich allmälig zu heben strebe. Man hat ländliche Geld-
institute gegründet, vor Allem eines mit dem Namen: „*Die Union.*"

In der **Schweiz** schulden die Grundbesitzer oft mehr oder weniger grosse Summen, für welche ihre Besitzungen als Bürgschaft
dienen. Sie bekommen Geld bei den Städtern und den Hypothekenbanken; der Zinsfuss schwankt zwischen 4 und 5 %. Im Kanton
Wallis ist das System des Bodenkredits dem Landbesitzer sehr
günstig. Er findet zu $4\frac{1}{2}$ % Hypothekengläubiger, denen er
einen Rentenbrief unterschreibt, welcher durch Endossement über-
tragbar ist. Der Schuldner kann abzahlen, wann er will, nachdem
er den Gläubiger 3 Monate vorher davon in Kenntniss gesetzt hat.
Sobald nur die Zinsen regelmässig gezahlt werden, kann der Gläubiger die Rückzahlung nicht verlangen.*)

---

*) Das ist wohl nicht ganz richtig. Es hiesse das ein gewisses Recht der
Unkündbarkeit legalisiren. Von einem solchen Zwange kann wohl in der Schweiz
kaum die Rede sein.   Dr. B.

Nach den Berichten des Grafen v. Zichy bekommt die Landwirthschaft in **Ungarn** nur sehr schwer Geld. Besonders in der
letzten Zeit haben sich einige Institute zu diesem Zwecke gebildet. Es giebt eine ungarische Hypotheken-Gesellschaft und eine
Hypothekenbank, welche *Pfandbriefe* emittirt. Die Sparkassen leihen
auch, und da man deren jetzt in Ungarn etwa 80 zählt, so sind sie
eine recht heilsame Einrichtung, welche den kleinen Besitzern bis
zu einer gewissen Höhe zu Hilfe kommen kann. Diese Geldquellen
sind indessen unzureichend, und es dürfte dahin kommen, dass die
grossen Institute nur wenig *beträchtliche* Summen liehen. Diejenigen Besitzer, welche nur kleinere Summen brauchen, fallen
den Wucherern in die Hände. Der Zinsfuss der ungarischen Bank
ist gewöhnlich $5\frac{1}{2}$ %; da man aber noch die jährlichen Amortisationsgebühren hinzufügen muss, so steigt er auf etwa 8%; ausserdem ist noch ein Verlust beim Verkaufspreise der Pfandbriefe,
der Art, dass im Ganzen der Geldpreis gewöhnlich 10 % ist. Die
Wiener Bank bietet vortheilhaftere Bedingungen. Der Zinsfuss ist
unbeschränkt, da das Wuchergesetz neuerdings abgeschafft ist.

In **Russland** schwanken die Bedingungen, unter welchen sich
der Landwirthschaft hinsichtlich der Kapitalien und der Kreditmittel
befindet, in den verschiedenen Provinzen. In den baltischen Provinzen,
wo der Adel der ausschliessliche Grundbesitzer ist, sind genügende
Betriebskapitalien vorhanden (?); der Bodenkredit ist gut organisirt.
In dem Moskauer und seinen Nachbar-Departements indessen sind die
Geldmittel unzureichend. Die Besitzer finden kaum eine Quelle, aus
der sie borgen könnten, und *wenn* sie es können, so müssen sie 8 bis
10 % zahlen. Man hofft diesen Uebelständen durch Errichtung von
lokalen Hypothekenbanken abzuhelfen.

In **Portugal** ist der Wucher durch das Gesetz verboten, welches
den Zinsfuss auf 5 % als Maximum beschränkt; doch kann man behaupten, dass, wenn der Wucher verfolgt wird, das Gesetz ihn selten
erreicht. Der französische Konsul in Porto konstatirt, dass die Kapitalien in der Regel unzulänglich sind. Wenn man Geld bekommen
kann, so ist es nur von den wohlhabenderen Besitzern oder von den
geistlichen Orden, und in beiden Fällen zu 5 % Zinsen. Der kleine
Besitzer kann sich nur sehr schwer von der Last befreien, die
ihm die kontrahirten Schulden verursachen. Der ländliche Kredit
muss noch geschaffen werden.

In **Spanien** ist die Lage nicht besser; die Kapitalien stehen im
Allgemeinen in keinem Verhältnisse zu den Bedürfnissen der Land-

wirthschaft. Der Landmann, welcher sich Geld verschaffen will, borgt auf Hypothek zu 5—12 %. Der ländliche Kredit ist beinahe unbekannt. In einigen Provinzen haben die grossen und meistens reichen Besitzer genügende Mittel, um ihr Gut in leidlichem Stande zu erhalten und es sogar auch zu verbessern.

In **Italien** haben die Besitzer von Landgütern oder diejenigen, welche sie bewirthschaften, in der Regel nicht die für die Bedürfnisse der Bewirthschaftung hinreichenden Kapitalien. Sie können Geld nur auf Borg oder auf Hypothek erhalten, und die Darlehne sind lästig. Bezüglich des landwirthschaftlichen Kredits in *Italien* hat man viele Vorschläge gemacht, aber noch ist Nichts davon verwirklichtworden. Im ehemaligen *Toskana* bekommen die Besitzer die nöthigen Kapitalien auf gute Hypotheken zu 6 % vom Monte dei Paschi in Siena. Der Monte dei Paschi ist ein Kreditinstitut aus dem Jahre 1624, welches auf Hypothek Gemeinden, Wohlthätigkeitsanstalten und selbst Privaten leiht. Diese Gesellschaft hat kürzlich von der Regierung das Recht erlangt, wie eine landschaftliche Kreditbank im eigentlichsten Sinne des Wortes zu arbeiten.

Obgleich die Besitzer und Pächter in dem **Kirchenstaate** genügendes Betriebskapital haben, so verwenden sie doch keine Mittel auf Meliorationen. Die römische Bank schafft dem Landmanne das fehlende Kapital zu 8 %.

In der **Türkei** sind die Mittel für die Bewirthschaftung durchaus unzulänglich. Die Besitzer haben keine anderen Wege, sich Geld zu verschaffen, als dadurch, dass sie ihre künftigen Ernten verkaufen und sich vorausbezahlen lassen, oder dass sie gegen sehr hohe Zinsen bei den Banken oder grossen Kapitalisten borgen. Der Zinsfuss beträgt bei einfachem Schuldschein 18 bis 24 %, auf Hypothek 12 bis 15 %. Kredit-Institute fehlen diesem Lande gänzlich.

Die Lage der Landwirthschaft in **Aegypten** ist in dieser Hinsicht nicht besser. Der Landwirthschaft fehlen die Mittel fast gänzlich, und die Wucherzinsen, zu denen der mittlere und kleine Grundbesitz sich solche verschaffen müssen, haben den Gewinn fast vollständig aufgezehrt. Der grosse Grundbesitz ist gleichmässig verschuldet. Wegen des Geldmangels der Landwirthschaft verpachten die Besitzer ihre Güter lieber, als dass sie dieselben auf eigene Rechnung bewirthschaften. Man spricht von zahlreichen Darlehnen, die dem Landmanne gegen Verpfändung von Schmucksachen (bijoux) zu

4 bis 5 %, monatlich gegeben worden sind. Ein ländlicher Kredit fehlt. ')

In den **Vereinigten Staaten** waren die Besitzer der Südstaaten schon vor dem Kriege verschuldet und sind jetzt um so mehr der Mittel beraubt, welche nöthig wären, die Arbeit neu zu beleben. Sie haben sämmtlich versucht, auf Hypothek zu borgen, sie können sich aber nicht unter 2, 3, manchmal sogar 4 %, *monatlich* Geld verschaffen. In den westlichen Staaten fehlen dem Landmanne, sei er Pächter oder Besitzer, fast alle Mittel, und er kann sie sich nicht anders beschaffen, als dass er seine Besitzung oder sein Vieh gegen Hypothek verpfändet. Je nach seiner Zahlungsfähigkeit betragen dann die Zinsen 10 bis 15 %.

*) Die deutsche Kolonisation eines fruchtbaren Theiles dieses uns jetzt ungleich näher gerückten wunderbaren Landes (Nil-Delta) hat die landwirthschaftlichen Interessen lebhaft und laut erregt. Es lag hier — und liegt noch — eine *ernste*, folgerichtige Idee in voller geistiger und praktischer Durcharbeitung zu Grunde. Es ist der Wunsch noch nicht aufgegeben, dass die gegebenen Versprechungen in Beziehung auf die Rechtsverhältnisse sich realisiren möchten.   Dr. B.

Kapitel III.

Handarbeit. Arbeitslohn.

§ 1. Die ländlichen Arbeiter.

Die mehr oder weniger günstigen Bedingungen, unter denen der Landwirth seine zahlreichen Arbeiten durch die Landbevölkerung ausführen lassen kann, üben den grössten Einfluss auf den Zustand und das Gedeihen der ländlichen Gewerbe. Für viele Landleute ist dies die wichtigste Frage. Sie muss von denen ernst in Betracht gezogen werden, welche die Mittel suchen, um den Leiden, denen die Landwirthschaft zu verschiedenen Zeiten unterworfen war und ist, abzuhelfen. In diesem Punkte nämlich treffen die hauptsächlichsten Ursachen dieser Leiden selbst zusammen.

Schon lange vor Beginn der Enquête zeigte sich eine Thatsache, welche diese nur auf das bestimmteste bestätigen konnte: 1) wird es fortwährend schwerer, für die Feldarbeit die genügenden Arbeitskräfte zu schaffen; 2) hat der Arbeitslohn deswegen mehr und mehr steigen müssen; 3) sind die Arbeiter, nicht nur in Betreff des Lohnes, sondern auch betreffs der anderen Bedingungen der Vergütung ihrer Dienste in den Ackerwirthschaften anspruchsvoller geworden; 4) sind die Beziehungen zu ihren Arbeitgebern schwieriger geworden, als sie es ehedem waren. Das sind die Ansichten, über welche die Enquêtekommissionen aller Departements einig sind; sie stimmen mit den mündlichen Auslassungen überein, welche vor der *Commission supérieure* abgegeben sind, unter denen besonders diejenigen der forstwissenschaftlichen Gesellschaft anzuführen sind, welche spezielle Einzelheiten darüber beigebracht haben. —

Die Hauptursachen, in denen man den Mangel an ländlichen
Arbeitern zu suchen hat, sind: die Entwickelung einer immer intelli-
genter werdenden Bewirthschaftung (also die gesteigerte Nachfrage),
die fortschreitende Theilung des Grundbesitzes, die abnehmende Kinderzahl in den Familien, *) die Ausdehnung der grossen öffentlichen

---

*) Ich möchte an dieser Stelle einen Beitrag zur obenstehenden Frage in
Erinnerung bringen, dessen data und facta im I. Capitel meiner „Nordfranz.
Landwirthschaft" (Halle, Pfeffer'sche Buchhandlung 1869) enthalten und theils
amtlichen Notizen, theils der „statistique de la France" von M. Block entlehnt
waren. Es heisst daselbst:

„Die Fruchtbarkeit ist in Frankreich auf beinahe 3 Kinder im Durchschnitt
für die Ehe herabgesunken — ähnlich wie in Rom vor Emanation der le Papia
Poppaea. Noch von 1820—1830 wurden bei $31^2/_7$ Einwohnern durchschnittlich
974,180 Kinder jährlich geboren. Hätte sich die Fruchtbarkeit nicht vermindert,
so hätten auf $37\frac{1}{2}$ Millionen Einwohner im Jahre 1861 schon 1,147,700 Geburten
fallen müssen. Allein es fielen nur 1 005,078, oder die Abnahme der Fruchtbarkeit hatte bereits einen Ausfall von 142,682 Geburten verschuldet. In Folge
davon hat, da in Griechenland aller 42, in England aller 52, in Preussen
aller 54, in Norwegen und Spanien aller 57, in Dänemark und Schweden aller 63,
in Russland aller 66 Jahre die Bevölkerung sich verdoppelt: Frankreich zu der
gleichen statistischen Leistung **198 Jahre nöthig!** —

Auch die Zusammensetzung der Bevölkerung giebt kein günstiges Bild,
denn auf je 10,000 Köpfe treffen:

Personen:

	— unter 20 Jahren —	— zwischen 20—60 Jahren —	— über 60 Jahre —
in *Frankreich*	3612	5373	1015
in *Preussen*	4740	4683	577

Es ist einleuchtend, dass, je *stärker* der Procentsatz der Jugend ist, desto
höher auch die *jährlich* zu stellende *Mannschaft* ausfällt.
1843 wurden in Frankreich 530,000 Knaben geboren, von denen 1864 das
militärische Alter 325,000 erreichten und von diesen *gelangten nur 159,000 zur
Loosung!* Zieht man von dieser Ziffer die Matrosen für die Kriegsflotte und diejenigen ab, welche aus körperlicher Schwäche, Gebrechen u. s. w. wieder entlassen
werden mussten, so bleiben 132,000 Streiter übrig.

Die wirklichen Aushebungen, die unter den Bourbonen sich jährlich auf
40,000 Mann beliefen, stiegen unter der Juli-Monarchie auf 60—80,000 Mann und
im zweiten Kaiserreich auf 100,000 Mann. *Mit dem Steigen der Aushebung ist
die Fruchtbarkeit der französischen Ehe gesunken.* Dieser Satz ist von den Sta-
tistikern *mathematisch* bekräftigt worden, und *seine biologische Erklärung liegt
ausserordentlich nahe.* Mit dem 28. Jahre hat der französische Soldat im Allgemeinen die Dienstzeit überstanden. In England sind im 28. Jahre von 1000
Männern 559 verheirathet oder verwittwet; in *Frankreich* sind *umgekehrt* in dem
gleichen Alter 418 verheirathet und 582 Junggesellen. Daher verdoppelt sich die
englische Bevölkerung in 52, die französische erst in 198 Jahren. —

Dr. Bauer.

Arbeiten und die Anforderungen an den Militärdienst, die Auswanderung der Landbevölkerung in die Städte.

Eine über dieselbe Ackerfläche ausgedehnte, intelligentere Bewirthschaftung, welche, um dem Boden mehr abzugewinnen, als die frühern Ackersysteme es konnten, erfordert natürlich viel mehr Arbeit. Daraus folgt, dass man sich, da die Bevölkerung nicht im Verhältniss der Bedürfnisse, welche die neue Bewirthschaftungsweise naturgemäss schuf, zugenommen hat, in vielen Gegenden über Mangel an Arbeitskräften beklagt.

Die Zerstückelung der Güter unter die Kinder einer Familie, welche zum Theil die Folge der Erbtheilung ist, wie sie durch die französischen Gesetze über den Nachlass geordnet ist, die Neigung, welche die Landbevölkerung treibt, sich, sobald sie nur einen Hausstand begründen kann, in den Besitz eines kleinen Grundstückes zu setzen, führen nothwendiger Weise zu dem Resultate, dass der Bauer sich mehr und mehr der Bewirthschaftung seines eigenen Gütchens widmet, dass er viel mehr Zeit und Sorgfalt darauf verwendet, als er auf dieselbe Arbeit für fremdes Interesse verwendet hätte, dass es endlich eben viel weniger Leute giebt, welche ihre Kräfte an Fremde vermiethen können. Diese an und für sich freilich schöne Sache führt die unvermeidliche Folge mit sich, dass die Bewirthschaftung des kleinen Grundbesitzes eine grössere Menge Arbeit verlangt, aber sie hat auch eine viel reichlichere Produktion im Gefolge. —

Die geringere *Kinderzahl* in den Familien ist eine durch die Untersuchungen in fast allen unseren Departements bestätigte Thatsache, vor Allem aber in den reichen. In einigen Gegenden ist diese Thatsache freilich geleugnet worden, ich führe unter anderen die Departements von Finistère, der unteren Loire und von Landes an. Im Allgemeinen aber hat sich seit einiger Zeit eine *fortschreitende Verminderung der Fruchtbarkeit der Ehen unter der Landbevölkerung bemerklich* gemacht. Der zum Eigenthümer gewordene Bauer fürchtet, bei seinem Tode seine Besitzung unter mehrere Kinder getheilt zu wissen; er hat mehr als sonst die Lasten im Auge, welche ihn die Erziehung einer zahlreichen Familie kosten werde, und in seiner Ungewissheit zieht er es vor, sich lieber der Hilfe zu berauben, welche ihm einst die Arbeit seiner Kinder gewähren würde, als sie bei sich zu behalten und auf fremde Arbeit gehen zu sehen.*) In

*) Es sind wohl noch andere, tiefer liegende, im Nationalcharakter begrün-

vielen Gegenden Frankreichs, in welchen ehedem die Familien 7 bis
8 Kinder hatten, sieht man sie jetzt nicht selten mit 2—3, manchmal sogar mit nur einem Kinde. Gegenüber dieser Thatsache, welche
die dem Ackerbau zugewendeten Kräfte noch vermindern, haben
Einige den Gedanken ausgesprochen, ihr dadurch abzuhelfen, dass
man den Familien mit zahlreicher Nachkommenschaft besondere Begünstigungen, wie etwa Steuerfreiheit oder Prämien bewillige.[*]

Die im Interesse der Landwirthschaft selbst so nützliche und
allgemein geforderte Entwicklung, welche seit mehreren Jahren schon
den grossen öffentlichen Arbeiten, dem Bau von Eisenbahnen zum
Beispiel, zugewendet worden ist, haben ebenso und in sehr fühlbarer
Weise dazu beigetragen, den ländlichen Arbeiten Kräfte zu entziehen.
Die an vielen Orten stattgehabte Errichtung von Werkstätten
('Arbeiterstationen), wo die Arbeiter ein im Verhältniss ziemlich hohes Lohn zu finden sicher waren, wo sie aber auch Gewohnheiten annahmen, welche von ihrer früheren Lebensweise verschieden waren, bewirkten in gleicher Zeit eine Verminderung
der Zahl der Feldarbeiter, als die Sittlichkeit derselben sank. Die
Nothwendigkeit des *Militairdienstes* ist eine fernere, unaufhörlich
wirksame Ursache des Mangels an Arbeitskraft auf dem Lande, dem
sie seit mehreren Jahren die jüngsten und kräftigsten Arbeiter
entzieht.

Um diesem letzteren Uebelstande einigermassen abzuhelfen, ha-
ben die Departementskommissionen den Wunsch ausgesprochen, die
Korpskommandeure aufzufordern, den Landwirthen, besonders zur
Zeit der grossen Beackerungsarbeiten und vor Allem der Ernte,

---

dete Momente, die hier als Faktoren in Erscheinung treten müssen. Die Herren
Kommissäre haben vielleicht guten Grund gehabt, *darauf nicht* näher einzugehen!
Dr. B.

[*] Ich schalte an dieser Stelle eine Bemerkung aus der Nat.-Zeitung vom
20. Juli c. (von Braun-Wiesbaden) ein, die auf das Vorstehende ein Streiflicht
fallen lässt. Napoleon — heisst es da — hat in der Ansprache, in der er das
Volk um sein „Ja" für das Plebiscit bat, betont, dass dieses „Ja" gegeben werden
sollte, damit Friede und Wohlfahrt herrsche und der Sohn seinen Vater beerbe
(que le fils succède au père). Den letzteren Ausdruck wählte Napoleon, um das
Herz der Bauern zu gewinnen, denn er weiss, dass der Bauer das Gegentheil
eines Socialisten ist, und wie sehr derselbe wünscht, dass der Sohn das Gut
erhalte, das der Alte mit dem Schweisse seiner Arbeit gedüngt hat."

In Parenthese sei bemerkt, dass der Verfasser daran erinnert, dass seit 323
Jahren — seit 1547 — *niemals* der Sohn dem Vater auf dem Throne Frankreichs
gefolgt ist.
Dr. B.

leichter und schneller *Soldaten zur Verfügung zu stellen.* Seit lange schon sind Massregeln getroffen worden, um in dieser Hinsicht den Wünschen der Landwirthschaft gerecht zu werden, und alljährlich ertheilt der Kriegsminister den Korpskommandeuren des ganzen Kaiserreichs dahin gehende Befehle. In der Praxis aber scheinen seitens des militärischen Oberbefehls einige Schwierigkeiten zu entstehen, einerseits dem Wunsche gegenüber, den Landwirthen gerecht zu werden, andererseits den Anforderungen des Dienstes gegenüber. Ueberdies erleidet die Ausführung der im Interesse der Landwirthschaft gegebenen Befehle oft Verzögerungen, oder Nachlässigkeiten treten ein, so dass die Landwirthschaft aus dem ihr bewilligten Vorrechte nicht den vollständigen Nutzen ziehen kann. Vielleicht sind neue Anstrengungen im Stande, diese Schwierigkeiten zu beseitigen.

Endlich ist unter den von der Enquête gesammelten Mittheilungen betreffs des Einflusses, den die französische Militairorganisation auf die Landwirthschaft ausüben könnte, auch noch der Wunsch laut geworden, die Armee, in einem gewissen Grade wenigstens, bei den grossen öffentlichen Arbeiten *der* Art zu beschäftigen, dass diese ausgeführt werden können, *ohne* dass dadurch die der Landwirthschaft so sehr nothwendigen Arbeitskräfte entzogen werden.

Der *Zug der Landbevölkerung nach den Städten* ist ein noch mehr zu beachtendes Uebel; er ist nur im Allgemeinen erwähnt. Nicht in allen Gegenden des Kaiserreiches ist er gleichmässig stark. Man sagt, die ländlichen Arbeiter würden durch den Reiz eines höheren Lohnes, durch die Verlockung von Vergnügungen, die sie auf dem Lande nicht finden, endlich durch die, oft genug nur scheinbare Hoffnung auf ein leichteres und weniger beschwerliches Leben in die Städte gezogen. Die grossen Arbeiten, welche unternommen worden sind, um die grossen Städte gesund zu machen und zu verschönern, hätten diese Neigung zur Verödung des platten Landes begünstigt. — In der Enquête ist wiederholt der Wunsch ausgesprochen worden, diese städtischen Arbeiten abzubrechen oder wenigstens bedeutend zu verlangsamen. Einige haben sogar diese Arbeiten für unproduktiv erklärt. Auf diese Weise hofft man, der Landwirthschaft die ihr so nöthigen Kräfte wiederzuzuführen, bedenkt aber dabei nicht, obgleich es ziemlich allgemein anerkannt ist, dass, wenn die Landleute einige Zeit in Städten gelebt haben, sie Genüsse kennen gelernt haben, welche ihnen die Rückkehr zu ihrer

früheren Lebensweise schwierig — oder mindestens wenig begehrens-
werth — machen.

Die unvermeidliche Folge des Mangels an ländlichen Arbeitern
war die *Vermehrung des Lohnes.* Fast überall hat er in hohem
Masse steigen müssen. Diese Steigerung ist in sehr verschiedener
Weise geschätzt worden; natürlich hat sie je nach der Gegend
geschwankt. Man nimmt im Allgemeinen 30 bis 50 %, von
dem Preise an, den die Landwirthschaft vor 30 Jahren zahlte;
selbst wenn man das Fallen des Geldwerthes mit in Betracht zieht,
so ist die Steigerung des Lohnes doch eine recht beträchtliche. Dadurch haben sich aber die Lebensbedingungen der ländlichen Bevölkerung merklich gebessert; sie ist im Allgemeinen besser gekleidet,
genährt und hat bessere Wohnungen. Das ist entschieden ein grosser
Vortheil, und man kann sich nur Glück wünschen, eine fleissige
und dieses Vortheils würdige Bevölkerung in besseren Verhältnissen
zu sehen. Es ist aber zu wünschen, dass sie die Vortheile ihrer
neuen Lage nicht verkenne, und dass sie dieselbe nicht durch zu
grosse Anforderungen verscherze, wodurch die Bodennutzung nur
noch schwieriger werden würde.*)

Leider hat die Enquête eine schon vor mehreren Jahren beob-
achtete Thatsache bestätigen müssen: dass nämlich die *Beziehungen
zwischen den ländlichen Arbeitern und den Arbeitgebern* weniger gut sind, als ehedem, und dass sie von Tage zu Tage
schlechter zu werden drohen. Obgleich sie nämlich die Verlegen-
heit der Arbeitgeber kennen, wenn es sich darum handelt, ab-
ziehende Arbeiter oder diejenigen, welche sie fortschicken müssen,
zu ersetzen, ergreifen sie doch, oft unter dem nichtigsten Vor-
wande, die Gelegenheit, ihren Dienst zu wechseln. Sie gewöhnen sich, von einer Farm zur andern zu gehen, wohl auch

---

*) Im Département von Lille, Douai, Valenciennes, ja im ganzen Norden
Frankreichs ist die Kultur nur noch durch belgische Arbeiter *möglich*. Es fehlt
an allen Orten. Vor 25 Jahren verdiente hier ein Mann täglich 1 frc. bis 1 frc.
25 centimes und eine Frau 60 centimes. *Jetzt* beträgt das Lohn der *nicht permanent auf einem Gehöfte* beschäftigten Arbeiter für 10 Stunden Tagesarbeit 2 frcs.
durchschnittlich für die Männer und 1 frc. für die Weiber. Im Accord werden
4—6 frcs. verdient. Auf der Musterwirthschaft „Masny" — zwischen Douai und
Valenciennes — werden die zum Gute gehörigen Arbeiter *nicht* beköstigt. Sie
beziehen monatlich: die Knechte, Schäfer, Kuhhirten 60—75 frcs., die Aufseher
100 frcs. u. s. w.
(*Siehe:* Dr. Bauer's „*Nordfranzösische Landwirthschaft*", S. 4 ff.) Dr. B.

einige Tage ohne Arbeit zu bleiben; sie werden ausschweifend und der Vortheil, den sie durch eine Steigerung des Lohnes zu erlangen *glauben*, ist oft für sie, vor Allem für ihre Familie, vollständig verloren.

Um *dagegen* zu wirken, hat man vorgeschlagen, das Gesetz vom 22. Juni 1854 über die *Arbeitsbücher* (Dienstbücher) auch auf die ländlichen Arbeiter anzuwenden.

Nach dem Wortlaute seines 1. Art. ist dies Gesetz aber nur auf solche Arbeiter beiderlei Geschlechts anwendbar, welche in Manufakturen, Fabriken, Hüttenwerken, Bergwerken, Steinbrüchen, Zimmerplätzen, Werkstätten und anderen industriellen Etablissements beschäftigt sind, sei es, dass sie für einen oder mehrere Herren arbeiten.

Schon vor längerer Zeit ist über diesen Artikel berathen worden. Der Generalrath für Landwirthschaft (Conseil général de l'agriculture) hat sich in seiner Sitzung von 1841—42 damit beschäftigt, und nach kurzer Berathung verwarf er den Vorschlag einer seiner Kommissionen, die Arbeiter aller Erwerbszweige den Förmlichkeiten der Dienstbücher zu unterwerfen. Der Generalrath hatte dem von der Kommission vorgeschlagenen Artikel die Worte „ausser denjenigen, welche in der Landwirthschaft beschäftigt sind" hinzugefügt. In der Sitzung von 1845—46 nahm der „Conseil général de l'agriculture, du commerce" etc. diese Frage noch einmal auf, und trotz des Berichtes der Kommission, welche verlangte, dass die ländlichen Dienstboten Dienstbücher haben sollten, wurde diese Forderung verworfen, ja man verwarf sogar das Unteramendement, dass ländliche Dienstboten Bücher führen sollten, sobald sie ausserhalb ihres heimathlichen Kreises arbeiteten. Bei der Berathung, welche darüber stattfand, hatten sich einige Mitglieder zu Organen *der* Wünsche gemacht, welche durch mehrere *Departementsräthe dahin* ausgesprochen worden waren, dass die ländlichen Arbeiter Dienstbücher haben sollten, der königliche Kommissar hatte in demselben Sinne gesprochen. Doch wurde die Zweckmässigkeit der Dienstbücher für die ländlichen Arbeiter, welche da, wo man sie brauche, meistens bekannt seien, bestritten. Auch wurde die Ausführbarkeit der Massregel wegen Unkenntniss der Arbeiter, der Arbeitgeber und der Lokalbehörden bestritten und hervorgehoben, dass das Gesetz nicht befolgt werden würde. Man erhob sich sogar gegen das bedeutungsvolle Recht, welches die Verbindlichkeit durch das Dienstbuch dem Herrn über den Arbeiter gebe.

1845 wurde ein Gesetzesvorschlag, betreffend Gesindebücher,

der Pairskammer unterbreitet; dieser begriff unter der Zahl der Arbeiter, welche Dienstbücher zu führen verpflichtet sein sollten, auch die in Ackerwirthschaften beschäftigten oder für solche arbeitenden Personen.

Bei der Auseinandersetzung der Gründe betonte der Minister der Landwirthschaft und des Handels, dass man in den gewerblichen Berufszweigen die Nützlichkeit der Dienstbücher seit langer Zeit schätzen gelernt habe, dass für die Landwirthschaft diese Bürgschaft durchaus fehle, und dass mehre Obergerichte in den *Departements* ihre Einführung dringend verlangten. Zur Unterstützung führte man einen Beschluss des Conseil général des Aisne-Departement an, welcher erklärte, dass die Anwendung des Gesetzes über die Dienstbücher auf die ländlichen Arbeiter eine nothwendige, gerechte und für Alle vortheilhafte Massregel sei; dass für den geschickten und rechtschaffenen Arbeiter das Dienstbuch ein Zeugniss über seine Fähigkeit und Sittlichkeit sei, mit welchem er überall Arbeit finden würde; dass es für alle ein Antrieb zur Sittlichkeit und Aufmunterung sei, wie es gleichzeitig die Neigung zum Laster und zur Trägheit zügeln würde; dass die Verpflichtung, ein Dienstbuch zu führen, nicht den Tadel verdiene, die Freiheit des Arbeiters zu beeinträchtigen, da ja die *Verbindlichkeiten gegenseitig* wären und ihn ebensowohl bänden als den Herrn. Der Conseil général schloss mit den Worten: „Die Gewerbe und die Fabriken haben schon lange das Dienstbuch; alle Herren und Arbeiter befinden sich dabei wohl; weshalb soll die Landwirthschaft nicht denselben Vortheil geniessen? Wir sind ihn ihr schuldig."

Der Minister der Landwirthschaft und des Handels fügte diesen Erwägungen hinzu, dass die ungleichen Bedingungen, unter welchen die in der Landwirthschaft und die in den Gewerben beschäftigten Arbeiter ständen, für die einen wie für die anderen eine fortwährende Ursache zu Vorurtheilen seien, indem sie nämlich den häufigen Arbeiterwechsel begünstigten — das plötzliche Verlassen der landwirthschaftlichen Arbeit und Uebergang zu gewerblicher und umgekehrt — und indem sie dieserweise unzuverlässigen Menschen die Mittel an die Hand gebe, sich den eingegangenen Verbindlichkeiten zu entziehen.

Der Gesetzesvorschlag wurde von der Pairskammer geprüft und durchberathen. Der Graf *Beugnot* stattete Namens der Specialkommission, welche ihn zu prüfen hatte, Bericht ab. Das Resultat der Berathung in der Kommission war, „dass es ihr *nicht* vortheilhaft zu sein schiene, die Verpflichtungen des Gesetzesvorschlages auf die in Ackerwirthschaften beschäftigten Arbeiter auszudehnen". Der Bericht des Grafen *Beugnot*, welcher die Erwägungen für und gegen die Zweckmässigkeit der Dienstbücher beleuchtet, lautet:

„Zur Unterstützung dieser Forderung sind gewichtige Erwägungen vorgebracht worden, welche wir in wenigen Worten wiederholen wollen:

„Die ländlichen Arbeiter, welche Arbeit bekommen können, ohne eine schriftliche Bescheinigung mit sich zu führen, dass sie ihren früheren Verbindlichkeiten nachgekommen sind, nehmen ihren Abschied oder lassen sich wegjagen, wenn der Pächter ihre Dienste am nöthigsten braucht, in der Zeit der Aussaat, der Ernte und der Weinlese. Jede Massregel, welche bezweckt, die Neigung dieser Arbeiter, zu leicht ihren Herrn und ihren Wohnsitz zu verlassen, zu beschränken, wird für die Landwirthschaft vortheilhaft sein. Den gewerblichen Interessen wird sie nicht weniger dienen, denn man hat die Beobachtung gemacht, dass, sobald ein heruntergekommener und ehrloser Arbeiter sieht, dass sein Herr in sein Dienstbuch die ihm gemachten Vorschüsse eingetragen hat, er für einige Zeit einen neuen Berufszweig ergreift, in welchem ein Dienstbuch nicht nöthig ist, ganz besonders die Landwirthschaft; nachdem er sich so den Nachforschungen seines Gläubigers entzogen hat, lässt er sich ein neues Dienstbuch geben und ergreift seinen früheren Beruf. Solche leicht zu begehende Unehrlichkeiten, denen man heute nicht vorbeugen, die man auch nicht unterdrücken kann, beeinträchtigen die Interessen der Arbeitgeber und, was noch beklagenswerther ist, entsittlichen viele Arbeiter.

„Um den Werth dieser Bemerkungen richtig beurtheilen zu können, muss man sich über die Lage der ländlichen Arbeiter Rechenschaft geben.

„Auf jeder Farm giebt es 2 Klassen von Arbeitern: die einen sind fest gemiethet, in manchen Gegenden auf ein Jahr, gewöhnlich aber auf unbestimmte Zeit: dies sind die Hirten, die Ochsen- und Pferdeknechte etc.; die übrigen sind einfache Tagelöhner, welche zur Erntezeit und zur Weinlese, wenn der Landwirth eine viel grössere Menge Arbeiter braucht, Arbeit nehmen. Jene *bleiben*, wie wirkliche Dienstboten, auf der Farm, diese kommen nur zur Arbeit auf dieselbe. Diese Erntearbeiter, welche in grossen Schaaren die verschiedenen Provinzen Frankreichs durchziehen und oft auch aus dem Auslande herbeiströmen, der Verpflichtung, Dienstbücher zu füh-

ren, zu unterwerfen, wäre ganz unmöglich (?), denn das Nomaden-
leben derselben und die Art, wie sie Arbeit nehmen, würde die
Bürgschaft, welche Dienstbücher gewähren, illusorisch machen.
Auch muss man wissen, dass es diejenigen Arbeiter sind, von
denen ich oben bemerkte, dass sie die Gewerbe verlassen und zur
Landwirthschaft übergehen, um die Verletzung ihrer Verbindlichkeiten zu verdecken und den Verfolgungen ihrer alten Herren zu entgehen, welche sich in diesen herumziehenden Schaaren verbergen. Wie
wir dem Missbrauche, wo er sich zeigt, nun auch mögen abhelfen
wollen, so glauben wir doch nicht — in der einzigen Hoffnung
einigen Betrügereien zu steuern — einer herumirrenden Bevölkerung
Verpflichtungen auferlegen zu dürfen, welche nicht für sie geschaffen
sind, und denen man sie nicht würde unterwerfen *können*. Uebrigens würde sie diese Last sicherlich abschütteln.

„Die Hofknechte (valets de ferme) sind, wie das Wort anzeigt,
weit weniger Arbeiter, als Dienstboten. Der Art. 15 des Gesetzes
vom 12. germinal des Jahres XI, welcher die Dienstzeit eines Arbeiters auf ein Jahr beschränkt, ist auf sie *nicht* anwendbar. Sie
leben mit dem Farmer unter einem Dache, essen gewöhnlich an einem
Tische mit ihm und haben so häufige, so genaue und so mannichfache
Beziehungen zu ihm, dass man nicht zu denken braucht, das Dienstbuch werde einen Farmer, wie wenig er seine Interessen auch
kenne, der Mühe überheben, sich über die Ehrlichkeit, die Geschicklichkeit und die Antecedentien eines Knechtes, der sich
ihm anbietet, zu informiren. Da das Dienstbuch kein für seinen
Besitzer ungünstiges Zeugniss enthalten darf, noch weniger aber
bescheinigen kann, dass dieser seinen Verbindlichkeiten nachgekommen ist, weil ein Landdienstbote sich weder auf eine bestimmte
Zeit, noch für eine bestimmte Arbeit vermiethet, so weist es nur
über den Namen des letzten Farmers und über die Dauer der Dienstzeit bei diesem aus. Welcher Farmer aber würde einen Knecht auf
seiner Farm aufnehmen, ohne sich zuvor über dergleichen unterrichtet zu haben? Ist es nöthig, dass das Gesetz sich da einmische,
wo das Privatinteresse so wachsam ist? Wir haben dies um so weniger
geglaubt, als es auf der Hand liegt, dass das Gesetz, dessen Vorschriften
zahlreich und strenge sind, auf dem Lande ohne Anwendung bleiben
würde, oder, was nicht mehr werth wäre, doch nur gelegentlich und
nach der Laune eines Agenten der öffentlichen Gewalt zur Anwendung
käme. Der 4. Artikel des Gesetzesvorschlages legt jedem Herrn
bei Geld- oder sogar Gefängnissstrafe die Pflicht auf, eine Liste zu

führen, in welche er den Zu- und Abgang seiner Arbeiter eintragen soll. Wird man wirklich glauben, dass die Farmer, welche nicht, wie die Inhaber von gewerblichen Anlagen, eine fortwährende Bewegung der Arbeiter ihrer Farm zu überwachen haben, diese Liste, deren Zweckmässigkeit weder für sich noch für ihre Arbeiter sie einsehen können, gewissenhaft führen werden?*)

„Die ländlichen Arbeiter der Führung von Dienstbüchern zu unterwerfen, ist ein Gedanke, welcher auf den ersten Blick einfach und gerecht zu sein scheint. Wenn man aber der Sache auf den Grund geht, so wird man leicht erkennen, dass man bei der Ausführung auf Schwierigkeiten stösst, welche eine wohl bewiesene Zweckmässigkeit nicht aufwiegen."

Der Gesetzesvorschlag wurde nach den Ausführungen der Kommission von der Pairskammer angenommen; sein erster Artikel schloss also von den der Führung von Dienstbüchern unterworfenen Arbeitern die in Ackerwirthschaften beschäftigten aus. Der so verbesserte Gesetzesvorschlag wurde der Deputirtenkammer in der Sitzung von 1847 vorgelegt. In der Auseinandersetzung der Motive war von den ländlichen Arbeitern keine Rede, und der Bericht des Abgeordneten *Salveton* liess nur durchblicken, dass, wenn der 1. Artikel des Gesetzesvorschlages die ländlichen Arbeiter nicht berücksichtige, man nicht glauben solle, die Kommission habe sich mit der Frage, welche die Wünsche mehrerer General-Räthe zur Sprache gebracht hätte, nicht beschäftigt. Diese Frage sei im Gegentheil in ernstliche Erwägung gezogen worden; aber die Kommission habe nicht gezaudert, die Motive gelten zu lassen, welche die Pairskammer und die Regierung geleitet hätten. Im Uebrigen hinderte die politische Lage, dem Vorschlage Folge zu geben.

Erst im Jahre 1854 wurde die Dienstbücherfrage wieder aufgenommen und dem gesetzgebenden Körper ein neuer Gesetzentwurf

---

*) Es scheint also, als habe in Frankreich der Ortsvorstand eines Dorfes *nicht* wie bei uns die strenge und doch so einfache Pflicht, *Zu-* und *Abgangslisten* für jeden auch nur Wochen oder Monate arbeitenden Fremden oder Eingewanderten zu führen. Das sind freilich wenig beneidenswerthe Zustände — es ist fast unerklärbar, wie dabei eine auch nur entfernt geordnete Uebersicht über Militairpflichtige, Landarme u. s. w., wie überhaupt eine polizeilich sichere Organisation in den Gemeinden denkbar ist. — Sollten aber ähnliche ortspolizeiliche Massnahmen in Frankreich eingeführt sein, als bei uns, dann wäre hier eine bedeutende Lücke in dem Berichte des Kommissairs, die wenigstens den Werth seiner *letzten* Deduktionen sehr in Frage stellte. — Dr. B.

unterbreitet. Die Auseinandersetzung der Motive schwieg von der
Anwendung der Dienstbücher auf die ländlichen Arbeiter; doch
theilte Bertrand (aus dem Yonne) mit, dass die Mehrheit der
Kommission anfangs vorgeschlagen habe, in dem 1. Artikel nach
den Worten „und anderen gewerblichen Unternehmungen" „und auch
ländlichen" hinzuzufügen. Dieser Zusatz war der Ausdruck des Ge-
dankens mehrerer Mitglieder, welche forderten, dass die Verpflichtung, Dienstbücher zu führen, auch auf die ländlichen Arbeiter und
Tagelöhner ausgedehnt werde.

Die Gründe, welche für und gegen diese Ansicht geltend gemacht worden waren, fasste Bertrand in einem Berichte zusammen,
in welchem er sich auf den des Grafen *Beugnot* vom Jahre 1846
bezog.

Schliesslich hat aber die Kommission nicht zugegeben, dass die
Verpflichtung, Dienstbücher zu führen, auf *alle* Arbeiter ohne Ausnahme ausgedehnt werde; doch beharrte sie dabei, in dem Gesetzvorschlage den Zusatz zu machen, dass die in landwirthschaftlichen
Gewerben, wie Zuckerfabriken, Brennereien, Hefenfabriken und anderen Fabriken der Art beschäftigten Arbeiter zur Führung von
Dienstbüchern gehalten sein sollten. Der Staatsrath hat im Ein-
verständnisse mit der Kommission über den Zweck, welche diese
sich vorgesetzt hatte, diesen durch den allgemeinen Zusatz „und
andere gewerbliche Unternehmungen" für vollständig erreicht gehalten, und so wurde das Gesetz vom 22. Juni 1854 auch angenommen.

Seitdem ist diese Frage noch häufig zur Sprache gebracht worden, besonders in den General-Räthen der Departements, und das
Urtheil darüber scheint günstig zu sein.

Die *Enquête agricole* bezeugt in der That, dass der Gedanke,
den ländlichen Arbeitern die Verpflichtung, Dienstbücher zu führen,
wie es schon die in gewerblichen Anlagen thätigen Arbeiter müssen,
aufzuerlegen, zahlreiche Vertreter hat, und an vielen Orten hat man
sich in diesem Sinne ausgesprochen. Doch die Meinungen, wie man
eine derartige Massregel einführen soll, sind getheilt.

Die Einen verlangen, dass das Dienstbuch bei allen ländlichen
Arbeitern ohne Unterschied eingeführt werde; Andere wünschen seine
Einführung nur bei den Dienstboten der Farm und denjenigen sess-
haften Arbeitern, welche einen Monat oder ein Jahr hindurch sich
verdungen haben, die herumziehenden Arbeiter aber und die gewöhnlichen Tagelöhner wollen diese ausgeschlossen wissen; noch

Andere sind der Ansicht, dass die Anwendung dieser Massregel auf die letztere Arbeiterklasse äusserst zweckmässig sein würde.

Auch verlangte man, dass das Gesetz mehrfach modificirt werde. Vor Allem sprach man die Ansicht aus, dass das Dienstbuch die Bedingungen des Kontraktes zwischen dem Herrn und den Arbeitern oder Dienstboten enthalten solle, während doch, dem Wortlaute des Gesetzes zufolge, der Herr in das Dienstbuch nur den Tag des An- und Abzuges des Arbeiters und die etwaigen Vorschüsse, welche der Arbeiter ihm schuldet, eintragen darf.

Uebrigens ist die Frage der Einführung der Dienstbücher bei den ländlichen Arbeitern eine solche, welche in den Code rurale gehört.

Eine der Ursachen, welche vom Standpunkte der Führung und der Sittlichkeit der Arbeiter einen ungünstigen Einfluss auf diese ausüben sollen, und welche in der Enquête häufig besprochen worden ist, ist die grosse Menge von *Wirthshäusern* auf dem Lande. Man hat nachgewiesen, dass in den kleineren Dörfern sich diese öffentlichen Versammlungsörter über Gebühr vermehrt haben, und dass sie der Arbeiterbevölkerung zu häufige Gelegenheit zu Ausgaben und zu Zeitverlust geben. Man hat den Wunsch ausgesprochen, dass die Regierung, ohne deren Erlaubniss keine Wirthshäuser entstehen können, entweder die Aufsicht über dieselben vermehre oder weniger leicht Konzessionen ertheile, wodurch sich die Zahl der Wirthshäuser vermindern würde. *)

---

*) Am Schlusse dieses §. mag eine kleine statistische Bemerkung Raum finden. Die Zählung von 1866 ergab für ganz Frankreich eine Gesammt-Einwohnerzahl von — 38,067,184 Seelen — und überstieg die Totalsumme von 1861 *nur um* 680,933 Seelen Von dieser geringen Zunahme-Zahl kommen noch dazu etwa 350,000 auf die grossen Städte und es wurde hier schon bei 30 Departements (von 89) eine entschiedene *Verminderung* der Bevölkerung konstatirt.

Auf 100 Seelen gerechnet, ergiebt — nach M. Block's Statistik — die *ländliche Bevölkerung* zur *Gesammt-Bevölkerung* in folgenden Hauptstaaten Europa's nachstehendes Bild:

Oesterreich	82	Portugal	84
Baiern	83	*Preussen*	*73*
Belgien	75	Russland	89
Dänemark	79	Polen	79
Spanien	85	Sachsen	67
Italien	80	Schleswig-Holstein	83
Frankreich	*68*	Schweden und Norwegen	88
England und Schottland	22	Die Schweiz	80
Irland	66	Würtemberg	91
Die Niederlande	65		Dr. B.

§ 2. Gebrauch der landwirthschaftlichen Geräthe und Maschinen.

Unter den Mitteln, welche am geeignetsten erscheinen, dem Mangel an menschlicher Arbeitskraft auf dem Lande zu begegnen, steht der Gebrauch besserer Ackerwerkzeuge und die Anwendung von landwirthschaftlichen Maschinen, welche die Bestellungsarbeiten beschleunigen und billiger machen, sich auch bei einer beschränkteren Arbeiterzahl anwenden lassen, in erster Reihe. Ihre Anwendung verallgemeinert sich und die intelligenteren Landwirthe ergreifen eifrig alle Mittel, die Kultur ergiebiger zu machen, und begreifen wohl den Vortheil, den sie aus der Anwendung vollkommen konstruirter Maschinen ziehen können. Die landwirthschaftlichen Vereine, deren Zahl im ganzen Kaiserreiche zunimmt, unterstützen mit allen ihren Kräften diesen fortwährenden Drang, die landwirthschaftlichen Maschinen zu verbessern. In den Ausstellungen und in den Vereinen haben Belohnungen die Verbreitung von nützlichen Erfindungen befördert und diejenigen aufgemuntert, welche sich Mühe gaben, sie zu verbreiten. Die Regierung ihrerseits vernachlässigt Nichts, die Landwirthe zu veranlassen, ihr Interesse nützlichen Verbesserungen ihrer alten, so langsamen und so kostspieligen Bewirthschaftungsweise zuzuwenden.

Die verbesserten Ackergeräthschaften, die neuen Pflüge z. B. sind ausgebreiteter im Gebrauche als früher, und die Anwendung landwirthschaftlicher Maschinen ist in fortwährender Zunahme begriffen.

Vor Allem ist die *Dreschmaschine* mit Begeisterung aufgenommen und ihre Verbreitung allgemein. Aus einer *Enquête spéciale*, welche in den ersten Monaten des Jahres 1856 vorgenommen wurde, geht hervor, dass damals in ganz Frankreich schon über 51,000 solcher Maschinen vorhanden waren. Einige, besonders im Norden und Osten gelegene Departements besassen eine grosse Anzahl derselben, ich nenne vor Allem das Departement der Maas, der oberen Marne, der Côte-d'or, der Mosel, der Vogesen, des Departement von Doubs und das de la Meurthe. Diejenigen Departements, welche damit am wenigsten versehen, waren im Allgemeinen die südlicheren, in denen die herkömmliche Wirthschaftsweise einen regelmässigen und fortwährenden Gebrauch dieser Maschinen schwieriger erscheinen lässt.

Seitdem hat der Gebrauch der Dreschmaschinen in merklicher Weise zunehmen müssen, und nach den von den Enquêten der Departements darüber eingezogenen Erkundigungen scheint es ausser

Zweifel, dass die dadurch erzielten Fortschritte nicht nachgelassen haben.

Die anderen Maschinen, wie die *Ernte-* und *Mähemaschinen* sind bisher weniger bekannt und folglich auch weniger verbreitet. Aber die Verbesserungen, mit welchen geschickte Maschinenbauer fortwährend zu ihrer Vervollkommnung beitragen, die öffentlichen Versuche, welche damit gemacht sind, und welche den Landwirth in die Lage setzen, ihre Nützlichkeit zu schätzen und sich von den Verbesserungen, deren sie fähig sind, zu überzeugen, geben der Hoffnung Raum, dass ihre Anwendung sich verallgemeinern werde. Das Problem endlich der Anwendung von Beackerungsmaschinen*) scheint nicht unlösbar; die Wissenschaft und die Geschicklichkeit derer, welche ihnen ihre Kräfte widmen, werden vielleicht die Schwierigkeiten überwinden, welche bisher den definitiven und unbestrittenen Erfolg verhindert haben.

In der Enquête sind eine Menge Wünsche mitgetheilt worden, welche von dem Interesse zeugen, welches diejenigen, die sich mit den Mitteln für den Aufschwung einer blühenden Landwirthschaft beschäftigen, hegen.

Man wünscht, dass die Anwendung von landwirthschaftlichen Maschinen sich mehr und mehr verallgemeinere. — Zu diesem Behufe verlangt man, dass den landwirthschaftlichen Vereinen grössere Mittel zur Verfügung gestellt würden, damit sie wirksamer als bisher für die Einführung von Maschinen in die bisherige Bewirthschaftungsweise wirken könnten. Man verlangt, dass den Erfindern und Verfertigern, welche der Landwirthschaft vervollkommnete Maschinen und Instrumente übergaben, Prämien bewilligt würden, und dass man Vereinigungen von Landwirthen behufs Ankaufs solcher Maschinen begünstige.

Ganz besonders hat man verlangt, dass eine ansehnliche Prämie auf die Erfindung einer in Hinsicht ihrer Leistungen und eines mässigen Preises wirklich zweckmässigen Mähemaschine ausgesetzt werde;

dass der Landwirth, welcher solche Maschinen besitzt die er auch an seine Nachbaren vermiethet, wenn diese sich derartige Maschinen nicht anschaffen können, dafür nicht noch der *Patentsteuer* unterworfen sei; *dass endlich die Einführung von Maschinen steuerfrei sei!*

---

*) Hier ist wahrscheinlich eine Ungenauigkeit im Ausdruck. Es sind voraussichtlich die *Dampfpflüge* gemeint. Dass *wir* in Anwendung derselben den Franzosen den Vorsprung abgewonnen haben, steht fest. — Dr. B.

Bis jetzt ist die Einführung von Maschinen, seien sie im Ganzen oder in ihre Theile zerlegt, nach dem allgemeinen Steuertarif mit 15 Frcs. pro 100 Kilo, wenn sie auf französischen Schiffen, mit 16$\frac{1}{2}$ Frcs., wenn sie auf fremden Schiffen oder zu Lande ankommen, besteuert.

In den Handelsverträgen mit verschiedenen Staaten ist dieser Satz bedeutend ermässigt. In den Verträgen mit England, Belgien und Italien wurde er für Maschinen und Maschinentheile zu landwirthschaftlichem Gebrauche erst auf 9 Frcs. pro 100 Kilo, wenn sie auf französischen Schiffen oder unter der Flagge des Mitkontrahenten oder zu Lande ankamen, und auf 9,9 Frcs., wenn sie auf fremden Schiffen ankamen, ermässigt. Seit dem 1. Oktober 1864 beträgt die Steuer im ersten Falle 6 Frcs., im zweiten 6,6 Frcs. pro 100 Kilo. (24 Sgr. resp. 26$\frac{1}{2}$ Sgr. pro Ctr.)

§ 3. Der Unterricht.

Wenn sich der Unterricht mehr entwickelt hat, und wenn er die Naturwissenschaften zu Hilfe nimmt, um die landwirthschaftlichen Kenntnisse zu erweitern und unter der ländlichen Bevölkerung Geschmack an der Bildung wach zu rufen oder zu erhalten, dann kann er auf die Arbeiter, welche das Landleben verlassen wollen, auch *den* grossen Einfluss ausüben, sie zurückzuhalten.

Die Enquête hat konstatirt, dass, wenn in dieser Hinsicht seit mehren Jahren auch schon grosse Fortschritte gemacht sind, wenn die Verhältnisse des Unterrichts der Landbevölkerung sich auch schon merklich gebessert haben, man den Unterricht in landwirthschaftlicher Hinsicht doch für ungenügend erachtet.*) Einige der

---

*) Dass der Elementar-Unterricht der untern Volksklassen das erste Fundament auch jedes landwirthschaftlichen Fortschritts sein müsse — bezweifelt Niemand. Wie sieht es damit nun in Frankreich aus? Die „Annalen" vom April 1868 geben dazu eine trostlose Illustration durch den Nachweis, dass *über 23000 Gemeinden* z. B. *keine* Mädchenschule haben. Bei 100 Eheschliessungen konnten 29 Männer und 44 Frauen ihren Namen nicht schreiben. Dieser Massstab der Volksbildung stellte sich 1866 heraus, in welchem Jahre 300 Millionen für den mexikanischen Krieg, 26 Millionen für die Theater, 20 Millionen für Zuchthäuser und Cayenne verwandt wurden, der Kriegsminister 27% des Budgets in Anspruch nahm, *der Minister des öffentlichen Unterrichts aber nicht 1 Procent erlangen konnte.* *Bauer „Nordfranz. Landwirthsch." Seite 122.*

Soll mban hinzufügen, dass von 134 im Jahre 1870 gefangenen französischen Offizieren 11 — schreibe elf — ihren Namen nicht schreiben konnten?!

hinsichtlich des Unterrichts abgegebenen Urtheile betrachten ihn in dieser Beziehung sogar als schädlich. Hinsichtlich der Punkte, in welchen er gut geleitet wird, beklagt man sich schon, und die Hauptklagen richten sich darauf, dass er den Ackerbau ganz ausser Acht lasse und dass er, durch die Art und Weise, wie er die meiste Zeit hindurch geleitet wird, diejenigen, welche ihn mitten auf dem Lande empfangen, und welche berufen sind, daselbst zu leben, eher von dem Landleben entfernen könne.

Auch hat man, und nicht nur im Allgemeinen, gefordert, dass die Wohlthat des Unterrichtes mehr und mehr ausgedehnt werde, und dass man unverzüglich die Hilfsmittel des Elementarunterrichts vermehre, sondern man hat sogar ganz besonders *den* Wunsch ausgesprochen, dass der Elementarunterricht in einer *Weise* geleitet werde, wie er der Landwirthschaft mehr nützen könne. Man hat gefordert, dass die Elementarlehrer auf den Seminaren Kenntnisse in der Landwirthschaft erwerben sollten, welche sie dann später bei ihrem Unterricht nützlich verwerthen könnten.[*) Man verlangt, dass jedes Seminar mit einer Versuchsstation, vor Allem aber mit einem Gärtchen versehen sei, in welchen sich dann die Praxis mit der Theorie verbände. In den Elementarschulen sollen dann besondere Unterrichtsstunden die Kinder in den einfachsten Vorgängen der Landwirthschaft unterweisen, ihnen einige Elemente der landwirthschaftlichen Rechnung und einen allgemeinen Ueberblick über das *Nivelliren und Feldmessen* beibringen. Man verlangt, dass Bücher mit ihnen verständlichen Mittheilungen den Kindern in die Hand gegeben werden, dass endlich bei jeder Schule ein Gärtchen sei, in welchem der Lehrer die besseren Methoden des Gartenbaues klar machen könnte. Die Mädchen sollen eine Unterweisung in der Hauswirthschaft bekommen. Dann wünscht man aber ferner noch die Gründung *landwirthschaftlicher Bibliotheken* und einen landwirthschaftlichen Unterricht für die Erwachsenen in den Stunden, in welchen sie nicht mit ihren Wirthschaftsarbeiten beschäftigt sind.

---

*) Es ist erstaunlich, dass Derartiges von den Elementarlehrern verlangt wird, die bis jetzt nicht einmal einen solchen Unterricht in den allgemeinen Bildungsfächern geniessen, um mit Erfolg auch nur den elementarsten Unterricht leiten zu können. Dazu kommt eine so niedrige Besoldung, dass Niemand, der Lust und Anlagen hat, etwas mehr zu lernen, sich dem Berufe eines französischen Elementarlehrers widmen wird.   **Filly.**

Gleich bei seinem Eintritte ins Ministerium hat sich der Minister mit Vorliebe mit diesen interessanten Fragen beschäftigt, und in einem Berichte an den Kaiser vom 2. Febr. 1868 hat der Minister durchblicken lassen, dass die Protokolle der Enquête und die Berichte der Präsidenten darin übereinstimmten, die Aufmerksamkeit der Regierung auf „den mächtigen Hebel, *den landwirthschaftlicher Elementarunterricht dem ersten unserer Gewerbe geben könnte*", zu lenken. Auf des Ministers Vorschlag bestimmte der Kaiser, dass unter dem Vorsitze des Ministers der Landwirthschaft und des Handels und des Ministers des öffentlichen Unterrichts sofort eine Kommission zusammentreten solle, um die nöthigen Massregeln zur Erweiterung des landwirthschaftlichen Unterrichts in den Elementarschulen, den Kommunalschulen und des Unterrichts für Erwachsene in den Landgemeinden zu berathen und vorzuschlagen.

Die Kommission machte sich sogleich an ihre Arbeit und setzte in zahlreichen Sitzungen folgendes Programm fest:

1) Ueberall, wo es die Umstände erlauben, soll ein dem Departement angepasster Unterricht in Landwirthschaft und Gartenbau in den Normalschulen eingeführt werden, falls ein solcher nicht früher schon regelmässig statt hatte.

2) In jedem Departement soll eine landwirthschaftliche Professur errichtet werden. Ihr Inhaber soll den landwirthschaftlichen Unterricht an der Normalschule, dem Lyceum oder Collège (Gymnasium) leiten und Lehrer und Landwirthe bei ihren Versammlungen unterweisen. Dem Professor soll von den Ministern der Landwirthschaft und des öffentlichen Unterrichts ein auskömmliches Gehalt gezahlt werden. Für jetzt sollen diese Professoren unter den Kandidaten gewählt werden, welche für die würdigsten erachtet werden, und um sie für die Zukunft zu ersetzen, sollen unter den Schülern des 3. Jahrganges der Normalschulen diejenigen gewählt werden, welche sich zu diesem Unterrichte am meisten eignen; diese sollen für 2 bis 3 Jahre auf ein landwirthschaftliches Institut geschickt werden.

3) Soll die Anlage eines Gartens bei den Normalschulen und den Elementarschulen, welche noch keinen besitzen, befördert werden, um die Kinder in den Arbeiten des Gartenbau's zu üben; wöchentlich soll ein landwirthschaftlicher Spaziergang eingeführt werden, auf welchem über einen Gegenstand der Arbeiten der betreffenden Jahreszeit gesprochen werden würde.

4) Soll das Reglement der kommunalen Elementarschulen des Departements der Art modifizirt werden, dass man durch die Fest-

setzung der Unterrichtsstunden und der Ferien den Unterricht in der Klasse mit den Feldarbeiten vereinigen könne. *)

5) Soll den Präfekten anempfohlen werden, sobald als möglich solche Lehrer, welche besondere Kenntnisse in der Landwirthschaft haben, in denjenigen Gegenden anzustellen, wo sie besonders nützlich verwerthet werden können.

6) Die Lehrer in den Landgemeinden sollen in den Diktaten, Vorlesungen und Aufgaben eine derartige Auswahl treffen, dass sie ihrem Unterrichte den landwirthschaftlichen einflechten, gleichgültig, ob in den Klassenstunden oder des Abends; endlich soll diesen anempfohlen werden, bei dem Unterrichte der Erwachsenen nach den gewöhnlichen Schreib-, Lese- und Rechnenstunden auch noch landwirthschaftlichen Unterricht, verbunden mit Demonstrationen und praktischen Anweisungen, zu ertheilen.

7) Soll ein allgemeines Programm über den landwirthschaftlichen Unterricht ausgearbeitet werden, welches den örtlichen Verhältnissen der einzelnen Departements angepasst werden müsste.

8) Sollen die Normalschulen und einige Dorfschulen in jedem Departement jährlich durch die allgemeinen Landwirthschaftsinspektoren besichtigt werden.

9) Sollen jährliche Preisbewerbungen unter den Schülern der Elementarschulen und in den Schulen für Erwachsene stattfinden, der Art, dass man ihnen ausser den Fragen aus den allgemeinen Unterrichtsgegenständen auch einige landwirthschaftliche Fragen zur Beantwortung vorlegt; auch soll man sich bemühen, den Lehrern zu diesem Behufe, ausser dem gewöhnlichen Gehalte, noch eine nach der Anzahl der in die Bewerbung eintretenden Schülern und nach

---

*) Dies ist *eins* jener Postulate — oder besser gesagt: frommen Wünsche — die auch dauernd bei uns, hinsichtlich unserer Dorfschulen, auf der Tagesordnung stehen. In den hochkultivirten Gegenden z. B. Sachsens, in denen bei einzelnen Kulturen gerade die *Kinder*arbeit eine *unersetzliche*, durch keinerlei Maschinenwerk auch annähernd zu beschaffende ist, wäre gewiss recht leicht die Einrichtung zu treffen, dass in den 2 Monaten Mai und Juni für die arbeitsfähigen Kinder von früh 5—8 Uhr Unterricht wäre. Die Kinder könnten dann von 8½—11 und 1 bis 6 Uhr einen sogen. Dreiviertels-Tag arbeiten, und man würde *allen* Rücksichten gerecht werden. Wo z. B. *Rüben*kultur den Reichthum und die grossartigste Produktionskraft, *dadurch* also ein nationalökonomisches Haupt-Moment einer ganzen Provinz repräsentirt, da sollte billiger Weise auf die kleine Unbequemlichkeit für die Herren Lehrer — et hinc illae lacrymae — etwas weniger gerücksichtigt werden. Man giebt gar zu häufig *Ferien*, wo sie *nicht* nöthig sind, und entzieht wiederum die nothwendige Arbeitskraft *da*, wo sie unentbehrlich ist. Dr. B.

dem Grade und der Höhe der erlangten Preise bemessene Vergütigung zuzusichern.

Nach der Annahme dieses Programms haben sich die beiden Minister mit den Mitteln seiner Ausführung beschäftigt. Sogleich wurden die schon seit einiger Zeit in einzelnen Departements angestellten Lehrer der Landwirthschaft der Administration des allgemeinen Unterrichts zur Verfügung gestellt, um in den Normalschulen, welche ihren Departements die Lehrer liefern sollen, den landwirthschaftlichen Unterricht zu leiten. Dieser Unterricht wird in einer gewissen Anzahl Stunden wöchentlich und in landwirthschaftlichen Exkursionen bestehen, welche diese Professoren mit den angehenden Lehrern machen werden. Der Professor wird seine Rundreisen durch das Departement ausserdem noch benutzen, um die öffentlichen Lehrer in Konferenzen zusammen zu berufen, wie auch ihre Schulen und Gärten zu inspiciren.

Anderseits *beabsichtigt man allen Ernstes*, neben dem Lyceum zu Napoléonville eine Ackerbauschule zu gründen*), welche den weiteren landwirthschaftlichen Unterricht zu leiten haben würde. Dies wäre ein im Sinne der Entwickelung des landwirthschaftlichen Unterrichts äusserst wichtiger Fortschritt, wenn er nämlich erst auf die Schüler der mittleren Klassen, welche oft den Familien der begüterteren Landwirthe angehören, Anwendung findet.

§ 4. Unterstützungsvereine. Staatshülfe.

Als wichtiges Mittel, die Bevölkerung des flachen Landes daselbst zurückzuhalten, betrachtet man auch diejenigen Massregeln, welche *gegenseitige* und *öffentliche Unterstützung* zum Zwecke haben.

Viele Departementskommissionen und solche Personen, welche von der Enquête gehört worden sind, haben mitgetheilt, dass, während in den Städten *Genossenschaften* und *auf gegenseitige Unterstützung begründete Arbeitervereine* für den Fall von Arbeitslosigkeit oder Krankheit, ferner Krankenhäuser, in denen kranke *unbe-*

---

*) *Ackerbauschulen*, in unserem heimathlichen Sinne und in derjenigen Perspektive, in der dieselbe bei uns seit langen Jahren in so segensreicher Weise wirken, sind erst nach *unserem* Beispiele jetzt im Entstehen. Ein französischer Kommissair hat zu diesem Zwecke Reisen in Deutschland gemacht und die Programme unserer Anstalten sind fast wörtlich Muster geworden.   Dr. B.

mittelte Städter unentgeltlich aufgenommen werden, existiren, das
flache Land fast *keine* solcher wohlthätigen Anstalten besitzt. Aerzt-
liche Hilfe, welche in grösseren Gemeinden im Allgemeinen ziemlich
ausreichend ist, wird in den kleineren Gemeinden und in den von
der Ackerbau treibenden Bevölkerung bewohnten Dörfern meist auf
sehr unvollkommene, sogar in ganz ungenügender Weise geleistet.

Die Mildthätigkeit der Privaten ist zwar auf dem Lande ebenso,
vielleicht noch mehr als irgendwo anders und mit der grössten
Freigebigkeit thätig; doch hat man beobachtet, dass, wie gross die
Freigebigkeit der Privaten auch sein und wie sehr sie zu helfen bemüht sein mag, sie doch nicht immer ausreicht. Wenn man den Privaten auch gern die Initiative überlassen will, so wünscht man doch,
dass sie durch vereinte öffentliche Einrichtungen unterstützt und ge-
stärkt werden, so dass für alles Unglück eine schnelle und durchaus
wirksame Abhilfe geschaffen werde.

Zuerst wünscht man nun, dass die auf Gegenseitigkeit beruhenden Hilfs- und Vorsorge-Gesellschaften auf dem Lande sich ver-
vielfachen. Es giebt deren schon, welche unter dem Einflusse von
Personen, die von dem Wunsche beseelt waren, sich nützlich zu
machen, gegründet sind. Dann muss bemerkt werden, dass die Bildung solcher Genossenschaften auf Schwierigkeiten stösst, welche
darin ihren Grund haben, dass die Landbevölkerung die Wohlthaten
solcher Einrichtungen für die Theilnehmer nicht erkennt, dass
ihnen der Geschäftsgeist abgeht, was sie verhindert, sich lebhaft
für Neuerungen zu interessiren, deren Tragweite sie nicht begreifen, endlich *ihre geringe Neigung, regelmässige Beiträge zu
zahlen*, welche doch zur Begründung und zum Fortbestehen von
Gegenseitigkeits-Gesellschaften unumgänglich nothwendig sind. *Darin*
muss die Landbevölkerung noch unterwiesen werden, und die auf-
geklärteren Leute, welche ihre Stellung oder ihre Thätigkeit in fortwährend Berührung mit ihr bringt, sind im Stande, durch Rath-
schläge auf sie zu wirken, um sie die Vortheile kennen zu lehren,
welche ihnen die Anwendung des fruchtbaren und gedeihlichen Prinzips der *Genossenschaft* gewähren kann.

Das Fehlen von Krankenhäusern auf dem Lande ist von der
Enquête als äusserst betrübend bezeichnet worden. Solche existiren
kaum nur in Städten oder in grösseren Dorfgemeinden, und meistens
werden auch die Kranken von den anliegenden Dörfern darin aufgenommen. Die Städte, welche die Kosten für ihre Krankenhäuser
zu tragen haben, oder welche sie gegründet haben, besitzen oft nur

die Mittel, um für die Kranken der Stadt selbst sorgen zu können, oft ist auch die Anzahl der vorhandenen Betten kaum für *diese* ausreichend. Eine grosse Anzahl von Krankenhäusern ist von Privaten gegründet oder durch Legate, welche mit einem bestimmt ausgesprochenen Zwecke vermacht worden sind; diese können natürlich nur den Absichten der Geber gemäss benutzt werden. Andererseits, selbst wenn die Möglichkeit, Kranke vom Lande aufzunehmen, vorhanden ist, lässt sich dies doch meistens nur gegen Entgelt ausführen, und es ist wahrscheinlich, dass manche Dorfgemeinden nicht in der Lage sein werden, die nöthigen Opfer zu bringen. Indessen hat man gefordert, dass Massregeln ergriffen würden, um die Gemeinden zu zwingen, in ihren Budgets eine bestimmte Summe zur Aufnahme ihrer Kranken in den Hospitälern auszuwerfen. Einige Berichterstatter, auch einige Departementskommissionen sind diesem Wunsche beigetreten und verlangen, dass die kranken Landleute auf Kosten der Departements in Krankenhäusern untergebracht würden.

Auch wünschte man, dass in jedem Kanton eine Art *geistlicher Herberge* gegründet werde, dass man den *kranken* und schwachen Greisen den Eintritt in Spitäler erleichtere, dass für die alten und schwachen Landleute Häuser gebaut würden, in denen sie ihre letzten Tage in Ruhe zubringen könnten, dass man Armenhäuser in viel grösserer Zahl baue, dass endlich Wohlthätigkeitsanstalten, welche unter der Aufsicht der Kantonskommission zu stehen hätten, in jeder Gemeinde eingerichtet würden.

Auch sind Verbesserungen in der *ärztlichen Hilfe* verlangt worden; darin vielleicht findet sich die Lösung des Problems. In vielen Gegenden ist die Zahl der Aerzte gering; sie müssen grosse Touren machen, um die Kranken, welche nach ihnen verlangen, zu besuchen, und diese liegen oft weit von einander entfernt. Um sich Arzeneien zu holen, muss man oft noch viel weiter gehen. Diese Schwierigkeiten, verbunden mit der Neigung der Landleute, ärztliche Hilfe entweder gar nicht oder doch nur im äussersten Nothfalle in Anspruch zu nehmen, berauben sie oft jeder, ihnen doch so nöthigen ärztlichen Unterstützung. Man hält es für dringend nothwendig, diesem Uebelstande abzuhelfen. Zu diesem Behufe wünscht man die Einrichtung eines ärztlichen Dienstes in dem Hauptorte eines jeden Kantons, dass die Dienstleistungen des Arztes besser belohnt, dass er seine Besuche periodisch abstatte, dass man in jeder Gemeinde eine Krankenwärterin anstelle, dass man endlich Aerzte anstelle, welche aus einer dazu bestimmten Kasse besoldet würden.

und welche für ihre ärztlichen Besuche von den Kranken kein
Honorar zu beanspruchen hätten, oder dass man den anerkannt
hilfsbedürftigen Dorfbewohnern die Mittel zur Bestreitung der ärztlichen Hilfe aus dieser Kasse gebe.

Um nun die Prüfung der durch die Enquête festgestellten
Resultate über die Arbeiterfrage zu beendigen, will ich nur noch
bemerken, dass man den Wunsch ausgesprochen hat, fremde Feldarbeiter zu ermässigtem Preise auf den Eisenbahnen zu befördern,
die Anwerbungen französischer Arbeiter, welche, durch illusorische
Versprechungen verlockt, nach Amerika auswanderten, zu überwachen, grössere Arbeiterquartiere zu bauen und den dabei beschäftigten Arbeitern dieselben Steuerbefreiungen zu Gute kommen
zu lassen, wie es in den Städten geschieht, die Bekanntmachungen
auf dem Lande zu überwachen, endlich das Gesetz über das Ver-
sammlungsrecht aufzuheben. Einige dieser Wünsche haben übrigens
einen rein individuellen Charakter, was ihnen eine geringere Tragweite giebt, als die vorhin ausgesprochenen haben.

Hinsichtlich der ungenügenden Menge an ländlichem Arbeiter-
personal und der mangelnden und theuren Arbeit unterscheiden sich
die **fremden Staaten** nur sehr wenig von Frankreich.

Für **England** schwankt der ländliche Arbeitslohn von Grafschaft
zu Grafschaft bedeutend, und in manchen Gegenden ist er um
ungefähr 20 % gestiegen; dennoch ist er noch lange nicht in dem
Masse, wie bei den Gewerben, in die Höhe geschraubt. Wenn
auch die Landbevölkerung gewachsen ist, so ist sie es doch nur in
einem sehr winzigen Verhältnisse, denn ihr *natürlicher* Zuwachs ist
durch Auswanderung theils ins Ausland, theils in die Städte gehemmt worden. Man schätzt die Zahl derer, welche in den letzten
10 Jahren das Landleben verlassen und sich gewerblicher Thätigkeit
gewidmet haben, auf eine halbe Million. Die Anwendung von
Maschinen hat die Handarbeit in hohem Grade ersetzt, indessen die
Zahl der den Acker bearbeitenden Arme doch noch nicht beschränkt.
Den Preis der Handarbeit hat sie nicht gedrückt, nur der Produktion
ein weiteres Feld eröffnet. Uebrigens lässt die materielle Lage der
arbeitenden Klassen auf dem Lande noch viel zu wünschen übrig.

In **Schottland** scheint hinsichtlich des Lohnes und der Arbeitskräfte die Landwirthschaft nie mit ernstlichen Schwierigkeiten zu
kämpfen gehabt zu haben. Die Arbeiter werden zur Hälfte in Geld,
zur Hälfte in Naturalien bezahlt. Der klingende Lohn ist bedeutend
gestiegen, er ist fast doppelt so hoch als früher. Feldarbeiter sind

in genügender Menge vorhanden. Das Steigen des Lohnes hat eine
Verbesserung der Lebensbedingungen der Arbeiter herbeigeführt,
welche noch viel bedeutender sein würde, wenn nicht alle Bedürfnisse in ähnlicher Weise gestiegen wären.

In **Irland** sind die Löhne der Tagelöhner sehr gestiegen. Die
Auswanderung ins Ausland hat zwar die ländliche Arbeiterbevölkerung sehr vermindert, sie übersteigt aber noch das Bedürfniss der
bestehenden Bewirthschaftungsweise. Die Anwendung von Maschinen
hat auf die Handarbeit keinen grossen Einfluss gehabt, da der
grösste Theil der Felder als Weide genutzt wird. Die Menge der
Arbeit ist geringer und die Lebensbedingungen der Arbeiter haben
sich wegen der Verringerung der Bevölkerung verbessert.

In **Belgien** ist der Lohn für die Feldarbeiten, und zwar besonders zur Zeit der grossen Erntearbeiten, bedeutend gestiegen.
Viele Arbeiter verlassen die Feldarbeit und gehen in Fabriken, wo
sie noch besser bezahlt werden. Der Mangel an Arbeitskräften wird
durch den mehr und mehr sich ausdehnenden Gebrauch von Maschinen aufgewogen, doch übt diese Thatsache keinen merklichen
Einfluss auf den Preis der Handarbeit. Die Summe der geleisteten
Arbeit hat sich, Dank der Anwendung von vervollkommneten Maschinen,
in vielen Gegenden bedeutend vermehrt Als Folge davon haben sich
auch die Lebensbedingungen der ländlichen Bevölkerung gebessert,
doch wird dieser Umstand zum grossen Theil durch die Theuerung
aller Lebensmittel aufgewogen.

In **Holland** sind die Verhältnisse der Handarbeit in den verschiedenen Provinzen verschieden, doch hat man festgestellt, dass
der Lohn nicht mehr im Verhältniss zu dem Preise der Lebensmittel steht. Obgleich in einigen Landestheilen sich die Ackerbau treibende Bevölkerung nicht vermindert hat, so ist sie im
Sommer doch unzulänglich und wird dann durch deutsche Arbeiter
ergänzt; in anderen Gegenden reicht sie gerade aus: sie ist übrigens
im Wachsen begriffen. Der Bau von Eisenbahnen und die grossen
öffentlichen Arbeiten, welche den Arbeitern einen höheren Lohn
zahlen, entziehen eine Menge derselben der Feldarbeit. Die Anwendung von Maschinen ist noch sehr beschränkt, doch ist sie in
der Zunahme begriffen. Die Menge der geleisteten Handarbeit in
den Ackerwirthschaften hat sich nicht geändert, und die Lebensbedingungen der Arbeiter sind gut.

Vor Allem wegen der grossen Theuerung aller Lebensmittel,
der Entwickelung des Handels, des Baues von Eisenbahnen, endlich

der Auswanderung nach den Städten und den Vereinigten Staaten Nordamerika's ist der Lohn in **Schweden** und **Norwegen** bedeutend gestiegen. Die Anwendung von Maschinen ist nur sehr gering und ohne Einfluss auf die Lohnverhältnisse. Die Menge der Feldarbeit ist bedeutend und im Zunehmen begriffen. Man hält dies für eine Folge des allgemeinen Unterrichts. Die Lebensverhältnisse der Arbeiter haben sich wesentlich gebessert.

In **Preussen** ist der Preis der ländlichen Arbeit seit 20 Jahren in auffallender Weise gestiegen. Ausser dem *Sinken* des *Geld*werthes liegt der Grund besonders in den grossen *Fortschritten* der *Boden-kultur* und in der in stetem Wachsthum begriffenen Zunahme land-wirthschaftlich technischer Gewerbe. Die Nachfrage nach Arbeitern ist gestiegen, und man beklagt sich über Mangel an Arbeitskraft. Aus-wanderung findet mit Mass statt. Die Anwendung von Maschinen in der Landwirthschaft geht Schritt für Schritt weiter und ist be-strebt, sich zu verallgemeinern, hat aber auf die Arbeiterverhältnisse keinen wesentlichen Einfluss ausgeübt (?). Die Summe der jetzt von der Bevölkerung geleisteten Feldarbeit ist viel grösser und diese besser als früher. Die Lebensverhältnisse haben sich bedeutend ge-bessert.

In **Baiern** schwanken die Löhne im Flachlande und in den Bergen, wo sie im Allgemeinen viel höher sind. Seit 20 Jahren hat eine bedeutende Steigerung stattgefunden. In Folge der Ent-wickelung der öffentlichen Arbeiten, Eisenbahnbauten, Maschinen-fabriken etc. findet eine merkliche Bewegung der Landbevölkerung nach den Städten statt, auch kommt Auswanderung nach den Ver-einigten Staaten vor. Der Gebrauch von Maschinen, welcher erst in der Entwickelung begriffen ist, scheint noch ohne merkbaren Einfluss auf die Handarbeit zu sein. Die Menge der durch Arbeiter geleisteten Handarbeit nimmt zu. Ihre Lage ist vortrefflich. —

In der **Schweiz** ist der Preis der Handarbeit wegen der Theue-rung aller nothwendigen Lebensmittel in den letzten 15 Jahren auf das *Doppelte* gestiegen*). Die Ackerbau treibende Bevölkerung ist ungefähr die nämliche geblieben, obgleich in einigen Kantonen eine beträchtliche Auswanderung stattgefunden hat. In Bezug auf die Einführung von landwirthschaftlichen Maschinen ist die Schweiz noch sehr zurück. Die Menge der Feldarbeit hat wenig geschwankt, die der Tagelöhner hat etwas abgenommen. Die Lebensbedingungen

---

*) Das ist doch wohl nur für gewisse Kantone richtig.   Dr. B.

der vom Ackerbau lebenden Bevölkerung haben sich in einigen Gegenden kaum geändert, in anderen aber wesentlich gebessert.

Wie der Graf *Edmund Zichy* der *Commission supérieure* mitgetheilt hat, ist der Lohn in **Ungarn** seit 1848 um 15 % gestiegen. Nur im Süden des Landes, wo eine ausgedehnte Forstwirthschaft betrieben wird, werden die Arbeiter in Geld gelohnt und haben für ihren Unterhalt selbst zu sorgen. Im übrigen Lande ist der Arbeitslohn im Allgemeinen anders geordnet: man zahlt dem Arbeiter nämlich nur einen kleinen Theil seines Verdienstes in baarem Gelde aus, den Rest in Getreide; ausserdem hat er das Recht, 5 bis 6 Stück *Rindvieh* und einige Schweine auf der herrschaftlichen Weide zu weiden*). Ferner versorgt man ihn mit einigen Kleidungsstücken und einer bestimmten Menge Salz und Wein. Da Alles das, was der Besitzer liefert, jetzt einen sehr hohen Preis hat, so sind die Löhne in bedenklicher Weise gestiegen. Eine Auswanderung ins Ausland oder in die Städte findet nicht statt, doch hat sich diese aus ganz besonderen Gründen in *Siebenbürgen* in höchst störender Weise bemerklich gemacht. Maschinen werden in Ungarn in grossem Masse angewendet, und haben sie einen guten Einfluss ausgeübt.

Im Kaiserreiche **Russland** schätzt man die Preissteigerung der Handarbeit auf 20 %. In den mittleren Gouvernements ist die Landbevölkerung ausreichend und hat nur unbedeutend abgenommen; anders im Süden, wo der Menschenmangel sehr fühlbar ist. Die Auswanderung in die Städte ist von unbedeutendem Einflusse auf die Verminderung der Ackerbau treibenden Bevölkerung. Die Bauern, welche in die Städte gehen, um in den Gewerben zu arbeiten, kehren stets zur Ernte und bei den grossen Feldarbeiten zu diesen zurück. Dreschmaschinen und Getreidereinigungsmaschinen sind die einzigen, welche einigermassen allgemein verbreitet sind, doch üben sie auf den Lohn kaum einen Einfluss aus. Seit Aufhebung der Leibeigenschaft hat sich die Arbeit der ländlichen Arbeiter zusammen um etwa $1/3$ vermindert, die Lebensbedingungen der Bauern haben sich kaum gebessert. Wie Herr v. Tcherniaeff der *Commission supérieure* mitgetheilt hat, werden, besonders seit Aufhebung der Leibeigenschaft, die Feldarbeiten meistens der Art unternommen, dass die Eigenthümer mit einer Gesellschaft von Arbeitern unter-

---

*) Aehnliche Verhältnisse sind in Ost- und Westpreussen, auch zum Theil in Pommern noch landesüblich. Dr. B.

handeln. Die Arbeiter leisten die Handarbeit, liefern die Acker-instrumente und stellen die zu den Feldarbeiten nöthigen Ochsen und Pferde, während der Besitzer die Aussaat liefert und, wenn er sie braucht, die Dreschmaschine stellt. Die Ernte wird zwischen dem Besitzer einerseits und der Gesellschaft von Arbeitern anderer-seits zu gleichen Theilen vertheilt.

Im **südlichen Europa** ist die Lohnerhöhung und der damit verbundene Arbeitermangel gleichmässig fühlbar.

In **Portugal** ist wegen der Entwickelung der öffentlichen Ar-beiten der Lohn seit einigen Jahren in ganz enormer Weise ge-stiegen. Die Anwendung von Maschinen ist noch sehr beschränkt und hat keinen Einfluss auf die Lohnverhältnisse ausüben können. Obgleich in den Lebensbedingungen der arbeitenden Klassen eine Besserung eingetreten ist, so ist doch die Menge der geleisteten Arbeit fast immer noch dieselbe.

In **Spanien** haben die Fortschritte in den Gewerben, die Ver-besserungen der Verkehrsmittel und die Eisenbahnbauten seit einigen Jahren eine geringe Steigerung des Arbeitslohnes hervorgebracht. In einigen Provinzen, wie in *Alt-Kastilien*, *Navarra* und *Katalonien*, hat die ländliche Arbeiterbevölkerung abgenommen. In *Biscaya* herrschte zur Zeit der grossen Eisenbahnbauten Arbeitermangel, welcher indessen jetzt gehoben ist. In den Provinzen *Valencia* und *Malaga* stehen Arbeiten und Arbeiter im richtigen Verhältnisse. Die Auswanderung der Bevölkerung nach den Städten und besonders nach der Kolonie *Havana* ist beträchtlich. Maschinen kommen fast gar nicht in Anwendung. Die Menge der von den Arbeitern ge-leisteten Arbeit ist fast dieselbe geblieben, und die Lebensbedingungen haben sich, ausser in *Navarra*, *Biscaya* und der Provinz *Murcia*, nur sehr wenig gebessert.

Auch im Königreiche **Italien** hat eine Lohnerhöhung statt-gefunden. In der Provinz *Genua* würde die Zahl der ländlichen Arbeiter mit den Bedürfnissen der Wirthschaft in Einklang stehen, wenn die Auswanderung, auch der Landbevölkerung, nicht so grosse Dimensionen angenommen hätte. Ebenso steht es in *Piemont*, *Tos-kana*, auf der Insel *Sardinien*, und der Arbeitermangel ist fühlbar. In der *Lombardei* und in den *neapolitanischen* Provinzen reichen die Arbeiter aus, die Menge der geleisteten Arbeit ist fast überall die nämliche geblieben. Die Lebensbedingungen der Arbeiter haben sich gebessert, doch haben die Bergbewohner, welche von den Vor-theilen der grossen und zahlreichen Verkehrsmittel weniger Nutzen haben, an der Aufbesserung der Arbeiterlage keinen Antheil. Der Marquis E. v. Sambuy, Senator des Königreichs Italien, hat der *Commission supérieure de l'Enquête* mitgetheilt, dass der Arbeitslohn zwar gestiegen ist, doch nicht im Verhältnisse des Arbeitermangels. Zur Zeit der schweren Arbeiten erhalten die Männer 2 Frcs., 2,5 Frcs., auch 3 Frcs. pro Tag, doch, wenn die Arbeiten nicht sehr drängend sind, nur 1,25 Frcs. bis 1,5 Frcs. und die Frauen 0,70 — 0,75 Frcs. (resp. 16 — 24 Sgr. und 10 — 12 Sgr., Frauen 5 — 6 Sgr.). Alle Erntearbeiter sind Nomaden; sie ziehen aus den Bergen in die Ebene hinab, dann wandern sie wieder zurück, indem sie auf ihrem ganzen Marsche Arbeit nehmen, bis sie wieder zu Hause ankommen.

Im **Kirchenstaate** hat eine nur unbedeutende Lohnerhöhung stattgefunden. Die zur Bestellung des agro romano nöthigen Arbeiter kommen aus den angrenzenden Provinzen. Maschinen finden wenig Anwendung und sind wenig beliebt*) Die Lebensbedingungen des Landvolkes sind noch immer die nämlichen.

In den **Donaufürstenthümern** sind die Arbeitskräfte durchaus ungenügend, und die Landbevölkerung, besonders in der *inneren Moldau*, ist wenig zahlreich. Die Löhne sind im Steigen begriffen; man zahlt jetzt für den Mannstag 1,25 — 1,50 Frcs, bisweilen sogar schon 2,50 Frcs. (10, 12, 20 Sgr.) Die ungenügenden Arbeitskräfte muss man durch fremde Arbeiter, welche aus *Siebenbürgen*, der *Bukowina*, *Ungarn* und *Serbien* kommen, ersetzen; doch reichen diese noch lange nicht aus, die Lücken in der Arbeiterbevölkerung auszufüllen, und wegen Menschenmangels bleibt eine Menge Grund und Boden unbebaut. Seit dem Ruralgesetze von 1864 gehört der Bauer, welcher Eigenthümer geworden ist, an die Scholle und bebaut seinen Acker lieber auf eigene Rechnung, als dass er auf fremde Arbeit ginge. Auch müssen die Besitzer mit den Bauern ein Abkommen treffen, kraft dessen sie diesen einen Theil ihres Ackers abtreten, wofür sie durch Feldfrüchte oder Feldarbeit entschädigt werden. Es giebt nur wenige landwirthschaftliche Maschinen, und die Handarbeit merkt Nichts davon. Die Menge der durch die Arbeiter geleisteten Arbeit ist grösser; das Volk ist fleissig, doch sind seine Arbeitsleistungen mit denen in England und Frankreich nicht zu vergleichen. Die Lebensverhältnisse haben sich gebessert. Alle diese Angaben stimmen mit den

---

*) Es ist die erste auf Runkelrüben basirte Zuckerfabrik im Kirchenstaate jetzt gegründet. Sie ist steuerfrei. Dr. B.

Mittheilungen, welche *Aureliano*, Direktor der Ackerbauschule bei Bukarest, der *Commission supérieure* gemacht hat, überein.

Nach den über die **türkische** Provinz *Trapezunt* eingegangenen Nachrichten bekommen die Arbeiter meistens kein baares Geld als Lohn; sie bekommen Beköstigung, nur bisweilen wird ihnen ein Tagelohn von 0,40—0,60 Frcs. ausgezahlt: sonst bekommen sie nach Beendigung der Arbeit eine geringe Quantität Getreide. So ist es schon seit langer Zeit, die Menge der verrichteten Feldarbeit ist viel beträchtlicher als früher. Ehedem waren die Arbeiter so zu sagen vollständig nackt, und wenn sich ihre Lage jetzt auch etwas gebessert hat, so sind sie doch noch sehr arm. Die Theurung der Feldfrüchte hat ihnen zu einigem Wohlstande verholfen, und der Reiz nach Gewinn lässt sie ihre natürliche Trägheit überwinden.

Die grosse Ausdehnung der Baumwollenkultur in **Aegypten** hat seit den letzten fünf Jahren den Preis der Feldarbeit sehr gesteigert. Die Landbevölkerung ist nicht in dem Masse gewachsen, als dem Ackerbau Land gewonnen ist: sie hat keinen Hang, die Feldarbeit zu verlassen. Der ägyptische Araber ist wesentlich „Bauer" und zieht den Landaufenthalt der Stadt vor. Die Anwendung von Maschinen nimmt merklich zu, und es giebt kein Land, in welchem, im Verhältniss zum bebauten Boden, so viele Dampfmaschinen arbeiten. Der arabische Bauer ist mässig und hat wenig Bedürfnisse, und wenn der Boden, den er bestellt, ihm nur seinen Lebensunterhalt liefert, so genügt ihm das: daher ist die Menge der jetzt geleisteten Arbeit mit der früher geleisteten wohl ziemlich gleich. Gegen 10 Jahre früher hat unbestreitbar eine Verbesserung seiner Lebensverhältnisse stattgefunden.

In den **Vereinigten Staaten von Nordamerika** leidet die Landwirthschaft unter der Lohnerhöhung und der ungenügenden Handarbeit. In den westlichen Staaten, welche sehr fruchtbar sind, und besonders in *Illinois*, ist der Arbeitslohn seit dem Kriege ungemein gestiegen, zum Theil wohl wegen der dünnen Bevölkerung, zum Theil weil mehr Land urbar gemacht ist, als die Bevölkerung es gestattet. Maschinen sind in Anwendung, doch ist dadurch das stets wachsende Bedürfniss nach ländlichen Arbeitern nicht vermindert worden. In den *Südstaaten*, besonders in *Carolina* haben die Pflanzer sich erst seit Aufhebung der Sklaverei um Lohn zu kümmern gebraucht. Seit 1850 hat eine merkliche Abnahme der farbigen Feldarbeiter-Bevölkerung stattgefunden; die Sterblichkeit ist ganz erschrecklich, und was von Krankheiten verschont geblieben ist, wandert nach *Florida* oder nach dem *Mississipi* aus. Viele Neger haben die Pflanzungen verlassen und sind in die Städte gegangen. Die Menge der von den Feldarbeitern geleisteten Arbeit ist weit geringer als früher, und wenn auch ausbedungen ist, dass die Neger 10 Stunden täglich arbeiten sollen, so ist es doch nicht möglich, dies durchzusetzen. Ihre täglich zunehmende Sterblichkeit und Auswanderung beweisen, dass ihre Existenzbedingungen kläglich sind.

In der Republik **Uruguay** hat die Ackerbau treibende Bevölkerung zugenommen, aber die Bedürfnisse sind noch mehr gestiegen, und Arbeiter fehlen. Die Ursache davon sind die allerseits unternommenen grossen Arbeiten, welche seit mehreren Jahren im Gange sind. Auch wird die Auswanderung nach den Städten fühlbar. Man fängt an, Maschinen anzuwenden, und ihr Gebrauch wird sich schnell verallgemeinern. Die von den Arbeitern geleistete Arbeit ist etwa dieselbe wie früher, da sie aber seltener wird, so machen die Arbeiter auch mehr Ansprüche. Die Lebensbedingungen der Arbeiter haben sich nicht geändert.

In **Chili** haben sich die Löhne seit 20 Jahren wenig geändert. Die Ackerbau treibende Bevölkerung ist, obgleich das Land weder Fabriken besitzt, noch eine Auswanderung vom Lande in die Städte stattfindet, unzureichend. Die Menge der Arbeit ist wegen Mangel an Ackergeräthschaften noch immer dieselbe. Die Lebensbedingungen der Arbeiter haben sich nicht gebessert.

Kapitel IV.

Bodenverbesserung.

Eine der wesentlichsten Grundlagen des Fortschrittes und Gedeihens der Landwirthschaft ist die Verbesserung des Bodens. Man muss ihm durch verständige Mischung die Fruchtbarkeit zu geben suchen, welche er von der Natur nicht überall in gleichem Masse erhalten hat, und der Erde stets diejenigen Elemente der Fruchtbarkeit zuführen, welche eine thätige Produktion ihr unaufhörlich raubt. Darauf müssen die Anstrengungen der Landwirthe, welche sicher sein wollen, die ihnen gebührende Frucht ihrer Arbeiten zu erlangen, mit allen Kräften hinarbeiten; und darauf müssen alle die nützlichen Veränderungen, welche den gegenwärtigen Zustand zu verbessern im Stande sind, gerichtet sein.

Die Fragen der Enquête, welche die Arbeiten der Bewässerung, der Drainage und Austrocknung des Bodens, den künstlichen und Stalldünger behandelten, wurden überall mit grossem Interesse ventilirt. Davon zeugen auch die Nachrichten und Referate, welche aus dem ganzen Lande darüber eingegangen sind.

Leider sind die Wahrheiten, welche die Wissenschaft mit so grosser Sicherheit darüber ausgesprochen hat, und welche sie sich bemüht, zum geistigen Allgemeingut zu machen, noch nicht überall verstanden. Dank den Rathschlägen hervorragender Männer, welche sich mit diesen interessanten Fragen beschäftigt haben, und unter dem Einflusse des Beispiels und der Erfolge geistreicher Praktiker sind zweifelsohne gute Erfolge erzielt worden; doch leider bleibt noch viel zu thun übrig. Unwissenheit, Mangel an Sorgfalt, Geldnoth und Schwierigkeiten verschiedener Art legen dem gedeihlichen Fortschritte bedauerliche Hindernisse in den Weg.

§. 1. Bewässerung. Drainage. Trockenlegung.

Obgleich die Arbeiten der Bewässerung und der Drainage schon
seit vielen Jahren Fortschritte gemacht haben; obgleich die Landwirthe jetzt viel besser als früher den günstigen Einfluss, welche
diese Arbeiten auf die Fruchtbarkeit des Bodens und des Steigens
der Produktion haben können, einsehen, so steht der wünschenswerthen Ausdehnung derselben doch noch Manches entgegen.

Die Gesetzgebung hat ihre Entwickelung möglichst zu erleichtern
gesucht, doch wünscht man noch einige Abänderungen, mittelst
welcher man eher zu dem erwünschten Ziele gelangen würde.

Was die *Bewässerung* anbetrifft, so beziehen sich die Artikel
641, 644, 645 des Code Nap. und die Gesetze vom 29. April 1845
und vom 11. Juli 1847 auf dieselbe. Nach dem Wortlaute der Artikel des Code Nap. kann, wer auf seinem Grund und Boden eine
Quelle hat, diese nach Belieben benutzen, und ist nur durch das
Recht beschränkt, welches der Besitzer des Erdinneren (sei es durch
Gesetz, sei es durch Verschreibung), an dieselbe haben könnte.
Wessen Besitzung an ein fliessendes Wasser grenzt, kann es auf
seinem Laufe zur Bewässerung seines Bodens benutzen; wessen
Besitzung durch ein fliessendes Wasser durchschnitten wird, kann
dies gleichfalls nur mit der Beschränkung, dass er ihm beim Verlassen seines Feldes seinen natürlichen Lauf wiedergiebt. Im Falle
von Streitigkeiten zwischen den Besitzern, denen dies Wasser nützlich sein kann, ist den Gerichten aufgegeben, die Interessen der
Landwirthschaft mit der Achtung vor dem Besitze möglichst zu vereinigen.

Das Gesetz vom 29. April 1845 geht viel weiter. Um die
Ausführung von Bewässerungen zu erleichtern, schafft es zum Nutzen
der Besitzer, welche, um ihre Ländereien bewässern zu können,
Wasser durch den Nachbaracker führen müssen, ein Servitut. Es
bestimmt, dass jeder Besitzer, der sich zur Bewässerung seines Landes
natürlicher oder künstlicher Gewässer (über welche zu verfügen er
ein Recht hat), bedienen will, diese über dazwischen liegendes Land,
ausgenommen Häuser, Promenaden, Gärten, Parks und Einfriedigungen,
welche zu Wohnungen gehören, leiten darf; doch dies nur gegen
eine angemessene und vorher festgesetzte Entschädigung. Die Besitzer
von hintergelegenen Ländereien müssen Wasser, welches von be-
wässertem Boden abfliesst, ohne Entschädigung aufnehmen. Endlich

bestimmt das Gesetz vom 11. Juli 1847, „dass jeder Besitzer, welcher sich zur Bewässerung seines Bodens natürlicher oder künstlicher Wässer, wenn er nämlich ein Recht über dieselben hat, bedienen will, auf dem gegenüberliegenden Ufer seine nothwendigen Ableitungsarbeiten ausführen darf, natürlich nur gegen eine angemessene, vorher ausgemachte Entschädigung. Der Ufernachbar, auf dessen Boden die Unterstüzung verlangt ist, kann gegen Theilnahme an den Herstellungs- und Unterhaltungskosten die Mitbenutzung der Leitung verlangen.

Leider ist aber, trotz der vorsorglichen Vorschriften dieses Gesetzes, die Ausführung von Bewässerungsarbeiten weit hinter dem thatsächlich Wünschenswerthen zurückgeblieben. Längs der weder schiff- noch flössbaren Gewässer bestehen schon eine Menge Mühlen. Zwischen den Besitzern dieser Mühlen und denen der anliegenden Felder, welche das Wasser zur Bewässerung ihrer Felder benutzen wollen, herrscht fortwährender Streit. Trotz der Sorgfalt und der Unparteilichkeit, mit welcher die Verordnungen über die Wasserläufe von Sachverständigen angefertigt sind, ist in der Enquête doch ausgesprochen worden, dass *die Mühlenbesitzer, denen gegenüber*, welche ihr Land bewässern, doch bevorzugt seien, und dass bei Benutzung des Wassers die letzteren zurückstehen müssten.

Auch hat man darauf aufmerksam gemacht, dass der Mangel an Einverständniss zwischen den verschiedenen Besitzern, welche gemeinschaftlich Bewässerungen ausführen könnten, die grosse Theilung des Bodens, die Zerstückelung in ganz kleine Parzellen den Arbeiten dieser Art grosse Hindernisse in den Weg legt, und dass die Gesetzgebung und die Verordnungen zu umständliche Förmlichkeiten verlangen und zu grosse Kosten verursachen. Endlich hat man sich gleichmässig mit der Lage der Besitzer, welche nicht Ufernachbaren sind, beschäftigt. Diese könnten benachbartes Wasser zu ihrem Vortheil benutzen, und man wünscht, dass zwischen allen Besitzern, deren Ländereien dabei interessirt sind, ein Einverständniss hergestellt werden möchte. Endlich beklagt man sich über die Schwierigkeit, welche die Organisation und die Thätigkeit der *Genossenschaften* (associations syndicales) verursache.

Als eines der Mittel, welches die Fortentwickelung dieser Arbeiten sehr fördern könnte, betrachtet man Aenderungen, welche sich in dem Gesetze vom 21. Juni 1865 über die associations syndicales anbringen liessen. Man sieht ein, dass zur Ausführung und Unterhaltung dieser Arbeiten das Einverständniss der dabei interessirten

Besitzer zu grossen Resultaten führen könnte; doch gehören, nach dem Wortlaute der vereinten Artikel 1 und 9 des Gesetzes von 1865 die Bewässerungsarbeiten nicht zu denjenigen, zu deren Ausführung die Besitzer durch Verfügung des Präfekten in Zwangs-Genossenschaften vereinigt werden können. In solchen associations syndicales autorisées können die Beschlüsse nur mit absoluter Majorität derjenigen gefasst werden, welche zusammen mindestens $^2/_3$ der Bodenoberfläche besitzen, oder mit $^2/_3$ Stimmenmehrheit, wenn diese die halbe Bodenfläche repräsentirt (Art. 12 des Gesetzes vom 21. Juni 1865). Für die Arbeiten der Bodenbewässerung kann es nur freie associations syndicales geben, welche ohne Einmischung der Regierung zusammentreten, und dann muss Stimmeneinhelligkeit, welche schriftlich konstatirt sein muss, herrschen. Man begreift die Schwierigkeit der Einstimmigkeit vieler Besitzer, welche einberufen sind, um sich über die Nützlichkeit von Arbeiten, über die ihnen zu gebende Ausdehnung, über die nöthigen Mittel und Wege die Gelder herbeizuschaffen, über die Grenzen und das Mandat der Syndici und über die Vertheilung der Kosten auszusprechen. Die Halsstarrigkeit *eines* Besitzers genügt, um wirklich nützliche Arbeiten und von Anderen vorgeschlagene Verbesserungen zu verhindern. Deshalb wünscht man, dass das Gesetz von 1865 in dem Sinne gehandhabt werde, dass alle Bewässerungsarbeiten Gegenstand der associations syndicales autorisées sein könnten, sogar mit der Ausdehnung, dass in allen diesen associations, mit welchen Arbeiten sie sich auch beschäftigen, die einfache Majorität der dabei interessirten Stimmen genüge, nicht aber Einstimmigkeit, wie es der 12. Artikel des Gesetzes vorschreibt.

Ausserdem haben die Departementskommissionen und die über die Frage der Bewässerung vernommenen Berichterstatter den Wunsch ausgesprochen, dass über die Anlage von Bewässerungskanälen auf Staatskosten*), welche von grossem Nutzen sein könnten, Unter-

---

*) Das Oktoberheft der „Annalen der Landwirthschaft" von 1867 und daraus das „Ausland" enthalten als Referat einer Reise des Geh. Ober-Reg.-Rath *Wehrmann* durch das südliche Frankreich — wissenswerthe Beiträge zu dieser Frage. Wir entnehmen daraus, dass der durch Ueberschwemmung entstandene Schaden 1866 in 31 Departements auf 47½ Million Frcs. geschätzt wurde. Im Dezember 1866 wurden 4 Millionen an die Bedürftigsten vertheilt, und die Herstellung von Deichen, Brücken, Wegen u. s. w. kostete der Staatskasse 13½ Millionen Frcs

Das Meliorationswesen ist unter drei Abtheilungen des Ministerii für öffentliche Bauten vertheilt. Die Wasserbaubehörde bildet eine eigene Abtheilung; die Eindeichung am Meere und an Flüssen gehört zur Abtheilungder Schifffahrt und

suchungen angestellt werden sollen; dass die Regierung Unterstützungen bewillige, um die Ausführung von Bewässerungen zu begünstigen; dass sie die Bildung von grossen Gesellschaften behufs der Bodenbewässerung begünstige; dass man zu diesem Zwecke einen gemeinsamen Plan für alle Ländereien, welche von der Bewässerung Nutzen haben könnten, ausarbeite, dass man die nöthigen Vorkehrungen treffe, um alle brauchbaren Gewässer auch nutzbar zu machen; dass man die Anlage von Abzugskanälen behufs der Bewässerung erleichtere; dass man das Gesetz von 1865 in dem Sinne revidire, dass in gewissen Fällen und gegen Entschädigung der an kein Gewässer angrenzende Nachbar ein solches in derselben Weise zu seinem Vortheil benutzen könne, wie ein Ufernachbar; dass man das die Festsetzung von Entschädigungen behandelnde Verfahren, sei es für Anlage von Arbeiten auf dem Felde des Nachbars, sei es über die Leitung von Wasser auf ein Grundstück, vereinfache; dass die Streitigkeiten bei Besichtigung durch Sachverständige, welche früher vor den Gerichten verhandelt wurden, vor dem Friedensrichter entschieden werden sollen. Man verlangte ferner, dass eine geordnete und klare Gesetzgebung in ganz bestimmter Weise die Rechte der Mühlen und Wasserwerke festsetze; dass diese gewerblichen Anlagen im Falle der anerkannten öffentlichen Nützlichkeit zur Bewässerung expropriirt werden könnten, und dass man ihren Wasserstand mit Strenge überwache; dass das Ausräumen fliessender Gewässer regelmässig und zwar in der Weise statthaben solle, dass dadurch das Bett nicht bedeutend tiefer gelegt werde und die Strömung nicht bedeutend vermehrt werde.

Was nun besonders *die Drainage* betrifft, so sind die dabei eintretenden Schwierigkeiten auch Gegenstand der Erörterung geworden.

Die Trockenlegung von zu nassem Boden mittelst unterirdischer oder überirdischer Ableitungsgräben ist ein seit undenklichen Zeiten bekanntes Verfahren. Doch erst in neuerer Zeit haben die Eng-

---

der Drainage, und kleine Bewässerungen zur Abtheilung des Ackerbaues. Die Wasserbaubehörde bearbeitet die Räumung und Verbesserung der Privatflüsse, Mühlenanlagen, Genossenschaften, die Entwässerung, Bepflanzung der Dünen u. s w. Dafür sind von 1848 - 1865 ausgegeben 24,514,000 Frcs. und 1866 allein 3½ Millionen Frcs., also in Summa 28,014,000 Frcs.

Es sind bis jetzt in Frankreich — wir reden vom Jahre 1868 — etwa 200,000 Hektaren mit einem Kostenaufwand von je 262 Frcs. und einer *Ertragssteigerung* von etwa 57 Frcs. auf den Hektare — etwa 15 Thlr. auf 4 Morgen — drainirt. Das Nähere ergeben die „Annalen der Landwirthschaft." Dr. B.

länder gemeinhin mittelst tiefgelegter und nach einem besonderen[*] Systeme verbundenen Röhren dies Verfahren ausgeführt. Dieses neue Verfahren wurde sofort mit Begeisterung aufgenommen, und es schien für eine gesunde Entwickelung desselben nothwendig, eine besondere Gesetzgebung darüber zu erlassen.

Bis dahin war der Wasserabfluss nach Art. 640 des Code Nap. geordnet. Nach dem Wortlaute dieses Artikels sind die unterhalb liegenden Besitzer zur Aufnahme nur des natürlich abfliessenden Wassers, wenn die Hand des Menschen dabei nicht thätig mitgewirkt hat, verpflichtet, und wenn der tiefer liegende Besitzer Nichts thun kann, diesen Abfluss zu verhindern, so darf der höher liegende Besitzer Nichts thun, um das Servitut der Vorfluth noch zu vermehren.

Man ist dazu gekommen, für das von der Drainage ablaufende Wasser ähnliche Verfügungen, wie die oben erwähnten zu treffen, welche 1845 über das von den Bewässerungsarbeiten abfliessende Wasser festgestellt worden sind. Ein Gesetz vom 10. Juni 1854 bestimmt, dass jeder Besitzer, welcher seinen Boden durch Drainage oder durch irgend ein anderes Mittel der Trockenlegung entsäuern will, gegen eine gerechte und vorher abgemachte Entschädigung das Wasser von seinem Boden, unter oder über der Erde, durch das Nachbarfeld nach einem fliessenden oder stehenden Gewässer führen darf. Die Nachbaren oder Vorfluther dürfen sich der von Anderen angelegten Arbeiten zur Ableitung von Wasser von ihrem eigenen Felde unter der Bedingung bedienen, dass sie dann einen verhältnissmässigen Theil an den Herstellungs- und Unterhaltungskosten tragen, von denen sie Vortheil haben.

In der Enquête hat man sich wiederholt darüber beklagt, dass die Landwirthschaft die Vortheile, welche diese Gesetzgebung ihr gewährt, nicht in vollem Masse benutzt. Es haben sich die Drainage-Arbeiten nicht, wie man es dachte, entwickelt, und obgleich am 1. Januar 1866[**] etwa 200,000 Hektaren in Frankreich drainirt

---

[*] Der Senator Marchand hat im Boden einer alten, zum Département du Nord gehörigen Abtei Drainröhren gefunden, die den neueren englischen sehr ähnlich sind, entschieden aber aus dem vorigen Jahrhundert stammen; auch bei Rom sind solche Röhren gefunden, die aber viel älter sind.   Dr. B.

[**] Es waren in Frankreich Ende 1856 bereits 32,000 Hektaren drainirt; 1857 kamen 36,000 hinzu. Der mittlere Kostenpreis betrug per Hektare ca. 250 Frcs. (68 Thaler), also hatte man bis 1857 schon 16 Millionen Frcs. für diesen Kulturzweck verwendet. In England waren zu derselben Zeit schon 1,300,000 Hekt. drainirt. 1857 existirten in Frankreich ca. 400 Etablissements, in denen Drain-Röhren fabricirt wurden; jedes konnte ungefähr 320,000 Meter Röhren per Kampagne herstellen. —   Barral: „Journal d'agriculture pratique."

waren, so ist in dieser Hinsicht doch noch sehr viel zu thun. Die Schwierigkeit, in der man sich mit den Ableitungsgräben befindet, ist die bedeutendste; ferner die Zerstückelung und das Schwanken des Grundbesitzes; die grossen Kosten der Drainage-Arbeiten, vor Allem hoch rücksichtlich des geringen Werthes, den die so zu verbessernden Felder repräsentiren; die Ausgabe, welche die Anlage von Ableitungsgräben, die das Gebiet des Vorfluthers durchschneiden, verursacht; die zu kurze Pachtzeit, welche den Pächtern nicht gestattet, ähnliche Verbesserungen vorzunehmen; die Gleichgültigkeit der Besitzer, welche sich zu den nöthigen Opfern nicht verstehen wollen; endlich der Kapitalmangel.

Die Gesetze vom 17. Juli 1856 und vom 28. Mai 1858 haben zwar, um die Ausführung von Drainage-Arbeiten zu erleichtern, die Summe von 100 Millionen angewiesen; doch führt man an, dass diese Gesetze und das kaiserliche Dekret, welche die Handhabung ihrer Ausführung regelte, die Darleiher zu vielen und zu beschwerlichen Förmlichkeiten unterwirft. Sehr häufig hat man die Vereinfachung der Gesetze und Reglements für ähnliche Fälle verlangt. Man würde hierin ein Mittel sehen, die Landwirthschaft von der Geldunterstützung Nutzen ziehen zu lassen, welche ihr zu gewähren der Staat sich verstanden hat durch die Organisation eines Darlehnssystems, womit der Crédit foncier von Frankreich beauftragt ist, während bei den herrschenden Verhältnissen die Zahl der bewilligten Darlehne seit zehn Jahren nur 75 war, mit einer Darlehnssumme von 1,111,790 Francs, so dass die Staatsdarlehne nur $2\frac{1}{2}$% aller für solche Arbeiten aufgewendeten Kapitalien betragen.

Bei den Drainagearbeiten stösst man endlich auch noch auf die oben angeführten Schwierigkeiten betreffs der associations syndicales. Man wünscht, dass auch diese Arbeiten unter der Zahl derer begriffen werden möchten, für welche es berechtigte Genossenschaften unter dem Schutze des Präfekten giebt, und deren Beschlüsse mit einfacher Stimmenmehrheit der dabei Betheiligten, die für die Minorität bindend sein müssten, gefasst werden.

Auch hat man den Wunsch ausgesprochen, dass einige Thäler, in denen das Wasser in einer die Landwirthschaft beeinträchtigenden Weise stagnirt, trocken gelegt würden. In dieser letzteren Hinsicht, wie da, wo es sich um *Trockenlegung von Sümpfen* handelt, ist die Lage der dabei Interessirten viel günstiger als da, wo es sich um Drainage oder um Bewässerung handelt. Nach dem Wortlaute des Gesetzes vom 21. Juni 1865 gehören die Arbeiten der Trockenlegung und der Entwässerung feuchter und saurer Ländereien zur Zahl derer, für welche sich associations syndicales autorisées bilden können, daher ist es leichter, diesen Arbeiten die Entwickelung zu geben, welche die Interessen der Landwirthschaft beanspruchen. Man lässt damit auch nicht nach, und die Bodenfläche, auf welcher Trockenlegung und Entsäuerung vorgenommen worden ist, betrug 1866 schon 140,000 Hektaren; die Arbeit hatte etwa 8 Millionen Francs (2,13 Mill. Thaler) gekostet. —

§ 2. Dünger und andere Bodenverbesserungsmittel.

Dünger. Ueberall hat man konstatirt, dass die Produktion des natürlichen Düngers ungenügend sei. In den meisten Wirthschaften steht die Menge des gehaltenen Viehes zu der Ausdehnung der Wirthschaft in keinem Verhältnisse. Die Düngerhaufen der Farm, deren man sich in fast ganz Frankreich beinahe ausschliesslich bedient, sind daher lange nicht ergiebig genug. Sie werden meistens schlecht behandelt, und man verwendet auf sie wenig Sorgfalt; abwechselnd sind sie der Sonnenhitze, die sie austrocknet, abwechselnd dem Regen, der sie auslaugt, also der Landwirthschaft eine Menge befruchtender Verbindungen raubt, ausgesetzt. Im Allgemeinen sorgt man auch nicht dafür, derartigen Verlust ausserhalb des Gutshofes zu verhindern; auf den Wegen und in den Gräben befinden sich eine Menge Flüssigkeiten, welche mit den dem Düngerhaufen entgangenen Stoffen imprägnirt sind; der Landwirth beraubt sich so durch Mangel an Sorgfalt der kostbarsten Hilfsquellen. Die Bearbeitung des Düngerhaufens und die Anlage von Jauchegruben sind landwirthschaftliche Arbeiten, welche bisher nur sehr wenig Fortschritte gemacht haben.

Unabhängig von der Unwissenheit, der Sorglosigkeit, dem Mangel an Geschäftsgeist, welche noch die Gewohnheiten vieler Landwirthe beherrschen, schreibt man dem Kapitalmangel, der den intelligenteren Wirthen keine in dieser Hinsicht nützliche Reformen zu machen erlaubt, einen grossen Theil der Schuld an diesem Uebelstande zu. Viele beklagen sich über die Kürze der Pachtzeit, welche gleichmässig diese Ameliorationsversuche hindern. Endlich ist der Futtermangel ein grosses Hinderniss nicht nur dafür, dass Vieh in genügender Menge gehalten, sondern auch dafür, dass es nicht gut genug genährt werden kann, um genug Dünger von guter Qualität liefern zu können.

Den letzten Punkt betreffend, wäre die Abhilfe, welche man angewendet zu sehen wünscht, die grössere Ausdehnung einer künstlichen Weidewirthschaft und die gänzliche Abschaffung der schwarzen Brache, welche schon in vielen Gegenden verschwunden ist.
Doch kann man dem Boden die nöthige Produktionskraft, damit er
Viehfutter und für die menschliche Nahrung bestimmte Pflanzen unabhängig von einander trage, nur dann geben, wenn man über eine
genügende Düngermenge zu gebieten hat. Und die Unzulänglichkeit
der Düngerhaufen ist eine allgemeine Thatsache. Um diesem Uebelstande abzuhelfen, wünscht man, dass in grösserem Massstabe und
vollständiger als bis jetzt, Alles, was dem Acker Fruchtbarkeit geben kann, vor Allem also der Dünger der Städte nützlich verwendet werde. So kann man dem flachen Lande wiedergeben, was ihm
durch die Abfuhr an Feldfrüchten nach den grossen Mittelpunkten
der Bevölkerung, den grossen Verbrauchsstätten, unaufhörlich entzogen wird.

Zahlreiche dahin zielende Wünsche sind in der Enquête laut
geworden. Nicht nur hat man ganz allgemein den Wunsch ausgesprochen, dass der *Dünger der Städte* nützlicher verwendet werde,
sondern man hat in einigen Abtheilungen auch gefordert, von den
Städten zu verlangen, dass sie Sorge tragen, dass die fruchtbaren
Stoffe, welche sich in ihnen erzeugen, nicht verloren gehen. Ferner
hat man vorgeschlagen, für die Auffindung eines praktischen Mittels,
die Exkremente zu desinficiren, ohne ihnen dabei die Eigenschaften, welche sie nützlich machen, zu nehmen, einen Preis auszu-
setzen. Endlich sollen den Landwirthen die Mittel angegeben werden, die menschlichen Exkremente in landwirthschaftlichen Dünger
überzuführen, ohne dabei die öffentliche Gesundheit zu gefährden.
Auch hat man gefragt, ob es nicht möglich wäre, in Gemeinden, welche
von Strassen durchschnitten sind, die unter der Aufsicht der Brücken-
und Strassen-Ingenieure oder von Strassenaufsehern stehen, das Hin-
fliessen von Jauche auf den öffentlichen Wegen oder in den Gräben
zu verbieten, um die Landwirthe so zu zwingen, sie sich zu erhalten.*)

-----

*) Mit Ausnahme des nördlichen Frankreichs scheint man hinsichtlich des
Düngers, seines Werthes, der Wechselwirkung von Futter und Dungkraft u. s. w.
noch meist oberflächliche Ansichten zu hegen und in ziemlich unwissenschaftlicher
und unpraktischer Art zu wirthschaften. Klagen, wie die bisher erörterten, gehören denn doch in die Elementarbegriffe und Vorstudien eines landwirthschaftlichen Anfängers hinein.

Die Kommissionen mehrerer Paris nahe liegenden Departements haben den Wunsch ausgesprochen, dass man auf Mittel sinne, die aus den Städten kommenden menschlichen Exkremente zu verwerthen und nach entfernteren Gegenden zu befördern. Ausserdem wurde von der Kommission der Seine eine Aenderung in dem Verfahren verlangt, wie Dünger von der Militärverwaltung zugeschlagen wird, von der er in grossen Posten verkauft wird, und der bisher den kleineren Wirthschaften schwer zugänglich ist.

Auf diese verschiedenen Wünsche kann man antworten, dass die Wissenschaft nicht weniger thätig ist, als die Verwaltung. Unaufhörlich werden Untersuchungen, mit welchen die von der Privatindustrie gemachten Anstrengungen zusammentreffen, angestellt, um in einer Frage, deren Wichtigkeit alle Sachverständigen einsehen, zu praktischen Resultaten zu kommen.

Die Unzulänglichkeit des natürlich erzeugten Düngers*) in den Ackerwirthschaften hat zu einer Untersuchung über die geeigneten Mittel, den Boden durch andere Dungstoffe, als die, welche von ihm selbst herrühren, tragfähig zu machen. Man nahm folglich zu den *künstlichen*, in Fabriken erzeugten oder importirten Düngemitteln seine Zuflucht, und die Anwendung solcher, von denen man eine Wirkung sieht, fängt an, allgemeiner zu werden. Aber die Leichtigkeit einer Betrügerei mit derartigen Stoffen, das gerechte Misstrauen**), welches den Landwirthen durch leider nur zu viele Beweise davon eingeflösst ist, waren bis jetzt ein Hinderniss, dass die Anwendung von künstlichem Dünger sich in wünschenswerther Weise ausbreite. Auch sind in der Enquête häufig Klagen darüber ausgesprochen, und man wünscht allgemein, dass eine strenge und unaufhörliche Aufsicht über den Verkauf von künstlichem Dünger stattfinde, damit die Betrügereien damit gänzlich aufhören. Man hat gefordert, dass die Bestimmungen des Gesetzes vom 27. März 1851 über die Verfälschung von Lebensmitteln auch auf die Düngemittel ausgedehnt würden, oder dass ein besonderes Gesetz dem vorbeuge.

---

*) Ueber die höchst intelligente, nachahmenswerthe Art der Düngerbehandlung im Norden Frankreichs siehe Bauers „Nordfranz. Landw." Cap. XVIII.
**) Vor allen Dingen aber die unglaubliche Unwissenheit, die es zur Folge hatte, dass in keinem anderen Lande wie in Frankreich eine solche Menge von Universaldüngern auftauchten und noch auftauchen, die sich sogar glänzender Zeugnisse von Vereinen, Behörden u. s. w. rühmen können. Ueberall soll der Staat helfen, weil in Folge der extremen Centralisation jede Fähigkeit zur Selbsthilfe verloren gegangen ist. Filly.

Auch wünscht man, dass Mittel zur Kontrolle über den reellen Werth geschaffen würden. Einige Berichterstatter und die Departements-kommissionen von Loir-et-Cher und Eure-et-Loire haben hinsichtlich dieses Punktes ihre Wünsche präcisirt, indem sie für das Departe-ment, sogar für das Arrondissement die Errichtung je einer Ver-suchsstation und eines Laboratoriums, welches den Werth der Dünge-mittel festzustellen hätte, verlangen, und das Loire-et-Cher-Departe-ment fordert sogar, dass diese durch die Brücken- und Strassenbau-Ingenieure geleitet werden.

Die Beschwerden über die Frage der Verfälschung von Dünge-mitteln, welche schon vor der Enquête laut wurden, veranlassten die Regierung, eine Kommission einzusetzen, welche diese Frage prüfen und eine besondere Untersuchung darüber anstellen sollte.

Diese Kommission, welcher der Senator *Dumas* als Vicepräsi-dent und Stellvertreter die schätzbare Unterstützung seiner grossen Erfahrung und seiner mannigfachen wissenschaftlichen Kenntnisse zu Theil werden liess, hat die Grundlage angegeben, auf welcher, nach ihrer Meinung, ein Gesetzesvorschlag über die Fälschung von im Handel vorkommenden Düngemitteln festzustellen wäre.

Die Düngerkommission hat dem Präventivsysteme seine Zu-stimmung verweigert. Dieses, durch Verordnung der Präfekten in einigen Departements bestehende System schien die nützlichen Wir-kungen, die man sich davon versprach, nicht gehabt zu haben, denn alljährlich forderten die Conseils généraux mehrerer Departements ein neues, darauf bezügliches Gesetz. Ich kann mich übrigens nur auf die Arbeiten der Kommission und der Enquête spéciale, welche diese Frage bearbeitet haben, beziehen, weil deren Resultate bekannt gemacht worden sind.

Die Düngerkommission hat geglaubt, dass man nur von dem *Regressivsysteme* die Heilung eines Uebelstandes erwarten könnte, welcher die dringenste Sorgfalt der Aufsichtsbehörden verlangt, und hat die Einführung von mehreren Aenderungen in das Strafgesetz-buch vorgeschlagen, um so zur Unterdrückung des Handels mit ge-fälschten Düngemitteln das Ihrige zu thun. Die Mittheilungen der Kommission haben als Ausgangspunkt für einen Gesetzesvorschlag gedient, welcher im Staatsrathe berathen, dann dem gesetzgebenden Körper vorgelegt und endlich von diesem in seiner Sitzung vom 6. Mai mit einigen Abänderungen, welche übrigens im Wesen Nichts ändern, angenommen wurde.

Nachdem der Senat über das von dem gesetzgebenden Körper

berathene und angenommene Gesetz am 22. Juli abgestimmt hatte,
wurde es am 27. Juli veröffentlicht.*)

Da man erkannt hatte, dass durch Artikel 423 des Strafgesetzbuches und das Gesetz vom 27. Mai 1851 nicht ohne Weiteres der
Handel mit gefälschtem Dünger unterdrückt werden konnte, so schuf
dies Gesetz eine Special-Vorschrift.

Es straft mit Gefängniss von 3 *Monaten* bis zu *einem Jahre*
und mit einer *Geldstrafe* von 50 — 2000 Francs:

1) Diejenigen, welche, indem sie Düngemittel verkaufen oder
feilhalten, den Käufer, sei es über ihre Natur, ihre Mischung oder ihre
chemische Zusammensetzung, sei es über ihren Ursprung täuschen
oder zu täuschen versuchen oder sie mit einem Namen bezeichnen,
den hergebrachter Weise andere Düngemittel führen.

2) Diejenigen, welche, ohne den Käufer vorher davon benach-
richtigt zu haben, ihm verfälschte oder verdorbene Düngemittel verkaufen oder es versuchen.

Das Gesetz gilt, unbeschadet der Anwendung des ersten Artikels
des §. 3 des Gesetzes vom 27. Mai 1851, im Falle von Betrügerei
über die Menge der Waare.

Ein innerhalb der ersten 5 Jahre nach der ersten Bestrafung
begangener Rückfall kann mit dem Doppelten des höchsten Straf-
masses, welches das Gesetz ausspricht, bestraft werden.

Das öffentliche Ankleben und die Bekanntmachung der Straf-
mandate kann durch die Gerichte angeordnet werden.

Endlich kann Artikel 463 des Strafgesetzbuches, welcher die
Herabsetzung der Strafen gestattet, im Falle von mildernden Umständen, gesetzlich auch hier angewendet werden.

Man kann mit Recht hoffen, dass die Missbräuche, denen die
Landwirthschaft in ähnlichen Fällen nur zu oft zum Opfer wurde,
zum grossen Theile unter dem Einflusse dieser Gesetzgebung verschwinden werden, und in dieser Hinsicht ist, so weit möglich, den
Wünschen der Enquête Rechnung getragen worden.

Die landwirthschaftlichen Vertreter haben sich auch in so weit
mit der Düngerfrage beschäftigt, als sie die Nothwendigkeit aussprachen, die Einführung von Dünger aus dem Auslande, wie auch
den Verkehr im Innern zu erleichtern. Zahlreiche Kommissionen
haben ihre Wünsche dahin ausgesprochen. Vor Allem hat man die

*) Abgedruckt im Wochenblatte der „Annalen der Landwirthschaft", Berlin,
1867, Nr. 45.   Filly.

Aufhebung jeden Zolles für fremden Dünger und die *Abschaffung der verschiedenen Flaggensteuern für Guano* verlangt, der Art, dass seine Einfuhr, welche zum grossen Theile auf fremden Schiffen stattfindet, von *jedem Eingangszoll befreit sein soll.*

Die Steuersätze für die Düngemittel sind nun folgende:

Die anderen Düngemittel, ausser Guano (Poudrette, Rückstände von Knochenkohle und anderem) sind steuerfrei, wenn sie durch französische Schiffe oder zu Lande eingeführt werden. Sie zahlen 50 Centimes, dazu den Zehnt-Zuschlag, also 60 Centimes auf 100 Kilogramm ($2\frac{1}{2}$ Sgr. pro Centner), wenn sie durch fremde Fahrzeuge eingeführt werden.

Für den Guano ist die Praxis eine andere. Zufolge eines Gesetzes vom 1. Mai 1867 ist seine Einführung steuerfrei, wenn er auf französischen Schiffen aus *aussereuropäischen Ländern* ankommt; aber wenn er *anderswoher* kommt, und besonders von europäischen Plätzen, so zahlt er auf 100 Kilogramm 1 Frcs. 80 Cts., den Zehntzuschlag einbegriffen, (beinahe $7\frac{1}{2}$ Sgr. pro Ctr.); und geschieht seine Einführung durch fremde Fahrzeuge, so zahlt er gleichfalls 1 Francs 80 Cent. (18 Francs die Tonne), gleichviel woher er kommt.

Die Aufhebung der verschiedenen Flaggensteuern ist eine Massregel, die bereits durch das Gesetz vom 19. Mai 1866 für die Handelsmarine im Allgemeinen entschieden ist; Artikel 3 desselben lautet: „Drei Jahre nach Veröffentlichung gegenwärtigen Gesetzes werden die Flaggenzuschläge für Produkte, die anders als durch französische Fahrzeuge aus den Produktionsländern eingeführt werden, wegfallen.

Diese Massregel ist vom 19. Mai 1869 ab in Kraft getreten, und wird so dem in Betreff der Düngemittel ausgesprochenen Wunsche entsprochen werden.

Die Abschaffung der verschiedenen Flaggensteuern wird jedoch nicht die Steuer verschwinden lassen, welche gegenwärtig von demjenigen Guano erhoben wird, welcher nicht direkt aus den Produktionsländern bezogen wird, sondern aus europäischen Plätzen kommt; es müsste denn bis dahin die Zollgesetzgebung speziell in Betreff dieser für unsere Ackerwirthschaft so nützlichen Düngerart neuen Veränderungen unterliegen.

Was übrigens den Guano angeht, befindet sich die Landwirthschaft bereits von jetzt an in der Lage, welche eintreten würde, wenn die verschiedenen Flaggensteuern schon abgeschafft wären. Die Regierung von Peru hat nämlich eingewilligt, die Guanos für Frankreich unter einer Preisermässigung zu liefern, entsprechend der

Höhe der vom französischen Zollamt erhobenen Steuer, so dass
also dieser Dünger, wenn er aus Peru direkt bezogen wird, den
französischen Landwirthen nicht höher zu stehen kommt, als in
England oder Belgien, wo kein Einfuhrzoll besteht. Die Bewegung
des Einfuhrhandels mit Guano in Frankreich seit zehn Jahren ist
folgende:

Jahrgang.	Zahl der eingeführten Kilogramme.	Jahrgang.	Zahl der eingeführten Kilogramme.
1857 . . .	51,854,698	1862 . . .	45,872,286
1858 . . .	37,724,316	1863 . . .	67,788,303
1859 . . .	32,978,130	1864 . . .	68,906,900
1860 . . .	39,578,587	1865 . . .	47,412,541
1861 . . .	38,234,337	1866 . . .	56,896,800

Man hat auch, um die Cirkulation der Düngemittel zu erleichtern,
und um den von den Produktions- oder Einfuhrprodukten der künstlichen oder eingeführten Düngmittel entfernten Gegenden die Beschaffung derselben unter leidlichen Bedingungen und in genügenden
Quantitäten zu ermöglichen, verlangt, dass die *Transporttarife der
Eisenbahnen* für zur Befruchtung dienende Stoffe wesentlich erniedrigt würden. Man hat selbst die Aufstellung eines speziellen Materials für den Transport der Exkremente der Städte gefordert.

Spezialtarife für den Transport des Düngers existiren in grosser
Zahl und Mannigfaltigkeit auf den verschiedenen Eisenbahnen. Senator *Dumas* hatte in seinem Berichte folgende Zahlen für die Haupt-
linien angegeben:

Frs. Cs.

Norden 0 0,6 per Tonne und per Kilom. per vollen Wagen von wenigstens 5000 Kilogr.

Osten { 0 0,6 für eine Strecke v. 100 Kilom. u. darüber } pr. Ton. u. pr. Kilom.
Lyon- { 0 0,5 „ v. 100 bis 200 Kilom. } pr. vollen Wagen
Mittelmeer { 0 0,4 „ v. 200 Kilom. oder mehr } v. 5000 Kilogramm.

Orléans { 0 0,5 } für analoge Strecken und für Ladung von wenigstens
{ 0 0,4 } 1000 Kilogr.
{ 0 0,35 }

Süden { 0 0,5 } für analoge Strecken per vollen Wagon von 7000 Kilogr.
{ 0 0,45 }
{ 0 0,4 }

Westen { 0 0,7 } für analoge Strecken per vollen Wagon von 5000 Kilogr.
{ 0 0,5 }
{ 0 0,4 }

Chemin 0 175 ungefähr im Durchschnitt per Tonne und per Kilom. für
de ceinture Ladung von wenigstens 1000 Kilogr.

Neuere Mittheilungen von Seiten der Generaldirektion der Eisenbahnen (31. Aug. 1867) haben folgende Ziffern für die Tarife des Düngertransports auf den verschiedenen Linien ergeben:

Der gesetzliche Tarif per Tonne und per Kilometer ist:

Für die Strecken bis zu 100 Kilometer . . . . . . 0 Frs. 0,8 Cs. ohne dass die Taxe 5 Frs. übersteigen dürfte.

Für die Strecken von 101—300 Kilometer . . . . . 0 „ 0,5 „ ohne dass die Taxe 12 Frs. übersteigen dürfte.

Für die Strecken über 300 Kilometer . . . . 0 „ 0,4 „

Nur für die Nordkompagnie gilt auch der gesetzliche Tarif von 10 Centimes per Tonne und per Kilometer.

Ausser diesen Tarifen gibt es noch ziemlich oft für bestimmte Strecken feste Taxen, welche Grundlagen bilden, die den oben angegebenen untergeordnet sind.

Wie dem auch sei: indem ausserdem noch die Hafengelder (je 100 Kilogramm 20 Centimes, bei der Abfahrt wie bei der Ankunft) sowie die Aus- und Einladekosten in Betracht gezogen wurden, haben die Sachverständigen der Enquête agricole diese Tarife für zu hoch gehalten, um die Cirkulation der Düngmittel hinreichend zu erleichtern. Der Tarif scheint insonderheit geradezu übermässig auf dem Chemin de fer de ceinture (Pariser Ringbahn oder Verbindungsbahn), und kann in gewissem Grade die Beförderung von Düngmitteln hindern. Und doch haben die Kompagnien alles Interesse, Transporte zu begünstigen, deren Resultat die Vermehrung des landwirthschaftlichen Reichthums, sowie der ländlichen Produktion sein und ihnen selbst für die Zukunft einen immer beträchtlicheren Verkehr sichern würde.

Eines von den in der Enquête vorgeschlagenen Mitteln, um dem Handel mit Düngern eine neue Entwicklung zu verschaffen, würde darin bestehen, dass man durch Erweiterung der in dem Artikel 2102 des Code Napoléon enthaltenen Bestimmungen dem Verkäufer von Düngemitteln ein Vorzugsrecht (privilège) gewährte. Dieser Artikel besagt, dass diejenigen Schulden, welche auf gewisse Mobilien ein Vorzugsrecht haben, sind:

„1) Die Miethen und Pachtzinsen der Immobilien auf die Erntefrüchte des Jahres und auf den Erlös alles dessen, womit das gemiethete Haus oder das Pachtgut ausgestattet ist, und alles dessen, was zur Ausnutzung der Pacht dient".

Und weiterhin wird hinzugefügt:

„Nichtsdestoweniger werden die für den Samen oder für die Kosten der Ernte des Jahres geschuldeten Summen vom Erlös der Ernte gezahlt . . . . unter Bevorzugung des Eigenthümers."

Wäre nicht zu der Zeit, wo der Code Napoléon abgefasst wurde, der Handel mit künstlichen Düngern beinahe unbekannt gewesen, so würden letztere nach der allgemeinen Ansicht in das den Verkäufern von Samen u. s. w. bewilligte Vorzugsrecht mit eingeschlossen worden sein; denn in gewissen Fällen ist der Dünger ebenso, wie der Samen, unentbehrlich für die Gewinnung der Erzeugnisse. Man hatte selbst anfangs geglaubt, dass es möglich sein würde, die Kosten für den Ankauf von Düngemitteln unter den allgemeinen Begriff der für die Jahresernte gemachten Ausgaben rubriciren zu lassen; aber die Erkenntnisse der Tribunale haben sich nicht in diesem Sinne ausgesprochen.

Man würde also wünschen, das Vorzugsrecht, welches zu Gunsten des Eigenthümers an der Jahresernte, an dem Mobiliar und an dem Material zur Ackernutzung besteht, oder das beschränktere Recht, welches dem Lieferanten von Samen oder den Gläubigern für durch die Jahresernte bedingte Kosten zugestanden ist, auch auf die Lieferanten von Düngemitteln ausgedehnt zu sehen. Dieser in verschiedener Begränzung ausgedrückte Wunsch ist formulirt worden, bald in dem Sinne, dass das neue Vorzugsrecht, um dessen Bewilligung es sich handeln würde, erst *nach* dem des Eigenthümers kommen, bald in dem Sinne, dass es demselben vorausgehen sollte; man hat selbst verlangt, dass es nicht nur auf den Verkäufer von Dünger, sondern auch auf diejenigen ausgedehnt werden sollte, welche das Geld zu dem Ankaufe von Dungstoffen hergeben. Man glaubt, dass diese Massregel, indem sie dem Handel mit Düngemitteln grössere Sicherheit geben würde, die Hebung desselben durch Herbeiziehung der Kapitalien zur Folge haben und ihm so ermöglichen würde, der Landwirthschaft grössere Dienste zu leisten. Aus diesem Gesichtspunkte würde die Regierung wohl geneigt sein, diesen Weg einzuschlagen. Ein Entwurf, welcher die Verwirklichung dieser Massregel enthalten würde und durch die Specialkommission des landwirthschaftlichen Kredits, deren Berichterstatter Herr Josseau war, bereits vorgeschlagen ist, befindet sich auf dem Wege zur Prüfung durch den Staatsrath.

Noch einige andere Wünsche, welche sich der Frage in Betreff der Düngemittel anschliessen, sind im Laufe der Enquête ausgesprochen worden.

Einer von ihnen, der ziemlich häufig vorgebracht worden ist,

hat zum Gegenstande die Erleichterungen, welche der Landwirthschaft
zu gewähren sein möchten, um ihr die Beschaffung von *Salzen*
möglich zu machen, welche einer Denaturation unterlegen haben und
bei der Zusammensetzung der künstlichen Dünger mit Nutzen verwandt werden können: doch ist dies ein Punkt, welcher mehr zu
der Untersuchung der von der Fiskalgesetzgebung verlangten Abänderungen gehört und in einem besonderen Kapitel behandelt
werden soll.

An verschiedenen Punkten der Küste wünschen die Ackerbauer,
welche im Stande sind, die Düngemittel, welche das Meer liefert,
und welche bei der Benutzung ausgezeichnete Resultate ergeben, zu
gewinnen, dass allzustrenge gesetzliche Bestimmungen der Ausnutzung
von befruchtenden Stoffen, die die Natur in ihren Bereich gegeben
hat, nicht hinderlich in den Weg treten. In dieser Hinsicht und
besonders im ersten, zweiten und dritten Bezirke der Enquête, d. h.
in den Departements der Bretagne und der Normandie, hat man
allgemein den Wunsch nach Revision der auf Seegras und See-
dünger bezüglichen Gesetzgebung ausgesprochen und hat verlangt,
dass es gestattet würde, während des Sommers noch eine zweite
Ernte des Küstentangs zu halten, sowie das Seegras in Booten zu
holen, ohne zur Seeinskription gezwungen zu sein.*) Das Marine
Ministerium hat sich mit dieser für den Landbau unserer Küsten-
striche bedeutsamen Frage beschäftigt, und es ist bereits für die
Umgestaltung der Bestimmungen der Artikel 105 bis 125 des
Dekrets vom 4. Juli 1853, bezüglich auf die Ernte von See-
gras, sowie die Gewinnung von Seedüngerstoffen in liberalem
Sinne der Entwurf eines Dekrets vorbereitet. Die hauptsächlichen
Bestimmungen dieses Entwurfes, welcher bereits der Prüfung der
Fischereikommission unterlegen hat, würden zum Gegenstande haben:
Erlaubniss zu jährlich zwei Küstentangernten anstatt einer, die Ge-
stattung der Cirkulation von Seegras auch nach ausserhalb der Ge-
meinde, wo er geerntet ist, endlich die Gewährung von Erleichterungen für den Anschluss der Seeinskription nicht unterworfener
Leute an die regelmässige Bemannung der Boote, welche zu den
Seegrasernten verwandt werden. So würde zum Theil den Wünschen,
welche in der Enquête ausgesprochen worden sind, Genüge geleistet
werden.

---

*) „Inscription maritime" ist eigentlich die Einregistrirung derjenigen, welche
eventuell für den Staats-Seedienst ausgehoben werden können.

Endlich hat man es als eine Massregel bezeichnet, die zum Vortheile der Landbauer zu treffen wäre, dass man gestattete, das abgefallene Laub in den Wäldern zu sammeln, um sich desselben als Dünger zu bedienen oder vielmehr als Streu zum Zwecke der Gewinnung von Dünger.

Amendements. — Unter diesem Namen begreift man gewisse Substanzen, welche in vieler Beziehung dieselbe Rolle spielen, wie die Düngstoffe im Allgemeinen (engrais) und mit diesen vermengt werden; indess glaube ich, um mich dem Gebrauch zu fügen, dieselben besonders nennen zu müssen. Diese Substanzen werden verwendet, nicht nur um der Erde Dasjenige zurückzuerstatten, was sie täglich durch die Produktion verliert, sondern auch, um die Natur des Bodens selbst umzugestalten und ihm gewisse Elemente mitzutheilen, die ihm fehlen und die ihm grössere Fruchtbarkeit verleihen können. Kalk, Mergel, Gips sind unter diesen Substanzen diejenigen, welche am allgemeinsten verwendet werden; sie haben auf gewisse Bodenarten den nützlichsten Einfluss, und es ist zu wünschen, dass ihr Gebrauch sich mehr und mehr in den Gegenden verallgemeinere, für welche es von Vortheil sein kann. Hinzuzufügen ist noch der fossile phosphorsaure Kalk, welcher augenblicklich ganz besonders im Departement der Ardennen benutzt wird, gleichfalls ausserordentliche Resultate liefert und sich mehr und mehr verbreitet. Die Regierung hat es sich ganz besonders angelegen sein lassen, zur Aufsuchung dieser nützlichen Substanz zu ermuntern. Ein durch seine Spezial - Untersuchungen auf diesem Gebiete bekannter Gelehrter, Herr v. Molon, hat in den Jahren 1864 und 1865 Aufträge erhalten, welche ihm Gelegenheit gaben, das Vorhandensein von Lagern phosphorsauren Kalkes für einige Departements des nördlichen und westlichen Frankreich festzustellen, ja sogar für einige südliche Departements, wie das der Seealpen, wo dieser Dungstoff bis auf den heutigen Tag unbekannt war. Ein ähnlicher Auftrag ist ihm im Jahre 1867 ertheilt worden, um ähnliche Nachforschungen im Departement der Gironde, sowie in den benachbarten Departements anzustellen.

Aber für diese Stoffe, welche meistentheils einen sehr beträchtlichen Raum einnehmen, deren Werth aber ihrem Volumen und Gewicht gegenüber ein verschwindender ist, würde es einer der wesentlichsten Punkte sein, dass man sie zu hinreichend herabgesetzten Preisen transportiren liesse, damit ihr Gebrauch den Ackerbau nicht mit höheren Kosten beschwerte, als der Vortheil ist, den er daraus ziehen kann. Auch hat man sich in dieser Hinsicht in der

Enquête sehr häufig und sehr lebhaft über die Schwierigkeiten und hohen Preise der Transporte beklagt, über die unzureichenden Wasserstrassen und über die Mangelhaftigkeit der Landstrassen: in Anbetracht der Entfernungen, welche im Allgemeinen die Gegenden, welche dieser Stoffe bedürfen, von denjenigen, wo dieselben sich in beträchtlicheren Massen finden, trennen, hemmen diese Hindernisse die Landwirthschaft bei Verbesserungen, welche dieselbe geneigt sein würde auszuführen. Besonders die Eisenbahntarife hat man als solche bezeichnet, welche den Transport von für landwirthschaftliche Zwecke bestimmtem Kalk, Mergel und Gips in hohem Grade erschweren. Diese Tarife haben gegenwärtig folgenden Stand:

Gemäss der Conventionen von 1863 ist der Tarif für Düngekalk folgendermassen per Tonne und per Kilometer festgesetzt:

Für Strecken bis zu 100 Kilometer, ohne dass die Taxe 5 Frcs. übersteigen darf, 8 Centimes.

Für Strecken von 101 bis 300 Kilometer, ohne dass die Taxe 12 Frcs. übersteigen darf, 5 Centimes.

Für Strecken über 300 Kilometer, 4 Centimes.

Dies sind die Maxima, welche durch die Verträge festgesetzt sind; in Wirklichkeit aber wenden die Kompagnieen Sätze an, die bedeutend niedriger sind, als die oben angegebenen Ziffern.

So zahlt Gips nach Specialtarifen: auf dem Nordnetz 10 bis 2 Centimes, auf dem Ostnetz 5 bis 2 Centimes, auf dem Westnetz 7 bis 3 Centimes, auf dem Netz von Orléans 5 bis 2 Centimes, auf dem Mittelmeernetz 6 bis 3 Centimes, auf dem Südnetz 5 bis 3 Centimes.

Kalk ist durch Specialtarife taxirt: auf dem Nordnetz 10 bis 4 Centimes, auf dem Ostnetz 5 bis 4 Centimes, auf dem Westnetz 7 bis 2½ Centimes, auf dem Netz von Orléans 6 bis 3½ Centimes, auf dem Mittelmeernetz 6 bis 4 Centimes, auf dem Südnetz 8 bis 4 Centimes.

Alle Massregeln, welche getroffen werden könnten, um noch weitere Ermässigungen in diesen Spesen herbeizuführen, würden von der Landwirthschaft mit der lebhaftesten Befriedigung aufgenommen werden.

§. 3. Wiederbewaldung.

Ich glaube die wichtige Frage der Wiederbewaldung, mit welcher man sich vielfach in der Enquête beschäftigt hat, in diesem Kapitel untersuchen zu müssen, weil sie mit diesem mehr als mit

irgend einem andern verknüpft ist. Man beklagt sich lebhaft über
Verwüstungen, welche die durch allzuviele Ausrodungen entblössten
Abhänge der Gebirge durch die herabstürzenden Regenwässer und
Giessbäche erleiden, sowie über die Ueberschwemmungen der grossen
Thäler, welche die Folge davon sind, und man fordert dringend,
dass die wirksamsten Massregeln getroffen werden, um die Wieder-
beholzung und Wiederberasung der Gebirge zu bewirken.

Die Regierung hat sich bereits seit mehren Jahren mit Mitteln
beschäftigt, dieses doppelte Ziel zu erreichen, und die Gesetze vom
28. Juli 1860 und vom 8. Juli 1864 wollten die Arbeiten vorschrei-
ben oder dazu ermuntern, welche nothwendig sind, um den ernsten
Gefahren, welche sich gezeigt hatten, zu begegnen.

Nach dem Wortlaute des Gesetzes von 1860 können zum Behufe der Wiederbeholzung der auf der Höhe der Gebirge oder an deren
Abhängen gelegenen Flächen den Gemeinden, sowie den öffentlichen
oder privaten Etablissements Unterstützungen bewilligt werden. Ueberdies werden in Fällen, wo es das öffentliche Interesse in Folge des
Bodenzustandes und der für die unteren Gebiete daraus hervorgehen-
den Gefahren erheischt, Arbeiten für Wiederbeholzung *zwangsweise*
vorgeschrieben: ein nach vorhergängiger Untersuchung erlassenes Dekret erklärt die öffentliche Nützlichkeit dieser Arbeiten, und die
Eigenthümer der zu beholzenden Terrains müssen dieselben ausführen, oder, im Fall sie sich weigern oder ihren Verpflichtungen nicht
nachkommen, können sie expropriirt werden.

Der Staat kann auch unter gewissen Bedingungen für die Gemeinden oder öffentlichen Etablissements eintreten, welche entweder
sich weigern, die Arbeiten auf den ihnen gehörigen Gebieten vorzunehmen, oder auch nicht im Stande sind, dies zu thun. Ausserdem hat das Gesetz eine Summe von 10 Millionen bis zur Höhe von
einer Million jährlich ausgesetzt, um die Ausgaben zu bestreiten,
welche der Staat zu machen hat, um die Ausführung zu sichern.

Das Gesetz vom Jahre 1864 wollte dasjenige vom Jahre 1860
ergänzen in Betreff der Berasung. In der That konnten die Landwirthe gebirgiger Gegenden fürchten, dass die Wiederbewaldung
grosse Strecken Bodens der Abweidung entziehen und so die Hirten-
bevölkerung grosser Hilfsquellen für die Ernährung ihrer Heerden
berauben möchte.

Das Gesetz vom 8. Juni 1864 hatte ausdrücklich zum Zweck,
die Berasungsarbeiten an Stelle von Arbeiten zum Zwecke der Beholzung in allen den Fällen zu gestatten, wo es scheint, dass die

erstere von beiden Massregeln zur Konsolidation des Bodens hinreichen werde, um die bedrohten Strecken gegen die Gewalt der
Sturzwässer zu schützen. Dazu wurde noch eine neue Summe, diesmal in der Höhe von 5 Millionen, ausgesetzt für die Berasungsarbeiten, jährlich bis zur Höhe von 500,000 Frcs. Ueberdies nahm
das Gesetz von 1864 das Prinzip an, Gemeinden Entschädigung zu
bewilligen, falls sie zeitweilig der Weide auf den kommunalen Ländereien beraubt würden, wenn diese Gegenstand der Beholzungs-
oder Berasungsarbeiten sein würden. Man wollte auf diese Weise
dem Widerstande der Betroffenen vorbeugen, der sich thatsächlich
nützlichen Arbeiten entgegenstellen würde, und die Gemeinden vermögen, die Anstrengungen der Regierung auf dem Wege, welchen
sie eingeschlagen hat, zu unterstützen.

Die Anwendung der Gesetze, deren hauptsächliche Bestimmungen ich so eben angeführt habe, ist durch die Bemühungen der Forstverwaltung mit ebensoviel Thätigkeit und Eifer als Einsicht geschehen. Diese Verwaltung hat selbst das Beispiel zur Wiederbeholzung gegeben, indem sie in den Departements, wo der Staat kahle
Bergflächen besitzt, jedes Jahr mehr oder weniger beträchtliche
Strecken bepflanzen oder besäen liess. Ausserdem sind die Gemeinden unter der Leitung ihrer Agenten mit Arbeiten vorgegangen.
Die Wiederbeholzungen haben vorzugsweise stattgefunden in den Departements der Alpes-Maritimes, Vaucluse, Haute-Loire, Gard und
Aude; ebenso im Departement Puy-de-Dôme, wo sie eine ganz besondere Bedeutung gewonnen haben.*)

---

*) Die *Waldungen* wurden in Frankreich statistisch 1842 auf:

Staatseigenthum . . . . 1,101,880 Hekt.
Kommunal- und Privatwaldungen . 7,702,671 „
also in Summa auf 8,804,551 Hekt.

angegeben.

Schon 1842 war die Total-Produktion von Holz über 54½ Millions Stères
(1 Stères = 1 Cubikmeter = 29,1739 Pariser Cubikfuss = 0,2995 preussische Klafter).
Diese 54½ Million repräsentirten einen Totalwerth von 206½ Million Frcs. und zwar
in folgender Weise:

Holz der Krone gehörig . . . . . 110,253 Stères = 1,047,404 Frcs.
Aus Staatsforsten . . . . 5,203,400 „ = 32,871,969 ,
Kommunal- und Privat-Eigenthum . 29,256,833 „ = 172,681,152 „
Summa 34,570,585 Stères = 206,600,525 Frcs.

Maulbeerbäume und Olivenplantagen, letztere im Département des Bouches
du Rhône, du Gard et de l'Hérault bedecken mehr als 130,000 Hektaren.

Block: „Statistique de la France".

Im Laufe des Jahres 1864 sind freiwillige (facultatifs) Beholzungen auf einer Fläche von 7,665 Hektaren ausgeführt worden; fiskalische Beholzungen auf einer Fläche von 1,835 Hektaren, und Beholzungsarbeiten auf obligatorisch bestimmten Bezirken haben auf ungefähr 2,600 Hektaren stattgefunden. Diese letzteren Arbeiten geschahen mit Hülfe von Vorschüssen, welche der Staat leistete, und welche ihrem grössten Theile nach durch die betheiligten Gemeinden zurückerstattet werden. Uebrigens bedient sich die Verwaltung des ihr durch das Gesetz von 1860 verliehenen Expropriationsrechtes nur mit der grössten Zurückhaltung.

Gemeinden und öffentliche Etablissements haben in natura und in Geld Unterstützungen empfangen, welche sich für das Jahr 1864 auf 350,000 Frcs. (93,333⅓ Thlr.) beliefen, und im selben Jahre sind auch noch 739 Privatleuten Unterstützungen gewährt worden für die Beholzung von Gebirgsflächen, welche im Ganzen einen Inhalt von 1,601 Hektaren haben, vertheilt auf 28 Departements.

Endlich wird der gesammte Inhalt neu beholzten und neu berasten Bodens, welcher sich Ende des Jahres 1866 auf 61,000 Hektaren belief, Ende des Jahres 1867 die Ziffer von wenigstens 70,000 Hektaren erreicht haben.*)

In gewissen südlichen Departements (und der Bericht des Staatsraths Chassaigne-Goyon, Präsident der Enquête im 23. Bezirk), beklagt man sich darüber, dass den Beholzungsplänen zu grosse Ausdehnung verliehen und dass wenigstens bis auf heute der Anwendung des Gesetzes vom 8. Juni 1864 nicht in hinreichendem Masse Rechnung getragen worden sei. Es hat geschienen, dass es besser gewesen wäre, anstatt grosse Bezirke für obligatorische Beholzungen festzusetzen, die ersten Entwürfe auf die abschüssigsten Hänge zu beschränken, wo entweder nur Wald fortkommt oder nur Wald gegen Abwaschungen schützen kann. Hätte die Verwaltung von Anfang an den Interessen der Viehzucht mehr Raum gewährt, so würde sie nicht auf so viel Widerstand von Seiten der Gemeinden und der Privatleute gestossen sein. Gegenwärtig scheint es ihre Absicht zu sein, mehr und mehr diesen Weg einzuschlagen, und die Bevölkerungen, welche die erst spät zu erkennende Wohlthat der Beholzung, die ihnen einen Theil ihrer Weiden wegnimmt, nur schwer begreifen, würden leicht den mehr unmittelbaren Nutzen der Berasung zu würdigen verstehen. Endlich wünschte man, dass eine weniger

*) Exposé de la situation de l'Empire. November 1867.

beschränkte Anwendung gemacht würde von dem Princip der Entschädigung derjenigen, welche sich ihrer Weiden beraubt sehen zufolge der Berasungsarbeiten, da diese ein mehr oder weniger langes Verbot der Beweidung nothwendig machen.

Im **Ausland** zeigen die Verhältnisse der Landwirthschaft in Bezug auf Anwendung von Bewässerung, Drainage und Dungmittel einen merklich verschiedenen Stand.

In **England** giebt es einige Grafschaften, wo die Bewässerung mit viel Sorgfalt und Erfolg angewendet wird; dies sind besonders Wiltshire, Hampshire und Gloucestershire.

Die Drainage wird überall angewandt, sei es unter Beistand der Regierung, sei es aus Privatmitteln; sie ist in ganz England allgemein.

Die natürlichen Dünger genügen bei weitem nicht den Bedürfnissen der Landwirthschaft; man ergänzt sie deshalb durch künstliche Dünger, deren hauptsächlichste sind: Guano, Knochen und Knochenmehl und Kalksuperphosphate.

In **Schottland** ist die Bewässerung wenig bekannt; man wendet sie nur in einem sehr beschränkten Massstabe an und nur zur Verbesserung einiger, in sehr bedeutender Höhe gelegener Weideplätze.

Die Drainage dagegen hat eine sehr beträchtliche Ausdehnung gewonnen und ist gegenwärtig fast überall die Regel.

Nächst den natürlichen Stalldüngern vom Lande und denen, welche die städtischen Stallungen liefern, sowie nächst dem Strassenkoth nimmt der *Guano* die erste Stelle ein. Im Jahre 1865 wurden in Schottland nicht weniger als 392,840 metrische Centner *Guano* eingeführt. Ausserdem hat man noch Superphosphate, gemahlene oder gestossene Knochen u. s. w.

Irlands feuchtes Klima macht die Anwendung von Bewässerung unnöthig. Die Drainage hat seit 10 Jahren gewisse Fortschritte gemacht. Künstliche Dünger werden von einer sehr geringen Zahl wohlhabender Pächter angewendet.

In **Belgien** sind zahlreiche Arbeiten für Bewässerung ausgeführt worden und haben vorzügliche Resultate geliefert; man verdankt der Regierung die Schöpfung eines grossartigen Netzes von Kanälen, welche bestimmt sind, das Wasser der Maas nach allen Punkten der Campine zu tragen.

Die Produktion von Stalldünger ist unzureichend. Die Verwendung von Handelsdüngern fängt an, eine grosse Entwickelung zu gewinnen, und man scheint jetzt besser die Vortheile zu würdigen, welche man aus einer Menge von Stoffen ziehen kann, welche bisher ungenutzt zu Grunde gingen. Die hauptsächlichsten Düngmittel sind: vor allem Guano, welcher beinahe überall verbreitet ist, Knochenkohle, Kalksuperphosphate u. s. w.

Die feuchte Natur des holländischen Bodens macht fast überall die künstliche Bewässerung unnütz.

Die Drainage macht besonders im nördlichen **Holland**, in Seeland und Friesland Fortschritte.

In Holland wendet man zunächst den Viehdünger an; sodann bedient man sich des torfigen Schlammes, den man im Herbste aus den Gräben und Rinnsalen gewinnt, die das Land durchfurchen; man lässt ihn im Winter gefrieren, mischt ihn im Frühjahr mit einem Drittel Kuh- oder Pferdedünger und breitet ihn so über die Wiesen. Man hat auch künstliche Düngmittel versucht, aber ohne grossen Erfolg. In der Umgegend von Amsterdam indess verwendet man Guano und ammoniakalische Dungmittel für sandigen, Kalk für torfigen Boden; lehmigen Boden kultivirt man nur mit Stalldünger.

In **Schweden** und **Norwegen** ist die Bewässerung im Allgemeinen eine natürliche.

Die Drainirungsarbeiten waren in den letzten Jahren sehr beträchtliche.

In *Schweden* ist das gewöhnliche Düngmittel der Viehdünger. Die Verwendung von exkrementalen Stoffen beginnt sich zu verallgemeinern; auch Knochenmehl gebraucht man. Aber ausländische Dungmittel, wie Chili-Salpeter oder Guano, werden nur in sehr unbedeutenden Quantitäten eingeführt.

In *Norwegen* sind die verschiedenen Dünger, welche man anwendet: Viehdünger, Fischabfälle, Tang, andere Seepflanzen, welche sich in Fülle an der Küste finden, Knochen und Guano. Der Viehdünger würde hinreichen, wenn man ihn besser gebrauchte.

In **Preussen** ist die Bewässerung im Allgemeinen eine natürliche, was besonders von der Provinz Pommern gilt, welche an Wasserläufen und Seen oder Teichen sehr reich ist.

Das Bedürfniss von künstlicher Bewässerung hat sich indess auf mehreren Punkten geltend gemacht, und hervorragende Agronomen beschäftigen sich unablässig damit, Kanalisationspläne auszuarbeiten. Bereits wird auf diese Weise ein beträchtlicher Theil des Bodens bewässert; aber es sind dies kostspielige Arbeiten, für welche sich der Mangel an Kapitalien ganz besonders geltend macht und die Anstrengungen der Besitzer hemmt. In einer ganz besonders bewundernswerthen Weise wird die Bewässerung im Siegthal in Westfalen geleitet.

Die Arbeiten für Trockenlegung sind ganz besonders bedeutend für Pommern, wo jedes Jahr mehrere hundert Hektaren den Sümpfen, Seen oder Teichen abgewonnen werden. Aber um diese Arbeiten noch mehr zu befördern, wären Staatsunterstützungen nothwendig. sowie die Revision eines alten Edikts von 1775, welches den Wasserspiegel nur in ziemlich beschränkten Grenzen zu erniedrigen gestattet. *)

Die Drainirung hat seit etwa zehn Jahren eine grossartige Ausdehnung gewonnen, und nur der Mangel an Kapitalien und die mangelnde Handarbeit haben ihr Einhalt gethan.

Die Frage der Dungmittel ist eine von denen, mit welchen sich die meisten Landwirthe vorzugsweise beschäftigen. Sie ziehen die natürlichen Dünger vor und vernachlässigen Nichts für ihre Gewinnung und Aufbewahrung: das Vieh wird vor Allem als eine Maschine für die Düngung des Bodens angesehen. Auf allen etwas ausgedehnteren Wirthschaften giebt man den Thieren ausser einer grossen Quantität Kartoffeln**) und was man sonst an Wurzelfrüchten zu Futter benutzt, auch noch grosse Rationen Oelkuchen, um so die Produktion von Dünger zu vermehren. Auch wendet man grosse Sorgfalt an, um keine Jauche verloren gehen zu lassen und die Zeit, welche das Vieh auf der Weide zubringt, möglichst abzukürzen. Allein diese Gewinnung von Dünger reicht nicht über-

---

*) Diese Darstellung entspricht durchaus nicht den wirklichen Verhältnissen; die betreffenden Berichterstatter scheinen keine Abnung gehabt zu haben von den grossartigen Trockenlegungen, Regulirungen und Eindeichungen, die seit mehr als 100 Jahren in den verschiedenen Provinzen Preussens zur Ausführung gekommen sind, und wovon den Franzosen auf der Ausstellung vom Jahre 1867 zu Paris durch das hiesige landwirthschaftliche Ministerium in Karten ein Theil der ausgeführten Arbeiten vorgeführt wurde. Die Denkschrift desselben Ministeriums über diese Arbeiten hätte den Berichterstattern doch nicht unbekannt sein sollen.

Filly.

**) Von den grossartigen Futterquantitäten und enormen Dungmassen, die eine natürliche Folge einer intensiven, gleichzeitig mit Brennereibetrieb und Zuckerfabrikation Hand in Hand gehenden Wirthschaft sind, — von dem Betriebe der Provinz Sachsen z. B. scheinen die Herren Kommissäre keine rechte Vorstellung gehabt zu haben.

Es hiesse wohl die dieser Arbeit gesteckten Grenzen weit überschreiten, wollte ich die oberflächliche Nachlässigkeit bei der Beurtheilung und Auffassung unserer heimathlichen Verhältnisse nach *dieser* Seite hin auch nur entfernt charakterisiren.

Dr. B.

all aus, und ausnahmsweise ergänzt man sie mit Guano, vegetabilischer Asche, Knochenmehl, Poudrette, Phosphaten u. s. w.*)

Die **baierische** Ackergesetzgebung enthält über den Genuss und
Unterhalt der Wasserläufe, über die Bewirthschaftung und Bewässerung der Wiesen Gesetze, welche seit fünfzehn Jahren ausgezeichnete Resultate hervorgebracht, welche die Trockenlegungs- und Bewässerungsarbeiten befördert und die Bildung zahlreicher Genossenschaften zu diesem Zwecke begünstigt haben. Jeder Uferbewohner
kann den sein Grundstück bespülenden Wasserlauf benutzen, doch
unter der Bedingung, dass für die übrigen Uferbewohner kein
Wasserverlust oder Ueberschwemmung oder Gefahr, dass das Wasser
stagniren könnte, eintritt, und es muss das Wasser bei den
unterhalb gelegenen Grundstücken seinen natürlichen Lauf wieder-
gewonnen haben. Man kann aber sogar von dieser letzteren Bedingung durch die Behörde dispensirt werden, wenn man den Beweis liefert, dass die Veränderung des Wasserbettes den Uferbewohnern keinen Schaden zufügt. Die Nichtuferbewohner können Anspruch darauf machen, Wasser abzuleiten, wenn dieser Vortheil nicht
bereits von den Uferbewohnern ausgenutzt ist, und wenn die Wasser-
entziehung den letzteren keinen Schaden verursachen kann. Besitzer
von Mühlen, Fabriken oder Hüttenwerken müssen ihre Maschinen
in einem solchen Stande halten, dass aus ihrer Anwendung für die
Uferbewohner kein Schaden hervorgeht. Wer eine Abdämmung vorzunehmen wünscht, darf zu diesem Zwecke das seinem Grundstücke

---

*) Auch von dem enormen Verbrauche käuflicher Düngemittel in verschie-
denen Provinzen Preussens, voran Sachsen und Schlesien, geben die Berichterstatter ein ganz verkehrtes Bild, wenn sie deren Anwendung als eine *ausnahmsweise* bezeichnen. Die Provinz Sachsen z. B. hat nachstehende Quantitäten, soweit
sie unter Kontrolle der Versuchsstation Halle a. S. stehen, verbraucht:

	1866 Ctr.	1867 Ctr.	1868 Ctr.	1869 Ctr.
Peru-Guano	66,620	40,814	33,267	34,277
Aufgeschlossenen Guano	81,294	100,833	172,318	245,843
Chilisalpeter	2,016	15,103	15,083	9,079
Superphosphat	37,029	30,478	33,919	37,397
Ammoniakalisch. Superph.	1,081	25,629	40,783	51,795
Knochenmehl	3,155	5,131	4,181	2,742
Kalisalze	21,840	14,850	16,015	27,497
Im Ganzen	214,035	232,888	315,566	408,630

Dazu kommen noch bedeutende Quantitäten nicht kontrollirter käuflicher
Düngemittel; so steht z. B. von den zahlreichen Stassfurter Fabriken von Kali-
düngern nur eine einzige unter Kontrolle genannter Versuchsstation.   Filly.

gegenüberliegende Ufer benutzen, nachdem er dessen Eigenthümer vorher eine Entschädigung gezahlt hat. Man kann den Besitzer eines Grundstückes zwingen, quer durch seinen Besitz eine Wasserleitung legen zu lassen für die Bewässerung oder Drainirung des benachbarten Landes.

Für nützliche Bewässerungs- und Trockenlegungsarbeiten, welche ohne Benutzung der benachbarten Grundstücke nicht ausgeführt werden können, kann erklärt werden, dass sie von öffentlichem Nutzen sind. Vereinigen sich mehr als drei Besitzer zu diesem Zwecke, so bilden sie eine Genossenschaft, deren Rechte und Pflichten durch das Gesetz bestimmt werden. Die Kasse der landwirthschaftlichen Bank leistet wenig bemittelten Besitzern, welche an diesen Arbeiten sich betheiligen wollen, Vorschüsse zu sehr geringen Zinsen. Wenn mehrere Besitzer ihre Zustimmung verweigern, so können sie dazu gezwungen werden, vorausgesetzt, dass sich unter den Betheiligten eine Mehrheit von zwei Drittheilen findet, welche aber nicht nach der Stimmenzahl, sondern nach der Besitzfläche berechnet wird. Denjenigen von den widerstrebenden Besitzern, welche nicht in der Lage sind, ihren Beitrag zu zahlen, werden von den anderen Vorschüsse zum Zinsfuss von 4% gemacht. Ausserdem können die Opponenten verlangen, dass ihr Grundstück vor Beginn der Arbeiten abgeschätzt wird und ebenso fünf oder spätestens zehn Jahre nach der Ausführung der Arbeiten: ist der Mehrwerth nicht gleich den gezahlten oder zu zahlenden Zinsen, so können sie deren Löschung oder entsprechende Vergütung verlangen.

Die Erklärung des Baron v. Moreau ergiebt, dass die Düngmittel, von denen man in *Baiern* ausser dem Stalldünger den grössten Gebrauch macht, folgende sind: Phosphate, Superphosphate, peruanischer Guano, Fisch-Guano, Holz- und Torfasche, Wollabfälle und menschliche Exkremente. Es besteht in Baiern eine grosse Anzahl von Fabriken künstlicher Dünger, worunter die bedeutendste und best geleitete die von Heufeld[*]) bei Aibling ist, welche ihrer Fabrikation wissenschaftliche Grundsätze zu Grunde gelegt hat. Baron von Moreau hat den deutschen Text einer Instruktion mitgetheilt, welchen diese Fabrik unentgeltlich vertheilt und worin

---

[*]) Die Erwähnung dieser unbedeutenden Thatsache muss um so wunderbarer erscheinen, als z. B. der grossartigen Stassfurter Kali-Fabriken nicht mit einer Silbe gedacht ist. Ausserdem gilt es sonst in Deutschland nicht als besonderes Zeichen der Solidität einer Düngerfabrik, wenn sie sich mit dem Verkauf und der Herstellung von Mischdünger derart abgiebt, dass der eine für diese, der andere für jene Kultur bestimmt ist.   Dr. B.

angegeben ist, wie man die verschiedenen Düngersorten für die verschiedenen Ernten verwenden muss, und ebenso, welche Quantität für die verschiedenen Bodensorten je nach ihrer Beschaffenheit nothwendig ist. (?) Ausserdem enthält diese Instruktion einen Abriss der landwirthschaftlichen Chemie, abgefasst in populärer Sprache und verständlich für alle Landwirthe, selbst für diejenigen, welche von den fundamentalen und wissenschaftlichen Principien der Landwirthschaft keinen Begriff haben. (?)

Ausserdem hat man in Baiern und zwar in *München* eine Versuchsstation errichtet, deren Statuten Baron v. Moreau mitgetheilt hat. Die Aufgabe dieser Station ist, chemische Untersuchungen anzustellen über die Natur der Stoffe, welche für die Landwirthschaft nutzbar gemacht werden können; man beschäftigt sich dort mit der Analyse der Bodensorten, der Mergelarten, der Dungstoffe, welche in den Handel kommen, der Koprolithen und der für Bewässerung bestimmten Gewässer; man stellt praktische Versuche an über die Anwendung organischer oder mineralischer Dünger u. s. w. Die Centralstation zu München hat in den Provinzen mehrere Filiale. Uebrigens ist es *Sachsen*, welches den ersten Anstoss zu solchen Stationen für landwirthschaftliche Chemie gegeben hat, und es gibt deren jetzt vierundzwanzig an verschiedenen Punkten Deutschlands.

In der **Schweiz** hat man zahlreiche Mittel für Bewässerung; besonders die *Walliser* gelten als Meister in Bewässerungsarbeiten.

Die Drainage steht noch bei den ersten Versuchen.

Die landwirthschaftlichen Vereine thun viel für die Verbreitung der Kenntniss von der chemischen Zusammensetzung der Düngerarten, und bereits bedient man sich verschiedener vegetabilischer Substanzen, um den gewöhnlichen Stalldünger zu ersetzen. Die schweizerische Landwirthschaft sammelt den Dünger ausserordentlich sorgfältig, die Stallproduktion ist sehr oft ausreichend, und in einem grossen Theile der Schweiz verwendet man den Mist mit viel Verständniss.

In **Ungarn** ist von Bewässerung fast gar nicht die Rede, obgleich das grösste Leiden des Landes in der Trockenheit besteht, welche nur zu oft daselbst herrscht. Die ungarische Landwirthschaft bedient sich nur des natürlichen Düngers, den die Thiere produciren, und dieser reicht für die Bedürfnisse des Ackerbaues aus.

In den verschiedenen Gegenden **Russlands** ist die Bewässerung eine ganz natürliche, indem der grösste Theil der Flüsse zur Zeit der Schneeschmelze über die Ufer tritt.

Der Viehdünger ist in Russland ebenfalls allgemein der einzig verwendete, aber seine Quantität reicht nicht aus. Man verwendet auch als Dünger die Rückstände bei der Destillation von Roggen, aber nur da, wo es nicht genug Vieh giebt, um sie zu verfüttern. Guano und chemische Dünger hat man versucht, aber ohne Erfolg wegen der Betrügereien, welche dieser Handelszweig gestattet und welche durch Gesetz nicht genügend unterdrückt werden.

Nach der Angabe des Herrn von Tscherniaeff, Direktors des landwirthschaftlichen Museums in Petersburg, welchen die Commission supérieure gehört hat, düngt man im südlichen Russland den Boden überhaupt nicht; man folgt keinem anderen Principe, als dem, den noch so zu sagen jungfräulichen Boden auszunutzen, indem man mit möglichst geringer Mühe Alles, was er leisten kann, aus ihm heraus zieht. Eine Reihe von Jahren baut man Cerealien auf demselben Felde; dann, wenn der Boden sich zu erschöpfen beginnt, lässt man ihn wieder eine Reihe von Jahren ruhen. Niemals düngt man in den Steppen und besonders nicht auf der *schwarzen Erde*. In den Theilen des Landes, wo es keinen jungfräulichen Boden mehr giebt, hat man angefangen, sich künstlicher Dünger zu bedienen, z. B. phosphorsauren Kalkes, und man hat dabei sehr befriedigende Resultate gewonnen.

Die Drainage ist noch Gegenstand des Studiums.

In **Portugal** lässt der Zustand der Bewässerung unendlich zu wünschen übrig; nirgends giebt es genügend viel Wasser. Künstliche Bewässerung ist selten.

Drainirung existirt fast nicht.

Viehdünger und, an den Ufern der Flüsse und Bäche, Schlamm sind die einzigen Dungmittel, von denen der Landbau Gebrauch macht; ihre Quantität reicht nicht aus, aber man ergänzt sie nicht mit künstlichen Düngern.

In einigen Theilen **Spaniens** haben die Bewässerungen eine schon alte und sehr beträchtliche landwirthschaftliche Bedeutung. Besonders in der Provinz und in der Huerta von *Valencia* ist das System der Bewässerung in einer vollendeten Weise ausgeführt. Man hat dies durch die Ableitung der Bäche und durch die Zertheilung und Wiederzertheilung der Wässer erreicht, welche mit Hülfe vorzüglich unterhaltener Kanäle selbst das kleinste Grundstück bewässern.*)

*) Ueber die umfangreichen Bewässerungsanlagen in Spanien bringen die

8*

Drainirung gibt es fast gar nicht; nur auf der Insel *Majorca* findet sie sich, wo sie auf den nassen Feldern seit undenklichen Zeiten angewendet wird, und zwar vermittelst Gräben, welche mit Steinen angefüllt sind, zwischen welchen das Winterwasser abfliesst.

Der Dünger, welcher in Spanien vorzugsweise gebraucht wird, ist der Viehdünger; dieser reicht aus für die Provinz *Malaga*, wo man nie mehr als den dritten Theil des Bodens besäet. In der Provinz *Navarra* wendet man Destillationsrückstände, Asche, Strassen- und Kloakenkoth, sowie ungebrannten Kalk an; man kauft allen Dünger, den die Armeepferde und die Heerden liefern, aber man versorgt sich weder mit Guano noch mit einem sonstigen künstlichen Dünger. In den Provinzen *Sevilla*, *Cordoba* und *Estremadura* ist der einzige Dungstoff, dessen man sich bedient, der Viehdünger; derselbe genügt nicht, und man würde ihn durch den Ankauf von künstlichem oder natürlichem Dünger ergänzen können; aber der hohe Transportpreis, besonders für den *Guano*, macht dies unthunlich, und man beschränkt sich auf den Gebrauch einer sehr geringen Quantität *Kompost*, der am Orte bereitet wird. Dagegen in den anderen Provinzen ergänzt man den Viehdünger, wenn er nicht ausreicht, durch Guano, welcher, besonders in *Biscaya*, gute Resultate zu ergeben scheint.

In *Santander* zieht man aus den menschlichen Exkrementen keinen Vortheil; sie verlieren sich in den Kloaken, welche nach der Rhede münden und die Stadt während der Ebbe verpesten. Nicht so ist es auf der Insel *Majorca*, wo sie von den Gemüsegärtnern und für die Orangenkultur sehr geschätzt werden.

Im Königreich **Italien** spielen die Bewässerungen eine bedeutende Rolle; sie finden sich in besonders reichem Masse und gut geleitet in der *Lombardei* und in *Piemont*. Die Mittheilung, welche Marquis E. Bertone de Sambuy vor der Commission supérieure machte, giebt über diesen Gegenstand sehr interessante Aufschlüsse: sie legt dar, dass es in der [Lombardei ein vollständig organisirtes Bewässerungssystem giebt, welches in eine sehr alte Zeit hinaufreicht. Es bestehn sehr bedeutende und sehr zahlreiche Kanäle, welche meistentheils Privatbesitzern oder Kompagnien gehören. Das Wasser kommt von den Seen, welche einen Bestandtheil des Staatseigenthums bilden; vermittelst gewisser For-

---

„Annalen der Landwirthschaft in Preussen", Monatsblatt, Bd. 47, S. 211 ff., sehr lehrreiche Mittheilungen in einem längeren Berichte von Constantin v. Briesen.

Filly.

malitäten werden vom Staate Konzessionen ertheilt, gewöhnlich auf dreissig Jahre und um den Preis einer jährlichen Abgabe, welche gewöhnlich auf 6 — 7 Frcs. pro Hektare (12 — 14 Sgr. pro Morgen) festgestellt wird. Ausserdem ist in *Piemont* ein ganz vorzügliches Unternehmen ausgeführt worden, nämlich der *Canal Cavour*, welcher eine Fläche von 200,000 Hektaren bewässern wird. Man hat noch nicht alle kleinen Abtheilungen, welche das Wasser auf die Aecker führen sollen, beendigen können, aber der Hauptkanal ist vollständig fertig. Er empfängt sein Wasser aus dem Po, 20 oder 25 Kilometer (3 Meilen) von Turin, und seine Ergiebigkeit soll hundert und etliche Kubikmeter (3200 Kubikfuss) sein. Sein Wasser fliesst in der alten Provinz von *Vercelli* und in der von *Novara* über Strecken, welche bereits bewässert sind, so dass es die Fruchtbarkeit auf sandige Gebiete überträgt, die bisher einen sehr geringen Werth besassen, auf diese Weise aber eine edeutende Ergiebigkeit gewinnen werden. Die betreffenden Besitzer werden wegen der beträchtlichen Vortheile, die sie daraus ziehen, ohne Schwierigkeit Beiträge zahlen. Wenn man übrigens im nördlichen Italien schon seit alter Zeit an den Gebrauch von Bewässerungen gewöhnt ist, so sind letztere in den anderen Theilen der Halbinsel weniger gekannt.

Drainirung wird im allgemeinen nur in sehr geringem Masse angewendet.

Die Dünger, welche man in der *Lombardei* braucht, sind animalische und vegetabilische; Guano steht in keiner besonderen Gunst. In *Piemont* ist der Viehdünger der hauptsächlichste Dünger, von dem die Landwirthschaft Gebrauch macht; ausserdem bedient man sich auch des Guano's. Da die Produktion von Viehdünger bei weitem nicht ausreicht, ersetzt man den Mangel durch Ankauf von natürlichem oder künstlichem Dünger. In der Provinz *Genua* macht die Landwirthschaft auch Gebrauch von Viehdünger, der mit geschabtem Horn, Knochen und Lumpen untermischt ist; der Gebrauch von Guano beginnt gleichfalls.

In der Provinz *Neapel* giebt es keinen anderen Dünger, als die geringe Quantität, welche man in den Pferdeställen auf dem Lande sammelt, und diese ist natürlich unzureichend. In *Toscana* ist der Dünger ein sehr gesuchter Artikel; man verwendet den gewöhnlichen Stalldünger, menschliche Exkremente, sowie die von Tauben, Hühnern, Ziegen u. s. w. Der animalische Dünger reicht nicht aus; Kalk, Mergel und gewöhnliches Salz machen sehr nützliche mineralische Dünger aus.

Im **Agro Romano** gibt es weder Bewässerung noch Drainirung; man düngt den Boden nicht mit Viehdünger, und man wendet weder natürliche noch künstliche Düngstoffe an.

In der **Türkei** sind in der Provinz *Trapezunt* die Bewässerungen immer mit Sorgfalt vorgenommen worden. Die Quellen fliessen reichlich, und überall sieht man kleine Rinnsale, welche zur Bewässerung der bebauten Felder dienen.

Drainirung ist vollständig unbekannt.

Die Ackerbauer kennen den Gebrauch von mineralischen Düngern nicht, aber Pferde-, Kuh- und Schafdünger ist von ihnen sehr gesucht. Sie zahlen gern eine kleine Summe, um Schafheerden zwei oder drei Nächte lang auf ihrem Gebiete übernachten zu lassen. Die Produktion von Viehdünger genügt bei weitem nicht.

In **Aegypten** speist der Nil allein die Bewässerungen mit seinem Wasser. Wenn der Fluss niedrig ist, beginnt die Rolle der Bewässerungsapparate und -Maschinen; die Dampfpumpe ist in bedeutendem Masse verbreitet. Gleichwohl ist noch viel zu thun, um das Bewässerungssystem zu vervollständigen.

Drainirung giebt es nicht.

Der Boden empfängt nicht die nöthige Quantität Dünger. Der Nilschlamm ist ein natürlicher Dünger (amendement naturel), welcher aber nicht ausreicht, um die Erde Alles das hervorbringen zu lassen, was sie hervorbringen könnte. Die einzigen angewendeten Dünger kommen vom Stallvieh und von den Tauben; der eine wie der andere genügt nicht. Fast aller Dünger, der im Lande erzeugt wird, geht verloren; derjenige der Städter wird nicht gesammelt, so dass die Luft verpestet wird; der Dünger aus den Pferdeställen in den Städten wird für den Gartenbau benutzt.

In den **Vereinigten Staaten** hat die Anwendung von Bewässerungen wenig Bedeutung, und die Drainirung ist noch nicht verbreitet.

In *Südkarolina* wird für die *Reis*-Kultur gar kein Dünger angewendet, für die *Baumwolle*-Kultur bedient man sich des *Schlammes* der Salzsümpfe und der *Meerpflanzen*. Man hat mit Erfolg von Guano und Knochenmehl Gebrauch gemacht. In *Maryland* giebt es viel Viehdünger, aber man bedient sich auch des Guano und künstlicher Düngemittel. In den *westlichen* Staaten ist der Boden noch so reich, dass Viehdünger ein unnützer Luxus ist.

Kapitel V.

Es ist eine zweifellose Thatsache und seit einer Reihe von Jahren von Allen bestätigt, welche sich mit den landwirthschaftlichen Verhältnissen beschäftigen, und auch durch alle Ergebnisse der Enquête bewiesen, dass die *Fortschritte der Landwirthschaft* seit etwa 30 Jahren, sowohl in Frankreich als im Auslande, sehr erhebliche gewesen sind. Die Vervollkommnung der Kulturmethoden, die fortschreitende Verminderung der schwarzen Brache, die verbesserte Schlageintheilung, die Ausdehnung des Futterbaues, die stetig wachsende Produktion von Vieh und Dünger, die Einführung industrieller Kulturen, alles dies hat den Erfolg gehabt, die Menge der Produkte zu vermehren, unseren Handel im In- und Auslande durch die Erzeugung einer grösseren Menge von Objekten des Handels zu beleben und endlich als natürliche Folge aller dieser Erscheinungen das Wohlergehen unserer Landwirthe in hohem Masse zu steigern.

Die in der Enquête gesammelten zahlreichen Aussagen enthalten in dieser Beziehung sehr ausführliche Mittheilungen und eine grosse Menge von statistischen Einzelheiten und Dokumenten. Einen genauen Ueberblick zu geben, kann ich nicht unternehmen, denn dies würde eine Arbeit sein, welche so ausführliche Nachweisungen erforderte, dass sie den Umfang dieses schon ziemlich ausgedehnten Berichtes weit überschreiten würden.

Ich werde mich daher darauf beschränken, den Berichten der Präsidenten der Enquête und aus den Bemerkungen der Kommissionen der einzelnen Departements dasjenige zu entnehmen, was nöthig ist, um eine möglichst gedrängte Uebersicht des Zustandes und der Erscheinungen jedes der hauptsächlichsten Zweige der landwirthschaftlichen Produktion zu bieten.

§. 1. Wiesen- und Futterbau. Viehhaltung.

Die Ausdehnung der natürlichen Wiesen scheint nicht zugenommen zu haben. In einzelnen Gegenden sind durch *Be- und Entwässerungsarbeiten* neue Wiesenflächen geschaffen, in anderen ist ein Theil der vorhandenen unter den Pflug gebracht; aber die künstlichen Wiesen (prairies artificielles)*) und der Futterbau haben eine sehr bedeutende Ausdehnung gewonnen, wozu die Verminderung der schwarzen Brache erheblich beigetragen hat. Die Ruhe, welche man durch letztere dem Acker geben wollte, wird durch eine rationellere Pflege des Bodens ersetzt. Durch *Kalken* und andere Bodenverbesserungsmittel hat man den Futterbau sehr gefördert. Ueberall, selbst im Süden, wo Klima und Boden dem Futterbau nicht günstig sind, werden Fortschritte konstatirt; aber eben so wird anerkannt, dass noch viel zu thun bleibt, um noch grössere Erfolge zu erzielen.

Es sind verschiedene Mittheilungen über die Höhe der *Kulturkosten* für künstliche und natürliche Wiesen gemacht worden; indessen sind die gegebenen Zahlen je nach den Gegenden und der Art ihrer Abschätzung derart verschieden, dass es unmöglich ist, daraus einen einigermaassen sicheren Schluss zu ziehen.

Allgemein wird zugestanden, dass die *Pferdezucht* Fortschritte gemacht hat; trotzdem ist vielfach der Wunsch laut geworden, dass noch mehr zur Förderung derselben geschehe; auch verlangt man, dass die Gestüte in einem der Zucht von Lastpferden günstigen Sinne geleitet und die Hengstdepôts aufrecht erhalten werden. Diese für die Landwirthschaft wichtigen Fragen sind der Gegenstand unaufhörlicher Sorge der Gestütsverwaltung; im Anfange dieses Jahres hat dieselbe den Nachweis geliefert, dass die Züchter in Folge der kräf-

---

*) Wir bemerken, dass wir den im Original gebrauchten Ausdruck: „*prairies artificielles*" zwar der Kürze willen mit: „*künstliche Wiesen*" übersetzen, dass indessen darunter nicht künstliche Wiesen in dem Sinne zu verstehen sind, wie wir diesen Ausdruck in Deutschland gebrauchen, vielmehr Futterfelder oder mit Futterpflanzen besömmerte Brache; indessen scheint man mit „prairies artificielles" auch nicht im Original immer denselben Begriff verbunden zu haben, wenigstens nicht in den Berichten über das Ausland. Vergleiche auch Annalen der Landwirthschaft, Monatsbl. 1870, April-Mai-Heft und Wochenbl. 1870, Nr. 12.   Filly.

tigen Förderung seitens des Staates durch den Verkauf ihres Erzeugnisses für ihre Auslagen eine reichliche und sichere Einnahme haben, und dass sie allen Anforderungen des Handels mehr und mehr entsprechen können. Die Gestütsverwaltung ihrerseits fährt fort, bei der Prämiirung und bei der Körung eine gewisse Zahl von Hengsten des Lastschlages zuzulassen, und man kann unter diesen Verhältnissen darauf rechnen, dass die Privatindustrie den Bedürfnissen der Landwirthschaft entgegenkommen wird.

Die Ausdehnung des *Futterbaues* hat die nothwendige Folge gehabt, dass der *Viehstand* vermehrt worden ist, oder vielmehr beides ist gleichzeitig geschehen, da das Eine nothwendig das Andere bedingt. Diese besonders das Rindvieh betreffende Vermehrung scheint noch andauern zu sollen, und die Landwirthschaft scheint geneigt, sich mehr und mehr dieser lohnenden Richtung hinzugeben. Trotzdem wird noch aus vielen Gegenden über den im Verhältniss zur Grösse der in Kultur befindlichen Bodenfläche zu geringen Viehstand geklagt.

Im Allgemeinen ist eine in die Augen fallende Verbesserung der Viehhaltung in Quantität und Qualität wahrzunehmen, und verdankt man dies theils der besseren und reichlicheren Ernährung, theils der besseren Auswahl der Zuchtthiere, sei es, dass man dieselben den einheimischen Racen entnimmt, sei es, dass man solche aus anderen Gegenden mit vervollkommnetem Material einführt. Die Ernährung des Viehes hat sich erheblich verbessert, und die Anwendung von Kleie, Oelkuchen und den Abfällen aus Brauereien, Brennereien und Zuckerfabriken hat sich auf das vortheilhafteste mit einer reichlicheren und gewählteren Produktion von Futterpflanzen vereinigt. Den Thieren wird weit grössere Sorgfalt gewidmet; das Vieh befindet sich in den reinlicheren und grösseren Ställen viel wohler als früher.

Endlich ist in der Enquête wiederholt auf den ausgezeichneten Einfluss hingewiesen, welchen die verschiedenen *Ausstellungen* und *Preisvertheilungen* auf die Viehzucht ausgeübt haben. Man stimmt auch im Allgemeinen darin überein, anzuerkennen, dass die Aufzucht und die Mast des Grossviehes gedeiht und seit einer Reihe von Jahren als lohnend bezeichnet werden kann.

Ziemlich allgemein hat man eine *Verminderung der Schafe* beobachtet; die Zerstückelung der Grundstücke und die Ausdehnung der Kleinkultur, welche in vielen Gegenden die Bildung und Unterhaltung grosser Heerden fast unmöglich macht, haben die Zahl der

Schafe verringert; dagegen hat sich die Zahl der *Milchkühe* vermehrt, da jeder kleine Eigenthümer gewöhnlich eine solche besitzt, zumal er sie während des grössten Theiles des Jahres auf den Gemeindeweiden ernähren kann; indessen ist für ihn die Stallfütterung vortheilhafter, da die Kuh in gewissem Grade zur Ernährung der Familie beiträgt und ausserdem noch Dünger liefert, in einigen Gegenden sogar die zur Bestellung des wenigen Ackerlandes, das der Mann besitzt, nöthige Arbeit leistet.

In den an das mittelländische Meer gränzenden Departements, wo man wenig Grossvieh hält, sind die Schafe viel zahlreicher; in ihrer Qualität verbessert, sind die Heerden trotz des wirklichen Fortschrittes im Futterbau noch der Wanderung (transhumance)*) unterworfen, welche, was die Zucht und die Düngergewinnung betrifft, einen wenig günstigen Einfluss übt.

Man klagt in einigen Gegenden, dass die *Wollpreise* der Steigerung der Preise der anderen landwirthschaftlichen Erzeugnisse nicht gefolgt sind, und hat deswegen hin und wieder die Zollgesetzgebung angeklagt, weil sie die Zölle auf die Einführung fremder Wollen herabgesetzt habe. Von einer anderen Seite hat man die Befürchtung ausgesprochen, dass die Fütterung der Schafe mit Rübenpresslingen und Schlempe, wo sie im Gebrauch, die Qualität der Wolle und damit deren Handelswerth vermindert habe. Dagegen muss jedoch bemerkt werden, dass dies Futter, nur zur Mast verwendet, sich als vortheilhaft erwiesen hat.

In einigen lokalen Erhebungen ist die Ansicht zu Tage getreten, dass der Unterschied zwischen dem Preise des an den Metzger verkauften Thieres und dem *Einzelpreise des Fleisches* viel zu gross sei, während man andererseits dies durchaus nicht finden kann. Diejenigen, welche diesen Preisunterschied für zu bedeutend halten, bürden die Schuld dafür dem Zwischenhändler zwischen dem Produzenten und Konsumenten auf, geben aber auch dem von den Städten erhobenen Oktroi schuld, sowie den Gebühren, welche auf den Märkten und in den Schlachthäusern erhoben werden.

Es ist allgemein anerkannt worden, dass der Handel mit den

---

*) Der Ausdruck transhumance stammt aus dem Spanischen und ist wahrscheinlich von dort her mit der Einführung spanischer Schafe übernommen. Man unterscheidet in Spanien estantes, Schafe mit grober Wolle, welche in der engeren Heimath bleiben, trasterminantes, welche nur in einer Provinz wandern, und trashumantes, welche durch das ganze Land wandern. Vergl. *Ziegler*, Reise in Spanien, II., S. 420.   F.

Produkten der Viehhaltung, als da sind Butter, Milch, Käse etc., eine bedeutende Entwickelung erfahren hat; dasselbe gilt vom Geflügel und von den Eiern, ganz besonders in Gegenden, welche in der Nachbarschaft grösserer Städte liegen, oder welche ihre Erzeugnisse ins Ausland verkaufen können. Die Leichtigkeit der Verbindungen trägt mächtig zur Entwicklung dieses vortheilhaften Handels bei und dehnt ihn in immer weitere Entfernungen aus. Die Ausfuhr von Butter, von Geflügel und von Eiern erfolgt von unseren Küsten im Norden und Nordwesten in sehr grossem Massstabe; in einzelnen Departements ist die Käsefabrikation von sehr grosser Bedeutung, und blüht dieselbe besonders im Osten, obgleich der mit der Schweiz abgeschlossene *Handelsvertrag* Anfangs einige Sorgen verursachte.

Um darzuthun, in welchem Grade diese Ausfuhr unserer Landwirthschaft Geld gebracht hat, glaube ich hier einige vergleichende Zahlen über die Ausfuhr von 1856 und 1866 einschalten zu sollen:

Gegenstände.	Werth der ausgeführten Gegenstände.	
	1856	1866
Butter	13,188,043 Frs.	73,230,377 Frs.
Käse	2,082,898 „	6,981,695 „
Geflügel und Wild .	618,392 „	2,370,318 „
Eier	11,257,189 „	42,334,494 „
In Summa . . .	27,146,531 Frs.	124,916,882 Frs.
oder in Thalern . .	7,239,175	33,311,169

§. 2. Getreide und andere Nahrungspflanzen.

Seit etwa dreissig Jahren hat sich die Kultur und die Produktion von *Getreide* und anderen Nahrungspflanzen in sehr erheblichem Masse gesteigert. Die Ausdehnung der diesen Kulturen gewidmeten Fläche ist bedeutend gewachsen; nach den alljährlich durch die Präfekten eingereichten Angaben hat die allein mit *Weizen* bestellte Fläche, welche 1836 nur 5,284,807 Hektaren betrug, im Jahre 1866 schon 6,915,565 Hektaren erreicht, was eine Zunahme von 1,630,758 Hektaren oder mehr als 30 % ausmacht.

Auch der Ertrag pro Hektare hat sich in merklichem Masse gehoben; wenn man den mittleren Ertrag an Weizen von einem

Hektare für das Jahrzehnt von 1827 bis 1836 mit demjenigen des Jahrzehnts von 1857 bis 1866 vergleicht, so ergiebt sich, dass man in dem ersten Jahrzehnt 12,$_{30}$ Hektoliter vom Hektare erntete, während der mittlere Ertrag im letztgenannten Jahrzehnt 14,$_{60}$ Hektaren betrug (pro Morgen respective 5,$_{6}$ und 6,$_{64}$ Scheffel), was eine Zunahme von 2,$_{30}$ Hekt. (1 Scheffel pro Morgen) ergiebt. Für die anderen Getreidearten ergeben sich ähnliche Resultate, doch hat die Grösse der besäeten Fläche nur beim Mais, beim Hafer und dem Buchweizen zugenommen, wie nachstehende Zusammenstellung zeigt:

	Zahl der besäeten Hektaren.		Mittlerer Ertrag pro Hektare.	
	1827—1837	1857—1866	1827—1836	1857—1866
Weizen	5,132,659	6,791,793	12,30 Hktl.	14,60 Hktl.**)
Mengekorn*) . . .	890,533	570.049	12,98 „	15,74 „
Roggen	2,683,238	1,043.215	11,48 „	13,25 „
Gerste	1,268,807	1,105,330	13,60 „	17,86 „
Mais	582,344	652,217	11,06 „	14,53 „
Buchweizen . . .	677,430	748,974	11,43 „	14,52 „
Hafer	2,751,261	3,194,070	16,80 „	22,16 „
In Summa .	13,976,272	15,105,648	—	—

*) Zwei Theile Weizen und ein Theil Roggen.   F.

**) In unser Mass übersetzt giebt dies einen mittleren Ertrag pro Morgen in Scheffeln:

	1827—1836	1857—1866
Weizen . . .	5,60	6,57
Mengekorn .	5,84	6,98
Roggen . .	5,17	5,96
Gerste . . .	6,12	8,04
Mais . . .	4,98	6,56
Buchweizen .	5,14	6,56
Hafer . . .	6,56	9,97

Wir können die hier angegebenen Erträge nicht als hoch anerkennen, wie dies der Berichterstatter thut. Nach den im Wochenblatte der Annalen der Landwirthschaft veröffentlichten Erdruschnachrichten für das Jahr 1866 (Wochenblatt 1867, Nr. 27) betrug der Ertrag per Morgen in Scheffeln im Mittel des ganzen preuss. Staates alten Bestandes:

Weizen	8,53
Roggen	7,41
Gerste	12,80
Hafer	12,60
Buchweizen. . . .	7,67

Beim Mengekorn, beim Roggen und bei der Gerste zeigt sich eine Verminderung der angebauten Fläche, welche sich dadurch erklärt, dass an die Stelle der weniger werthvollen Getreidearten der Weizen getreten ist, und dass sich die Kultur der *Handelspflanzen* ausgedehnt hat.

Die Qualität des geernteten Getreides hat sich erheblich verbessert. Das Gewicht des Weizens, das im Mittel des Jahrzehnts von 1827 bis 1836 nur 75,23 Kilogramm pro Hektoliter (82,6 Pfund pro Scheffel) betrug, hat sich in dem Jahrzehnt von 1857 bis 1866 im Mittel auf 76,27 Kilogramm pro Hektoliter (83,8 Pfund pro Scheffel) gehoben.

Die gegenwärtige Getreideproduktion genügt daher einer höheren Konsumtion als früher, und in gewöhnlichen Jahren reicht sie nicht nur aus, allen Bedürfnissen des Inlandes zu genügen, sondern sie kann auch noch einen bedeutenden Beitrag für das Ausfuhrgeschäft liefern.

Diese qualitative und quantitative Steigerung der Getreideproduktion hat sehr zahlreiche und sehr mannichfaltige Ursachen. In erster Stelle sind die stetigen Fortschritte, welche den Anstrengungen der Intelligenz unserer Landwirthe zuzuschreiben sind, und die Vervollkommnung der früheren Anbaumethoden zu nennen. Diese Fortschritte zeigen sich in der besseren Bearbeitung des Bodens und in der Anwendung besserer Geräthe. Die Tiefkultur, die bessere Auswahl des Saatgutes, die kräftigere, reichlichere und den Verhältnissen der verschiedenen Bodenarten angepasste Düngung, sowie das Mergeln und Kalken haben die Fruchtbarkeit des Bodens erhöht. Die erhebliche Verminderung der schwarzen Brache und die daraus sich ergebende Vermehrung des Futterbaues, indem sie die Viehhaltung entwickelten, haben die *Düngerproduktion* und somit die Möglichkeit des Anbaues einer grösseren Fläche mit Getreide und der Erzielung grösserer Erträge von einer gegebenen Fläche zur Folge gehabt. Der vermehrte Anbau von *Hackfrüchten*, wodurch der Boden zugleich

---

Das Jahr 1866 war aber durchaus kein günstiges, denn im Durchschnitt der letzten 10 Jahre ist der mittlere Ertrag pro Morgen in Scheffeln:

Weizen	9,43
Roggen	8,98
Gerste	11,83
Hafer	13,90
Buchweizen . . .	8,45

Filly.

gereinigt und meliorirt wird, hat gleichfalls vorzügliche Ergebnisse geliefert, und zahlreiche *Urbarmachungen* haben die Kulturfläche vergrössert. Die *Zerstückelung* des Grund und Bodens, durch welche der ländliche Arbeiter mehr und mehr in die Lage kommt, sein eigenes Stück Land zu bebauen und ihm den grössten Theil seiner Zeit und seiner Kräfte zu widmen, hat gleichfalls zur Steigerung der täglich reichlicher werdenden Produktion beigetragen. Endlich hat die Eröffnung neuer *Kommunikationsmittel,* indem sie den landwirthschaftlichen Produkten zahlreichere Absatzgebiete eröffnete, in sehr erheblichem Masse zur Entwickelung des Getreidebaues beigetragen.

Es ist ausserordentlich schwierig, die *Kulturkosten* beim Getreidebau irgendwie einigermassen genau anzugeben; die in dieser Beziehung sich in der Enquête findenden Angaben sind meist ungenau und sehr verschieden: während für einige Departements die Bestellungskosten für einen Hektare Weizen nur auf 150—160 Frcs. (10—10²/₃ Thlr. pro Morgen) berechnet werden, werden sie für andere Departements auf 500—550 Frcs. (33¹/₃—36²/₃ Thlr. pro Morgen) veranschlagt. Diese Unterschiede können allerdings durch den Umstand erklärt werden, dass in den Landestheilen mit vorgeschrittener Kultur die Landwirthe viel grössere Summen für Handarbeit und Dünger ausgeben, als in den weniger vorgeschrittenen Gegenden, dass aber auch die Erträge zu den gemachten Ausgaben in angemessenem Verhältnisse stehen. Die *Erträge* sind auch in der That in verschiedenen Gegenden ausserordentlich verschieden; wenn der mittlere Ertrag für ganz Frankreich, wie oben angegeben, beim Weizen gegenwärtig 14¹/₂ Hektoliter für den Hektare beträgt, so findet man doch Gegenden, wo der mittlere Ertrag 8—10 Hektol. kaum übersteigt (3,64—4,55 Schffl. pro Mrg.), während man an anderen Orten, vorzüglich in den fruchtbaren Departements des Nordens, Erträgen von 25—30 Hektol. pro Hektare (11,37—13,85 Schffl. pro Morgen) und oft noch höheren begegnet.

Auf eine bezügliche Frage des für die Enquête entworfenen Fragebogens hat man allgemein die Antwort gegeben, dass die Landwirthe fast gar keine *Getreidevorräthe* mehr aufsparen, so häufig dies auch früher der Fall war. Viele Landwirthe behielten ihr Getreide von einem Jahre bis in das folgende, und viele Leute sind der Meinung, dass dies für die Landwirthschaft und für das Land ausserordentlich nützlich gewesen sei, indem dadurch in Jahren des Ueberflusses der Preis in angemessener Höhe erhalten und in Jahren des Mangels die Theuerung vermindert worden sei. Aber heut zu Tage haben die Entwickelung des Getreidehandels, die Unmöglichkeit, in der sich der Landwirth befindet, seine Kapitalien für längere oder kürzere Zeit festzulegen, die er vielmehr sofort gebraucht, die Leichtigkeit, sich durch Ausfuhr der Ernteüberschüsse zu entledigen oder sich in Zeiten der Missernte von ausserhalb zu versorgen, diesen Gebrauch fast vollständig ausser Uebung kommen lassen.

Neben dem Getreidebau ist es besonders die *Kartoffelkultur*, über die sich in der Enquête einigermassen vollständige Angaben finden. Man beklagt seit etwa 20 Jahren die sogenannte Kartoffelkrankheit, welche dieser Kultur ziemlich nachtheilig gewesen ist; trotzdem hat sich die Produktion, besonders im Osten, lebhaft entwickelt, Dank der grossen Nachfrage zur Ausfuhr ins Innere des Landes und in das Ausland und für die zahlreichen Stärkefabriken.

Es werden gegenwärtig mehr als 1,200,000 Hektaren Kartoffeln gebaut, während vor etwa 10 Jahren nur 900,000 Hektaren gebaut wurden. Der mittlere Ertrag pro Hektare beziffert sich auf 100 Hektolitres (45,5 Schffl. pro Morgen), während er früher sich nur auf 70—80 Hektol. (31,9—36,5 Schffl. pro Morgen) belief.

Die *Hülsenfrüchte* nehmen eine Fläche von 350,000 Hektaren ein, sie hat sich seit 10—12 Jahren kaum vergrössert. Diese allein für den lokalen Bedarf gepflegte Kultur hat nur für gewisse Gegenden Bedeutung, so z. B. die Saubohne für einige Küstenstriche des Westens und die Vicebohne für einige Gegenden im Norden. Was die *Gemüse* betrifft, so scheint deren Kultur und insbesondere der Handel damit eine sehr bedeutende Erweiterung erfahren zu haben und noch immer fort zu erfahren in Folge der leichten Kommunikation, welche die Versendung in sehr entfernte Gegenden, wo sie später reifen, und in die Hauptstädte gestattet. Besonders in der Nähe grosser Städte macht sich die Wichtigkeit dieser Kulturen und des Handels mit ihren Erzeugnissen sehr bemerkbar.

§. 3. Handelspflanzen.

Oelsaaten. Der Raps, welcher unter den ölgebenden Gewächsen den ersten Rang behauptet, wird in mehreren Departements des Nordens, des Westens und in der Nachbarschaft von Paris in grossem Massstabe angebaut. Dennoch dürfte sich die Produktion in den letzten Jahren vermindert haben; für das Departement Calvados, wo die Verminderung konstatirt ist, wird als Ursache dieser Erscheinung angegeben, dass die Landwirthe durch zu häufig auf einander folgenden Anbau des Rapses den Boden erschöpft haben. Ausserdem dürfte die Konkurrenz der Erdöle zur Verminderung der in Folge dessen weniger einträglichen Kultur beigetragen haben. Von einigen Departements im Osten und Westen wird gemeldet, dass daselbst seit 10 Jahren der Rapsbau sich mehr entwickelt habe.

Gespinnstpflanzen. Im Allgemeinen scheint der Anbau des Hanfes und Flachses gleich geblieben zu sein. Im Departement der Sarthe jedoch, wo der Hanfbau von Wichtigkeit ist, hat derselbe seit 10 Jahren Fortschritte gemacht, besonders in Folge der reichlicheren Düngung und der Anwendung des Guano. Das Gleiche gilt von dem Flachsbau des Departements der Maas, wo man dies der durch den amerikanischen Krieg bewirkten Preissteigerung der Baumwolle zuschreibt. Dieselbe Ursache dürfte auch die sehr merkliche Entwickelung des Flachsbaues im Nord-Departement bewirkt haben, wo der Flachs seit sehr alter Zeit kultivirt wird und eine ziemlich grosse Fläche einnimmt. Endlich scheint der Flachsbau in den Paris benachbarten Departements an Ausdehnung gewonnen zu haben und zum Theil an die Stelle des Rapsbaues getreten zu sein.

Rüben, Zucker, Branntwein. Eine sehr ansehnliche Vermehrung hat die Kultur der Zuckerrübe erfahren in Folge der Errichtung zahlreicher Rübenzuckerfabriken und Rübenbrennereien. Der Zuckerrübenbau verbreitet sich selbst nach Gegenden, wo er früher unbekannt war; derselbe ist nicht mehr auf die Departements im Norden beschränkt, wo er seit langen Jahren betrieben wurde, sondern er dringt in einige Departements des mittleren Frankreich vor. Im Westen Frankreichs, im Indre, in der Limagne und bis zur Isère tritt die Zuckerrübe in die Fruchtfolge, und damit hängt die Errichtung von Zuckerfabriken und mehr noch von Branntweinbrennereien zusammen. Aber überall beklagt man sich, dass die Anstrengungen, welche die Landwirthe machen, behindert werden durch die Steuern, welche auf dem Zucker und dem Branntwein lasten; ganz besonders im Norden erhebt man sich gegen den bestehenden Zustand und führt an, dass die Kultur der Zuckerrübe, wenn sie mehr ermuthigt würde und demnach einen neuen Anlauf zu ihrer Entwickelung nehmen könnte, wesentlich zur Verbesserung des Bodens und zur Steigerung der Produktion von Getreide und Vieh beitragen würde. Es wird hiervon in dem die Steuergesetzgebung behandelnden Kapitel des Weiteren die Rede sein.

Hopfen. Der Hopfenbau, welcher früher nur in wenigen Departements im Norden und Nordosten Frankreichs betrieben wurde,

dehnt sich auch in Gegenden aus, wo er vor wenigen Jahren noch
unbekannt war.

Krappwurzel. Der Anbau dieser Farbepflanze spielt nur in
dem Departement von Vaucluse eine etwas bedeutendere Rolle. Die
Produktion erreicht im Mittel 15 Mill. Kilogramm. Auch am Nie-
derrhein wird etwas Krapp angebaut; man erzeugt daselbst 900,000
Kilogramm. Man klagt über den niedrigen Preis und schreibt den-
selben der Aufhebung des Zolles zu, welcher bis 1859 vom fremden
Krapp erhoben wurde.*) Weiteres werde ich bei Gelegenheit der
Zollgesetzgebung darüber ausführen.

Tabaksbau. — *Seidenzucht.* Man bedauert, dass der *Tabaksbau* nicht diejenige Entwickelung nehmen könne, welche er nehmen
würde, wenn er nicht durch die strengen Massregeln der Verwaltung daran verhindert würde; dadurch würde die französische Landwirthschaft einer oft sehr schätzbaren Einnahmequelle beraubt, welche
für dieselbe ein neues Element des Gedeihens schaffen könnte. Die
Seidenzucht befindet sich seit mehreren Jahren in einem beklagens-
werthen Zustande. Da diese beiden Kulturzweige für die französische Landwirthschaft sehr wichtig sind, so soll jedem derselben in
dem letzten Kapitel des Berichtes ein besonderer Abschnitt gewidmet werden.

§. 4. Weinberge. — Wein.

Man kann ganz allgemein versichern, dass der *Weinbau* Frankreichs sich in günstiger Lage befindet, dass er seit einigen Jahren
eine bedeutende Ausdehnung gewonnen hat, und dass er mit immer
wachsendem Erfolge gegen die ungünstigen Verhältnisse kämpft,
welche nur zu oft einen vernichtenden Einfluss auf die Erzeugnisse
der Weinberge üben. Uebrigens befindet sich kein anderes Land in
einer für den Weinbau vortheilhafteren Lage als Frankreich; neben
den Frankreich eigenthümlichen Weinen gedeihen daselbst ähnliche
Weine, wie sie alle übrigen Länder erzeugen.**) Auch vernachlässigt

*) Von viel grösserem Einfluss dürfte jedenfalls die Erfindung und allgemeine
Verwendung der Anilinfarben gewesen sein, welche in Verbindung mit neueren
Erfindungen auf diesem Gebiete der Chemie den Krappbau vielleicht ganz ver-
nichten wird.   F.
**) Diese Behauptung dürfte doch wohl etwas zu weit gehen und zeugt von
gar zu grossem Selbstgefühle; es dürfte Frankreich doch schwer werden, unseren
Weinen des Rheingaues ähnliche Weine zu erzielen, wie wir eben so wenig im
Stande sind, den französischen besseren Bordeauxweinen ähnliche zu erzielen.
      F.

die Regierung Nichts von dem, was zur Förderung dieses für unsere landwirthschaftliche Industrie so wichtigen Zweiges beitragen kann; sie lässt die Auswahl der besten Reben und die besten Methoden der Kultur und der Weinbereitung mit Sorgfalt prüfen. Die in dieser Absicht dem Dr. *Jules Guyot* gegebenen Aufträge, welche dieser Gelehrte mit so viel Eifer und Erfolg ausgeführt hat, können nicht verfehlen, die nützlichsten Folgen zu Wege zu bringen.

In den Departements des Nordens und Nordwestens wird der Weinstock nicht kultivirt, oder, wenn es auch an einigen Punkten Weinberge von geringer Ausdehnung giebt, dient der dort erzeugte Wein ausschliesslich dem lokalen Verbrauche. Uebrigens befinden sich die in diesem Theile vorhandenen wenigen Weinberge im Verschwinden, da es täglich leichter wird, den Wein aus südlicheren Gegenden zu beziehen, wo er unter günstigeren Bedingungen erzeugt werden kann.

Dagegen ist in den Departements des Centrums, des Westens und Ostens eine bemerkenswerthe Entwickelung des Weinbaues konstatirt worden, die Produktion steigt sowohl quantitativ als qualitativ, der Absatz der Weine ist trotz der Konkurrenz der südlichen Weine sehr leicht; nur in einigen centralen Departements klagt man, dass diese Konkurrenz die Einnahmen der Weinbergsbesitzer zu sehr schmälere. Die in der Bourgogne und in der Franche Comté gesammelten Nachweisungen ergeben eine Vermehrung der Weinberge um etwa 10 %, also in einer Gegend, wo die Weinberge bereits eine so wichtige Stelle einnehmen. Wenn der Anbau der feineren Sorten keine merklichen Fortschritte gemacht hat, weil schon seit langer Zeit die hierfür passenden Lagen benutzt wurden, so erstreckt sich demnach die Zunahme auf die gemeineren, für den allgemeineren Konsum bestimmten Weine.

Die Vermehrung ist nicht minder bedeutend in den südwestlichen Distrikten gewesen, besonders in der Gironde und in den derselben benachbarten Departements. Zwar hat das Oïdium grosse Verwüstungen angerichtet und in den den Pyrenäen am nächsten gelegenen Gegenden viele Weinstöcke vernichtet: aber seitdem die Krankheit den Bemühungen der Weinbauer zum grossen Theil gewichen ist, werden die Weinberge nach und nach wieder bepflanzt. Urbarmachungen werden speciell in dieser Absicht ausgeführt, und man fürchtet nur, dass die Qualität der Weine leidet, wenn man bei der Kultur hauptsächlich die Vermehrung der Produktion im Auge behält. Im Süden und Südosten sind die gleichen Fortschritte zu bemerken. Seit 10 Jahren hat im Departement de l'Hérault die mit Wein bebaute Oberfläche um 40,000 Hektaren zugenommen; sie erreicht bereits 162,000 Hektaren (à 4 Morgen) und strebt, sich noch weiter zu vergrössern. Der mittlere Ertrag eines Hektare, welcher vor 10 Jahren nur 31 Hektoliter betrug (5.64 Ohm per Morgen), hat sich gegenwärtig auf 41 Hektoliter (7.64 Ohm per Morgen) gehoben. Aehnliche Thatsachen werden aus den benachbarten Departements gemeldet, aus dem von Vaucluse, von den Bouches-du-Rhône, von dem Drôme, welches letztere seit dem Verschwinden des Oïdiums seine Pflanzungen vervielfältigt hat; ferner von dem des Gard, wo solche Weinstöcke, welche Tischwein produziren, so viel als möglich an die Stelle derjenigen gesetzt sind, welche nur Weine zum Verschneiden oder zum Destilliren liefern. Die an die Alpen grenzenden Departements: Savoyen und Isère, sind ebenfalls im Fortschritt. Endlich hat auch in Korsika der Weinbau zugenommen, neue Weinberge sind geschaffen, und hofft man, das Land werde aus seinen Weinen, welche den spanischen, portugiesischen und sicilischen ähnlich sind, einen bald grösseren Gewinn ziehen.

Die *Kulturmethoden* haben sich fast überall vervollkommnet und vervollkommnen sich fort und fort. Eine bessere Auswahl der Rebsorten, die Einführung neuer, kräftigerer Düngung, tiefere und häufigere Bearbeitung des Bodens, die Anwendung des sich immer mehr verbreitenden Weinbergspfluges, rationellere Pflanzmethoden, eine grössere Erkenntniss in Betreff eines richtigen Schnittes, die Anwendung von Drahtspalieren, alle diese Mittel haben die besten Erfolge gehabt.

Auch die *Bereitung des Weines* hat sich gehoben und bildet den Gegenstand der eifrigsten Bemühungen. Die durch neue Kommunikationsmittel, insbesondere durch die Eisenbahnen eröffneten neuen Absatzgebiete, welche durch Handelsverträge gleichfalls erweitert sind, sichern den Erzeugnissen unserer Weinberge eine immer vortheilhafter werdende Verwerthung. Indessen klagt man über die ausserordentliche Erhöhung der Steuern aller Art, ganz besonders aber über die beim Eingang in die Städte erhobenen Abgaben, desgleichen über die Ungleichheit der Zolltarife für unsere und fremde Weine; wegen ihrer Wichtigkeit sollen diese leszteren Fragen an einer späteren Stelle besonders behandelt werden.

Die *Kulturkosten* eines mit Wein bepflanzten Hektare Landes scheinen sich gewöhnlich auf 300—600 Fr. (20—40 Thlr. pro Morgen) zu belaufen; an einigen Orten werden sie viel niedriger, an anderen viel höher veranschlagt. Der *Ertrag* ist in den verschiedenen Jahrgängen natürlicher Weise ein äusserst schwankender, aber man rechnet für ein Mitteljahr 25 Hektoliter auf den Hektare (etwa 4$^1/_2$ Ohm pro Morgen), aber auch 60, 75, 80 und selbst 100 Hektoliter (11, 13$^1/_2$, 14$^1/_2$, 18 Ohm pro Morgen); das Mittel aller Angaben dürfte 40 Hektoliter (7$^1/_3$ Ohm pro Morgen) sein.

§ 5. Obstbau.

Unser Klima ist dem Obstbau besonders günstig; derselbe hat an Güte und Menge der Erzeugnisse die besten Erfolge aufzuweisen, und in dieser Hinsicht scheint sich die französische Landwirthschaft in einer glänzenden Lage zu befinden. Die Leichtigkeit der Versendung gestattet, aus den geernteten Früchten einen bedeutend höheren Gewinn zu ziehen als früher, da er ehemals bei der Höhe der Transportkosten äusserst gering war. Die Versendung von Tafelobst in die grossen Städte und in das Ausland hat eine ungeheure Ausdehnung gewonnen und bezahlt sich sehr gut. Einige Gemeinden haben durch Bepflanzung sonst werthloser Gemeindeländereien ihre Einkünfte bedeutend erhöht. Das zeitig geerntete Obst des Südens, die Trauben ebendaher und aus den mittleren Gegenden Frankreichs versorgen jetzt die Märkte von Paris, wo sie zu sehr günstigen Preisen abgesetzt werden. In den Paris benachbarten Departements, z. B. Seine und Oise und Seine und Marne, hat die Kultur von Obst und Tafeltrauben eine hohe Bedeutung erreicht; der Export beläuft sich auf mehrere Millionen Frcs.*) England und selbst Russland beziehen von uns.

Auch im östlichen Frankreich hat sich die Kultur des Tafelobstes merklich gehoben; ausserdem besitzen diese Gegenden eine wichtige Industrie, die *Destillation von Steinobst.* Namentlich in den Vogesen und der Haute-Saône giebt die Fabrikation von Kirschwasser Anlass zu einem sehr ausgedehnten und lebhaften Handel. Der Rohertrag eines mit Kirschen bepflanzten Hektare Landes wird auf 300 Frcs. (20 Thlr. pro Morgen) geschätzt, wovon die Hälfte für Einsammeln der Früchte und Destillation derselben entfällt. Der Hektare liefert im Mittel 2250 Liter (50 mesures de 45 litres) Kirschen und 45 Liter Kirschen geben 5 Liter Kirschsaft.

---

*) Um so wunderbarer ist es, dass man selbst in der Nähe von Paris in den Bauerngärten keinen gut gehaltenen Obstbaum sieht, ausser in grösseren Anlagen.

F.

In den nördlichen Departements liefert der aus Aepfeln und Birnen bereitete *Cider* gute Erträge, da dieses Getränk dort allgemein den Wein vertritt.

Der Werth des ausgeführten Obstes betrug vor 10 Jahren nur 14,380,596 Frcs. (3,834,825³/₅ Thlr.) und hat jetzt die Höhe von 27,592,225 Frcs. (7,357,926²/₃ Thlr.) erreicht.

Wie ich schon im Eingange dieses Kapitels angeführt, haben sich die in Frankreich seit einer Reihe von Jahren vollzogenen Fortschritte in der landwirthschaftlichen Produktion *) auch im Auslande in mehr oder minder fühlbarem Grade gezeigt, wie dies die der Enquête beigefügten Mittheilungen darthun.

In England ist die Gesammtproduktion von Getreide nicht vermehrt worden, trotz der relativen Steigerung der Erträge auf einer gegebenen Fläche. Seit die Einfuhr von Getreide einem festen Zoll von 43 Centimen pro Hektoliter (1 Shilling pro Quarter, etwa 22¹/₂ Pfennig pro Scheffel**) unterworfen ist, sind viele Aecker, die früher mit Getreide bebaut wurden, in Wiesen und Weiden verwandelt. Die fast überall ausgeführte Drainage hat den Werth der geringeren Weiden verdoppelt. Auf einer Gesammtoberfläche von 9,941,000 Hektaren, welche in England und Wales kultivirt wird, bedecken die künstlichen Wiesen (prairies artificielles)***) 1,034,000 Hektaren, die natürlichen Wiesen 4,113,000 Hektaren und die Futterpflanzen (Green Crops), wie Rüben, Mohrrüben, Runkeln, Kohl, Wicken etc.

---

*) Gegenüber den in den vorstehenden Paragraphen und an dieser Stelle noch einmal ausgesprochenen Ansichten, dass sich die Produktion Frankreichs ansehnlich gehoben habe, hat sich dieselbe nach Angaben des „Globus", auf amtliche statistische Erhebungen gestützt, erheblich vermindert. Vom Jahre 1853 bis zum Jahre 1866 hat der Rindviehstand um 1,464,812 Stück abgenommen, obwohl durch das annektirte Savoyen ½ Mill. Stück hinzugekommen ist; desgleichen hat die Zahl der Schafe von 1852 bis 1868 sich um 2,955,767 Stück verringert. Nimmt man auch an, dass die Qualität sich erhöht hat, so dürfte dadurch doch kaum ein so erheblicher Ausfall in der Stückzahl ausgeglichen werden. Auch die Getreideproduktion macht Rückschritte; der Durchschnittsertrag des Weizens vom Hektare betrug 1852 14 Hektoliter, 1866 nur 12 Hektoliter; in gleichem Masse sind die Roggenernten gefallen, dagegen die von Mais und Gerste gestiegen.

F.

**) Der Zoll wird gegenwärtig nach dem Gewicht erhoben und zwar 3 d. für den englischen Centner = 59 Cts. für 100 Kilogr. (2⅓ Sgr. für den pr. Ctr.)

***) Vergleiche oben, S. 120 die Anmerkung.

F.

1,026,000 Hektaren. Die Viehzucht macht dauernd Fortschritte: England besitzt beinahe 4 Mill. Stück Grossvieh, 16⅘ Mill. Stück Schafe, 2¼ Mill. Stück Schweine. Die Einführung des Rübenbaues und der käuflichen Düngemittel hat auf die Viehhaltung grossen Einfluss geübt. Man baut von Getreide in England nur Weizen, Gerste und Hafer; in England und Wales werden 1,342,000 Hektaren Weizen, 760,000 Hektaren Gerste und 600,000 Hektaren Hafer angebaut. Mit Hopfenpflanzungen sind 22,000 Hektaren bedeckt; der Hopfen ist die einzige Handelspflanze, welche für England von Wichtigkeit ist. [*]

Die seit 30 Jahren in **Schottland** erfolgten Fortschritte des Ackerbaues erstrecken sich besonders auf die Drainage und den

---

[*] Etwas genauere Angaben für das Jahr 1869 und zwar England, Schottland und Irland umfassend, enthält nachstehende, dem officiellen englischen Berichte entnommene Zusammenstellung (vergl. auch Wochenbl. d. Ann. d. Landw., 1870, Nr. 25.)

Alle Arten von Kulturen umfassten 1869: 46,100,163 Acres gegen 45,652,545 Acres im Jahre 1868. Davon waren mit Getreide (einschliesslich Bohnen und Erbsen) bestellt: 12,000,111 Acres und zwar: 9,758,037 Acres in Grossbritannien und 2,207,870 Acres in Irland; mit Futtergewächsen, einschliesslich der Kartoffeln (Green Crops) 5,065,933 Acres, davon 3,575,067 in Grossbritannien, 1,468,895 in Irland; in schwarzer Brache lagen 761,360 Acres, davon 738,836 in Grossbritannien, 20,981 in Irland, in Gras (Klee und andere Futterkräuter, die angesäet sind) 5,149,552 Acres, davon 3,4 8,726 in Grossbritannien, 1,669,800 in Irland, in ewiger Weide 22,811,284 Acres, davon 12,735,807 in Grossbritannien, 10,040,877 in Irland. In Grossbritannien waren 3,688,357 Acres mit Weizen, 2,251,480 Acres mit Gerste, 2,782,720 Acres mit Hafer, 64,099 Acres mit Roggen, 575,204 Acres mit Bohnen und 396,177 Acres mit Erbsen bestellt; dagegen nahm in Irland der Hafer 76% des gesammten mit Getreide bestellten Landes ein.

In Grossbritannien waren 16% des für Green Crops bestimmten Landes mit Kartoffeln bestellt, 60 mit Turnips und schwedischen Rüben, 8% mit Runkeln, 0,4% mit Möhren, 4% mit Kohl, Kohlrabi und Rübsen, 10% mit Wicken, Luzerne etc., in Irland dagegen 71% mit Kartoffeln, 22% mit Turnips und schwedischen Turnips.

Gegenüber 1868 hat der Anbau von Getreide um 324,505 Acres zugenommen, davon 36,232 Acres Weizen; in Irland hat der Weizen- und Haferbau etwas abgenommen, die Gerstenkultur zugenommen.

Mit Flachs waren in Grossbritannien bestellt 20,923 Acres gegen 17,543 im Vorjahre, in Irland aber 229,000 Acres.

Hopfen war angebaut in Grossbritannien auf 61,785 Acres und zwar fast nur in England, gegen 64,455 im Vorjahre; etwa ¾ des Ganzen befinden sich in der Grafschaft Kent.

Die ewige Weide hat in Grossbritannien gegen 1868 um 599,000 Acres zugenommen.   F.

Anbau der Turnips. Auf den niedrig gelegenen Ländereien ist die Drainage Regel, und die Pächter lassen auf eigene Kosten das ganze Gut, das sie pachten, drainiren, indem sie annehmen, dass sie dadurch die Erträge um 12 bis 30% erhöhen. Auf einer in Kultur befindlichen Fläche von 1,633,000 Hektaren besitzt Schottland 25% oder 456.000 Hektaren Wiesen, 11% oder 191,000 Hektaren Turnipsfelder. Der grösste Ertrag waren 75,000 Kilogramm Turnips von dem Hektare (375 Ctr. pro Morgen),*) 65,000 Kilogr. Mohrrüben (325 Ctr. pro Morgen); einzelne bewässerte Wiesen geben bis 8 Schnitte in einem Jahre. Der Viehstand ist der Grösse der Wirthschaften mindestens entsprechend, geht aber zuweilen über das gewöhnliche Mass. Man schätzt den Viehstand auf 1 Mill. Stück Rindvieh und 7 Mill. Schafe: 1857 zählte man 185,000 Stück Pferde. Wie in der Menge, so hat der Viehstand auch in der Güte Fortschritte gemacht, die Racen sind veredelt und die besten Racen finden jeden Tag weitere Verbreitung. Die Wollproduktion beträgt jährlich 14 Mill. Kilogr. Die mit Weizen bebaute Fläche ist seit 1857 um die Hälfte verringert, die mit Hafer bebaute um $1/_{15}$ vergrössert.

	Im Jahre 1857.	Im Jahre 1866.
Weizen	89,261 Hekt.	44,000 Hekt.
Hafer	375,445 „	401,616 „

Der mittlere *Weizenertrag* beträgt 25 Hektoliter (11,4 Schffl. pro Morgen), der des Hafers 32 Hektoliters (14$^1/_2$ Schffl. pro Morgen). Die Produktion an Weizen genügt bei weitem dem Bedarfe nicht. Die Kartoffeln nehmen 57,000 Hektaren ein, und hat sich ihr Anbau seit 1857 etwas vermehrt. Die Anbauversuche mit Flachs, Raps und Zuckerrüben sind nicht ermuthigend ausgefallen. Die Branntweinbrennerei, welche bedeutende Mengen von Körnerfrüchten verarbeitet, hat im Jahre 1864 675,889 Hektoliter Branntwein geliefert, 101,000 Hektoliter mehr als 1858.

Auch in **Irland** hat die Landwirthschaft Fortschritte gemacht, jedoch nur auf den grossen Gütern. Von 1851—1861 sind 3$^1/_2$% der unbebauten Gründe urbar gemacht worden. In Folge des Klima's sind Bewässerungsanlagen überflüssig. Die Wiesen nehmen etwa

---

*) Aus Deutschland sind uns grössere Maximalerträge bekannt. So erntete Topf in Gispersleben bei Erfurt 1864 pro Morgen 696½ Ctr. Runkeln, Schönstedt zu Erfurt 605 Ctr. Runkeln. (Vergl. Wochenbl. der Ann. der Landw., 1865, Nr. 10.) F.

29⁰/₀ des Kulturlandes ein, die Kartoffelländereien 18"/₀. Der Futterbau ist von 1861—1865 um 8⁰/₀ vermehrt worden. Die Viehhaltung
ist verhältnissmässig bedeutend, und auch die Qualität hat sich verbessert. Die Getreideproduktion ist im Allgemeinen vermindert, und
zwar nimmt der Hafer eine fast viermal so grosse Fläche ein als
die übrigen Getreidearten, mehr als fünfmal soviel als der Weizen.
Die Kartoffeln bedecken mehr als eine Million Acres (1¹/₂ Million
Morgen), dreimal soviel als der Weizen. Hanf- und Flachsbau sind
bedeutend, desgleichen die Branntweinbrennerei.

Die Fortschritte sind in **Belgien** seit 1846 bedeutende; sie werden gekennzeichnet durch die Ausdehnung des Futterbaues, durch die
Verbesserung der Ackergeräthe, durch die Einführung der Hackfrucht-
kultur. Es giebt in Folge der Urbarmachungen und der allgemein
verbreiteten Drainage kaum noch unfruchtbare Ländereien. Der Viehstand hat sich gehoben, und nur die Schafe sind vermindert. Die
wesentliche Ursache dieses allgemeinen Fortschrittes ist die Steigerung
des Preises für die Erzeugnisse der Landwirthschaft. Die Getreideproduktion, mit Ausnahme der Buchweizenproduktion, hat sich vermehrt durch Vergrösserung der derselben gewidmeten Fläche und
der Erträge pro Hektare, am meisten aber beim Weizen. Im Jahre
1865/66 wurden 41¹/₂ Millionen Kilogramme Rübenzucker gewonnen,
und unter dem Einflusse der Baumwollenkrisis hat sich der Flachsbau
ausgedehnt; auch der Tabaksbau hat zugenommen. Im Jahre 1865
wurden 38¹/₂ Mill. Liter Branntwein gebrannt.

In **Holland** sind bedeutende Urbarmachungs- und Entwässerungsarbeiten ausgeführt worden, unter denen die Trockenlegung des Har-
lemer Meeres besonders hervorzuheben ist, auch hat sich seit einigen
Jahren der Futterbau bedeutend entwickelt; aber Nichts hat für
Holland mehr Wichtigkeit, als die qualitative und quantitative
Hebung der Viehzucht. Die Getreideproduktion hat sich nur wenig
gehoben, desgleichen der Anbau von Oel- und Textilpflanzen, dagegen
bemerkenswerth der Zuckerrübenbau. Die Branntweinbrennerei ist
in Folge des amerikanischen Krieges und der Erhöhung der Branntweinsteuer in der Abnahme.

Für **Schweden und Norwegen** sind sehr wichtige Kulturfortschritte zu verzeichnen; die Urbarmachungen, die Entwässerungen
und die Drainage gewinnen täglich an Ausdehnung. Die Wiesen
nehmen eine fast ebenso grosse Fläche ein, als das pflugbare Land.
In Schweden giebt es wenige künstliche Wiesen (prairies artificielles),
in Norwegen bedecken sie fast die Hälfte des kultivirten Landes.

Der Anbau der Wurzelfrüchte hat sich seit 30 Jahren erheblich ausgedehnt und nimmt in Norwegen 10—15% des Ackerlandes ein.

Die Qualität des Viehes ist bedeutend verbessert, doch ist in den meisten Fällen in Norwegen die Zahl der gehaltenen Thiere im Verhältniss zum vorhandenen Futter noch viel zu gross, so dass ihre Ernährung zu wünschen lässt. In Schweden entspricht die Menge der erzeugten Wolle nicht den Bedürfnissen der Bevölkerung. Die Getreideproduktion hat sich bedeutend gehoben. Nach den offiziellen statistischen Angaben betrug die Produktion Norwegens:

	Im Jahre 1835	Im Jahre 1865
Weizen	9,780	71,034 Tonnen[*]
Roggen	75,000	170,000 „
Gerste	490,000	894,000 „
Mengekorn . . .	323,000	·456,000 „
Hafer . ·	1,282,000	2,063,000 „

Für Schweden ist der Kartoffelbau von Wichtigkeit, dagegen ist der Anbau von Handelspflanzen wenig entwickelt. Branntwein wird viel erzeugt, von 1856—1860 wurden 35 Mill. Liter gebrannt.

Aus **Preussen** werden grosse Fortschritte der Landwirthschaft gemeldet. Früher war die *Dreifelderwirthschaft* allgemein üblich; in grösseren Wirthschaften ist sie im grösseren Theile des Landes verschwunden; aber man findet sie noch in einer grossen Zahl mittlerer und kleinerer Wirthschaften, jedoch mehr oder weniger modificirt, indem ein immer grösser werdender Theil der Brache angebaut wird.

Die *Kulturmethoden* sind auf merkliche Weise verbessert worden, Urbarmachungen öder Ländereien werden eifrig ausgeführt. Um die sandigen Böden, besonders Pommerns[*], in Kultur zu bringen, baut man wiederholt die Lupine an, um sie grün unterzupflügen. Die *Entwässerungsarbeiten* haben eine grosse Ausdehnung gewonnen. Die Entwickelung des *Futterbaues* ist sehr bedeutend; Preussen besass im Jahre 1863 bei 18 Millionen Hektaren kultivirten Bodens 2¼ Mil-

[*] Eine Tonne = 2,529 Scheffel preussisch.
[*] Der Anbau der Lupine zur Gründüngung in Preussen ist bekanntlich zuerst in der Provinz Sachsen und zwar auf Pietzpuhl zur Ausführung gekommen, und noch heute. ist der Lupinenanbau in der Altmark und in Brandenburg keineswegs geringer als in·Pommern; dagegen ist man von der Methode, die Lupinen grün unterzupflügen, mehr und mehr zurückgekommen, indem man dieselben allgemein besonders an Schafe verfüttert und den so gewonnenen Dünger statt der Gründüngung verwendet. F.

lionen Hektaren künstlicher Wiesen (prairies artificielles)*), und sind die Erträge schon lange hohe.

Das *Vieh* wird reichlich ernährt, wozu die Abfälle der Kartoffelbrennereien und der Rübenzuckerfabriken bedeutend beitragen. Das einheimische *Milchvieh* ist fast verschwunden und hat den besseren Racen aus Ostfriesland, Oldenburg und Hannover Platz gemacht; ausserdem bezieht Preussen alljährlich aus Sachsen und Franken zahlreiche Zugochsen.

Die Veredlung der *Schafe*, welche seit 50 Jahren datirt, hatte von Anfang an die ausschliessliche Wollproduktion im Auge, und so wurden durch Zuchtwahl Schäfereien ersten Ranges geschaffen; aber das Fallen der Wollpreise und das Steigen der Fleischpreise hat zur besseren Fleischproduktion geführt: Anfangs wurden Southdowns eingeführt, aber man erkannte bald die Ueberlegenheit der Rambouillets und importirte in den letzten Jahren zahlreiche Thiere dieser französischen Race, mit der man gegenwärtig alle Kreuzungen ausführt.**)

---

*) Es ist geradezu unmöglich, sich darüber Rechenschaft zu geben, was hier unter prairies artificielles zu verstehen ist, da die offiziellen Zahlen dafür keinen sichern Anhalt geben. Am nächsten kommt die Angabe von 2¼ Mill. Hektaren oder 9 Mill. Morgen prairies artificielles der Grösse der überhaupt vor 1866 in Preussen vorhandenen Wiesenfläche von 10,200,419,44 Morgen Wiesen, die aber keineswegs sämmtlich künstlich gebaute Wiesen sind. Wenn also hier einerseits Flächen mit einbegriffen sind, die den Namen prairies artificielles in keiner Hinsicht rechtfertigen, so fehlen andererseits die Futterfelder, die bei den Franzosen unter den Begriff der prairies artificielles fallen. Da es bis jetzt an einer Statistik der einzelnen Kulturarten in Preussen fehlt, so müssen wir uns damit begnügen, eine Uebersicht der Nutzungen des Bodens der alten Provinzen, wie sie die Grundsteuer Regulirung festgestellt hat, mitzutheilen:

Ackerland	55,146,079,43 Morg.		Oedland	143,703,40 Morg.
Gärten	732,218,00 „		Unland	246,916,91 „
Wiesen	10,209,419,44 „		Hofräume etc.	1,074,644,33 „
Weiden	8,138,356,21 „		Wege, Eisen-	
Holzungen	36,800,028,91 „		bahnen, Flüsse	
Wasserstücke	1,740,817,49 „		etc.	4,593,650,70 „

Zusammen 108,825,650,83 Morgen.
F.

**) Wie wenig richtig dies ist, ist jedem Landwirthe bekannt; wo man wesentlich die Fleischzucht im Auge hat, wird noch heute allgemein englisches Blut verwendet; neben den Southdowns die Leicesters, Cotswolds etc. Die Verwendung der Rambouillets, die allerdings ziemlich verbreitet ist, hat wohl selten oder nie die Erzielung eines Fleischschafes im eigentlichen Sinne im Auge, vielmehr nur die Erzielung einer besseren Statur. Die Anfänge der Feinzucht in Preussen datiren übrigens in das vorige Jahrhundert zurück. F.

Die *Schweinezucht* ist allgemein verbreitet und befindet sich in blühenden, einträglichen Verhältnissen.

Uebrigens ist man in Preussen der Ansicht, dass eine reichliche und richtig gewählte Ernährung, verbunden mit sorgfältiger Wartung und Pflege, mehr zum Gedeihen der Viehhaltung beitragen, als die Einfuhr fremder Racen, und in den Wirthschaften zweiter und dritter Ordnung, wo man noch die einheimischen Racen züchtet, sind auch diese Racen bedeutend veredelt.

Preussen besass im Jahre 1863: 1,200,000 Pferde von mehr als drei Jahren, welche in der Landwirthschaft benutzt wurden, 680,000 Ochsen, 3,383,000 Kühe, 17,500,000 Schafe, 2,700,000 Schweine und 805,000 Ziegen.[*]

Seit dem Verlassen der Dreifelderwirthschaft ist die dem *Getreidebau* gewidmete Fläche bedeutend verringert worden, aber die Produktion hat sich trotzdem erhöht in Folge der vervollkommneten Kulturmethoden und der reichlicheren Düngung. Trotz der Vermehrung der Bevölkerung ist die Ausfuhr thatsächlich nicht vermindert worden. Die *Rübenzuckerfabrikation*, obgleich auf wenige Provinzen beschränkt, ist von grosser Wichtigkeit: in den östlichen Provinzen spielt die *Branntweinbrennerei* eine grosse Rolle; sie wird fast auf allen grösseren Gütern betrieben. Sie befindet sich in den günstigsten Verhältnissen. In den westlichen Provinzen ist der *Weinbau* sehr verbreitet, wo die vorzüglichen Mosel- und Rheinweine erzeugt werden; auch in einigen Theilen Schlesiens und Sachsens wird Wein gewonnen, welcher zum Verfälschen fremder Weine, insbesondere des Champagners dient.[**]

[*] Nach der Zählung vom 7. Dezember 1867 besass Preussen:

	In den alten Landestheilen.	In den neuen Landestheilen.	Im ganzen Staate.
Pferde	1,878,167	435,650	2,313,817
Maulthiere	435	312	747
Esel	7,450	1,610	9,060
Rindvieh insgesammt	5,997,964	1,998,854	7,996,818
Darunter Kühe	3,674,556	1,191,342	4,865,898
Schafvieh	18,820,780	3,441,307	22,262,087
Schweine	3,802,143	1,072,971	4,875,114
Ziegen	1,045,321	298,294	1,343,615
Hunde	1,350,453	272,285	1,622,738
Bienenstöcke	935,224	370,913	1,306,137

[**] Was es heissen soll: „zur Verfälschung des Champagners" ist uns nicht

Auch in den **übrigen Theilen Deutschlands** befindet sich die Landwirthschaft im Fortschritte; täglich vermindern sich die Oedländereien, und ist die Brache im Verschwinden. In *Würtemberg* besonders sind Bewässerungsanlagen allgemein verbreitet, und nehmen daselbst die Wiesen $\frac{1}{5}$ bis $\frac{1}{4}$ des ganzen Kulturlandes ein: die Zahl der Thiere nimmt beständig zu, und ihre Qualität verbessert sich; aber trotz der schon bedeutenden Ausdehnung der Weiden hält man sie doch noch für ungenügend. In *Würtemberg* hat trotz der Urbarmachungen der Getreidebau nicht zugenommen, und in *Hessen*, wodurch das während mehrerer Jahre stattfindende Steigen der Getreidepreise diese Kulturart auf Neuländereien sich verbreitet hatte, geht man zum Gegentheil über und sucht den Futterbau und Handelsgewächsbau zu vermehren. Die eingeführten Verbesserungen haben überall die Quantität und Qualität der Ernten erhöht. Unter den Handelspflanzen ragen besonders der Hopfen und die Gespinnstpflanzen hervor.

Würtemberg erzeugt ziemlich viel Rübenzucker, aber in anderen Gegenden, z. B. in *Hessen*, hat die Zuckerrübe kein befriedigendes Resultat ergeben; dagegen hat die Kartoffelbrennerei eine grosse Ausdehnung gewonnen, Dank den Vortheilen, welche die Benutzung der Rückstände bei der Viehfütterung bieten.

In einigen Theilen Deutschlands hat der Weinbau keine Fortschritte gemacht, in anderen hat er an Ausdehnung gewonnen. Die Erträge haben sich überall erhöht.

In den gebirgigen Theilen *Baierns*, welche besonders zur Viehzucht geeignet sind, haben die Weiden und Wiesen eine grosse Bedeutung. Getreide wird in grösserem Massstabe in den mittleren Theilen des Landes gebaut, wo das Klima diese Kultur begünstigt; desgleichen Oel- und Handelspflanzen. In gewissen Gegenden, besonders in der Umgegend von Nürnberg, hat der Hopfenbau einen hohen Grad der Vollendung erlangt. In der Pfalz und in Franken, speziell bei Würzburg, Kitzingen, Dettelbach, Bergzabern etc. werden sehr geschätzte Weine erzeugt. Der Tabaksbau hat in der Pfalz eine sehr grosse Ausdehnung. Natürliche und künstlich gebaute *Wässerungs-*

recht erfindlich. In der Champagne selbst wird viel nicht in der Champagne gewachsener, geringer Wein zur Fabrikation des sogenannten Champagners verwendet; nichts Anderes thun die deutschen Weinproduzenten, die einen Schaumwein fabriziren, der unter dem Namen von Champagner, nicht selten mit Angabe des wirklichen Ursprungsortes, in den Handel kommt. F.

wiesen giebt es in hinreichender Menge, auch der *Futterbau* ist erheblich.

Die Landwirthschaft der **Schweiz** ist in vielen Gegenden den auch in anderen Ländern gemachten Fortschritten gefolgt. Die *Drainage* findet in der Bodenzerstückelung Hindernisse. Die *Weiden* nehmen 20 % der Gesammtoberfläche ein, das unter dem Pfluge befindliche Land ein Siebentel. Die *künstlichen Wiesen* (prairies artificielles) vermehren sich seit einigen Jahren. Man zählte 1865 in der Schweiz 992,000 Haupt *Rindvieh*, 100,000 *Pferde* und 1,125,000 Haupt *Kleinvieh*. Aus diesen Zahlen folgt in quantitativer Hinsicht ein geringer Fortschritt, dagegen sind die Racen veredelt. Die bessere Kultur hat seit 30 Jahren eine bedeutende Vermehrung der *Getreideproduktion* zur Folge gehabt. Mit Ausnahme des Getreides bedecken die anderen Nährpflanzen $\frac{1}{20}$ des kultivirten Landes, darunter besonders die *Kartoffeln*. Der *Tabaksbau* nimmt zu. Der *Weinstock* bedeckt 30,000 Hektaren (120,000 Morgen) und erzeugt jährlich im Mittel 12 Mill. Hektoliter ($8\frac{3}{4}$ Mill. Ohm) Wein. Der Wein ist meist von geringer Güte und genügt nicht für den Bedarf. Die Herstellung von *Branntwein* ist bedeutend.

Aus den vom Grafen *Zichy* gemachten Mittheilungen ergiebt sich, dass in **Ungarn** in den kleinen Wirthschaften die *Dreifelderwirthschaft* herrscht, auf den grossen dagegen meist eine *freie*, indem sich der Landwirth von den Umständen zur Wahl der Früchte bestimmen lässt. Die unternommenen *Entwässerungsarbeiten* sollen der Kultur 200 geographische Quadratmeilen Kulturboden zuführen; sie bestehen in der Eindämmung der Theiss und ihrer Nebenflüsse und sollen in einigen Jahren beendet sein. Trotz des trocknen Klima's giebt es keine *Bewässerungen*, und dennoch nehmen die *Weiden* 41 % der Kulturfläche ein.

Zuckerrüben, Kartoffeln, Möhren, Rüben und Futterkräuter werden von den grossen Besitzern angebaut; besonders lohnende Erträge liefert die Luzerne. Der Ertrag der *Zuckerrüben* erhebt sich bis zu 40,000 Kilogramm pro Hektare (200 Ctr. pro Morgen), ist aber im Mittel nur $\frac{1}{4}$ dieses Ertrages. Ungarn besitzt 1,800,000 *Pferde*, 6 Mill. Haupt *Rindvieh*, 12 Mill. Stück *Schafe* und 5 Mill. *Schweine*. Pferdezucht und Schafzucht, welche letztere nur der Wollproduktion willen betrieben wird, haben Fortschritte gemacht. Auf den Gütern des Grafen *Zichy* hat sich seit 30 Jahren die Zahl der Schafe vervierfacht und der Werth der Wolle sich verdoppelt. Die Ochsen dienen hauptsächlich als Zugvieh und werden erst nach acht- bis neunjähriger Arbeit gemästet. Die *Käsefabrikation* hat eine gewisse Bedeutung, und Wien bezieht sein *Geflügel* hauptsächlich aus Ungarn.

Die *Weizenernte* ergiebt im Mittel 17.500,000 Hektoliter (fast 32 Mill. Scheffel), die *Maisernte* 23 Mill. (fast 42 Mill. Scheffel), die *Haferernte* 22 Mill. Hektoliter.

Die *Kulturkosten* betragen 25 %, die *Steuern* 33 % und die *Transportkosten* nach Frankreich und der Schweiz sind so hoch, wie die Weizenpreise am Erzeugungsorte: sie betragen etwa 5 Frcs. für den Metzen (etwa 1 Ctr.). Das ungarische *Mehl* ist vorzüglich, und die zahlreichen Mühlen liefern ein Produkt, aus dem ein ausgezeichnetes Brod gebacken wird.

Was die *Handelspflanzen* betrifft, so erzeugt Ungarn 662,000 Hektoliter (1,204,840 Scheffel) Raps, 20 Mill. Kilogramm (400,000 Ctr.) Flachs und 40 Mill. Kilogramme (800,000 Ctr.) Hanf; letzterer ist von vorzüglicher Qualität. 27 Zuckerfabriken haben im Jahre 1866 an Rüben verarbeitet 2,060,000 Ctr. 67,000 Morgen (arpents) Landes werden mit Tabak bebaut, aber diese Kultur wird durch Verwaltungsvorschriften und durch das Monopol gehemmt.

Die *Weinberge* nehmen 62 Quadratmeilen ein, doch haben die Erhöhung der Steuern und mehrere auf einander folgende schlechte Jahrgänge diese Kultur vermindert. Der Weinbau ist meist in den Händen der Bauern, und die mangelhafte Bereitung des Weines verhindert die Ausfuhr.

In **Russland** scheint die Kultur keine erheblichen Fortschritte gemacht zu haben; die Geräthe, die Kulturarten sind noch höchst primitiver Art, besonders in den baltischen Provinzen.*) Im mittleren Russland nehmen die natürlichen Wiesen $\frac{1}{10}$ allen Kulturlandes ein, künstliche *Wiesen* (prairies artificielles) existiren weniger, die Verbesserung der *Viehhaltung* ist gleich Null. In den baltischen Provinzen namentlich ist die Viehzucht Zwecks der Ernährung nicht im Gebrauch; die Zahl der zu haltenden Thiere richtet sich nur nach den Bedürfnissen der Kultur. Der grösste Theil der Wolle wird aus dem Auslande bezogen. Im mittleren Russland nehmen Weizen und Kartoffeln nur $\frac{1}{15}$ des zu landwirthschaftlichen Zwecken benutzten Landes ein, der Roggen $\frac{4}{15}$, der Hafer $\frac{3}{15}$, der Buchweizen $\frac{2}{15}$. Die *Getreideproduktion* nimmt nicht zu, obgleich der Preis um 10 % gestiegen ist. In den *baltischen* Provinzen hat in Folge des aus-

---

*) Wir glauben doch weniger in den baltischen als in den eigentlich russischen Provinzen, wo schon die Besitzverhältnisse jeden Fortschritt hemmen. F.

gedehnten *Flachsbaues,* welcher den wahren Reichthum des Landes bildet, der Getreidebau merklich abgenommen. Die Kultur der Gespinnstpflanzen hat in der That für Russland eine grosse Bedeutung. Nach den Angaben Tscherniaeffs wird der Flachs in ganz Nordrussland als *Gespinnstpflanze,* in Südrussland als *Oelpflanze* angebaut. Aus Nordrussland wird viel Leinsaat ausgeführt, und wird der von Riga und Pskow kommende Leinsamen sehr theuer bezahlt. Im mittleren Russland bildet der *Hanf* einen wichtigen Gegenstand des Anbaues: die Gouvernements Kursk. Orel, Tscher. Nigow bauen bedeutende Mengen Hanf, theils wegen der Faser, theils als öl-gebendes Gewächs. Die Gouvernements Riäsan, Tula. Kiew, Poltawa, Charkow erzeugen grosse Mengen *Zuckerrüben;* diese Kultur nimmt wenigstens 100,000 Hektaren (400,000 Morgen) ein. Die *Zucker-fabrikation* nimmt seit 30 Jahren beständig zu; nach offiziellen Angaben wurden 1865 von 273 Fabriken 3½ Mill. Pud (1,146,000 Ctr.) Zucker fabrizirt. Die schon bedeutende Erzeugung von *Getreide-branntwein* würde, besonders in Jahren niedriger Getreidepreise, sich noch weit mehr ausdehnen ohne den hindernden Einfluss der Regierung.

In Süd-Russland giebt es eigentlich keine natürlichen Wiesen, die Anlage künstlicher ist nur auf einigen Herrschaften im Beginn des Entstehens; in gewissen Gegenden wird nur der dritte Theil des Bodens kultivirt. Das *Vieh* ist schlecht genährt, und in den neuen Provinzen. besonders in Cherson, wo der Viehstand gross ist, fehlt es in Folge der Dürre und der Länge des Winters nicht selten an allem Futter. Die *Mast* ist sehr wenig entwickelt; mitunter verwendet man dazu die Abfälle der Brennereien. Versuche, die Viehschläge zu veredeln, fehlen fast ganz, und es zeigt sich keinerlei Fortschritt. Die *Schweinezucht* dient nur der heimischen Konsumtion und befindet sich auf einer relativ besseren Stufe. Die Steppen im Osten ernähren ungeheure *Merinoheerden,* und das ganze Vermögen beruht auf der Wollproduktion Auch in den westlichen Gouvernements bilden die Merinoschafe einen wesentlichen Theil des Reichthums, trotz der relativ geringeren Ausdehnung der Besitzungen: die Schafzucht nimmt hier ab. Die häufige Trockenheit des Landes und die oft stürmischen Winde schaden der Schafzucht in hohem Masse, besonders leidet die Wolle.

Wo Getreidebau betrieben wird. herrscht die *Dreifelderwirth-schaft:* ⅓ wird mit Sommerkorn, ⅓ mit Winterkorn bebaut, ⅓ liegt brach. Je weiter man nach dem Süden kommt, desto mehr dehnt sich der Anbau des Mais aus, der das Sommerkorn ersetzt und in Bessarabien die Hauptkulturpflanze bildet.

Mit der Zunahme der Bevölkerung hatte Anfangs die *Getreideproduktion* sich vergrössert; seit der Aufhebung der Leibeigenschaft vermindert sich der Anbau des Getreides gegenüber demjenigen der Zuckerrüben. Der Hanf wird von den Bauern kultivirt und nimmt $^1/_{10}$ ihrer Ländereien ein; seit der Abschaffung der Frohndienste hat er auf den herrschaftlichen Gütern ganz aufgehört. Den Anbau des Flachses als Oelpflanze findet man ganz besonders in Bessarabien und in Neu-Russland, wo die ungeheure Ausdehnung der Ländereien gestattet, ihn auf Feldern zu betreiben, die acht bis neun Jahre in Brache gelegen haben. Diese Gegenden senden viel Leinsaat zur Ausfuhr nach Odessa.

Der *Tabaksbau* dehnt sich in Bessarabien aus, doch ist das Produkt von sehr geringer Qualität. Andere Handelspflanzen sind unbekannt oder haben keine Bedeutung; alle Kulturen, mit Ausnahme der Zuckerrübe, bleiben auf demselben Standpunkte. In den südwestlichen Provinzen giebt es viele Rübenzuckerfabriken und auch einige in grossem Masstabe angelegte Raffinerien: doch ist diese Industrie meist in den Händen von Ausländern.

Seit 1849, wo die Brennereisteuer in Kraft trat, hat die *Produktion von Getreide-Branntwein* in einigen Gegenden erheblich abgenommen, in anderen, wie Neu-Russland und Bessarabien, hat sie sich dagegen bedeutend entwickelt; die in den südlichen Provinzen produzirte Menge ist ziemlich dieselbe geblieben wie vor Einführung der Steuer.

Der *Weinbau* hat nur in Bessarabien und in der Krimm Bedeutung, wo das Klima sehr günstig ist. Die Reben kommen aus Frankreich und von den Ufern des Rheines; aber der mangelhaft gewonnene Wein ist von sehr untergeordneter Qualität.

Auch aus **Portugal** werden keine Kulturfortschritte gemeldet, wenn nicht etwa Urbarmachungen; man führt hier weder Drainagen noch Bewässerungen aus; natürliche Wiesen giebt es nicht viele; es existiren weder künstliche Wiesen (prairies artificielles), noch Hackfruchtbau, und in Folge dessen kann auch die Viehmast sich nicht entwickeln. Trotzdem kauft England hier viele Ochsen, die von guter Qualität sind, und mästet sie daheim; aber wegen des mangelnden Viehfutters nimmt ihre Zahl wenig zu. Mit Ausnahme der Wolle sind die Produkte der Viehhaltung von geringer Bedeutung. Trotz der Urbarmachungen scheint sich die Getreideproduktion nicht

erhöht zu haben, aber vielleicht ist dies wenig günstigen atmosphä-
rischen Einflüssen zuzuschreiben. Der Preis ist ziemlich beständig,
die Qualität ist immer eine gute gewesen. Die Kultur von Handelspflanzen ist ohne Bedeutung, der Weinbau dagegen ist sehr erheblich; doch ist der letztere durch das Oïdium um die Hälfte vermindert worden, und vermindert ihn diese Geissel noch ferner.

Auf 43 Millionen Fanegas (1 Fanega beinahe 2 Morgen) Kultur-
land kommen

    für Getreide . , ... 21 Mill. Fanegas.
    „ Wiesen und Futterfelder. . . . 10 „   „
    „ Holz, Obstbäume und Oelbäume . 5 „   „
    „ Weinberge . . . . 3 „   „
    „ Wurzelfrüchte . . . . 3 „   „

Spanien war früher ein wichtiges *Getreideland*, aber man kann
nicht sagen, dass es dies noch sei, obgleich einzelne Provinzen, z. B.
Kastilien, bedeutende Mengen Getreide erzeugen. Hauptsächlich werden Gerste und Weizen angebaut. Trotz der geringen Menge der
natürlichen Wiesen, der geringen Entwickelung der künstlichen
Wiesen (prairies artificielles) und des Anbaues von Hackfrüchten, der
Seltenheit der Bewässerungsanlagen hat die *Viehzucht* seit einigen
Jahren bemerkenswerthe Fortschritte gemacht. Wenn sie aber, auch
quantitative Fortschritte gemacht hat, so ist sie doch qualitativ ungenügend, und die Preise sind sich gleich geblieben, ja die Provinzen Aragonien, Katalonien und Valencia haben vom Auslande, besonders aus Algier, sehr erhebliche Mengen Vieh eingeführt. Nächst
Frankreich erzeugt Spanien den meisten *Wein*, aber die Wein-In-
dustrie ist bisher zurückgeblieben, die Wahl der für den Weinstock
bestimmten Grundstücke ist oft eine schlechte. Die Weine selbst
sind grösstentheils untergeordneter Qualität in Folge der mangelhaften Kultur des Weinstocks und der schlechten Behandlung des
Produktes. Es werden ungefähr 13—14 Mill. Hektoliter ($9\frac{1}{2}$ — $10\frac{1}{2}$
Mill Ohm) erzeugt, wovon $^9/_{10}$ für den einheimischen Verbrauch und
zur Bereitung von Weingeist verwendet werden. Das Oïdium ist eine
der Plagen des spanischen Weinbaues gewesen, und ist es in Aragonien noch. Der *Handelsgewächsbau* ist wenig entwickelt, nur das
Olivenöl spielt eine wichtige Rolle in der Produktion des Landes;
man nimmt an, dass der Oelbaum 1 Mill. Hektaren (4 Mill. Morgen)
Landes bedeckt; die Ausfuhr nimmt jedes Jahr zu trotz der geringen
Sorgfalt, welche die Spanier auf die Kultur der Pflanzen und die
Gewinnung des Oeles verwenden. Die *Obstausfuhr* bildet einen

wichtigen Zweig des spanischen Handels; Malaga ist der Mittelpunkt
für die Ausfuhr getrockneter Früchte; Sevilla, Valencia und die Ba-
learen erzeugen die meisten Citronen und Orangen. Die Kultur der
Korkeiche ist sehr verbreitet in Andalusien, Katalonien und Girona;
fast alle Erzeugnisse derselben werden ausgeführt. Als *Gespinnst-*
pflanze wird allein Hanf gebaut; die *Farbepflanzen* könnten eine bedeutende Rolle spielen, aber die ehemals berühmten Safranpflanzungen
sind heute zum Theile aufgegeben.

In **Italien** haben die *künstlichen Wiesen* (prairies artificielles),
so zahlreich und gut bewässert in der Lombardei und in Piemont,
in dem übrigen Theile des Landes nur geringe Ausdehnung und
fehlen ganz in dem ehemaligen Königreich Neapel, wo die Hälfte
der Ländereien unbebaut liegt. Die *Viehzucht* wird vernachlässigt;
die Lombardei, welche eine grosse Menge Rindvieh ernährt, bezieht
ihre Kühe aus der Schweiz, und Piemont, sonst reich an Rindvieh,
klagt noch über die ungenügende Menge. Durch Kreuzungen mit
Merinoschafen ist das italienische Schaf ein wenig veredelt, vorzüglich in den neapolitanischen Provinzen, aber in vielen Gegenden
schadet der Mangel an Sorgfalt der Entwickelung der Schafzucht, die
sich denn auch im Rückgange befindet. Das neapolitanische und
piemontesische *Getreide* ist stets von vortrefflicher Güte, aber sein
Anbau, der sich nur in Neapel um 25pCt vermehrt hat, ist überall
der gleiche geblieben. Die Zucht des *Maulbeerbaumes* entwickelt
sich in der oberen Lombardei. Als *Handelspflanzen* könnten der
Tabak und die Baumwolle vorzügliche Erfolge erzielen; letztere würde
sehr günstige Bedingungen finden in den Maremnen von Toskana, in
Sardinien, Sizilien, der römischen Kampagna und in den neapolitanischen Provinzen. Die Produktion des *Weinstockes* hat sich in Neapel
verdoppelt, aber in der Lombardei ist sie durch die Verwüstungen
des Oïdiums um ³/₄ vermindert. Aus den Mittheilungen des Marquis
v. Sambuy ergiebt sich, dass die Reiskultur in Ober-Italien zugenommen hat; der Reis ist aber eine dem Anbau günstige Pflanze,
weil er wenig Dünger verlangt.*) Die Reisfelder, in einigen Gegenden
noch permanent, sind meistens einer bestimmten Fruchtfolge unterworfen. Es folgen sich Reis, Weizen, Flachs, Raps und Futterkräuter;
wo diese Kulturmethode ausführbar erscheint, ist sie sowohl vom
gesundheitlichen Standpunkte vorzuziehen, als auch, weil sie die Erträge erhöht.

---

*) Deswegen, weil er seine Nährstoffe dem Bewässerungswasser entnimmt. F.

Im **Kirchenstaate** treibt der Grossbesitz Weizen- und Haferbau, der Kleinbesitz Weinbau. Es herrschen noch die alten Kulturmethoden; Röhrendrainage wird nicht angewendet; die Bewässerungsanlagen sind aufgegeben, es werden weder Futterkräuter noch Hackfrüchte gebaut Der Getreidebau vermehrt sich nicht, auch werden keine Handelspflanzen erzeugt. Das Weinerzeugniss dient dem heimischen Verbrauch.

Die Landwirthschaft der **Türkei** ist stehen geblieben, indessen führt Trapezunt in die angrenzenden russischen Provinzen ziemlich bedeutende Mengen von Kartoffeln und Tabak aus.

Ueber den Zustand der Landwirthschaft in **Rumänien** ergiebt sich aus den Mittheilungen des Herrn Aureliano, dass daselbst eine extensive Kultur geboten erscheint. In den Bergen und einigen anderen Theilen des Landes begegnet man der reinen Weidewirthschaft. In dem eigentlichen Tieflande herrscht die Feldgraswirthschaft mit Getreidebau Der Fruchtwechsel ist dreijährig, Düngung ist unbekannt. Die pflugbare Fläche ist etwa 5 Mill. Hektaren (20 Mill. Morgen) gross, wovon 15 % mit Korn, 10 % mit Gerste und 46 % mit Mais bebaut werden. Die Menge des erzeugten Getreides wächst mit jedem Jahre, besonders des Weizens und des Mais. Der Ertrag pro Hektare an Weizen beträgt in grossen Wirthschaften 13, in bäuerlichen 8 Hektoliter (resp. 6 und $3\frac{1}{2}$ Schffl.) pro Morgen). Der Getreidebau leidet unter dem Mangel an Arbeitern und an Betriebskapital. Die Qualität des Weizens ist vortrefflich. Die Viehracen sind sehr gewöhnliche, der Viehstand sehr bedeutend. Der Fleischhandel hat für Rumänien eine grosse Zukunft. Schon jetzt existirt in Galatz ein grosses Haus, welches Salzfleisch für das Ausland bereitet. Der Anbau von Handelspflanzen ist im Entstehen, es gedeihen alle Pflanzen der gemässigten Zone.

In **Aegypten** ist seit der Einführung des Baumwollenbaues der Ackerbau ein anderer geworden, es wird fast nur Getreide im Wechsel mit Baumwolle gebaut. Die Urbarmachungen sind in grosser Ausdehnung betrieben, aber sie sind wegen Arbeitermangel zum Stillstand gekommen. Die Bewässerungsanlagen müssen noch bedeutend verbessert werden. Natürliche Wiesen giebt es nicht, dafür wird eine Art Luzerne (bercim) als Futter für Arbeitsvieh angebaut; in der Nähe grosser Städte ist diese Kultur sehr einträglich. Der Viehstand ist für die Bedürfnisse der Landwirthschaft sehr ungenügend. Die Baumwolle ist die einzige Handelspflanze, deren Anbau an Ausdehnung gewonnen hat.

10*

In den **Vereinigten Staaten** giebt es keinen regelmässigen Fruchtwechsel, die Vervollkommnung der Landwirthschaft besteht nur in der Ausdehnung von Urbarmachungen. Künstliche Wiesen (prairies artificielles) giebt es nur in sehr geringer Ausdehnung. In denjenigen Staaten, die im Kriege gelitten haben, ist der Viehstand sehr vermindert. Im Westen wächst die Getreideproduktion. Die durch den Krieg dem Baumwollenbau zugefügten Schäden sind noch nicht geheilt. Die Branntweinbrennerei war sehr bedeutend, aber seit dem Kriege seufzt sie unter hohen Steuern.

Kapitel VI.

Kommunikationsmittel.

Der gegenwärtige Zustand der Kommunikationsmittel zeigt, wie Jeder in der Enquête es anerkannt hat, im Vergleich mit dem Zeitraume von vor 30 Jahren einen sehr bedeutenden Fortschritt. Jedes Jahr vervollständigt sich das Werk der Vicinalwege, die Landstrassen verbessern, der Wassertransport vervollkommnet sich und die Eisenbahnnetze erhalten eine neue Entwickelung. Der Staat, die Departements, die Gemeinden haben zu dieser Verbesserung beigetragen. Indessen ist noch nicht Alles geschehen. Die Bevölkerung hat betreffs der Nothwendigkeit, diese verschiedenen Arbeiten in Angriff zu nehmen und ohne Verzug zu vollenden, die volle Sorgfalt der Regierung gefordert; jedes Departement und jeder in der Enquête Vernommene glaubte die Lücken, die auszufüllen am nothwendigsten wären, bezeichnen zu müssen. So haben einige Arrondissements, welche noch nicht mit Eisenbahnen versehen waren, Linien verlangt, durch die sie gehoben würden. Andere forderten Arbeiten zur Hebung der Schifffahrt auf den sie durchschneidenden Wasserläufen.

Die Vollendung des Vicinalnetzes und ein Gesetz, die Ackerwege betreffend, verlangen Alle.

Zu diesen Forderungen kommen vereinzelte Klagen über die gegenwärtige Handhabung der Schifffahrtstaxen auf den Kanälen und Reklamationen über Eisenbahntarife, sei es, dass man sie zu hoch findet, oder sei es, dass man mit den differentiellen Tarifen nicht zufrieden ist. Ueberall, wo es sich um rein lokale Fragen handelte, wurden die in den Departementsenquêten ausgesprochenen Wünsche nach dem von der Commission supérieure angenommenen Grundsatze zur Prüfung an die betreffenden Behörden, hier also an den Generaldirektor der Brücken, Chausseen und Eisenbahnen verwiesen. Für uns handelt es sich nach dem Gutachten der Kommission nur um Fragen, die ein allgemeines Interesse in Anspruch nehmen.

Jede Frage dieser Art, welche in Hinsicht auf die Vicinalwege, Landstrassen, Kanäle und Eisenbahnen erhoben worden, soll der Reihe nach geprüft werden, indem wir den gegenwärtigen Stand der Dinge, die gemachten Ausgaben, die bewirkten Fortschritte, das Gesetz, welches den öffentlichen Dienst regelt, die in der Enquête gestellten Forderungen und die Ursachen einer Lage, die als noch mangelhaft anerkannt wird, vorführen.

§. 1. Vicinalwege.

Obgleich das Vicinalwegewesen erst 1836 eine ernste Organisation und sichere Grundlagen erhalten hat, so ist es doch nicht ohne Interesse, kurz die Versuche der 50 vorangegangenen Jahre durchzugehen, um den Fortschritt bis zu dieser Epoche zu messen.

Der erste Akt, in welchem nach 1789 der Vicinalwege gedacht wird, ist das Gesetz vom 28. September — 6. Oktober 1791; es hatte im Princip entschieden, dass die Vicinalwege auf Kosten der *Gemeinden* zu unterhalten seien. Es fügte hinzu: „Für diesen Zweck kann eine Auflage pro rata der Grundsteuer erhoben werden." Und 2 Jahre später entschied ein Dekret vom 16.—20. Frimaire des Jahres II gleicherweise, dass die Vicinalwege auf Kosten der Verwaltungsuntergebenen bestritten werden sollten.

Im Jahre 1797 verordnete ein Beschluss vom 11. Juli, man solle untersuchen, welche Wege für den Verkehr nothwendig seien, und die übrigen aufheben, indem man ihren Boden dem Pfluge wiedergebe.

Am 1. December 1798 verordnete ein Gesetz, die Kosten für die Vicinalwege nicht ferner unter die Auflagen auf das Grundeigenthum, sondern unter die Gemeindelasten zu rechnen.

Aber diese verschiedenen Vorschriften scheiterten an der Schwierigkeit der Zeitlage und der Unzulänglichkeit der Mittel. Die Wege wurden immer mangelhafter.

Ein Konsularbeschluss vom 4. Thermidor des Jahres X (23. Juli 1802) forderte von den Municipalräthen Vorschläge zur Einrichtung von Naturalleistungen, die für Instandhaltung der Vicinalwege passender schienen.

Drei Jahre später, am 27. Mai 1805, ward eine Ministerial-
Instruktion erlassen, nach welcher — unter anderen Verordnungen
- jede Leistung auf die einzelnen Einwohner nach Massgabe ihres
Interesses vertheilt und die Arbeitstage nach einem vom Municipal-
rath entworfenen Tarife in Geld ablösbar werden sollten.

So geregelt, blieb die Naturalleistung während des ersten Kaiserreichs und weiter bis 1818 die einzige Hülfsquelle für das Vici-
nalwesen. Alsdann wurde es auf die ausserordentlichen Auflagen
verwiesen, welche nur unter Betheiligung der Höchstbesteuerten und
durch königlichen Befehl erhoben werden konnten und zwar in den
Grenzen eines jährlich durch das Finanzgesetz für die lokalen Taxen
festgestellten Maximums.

Von da ab hörten die Naturalleistungen auf; die ordentlichen
Kommunalabgaben waren unzureichend. Die Wege blieben in einem
Zustande fast völliger Vernachlässigung.

Im Jahre 1824 erhoben sich über diese Sachlage die Klagen
der gesammten ackerbautreibenden Bevölkerung. Ein Gesetz ward
vorgeschlagen und am 28. Juli votirt, welches in Aufrechterhaltung
des Prinzips, dass die gewöhnlichen Einnahmen der Gemeinden zur
Instandhaltung der Vicinalwege herangezogen werden sollen, bestimmte,
dass im Falle der Unzulänglichkeit dieser Einnahmen eine Beisteuer
in Naturalleistung oder Geld nach Wahl der Betheiligten zu diesem
speciellen Zwecke eintreten solle. Die Festsetzung dieser Leistung
solle ohne Einspruch der Meistbesteuerten stattfinden können und
zwar in den Grenzen von 2 Arbeitstagen für jeden über 20 Jahr
alten, gesunden Mann, jeglich Fahrzeug und Zug- oder Lastthier.
Durch die Munizipalräthe solle der Tarif der Umwandlung in Geld
festgesetzt werden.

Im Falle, dass die 2 Tage sich unzureichend erwiesen, waren
die Munizipalräthe — aber dann unter Mitwirkung der Meistbesteuerten — berechtigt, bis 5 Centimes Zuschlag zu den direkten
Steuern zu votiren, und musste dazu die Bewilligung des Präfekten
eingeholt werden, eventuell über diesen hinweg ein königlicher
Befehl.

Das Gesetz erlaubte ausserdem, besondere Beisteuern für industrielle Zwecke, Ausbeutung von Gruben, Wäldern etc. auszuschreiben.

Unglücklicherweise ermangelten die Anordnungen des Gesetzes
der Bethätigung Viele Munizipalräthe schrieben keine Beisteuern
aus, andere stellten die Umwandlungstarife entweder zu hoch oder

zu niedrig in der Art, dass Ablösungen überhaupt nicht vorkamen oder keinen Vortheil brachten. Endlich, ohne von vielen anderen Mängeln zu reden, blieb die Leitung der Arbeiten Sache der Maires, und dem grössten Theile derselben fehlten die dazu nöthigen besonderen Kenntnisse. —

Auch wurden in der Periode vor 1836 kaum 30,000 Kilometer (4500 Meilen pr.) Vicinalwege hergestellt. Dem Gesetz vom 21. Mai desselben Jahres blieb es vorbehalten, die Verpflichtung zum Vicinalwegewesen in Frankreich auf sichere Grundlagen mit bestimmten Einnahmeposten zu gründen.

Dieses Gesetz, dessen Grundzüge wir in kurzem Abrisse wiedergeben wollen, unterscheidet 2 Klassen von Vicinalwegen: die Hauptkommunikationswege und die gewöhnlichen Vicinalwege.

Die ersteren wurden vom Generalrath nach den Ansichten der Munizipal- und Arrondissementsräthe klassifizirt, die letzteren durch einfache Verordnungen des Präfekten, aber stets nach Begutachtung durch die Munizipalräthe.

Der Artikel 6 des Gesetzes lautete: „Wenn ein Vicinalweg mehrere Gemeinden angeht, so bezeichnet der Präfekt auf Begutachtung der Munizipalräthe die Gemeinden, welche bei seiner Herstellung, resp. Unterhaltung sich zu betheiligen haben, und bestimmt das Verhältniss, nach welchem jede von ihnen beitragen muss." Bei der Interpretation dieses Artikels wurde eine dritte Kategorie von Wegen eingeschoben, welche unter dem Namen von mittleren Kommunikationswegen oder Wegen des gemeinsamen Interesses die Mitte zwischen den grossen Kommunikationswegen und den gewöhnlichen Vicinalwegen inne halten und als solche durch die neueren Gesetze bis heute bestehen.

Im Falle, dass die gewöhnlichen Gemeindebeiträge nicht ausreichen sollten, wird zur Unterhaltung der Vicinalwege entweder eine Naturalleistung bis zum Maximum von 3 Arbeitstagen oder bis 5 Centimes Zuschlag auf die direkten Steuern ausgeschrieben.

Die Leistung bezieht sich auf jeden Einwohner als Haupt einer Familie oder eines Geschäfts:

1. Für seine Person und für jedes männliche gesunde Individuum von 18—60 Jahren, das der Familie angehört oder ihr dient und in der Gemeinde wohnt.

2. Für jeden bespannbaren Karren oder Wagen und für jedes Last-, Zug- und Reitthier im Dienste der Familie oder des Geschäfts in der Gemeinde.

Die Leistung kann in Geld umgewandelt werden nach einem Satze, welchen der Generalrath jährlich für die Gemeindearbeitstage bestimmt und zwar nach den Vorschlägen des Arrondissementsrathes.

Aber das Gesetz begnügt sich nicht mit diesen Vorschriften, es will auch der Ausführung gewiss sein: „Wenn der Munizipalrath in der dazu bestimmten Sitzung die Leistungen und betreffenden Centimes festzusetzen vergessen oder die Gemeinde in der vorgeschriebenen Frist davon nicht Gebrauch gemacht hat, so darf der Präfekt aus eigener Machtvollkommenheit entweder die Gemeinde bis zu dem betreffenden Maximum besteuern oder die Arbeiten ausführen lassen, nur muss er dem Generalrathe jedes Jahr von diesen aus eigener Machtvollkommenheit ausgeschriebenen Auflagen Mittheilung machen."

Dieses sind die gewöhnlichen regelmässigen Hülfsquellen für das Vicinalwegewesen.

Das Gesetz hat sogar eine Scheidung derselben für die von ihm geschaffenen beiden Kategorien von Wegen festgesetzt. Zwei von den Arbeitstagen und $^2/_3$ der vom Munizipalrath ausgeschriebenen Centimes werden für die grossen Kommunikationswege bestimmt. Ausser diesem schon bedeutenden Antheil können dieselben nach dem Gesetze von 1836 durch den Generalrath noch Subventionen erhalten, deren Vertheilung durch den Präfekten erfolgt, und welcher dabei „auf die Hülfsmittel, Opfer und Bedürfnisse der Gemeinde Rücksicht zu nehmen hat." Diese Subventionen sollen von den gewöhnlichen Centimes-Beiträgen der Departements und den besondern, jährlich durch den Generalrath ausgeschriebenen Centimes entnommen werden.

Nur in ausserordentlichen Fällen (Art. 8, § 1.) dürfen aus den Departementsgeldern Subventionen für die gewöhnlichen Vicinalwege bestritten werden. Ausser diesen eben erwähnten Hülfsmitteln giebt es noch andere, welche unter gewissen Umständen theils zur Eröffnung und Anlage, theils zur Unterhaltung der Vicinalwege herangezogen werden.

Für den ersteren Fall sind Konkurrenzanerbietungen oder aus der Initiative von Privaten, Gesellschaften oder Gemeinden hervorgegangene Darlehen anzuführen, welche aus freiwilligen Beiträgen oder auch nur durch Vorschüsse zurückzuzahlender Gelder mit oder ohne Zins beschafft werden.

Für den zweiten Fall giebt es Subventionen in Geld oder Naturalleistung, welche der Art. 14 den Gruben-, Steinbruch-, Wald- und

Fabrikbesitzern auferlegt, deren Geschäftsbetrieb eine fortlaufende oder zeitweise Verschlechterung der Wege mit sich bringt. Diese Subventionen werden ausschliesslich für die verschlechterten Wege angewendet.

Dies ist die allgemeine Einrichtung des Gesetzes. Es ist nur noch hinzuzufügen, dass es den Präfekten das Recht giebt, ein eigenes Amt von beeideten Strassenaufsehern zu schaffen, deren durch den Generalrath festgesetztes Gehalt aus den Baugeldern bestritten wird.

Während 30 Jahren hat sich Nichts an den wesentlichen Grundlagen des Gesetzes geändert, dessen Erfolge sogleich mitgetheilt werden sollen.

1866 wurden 2 Veränderungen, aber nur in Betreff der Vertheilung von Departements-Subventionen, eingeführt.

Laut Gesetz vom 18. Juli, welches den Rahmen der Befugnisse der Generalräthe erweiterte, haben diese Versammlungen ausserdem den Beruf, selbst die Einkünfte der departementalen Centimes zu vertheilen, und das Recht, diese Vertheilung nicht nur für die grossen Kommunikationswege, sondern auch für die gewöhnlichen Vicinalwege vorzunehmen.

Endlich hat das Finanzgesetz, welches das Budget von 1868 festsetzt, das Maximum der Centimes, welche durch den Generalrath ausgeschrieben werden können, auf 7 normirt. Bis dahin überstieg dasselbe nie 5. Ferner ermächtigt das Gesetz vom 24. Juli 1867 die Munizipalräthe, aussergewöhnlich 3 Centimes auszuschreiben, die speziell für die gewöhnlichen Vicinalwege bestimmt sind. (Ges. über die Munizipalräthe).

Diese Mittheilungen mussten dem Gesetze von 1836 beigefügt werden, um die ganze Vicinalwege-Gesetzgebung der Kommission klar zu stellen. Aber gerade als die Enquête stattfand, war das zweite dieser Gesetze noch nicht votirt, das andere war es erst einige Monate früher, und in den Departements war es noch nicht genügend bekannt.

Dieser Sachlage muss man eingedenk sein, um die Kritik der Vernommenen würdigen zu können; manche würden eine wenigstens theilweise Genugthuung in den Massnahmen finden, d.e seit einem Jahre ins Werk gesetzt, resp. angekündigt sind.

Die Kritik lautet nun wie folgt:

Das Gesetz — hat man gesagt — bestimmt den grössten Theil der Gemeindemittel für die grossen Kommunikationswege, und es hatte Recht, so zu handeln, weil man zuerst für das Institut der wichtigsten Wege sorgen musste; aber nunmehr ist das Netz dieser Klasse von Wegen fast vollständig geschlossen, und trotzdem fährt man fort, $^2/_3$ der Leistungen und Centimes den grossen Kommunikationswegen zuzuweisen. Dieser Zustand der Dinge hat viel Anfechtung erfahren, und die Präsidenten jedes Bezirks haben fast überall Klagen in dieser Hinsicht konstatirt. Ohne das Wachsthum der Ausgaben zur Instandhaltung, welche die Entwicklung des Netzes dieser Wege erfordert, ausser Acht zu lassen, musste man doch erkennen, dass wenigstens die Erbauungskosten sich nach Massgabe der Vollendung der Wege verringerten; und so hat man den Wunsch ausgesprochen, dass ein Theil der für diesen Zweck bestimmten Mittel den gewöhnlichen Vicinalwegen zuertheilt werden möchte.

Andere schlugen zur Erreichung des nämlichen Zweckes, und indem sie die Mittel zu vermehren trachteten, vor, man möge die Wittwen und Sechzigjährigen mit zu den Leistungen heranziehen. Die Umwandlung in Geld, meinte man, würde ihnen leicht gestatten, ihren Theil der Auflage zu leisten.

Andererseits würden die Besteuerten, welche sich mehr direkt durch den Zustand der Vicinalwege in ihrer Gemeinde berührt fühlen, in der Verweisung eines Theiles der Arbeitsleistungen und des Materials für die kleinen Vicinalwege einen doppelten Vortheil finden; es würden nicht allein die ihnen am nächsten gelegenen Wege verbessert, sondern sie brauchten auch nicht in so weiter Entfernung von ihrem Wohnsitze zu arbeiten. Es ist bemerkenswerth, dass gerade über diesen Punkt am allgemeinsten Klage geführt wurde.

Ferner ward ein weiteres und vollständigeres System in Vorschlag gebracht; es würde darin bestehen, die grossen Kommunikationswege als Deprtementsstrassen zu klassifiziren; sie müssten von den Departements errichtet und unterhalten werden. So von der grossen Ausgabelast befreit, würden die Gemeindemittel hinreichen, um die schnelle Herstellung und Unterhaltung der gewöhnlichen Vicinal- und sogar der Ackerwege zu sichern.

Welche Veränderungen nun auch die vernommenen Personen in der Auflage oder Vertheilung der Mittel, welche heute die Dotation des Vicinalwegewesens bilden, vorschlugen: das Hauptergebniss der Enquête ist, dass die Bevölkerung in gerechter Anerkennung der Wohlthaten des Gesetzes von 1836 dringend die Vollendung des begonnenen Werkes fordert und die Einführung von Aenderungen in

den Bestimmungen dieses Gesetzes, welche den gegenwärtigen Bedürfnissen entsprechen, für möglich hält.

Gewiss ist, dass das Gesetz von 1836 die Vollendung der grossen
Kommunikationswege zu sichern sich zur Aufgabe gestellt hat. Der
Zustand, in welchem sich damals das gesammte Vicinalwegewesen
befand, machte es nothwendig, zu Anfang alle Kräfte der Departements und Gemeinden auf diese wichtigsten Wege zu wenden. Und
das that das Gesetz. Später und nach Massgabe der Vollendung des
Netzes der grossen Kommunikationswege zogen die Gemeindewege die
Aufmerksamkeit auf sich; die Gemeinden haben dafür ihre Opfer gebracht. Der Kaiser selbst hat sie in seinem Briefe vom 18. Juli 1861
anerkannt, indem er dem gesetzgebenden Körper ein Projekt vor-
legen liess, welches 25 Millionen für die Vollendung dieser Wege
forderte. Seit 1862 war im Budget ein Kredit von 3 Millionen in
Ausführung des kaiserlichen Wortes offen. (Die Regierung hat in
Uebereinstimmung mit dem gesetzgebenden Körper die Kredite in
zwei Theile getheilt: der eine war allen Departements gleichmässig
gewährt, der andere nach Verhältniss der Opfer der Bevölkerung,
d. h. nach der Zahl der von ihr aussergewöhnlich bewilligten Centimes. (Siehe Exposé de la situation de l'Empire, janvier 1863).
Die Departements und die Gemeinden entsprachen diesen Anregun-
gen. Endlich hat das Gesetz vom 18. Juli 1866 ausdrücklich die
Kommunalwege zur Theilnahme an den Subventionen des Departements für die grossen Kommunikationswege zugelassen.

Dank den durch die verschiedenen oben erwähnten Gesetze geschaffenen Mitteln sind grosse Fortschritte ermöglicht worden.

Nach einer Darstellung der Lage des Kaiserreichs vom Februar
1867 zählte man 3900 *grosse Kommunikationswege*: Im Stadium der
Unterhaltung befanden sich 72,424 Kilometer (über 10,000 Meilen
preuss.), im Stadium der ersten Steingrundlage 2333 Km., im Stadium der Dammarbeiten 2807 Km., im Stadium des natürlichen
Bodens 5656 Km.

Gemeindewege gab es 6896 am 1. Januar 1866. Im Stadium
der Unterhaltung befanden sich 42,294 Km (6000 pr. Meilen), im
Stadium der ersten Steingrundlage 5040 Km., im Stadium der Dammarbeiten 7699 Km., im Stadium des natürlichen Bodens 19,623 Km.

Die Mittheilung vom 18. August des letzten Jahres zeigt einige
Differenzen, welche sich durch das Datum selbst erklären, da dieses
18 Monate später fällt Diese Wege, sagt der Minister des Innern
in der betreffenden Notiz, sind auf einer Strecke von 49,000 Km.

(7000 Meilen) ausgeführt. Die 32,000 Km., welche die Vollendung dieses Netzes bilden, befinden sich in verschiedenen Stadien des Fortschritts und können in einigen Jahren unter der Bedingung fertig sein, dass vielleicht 4—5 Millionen mehr dafür bewilligt werden. Was die gewöhnlichen Vicinalwege anbelangt, die auf den bescheidenen Antheil an Hülfsquellen angewiesen waren, den ihnen das Gesetz von 1836 zuertheilte, so ist ihr Zustand weniger befriedigend.

In der That sind auf einer Ausdehnung von 354,000 Km. (35,000 pr. M.) nur 118,000 Km. (16,857 pr. M.) im Stadium der Unterhaltung, begonnen haben die Arbeiten bei 68,000 Km. (9700 pr. Meilen), und im Stadium des natürlichen Bodens befinden sich noch 168,000 Km. (24,000 Meilen preuss.).

Der Kaiser, von diesen Lücken betroffen, nahm vor einigen Monaten (1868) das 1861 begonnene Werk wieder auf. In dem vom 15. August desselben Jahres an den Minister des Innern datirten Briefe drückte sich seine Majestät folgendermassen aus:

„Die Ackerbau-Enquête hat augenscheinlich dargethan, dass die Herstellung des vollständigen Vicinalwegenetzes eine wesentliche Bedingung für die Wohlfahrt des Landes und die Lage der ländlichen Bevölkerung ist, die mir stets so viel Ergebenheit gezeigt hat."

Der Kaiser hat in Folge dessen die Grundlagen eines Programms gebilligt, welches in 10 Jahren die Vollendung des Netzes der gewöhnlichen Vicinalwege durch die Betheiligung des Staates, der Departements und der Gemeinden zu sichern bestimmt ist. Die ungefähren Kosten werden auf ca. 500 Mill. veranschlagt. Der Staat würde eine Subvention von 100 Mill. gewähren, die Departements eine gleiche Summe. 100 Mill. ferner würden aus der Dotation für Vicinalwege voraus entnommen und 200 Mill. ausserordentlicher, durch die Gemeinden kreirter Gelder würden die nöthige Summe vervollständigen. Um ihre Opfer zu erleichtern und ihr Gewicht auf eine längere Reihe von Jahren auszudehnen, würde ein Specialfonds unter Garantie des Staates gegründet werden müssen. Dieser Fonds, gebildet aus Geldern, welche durch Emission von (in langen Terminen amortisirbaren) Anleihen resultiren sollen, würde den Gemeinden Geld zu 4 °/₀ vorstrecken; hierbei sind schon die Amortisationskosten berechnet. Die Rückzahlung kann sich bei jährlichen Abschlagszahlungen auf 30 Jahre erstrecken.

Bevor der gesetzgebende Körper die zur Verwirklichung dieses bedeutenden Projekts nöthigen Maassnahmen ergreift, wollte die Regierung durch eine öffentliche Enquête im ganzen Lande erst die gehörigen Elemente zur Information sammeln. Die Munizipalräthe sind aufgefordert, die noch herzustellenden Vicinalwege auf dem Terrain der Gemeinden, welche sie (die Munizipalräthe) repräsentiren, in drei Kategorien zu klassifiziren und zwar nach dem Massstabe ihrer Wichtigkeit. Die Arbeit wird alsdann in den durch das Dekret vom 17. August gegebenen Bedingungen nach Kanton und Departement revidirt werden, welches Dekret den grössten Antheil *gewählten* Räthen überträgt.

Das Datum dieses Dekrets ist noch so frisch, und in der Oberkommission sitzen noch so viele Mitglieder der Departements-Versammlungen, dass es nicht nothwendig scheint, über dasselbe in nähere Details einzugehen.

In der ersten Hälfte des Novembers sind an jedem Hauptorte eines Departements die letzten Arbeiten dieser Revision vollendet worden, welche in Rücksicht auf die zu schaffenden besonderen Hülfsquellen eine *Reihenfolge* in der Ausführung der Wege bestimmen und positivere Schätzungen über die zu leistenden Ausgaben aufstellen wird.

Aus dem Vorangegangenen ist ersichtlich, dass der Kaiser, von den in der Enquête bezeichneten einstimmigen Wünschen der Bevölkerung in Kenntniss gesetzt, denselben schon Rechnung getragen hat, um das von der Landwirthschaft verlangte Werk zu fördern. Die Generalräthe, als Echo's des Landes, haben sich beeilt, in letzter Sitzung ihre Erkenntlichkeit für diese Initiative auszudrücken, welche nicht verfehlen wird, fruchtbar zu wirken.

Wenn die Commission supérieure auch nicht mehr nöthig hat, die Aufmerksamkeit der Regierung auf die Vollendung der Vicinalwege zu lenken, so bleibt ihre Thätigkeit doch eine ausgedehnte, denn sie hat die oben angeführten verschiedenen Systeme zu prüfen, die, sowohl was die Auflage, als was die Vertheilung der durch das Gesetz von 1836 geschaffenen Mittel betrifft, einer Umarbeitung bedürfen.

Eins von ihnen scheint einen Stützpunkt in der Meinung des Herrn Ministers des Innern gefunden zu haben, der sich in einer im Moniteur vom 18. August 1868 veröffentlichten Note, wie folgt, ausdrückt:

„Wenn das unternommene Werk (nämlich die Herstellung der grossen Kommunikationswege) vollendet sein wird, und dieser Zeitpunkt ist nicht fern, so wird die Ausgabe von 42 Millionen

wie 1866 die Zahl lautete — auf 26—27 Millionen herab-
sinken.

„Ist es dann nicht am Platze, von dieser Verringerung der
Ausgaben Gebrauch zu machen und den Gemeinden einen ihren
Hülfsquellen äquivalenten Theil zuzuweisen, den man zur Vollendung der Gemeinde- und gewöhnlichen Feldwege verwenden
könnte?"

„Diese Anordnung hätte einen doppelten Nutzen: sie würde
die Gemeinden zum Theil von einer Ausgabe entlasten, die
immer mehr einen departementalen Charakter anzunehmen strebt.
Denn die grossen Kommunikationswege sind, seit der Ausdehnung, die man den Gemeindewegen gegeben, mehr Departementsstrassen 2ter Klasse, als Vicinalwege.

„Es würde ihnen also ein Theil der normalen und jährlichen
Gelder zugewiesen, welche für die Sicherung der Unterhaltung
von Vicinalwegen der beiden letzten Kategorien unerlässlich sind.

„Dass die Mittel für die Unterhaltung dieser Wege nicht ausreichen würden, nachdem sie vollendet sind, wurde in der That
als ein fast unübersteigbares Hinderniss dargestellt. Aber diese
Schwierigkeit liesse sich heben, wenn man der von mir vorgeschlagenen Massregel einen dauernden Charakter gäbe.

„Das neuerdings beschlossene Gesetz (Finanzgesetz von 1868),
welches die Generalräthe zur Ausschreibung von 7 statt 5 Centimes
für die Vicinalwege ermächtigt, hat die gemeinsame und beständige Fürsorge der Departements zur Unterhaltung der grossen
Kommunikationswege vorgesehen und so zu sagen vorbereitet."

Der Gedanke des Herrn Ministers des Innern befindet sich, wie
man sieht, in Uebereinstimmung mit der von einer grossen Anzahl
in der Enquête gehörter Personen ausgedrückten Meinung, welche
dem Departements-Budget die grossen Kommunikationswege zuweist
und aus den Mitteln, welche das Gesetz von 1836 den Gemeinden
zukommen lässt, die Unterhaltung der gewöhnlichen Vicinal- und
Gemeindewege bestritten wissen will.

Uebrigens ist es wichtig zu bemerken, dass nach dem Gesetze
vom 18. Juli 1866 die Generalräthe das Recht haben, diesen oder
jenen grossen Kommunikationsweg in die Klasse der Departementsstrassen aufzunehmen. Dadurch hängt es nur von diesen Räthen
ab, in dem Masse, wie sie es für passend erachten, die nöthigen
Berathschlagungen zu halten, wie den ausgesprochenen Wünschen
ganz oder theilweise Rechnung zu tragen sei.

Die Commission supérieure endlich wird ihre Ansicht über die Frage der *Feldwege*, welche die Dorfgemeinden nicht weniger interessirt, wie die der Vicinalwege, auszusprechen haben. In dieser Beziehung haben sich fast in allen Theilen Frankreichs Vorurtheile gebildet. Die Wege, deren Schicksal das Gesetz von 1836 nicht geregelt hat, sind ohne gesetzlichen Namen, aber sie sind sehr zahlreich, den Bewohnern meist unentbehrlich und doch auf keinerlei Mittel angewiesen. Es scheinen diese Wege übrigens zweierlei Kategorien anzugehören: diejenigen, welche in der That ein öffentliches Interesse für die Gemeinden haben, in deren Bezirk sie liegen, und denen man im eigentlichen Sinne die Benennung Feldwege beilegen mag, und diejenigen, welche nur einer kleinen Anzahl von Eigenthümern für die Bedürfnisse ihres Betriebes dienen, und welche man, wie uns scheint, besser *Nutzungswege* nennen dürfte.

Im Jahre 1836, als noch Alles für das Vicinalwegewesen zu thun war, glaubte das Gesetz den Besteuerten nicht noch andere Lasten für die Feldwege aufbürden zu sollen.

Die Ministerialinstruktion vom 19. November 1839 hat indessen doch in gewissem Masse die Existenz dieser nützlichen Wege zu sichern gesucht, indem sie in dieser Hinsicht das Aufsichtsrecht der Munizipalität auf das Gesetz vom 16. bis 24. August 1790 stützte, welches (Titel XI. Art. 48) unter die Gegenstände, welche der Aufsicht und Autorität des Munizipalkörpers unterworfen sind, Alles rechnet; „was die Sicherheit und Bequemlichkeit des Verkehrs in den Strassen, Quai's, Plätzen und öffentlichen Passagen angeht."

Die Maires wurden zu jener Zeit aufgefordert, einen Etat aller Feldwege zu entwerfen; dieser Etat sollte von dem Gutachten des Munizipalraths begleitet und durch den Präfekten bestätigt werden.[*])

Wie sehr nun auch die Wichtigkeit der Feldwege betont worden, so gestattet doch keine gesetzliche Bestimmung die für die Vicinalwege ausgeworfenen Mittel auch auf diese auszudehnen, und daher resultirt ein allgemein schlechter Zustand derselben.

Zur Verbesserung dieser Lage der Dinge sind mehrere Mittel vorgeschlagen worden.

---

*) Die Einwürfe der Privaten gegen die Klassifizirung wurden, wenn sie sich auf Eigenthumsrechte stützten, durch richterliches Erkenntniss, und wenn sie nur auf der Nichtöffentlichkeit der Wege basirten, durch die Administrativbehörden regulirt. (Hermann p. 334—335). Ein kürzlich erlassenes Rundschreiben des Herrn Ministers des Innern ordnet einen neuen Etat der Feldwege an.

Bei einer grossen Anzahl von Punkten haben die Begutachtenden sich überzeugt, dass, wenn die oben erwähnten Modifikationen
im Vicinalwegewesen ausgeführt sein würden, man einen Ueberschuss erlangen könnte, der dann den Feldwegen zu Gute käme und
wenigstens einigermassen ihre Unterhaltung ermöglichen würde.

Viele Andere, welche die für Vicinalwege zu leistenden Ausgaben und die Mittel der Verwaltung anders beurtheilen, stimmten
in der Anerkenntniss überein, dass man neue Geldmittel neben jenen,
die schon vorhanden sind, suchen müsse.

Von diesem Gesichtspunkte aus ist die Unterscheidung, welche
soeben zwischen Feldwegen im eigentlichen Sinne, das heisst solchen,
die noch einen öffentlichen Charakter, und Nutzungswegen, die nur
ein Privatinteresse haben, von einiger Bedeutung. Die Personen, welche
diese Unterscheidung machten, wollten nur für die erstere dieser
beiden Kategorien die Kräfte der Gemeinde in Anspruch nehmen
und wünschten, dass die letztere ganz und gar dem Privatinteresse
überlassen bliebe, das sich an sie knüpft.

Für die Feldwege im eigentlichen Sinne würde das einzige Mittel,
das man für ausführbar halten könnte, die Berechtigung des Municipal-
raths sein, einen vierten Leistungstag oder noch einen Centime Zuschlag auszuschreiben, der ihnen speziell zu Gute kommen sollte.

Die Unterhaltung der Nutzungswege müsste der Fürsorge der
Anwohner überlassen bleiben. Aber damit der gute Wille der Mehrheit nicht, wie es öfter auf dem Lande zu geschehen pflegt, durch
den Widerstand Einzelner lahm gelegt werde, verlangten die Begutachtenden, dass das Gesetz vom 25. Juli 1865 (über die Syn-
dikate) auf die Unterhaltung von Wegen dieser Art in der Weise
Anwendung finden möge, dass die Uebereinstimmung einer Majorität
die Trägheit oder den schlechten Willen der Minderheit in dieser
Hinsicht überwinden und dieselbe zwingen kann, ihren Theil an den
Ausgaben zu tragen.

Andere halten dieses System für unanwendbar: die Formalitäten,
welche die Bildung eines Syndikats mit sich bringt, die Schwierigkeit der Initiative, die schlimme Stellung derjenigen, welche Unzu-
friedenheit bei den Nachbarn erregen würden — alle diese Hindernisse ständen besagtem Vorschlage entgegen.

Als Endresultat geht aus den verschiedenen Schriftstücken der
Enquête in allgemeinster Weise hervor, dass die Vervollständigung
und Vollendung der Gemeinde- und Feldwege von wesentlicher Wichtigkeit sei, und dass man deshalb für diese sekundären Wege, die bis

11

jetzt für die wichtigeren Strassen ausgeworfenen Summen mit verwenden solle. Im Anschluss hieran liess sich allgemein der Wunsch hören, dass die Klassifikation aller Verkehrswege von Grund aus geändert werden möge in der Art, dass die Wege, welche als Departementsstrassen gelten, in die Zahl der kaiserlichen Landstrassen aufgenommen, die grossen Kommunikationswege zu Departementsstrassen und endlich die Feldwege, im eigentlichen Sinne als Vicinalwege klassifizirt werden möchten.

§ 2. Landstrassen.

Der Zustand der kaiserlichen Landstrassen ward fast durchgängig als genügend anerkannt.

In der That betrug bei 231 kaiserlichen Landstrassen in einer Ausdehnung von 87,200 Km. (12,500 Meilen preuss.) Länge die Strecke der auszufüllenden Lücken nur 893 Km. am 1. Januar 1867 (die 1080 Km. Landstrassen Korsika's sind hierin nicht mitbegriffen). Diese Lücken vertheilen sich auf 16 Departements, welche mit Ausnahme von Morbihan, dem Osten und Süden Frankreichs angehören. In demselben Jahre (1867) werden 100 Kilometer fertig werden, es bleiben am 1. Januar 1868 also noch 793 Km. herzustellen übrig, welche eine Ausgabe von 30,865,200 Frcs. (8,230,720 Thlr.) erfordern. Zu dieser Zahl kommen ferner 29,500,000 Frcs. für 125 Km. Departementsstrassen in den annektirten Departements, deren Herstellung der Staat auf sich genommen hat.

Die Gesammt-Ausgabe beträgt demnach 60,365,200 Francs (16,097,720 Thlr.) Jährlich werden Bewilligungen hierfür in's Budget aufgenommen.

Verbesserungen, die schon im Prinzip angenommen sind, umfassen 789 Km. und vertheilen sich auf 64 Departements.

Die Ausgaben, welche am 1. Januar 1868 zu leisten verbleiben, betragen 23,648,400 Frcs. (6,306,240 Thlr.).

Der für diese Arbeiten 1867 verwendete Kredit betrug für 90 Km. ca. 2,800,000 Frcs. (746,666^2/$_3$ Thlr.).

Die Departements, welche die Vollendung ihres Netzes von kaiserlichen Landstrassen mit der grössten Ungeduld erwarten, sind die bergigen, die bisher noch keine Eisenbahnen haben, nämlich Hautes- und Basses-Alpes und la Corrèze. Gewisse hochgelegene und schwierig zu ersteigende Theile anderer Departements, deren Ebenen mehr begünstigt sind, haben gleicherweise und aus denselben Gründen die nämlichen Wünsche hören lassen, vornämlich kann man hier das Arrondissement von Vigan nennen.

In den Departements dagegen, die Nichts mehr erwarten, oder welche nur einige Verbesserungen von geringerer Bedeutung wünschen, hat sich eine ganz andere Anschauung geltend gemacht. Daselbst ist man weit eher geneigt, sich über die zu grossen Ausgaben für die Landstrassenunterhaltung zu beklagen, welche wie man sagt, seit Entstehung der Eisenbahnen von mässigem Nutzen sind, zumal wenn diese den Landstrassen parallel laufen und ihnen den Verkehr entziehen.

§ 3. Kanäle.

In mehreren Departements, vorzüglich in denen des Nordens, hat die gegenwärtige Kanalordnung die Verbesserungsvorschläge der Enquête hervorgerufen. Die Einen verlangten die völlige Aufhebung der Schifffahrtstaxen und die Freigebung der Kanäle, welche nach ihrer Ansicht in einer Reihe mit den Landstrassen stehen sollten; Andere verlangten nur niedrigere Tarife und billigeren Transport.

Um die Sachlage richtig zu würdigen, ist es nöthig, die zum Zweck der Herstellung oder Verbesserung von Schifffahrtsstrassen verwendeten Summen zu erwähnen, den gegenwärtigen Zustand der gemachten Arbeiten, ferner derjenigen, die noch zu unternehmen sind und endlich den der heut gültigen Tarife zu bezeichnen.

Im Jahre 1814 erstreckte sich das Kanalnetz nur auf eine Länge von 1274 Kilometer. Die Kanäle von Briare, Loing und Orleans, welche Paris mit der Loire verbinden, sind von Ludwig XIII., der Südkanal von Ludwig XIV. angelegt. Der Bourgogne-Kanal ward im 18. Jahrhundert unternommen, aber nicht ausgeführt, und der Kanal von St. Quentin wurde unter dem ersten Kaiserreiche hergestellt. Im Ganzen hatte der Staat bis dahin 137 Mill. Franken (36½ Mill. Thaler) verausgabt, und zwar 74 vor dem Jahre 1789 und 63 Millionen (16,8 Mill. Thaler) unter dem ersten Kaiserreiche. Nichts war für die Verbesserung der Stromschifffahrt gethan. Erst seit 1839 hat man auf sie sein Augenmerk gerichtet.

Heute umfasst die innere Schifffahrt 4850 Kilometer (1690 pr. M.) Kanäle und 5900 Kilometer (800 pr. M.) kanalisirte oder wirklich schiffbare Flüsse.

Die Lasten des Staates für diesen Zweck erreichten von 1814 bis 1865 die Höhe von 700 Millionen, darunter sind 79 Millionen Frcs. (resp. 186⅔ und 21 Mill. Thaler), welche zu verschiedenen Zeiten für den Wiederankauf mehrerer von Gesellschaften gebauten Kanäle verwendet wurden.*)

---

*) Kanäle, welche Kraft des Gesetzes vom 29. Mai 1845 und 3. Mai 1853

Die Gesammtsumme dieser Ausgaben für den Staat allein, ohne die Arbeiten für die von Gesellschaften unternommenen Kanäle, welche noch im Bau begriffen sind, mitzurechnen, beträgt nicht weniger als 900 Millionen Frcs. (240 Mill. Thaler)*)

Es ist wichtig zu bemerken, dass die Anstrengungen in den letzten Jahren, weit entfernt davon nachzulassen, im Gegentheil sich vermehrt haben. So betrugen die jährlichen Ausgaben von 1850 bis 1860 zwischen 6 und 8 Millionen Frcs. von 1861 bis 1865 hoben sie sich auf 15 im Mittel, also beinah auf das Doppelte.

Sind die Bauten fertig, so kostet deren Unterhaltung dem Staate jährlich 1000 Frcs. per Kilometer; das regelmässige Budget setzt für diesen Titel eine Summe von 10,973,000 Frcs. (beinahe 3 Mill. Thaler) aus, und zwar für die Unterhaltung der Flüsse 5,700,000 und die der Kanäle 5,273,000 Frcs.

Gegenüber dieser jährlichen Ausgabe von nahezu 11 Millionen fragt es sich, was hat der Staat aus den Schifffahrtstaxen für Einnahmen.

Im Jahre 1856 betrugen sie 11 Millionen, darauf fielen sie durch das Bestreben, die Taxen zu erniedrigen und gleichmässig zu machen auf 4,965,000 Fr., dass heisst, sie brachten etwas unter der Hälfte der Kosten ein.

Indess blieb der Staat dabei nicht stehen. Ein Dekret vom 9. Februar 1867 bewilligte eine neue und wichtige Reduktion; die Tarife wurden erniedrigt erstens:

Auf Kanälen für Handelsartikel erster Klasse (Zucker, Kaffee, Cerealien, Wein etc.) zu $1/_2$ Cent. per Tonne und Kilometer ($3^1/_2$ Pf. per Meile) und für Waaren 2ter Klasse (Oel, Mineralien, Dünger etc.) zu $1/_5$ Cent., zweitens auf Flüssen für die 1ste Klasse zu $1/_5$ Cent. und für die 2te zu $1/_{10}$ Cent.

Was die Kanäle betrifft, die noch in Händen von konzessionirten Gesellschaften sich befinden, so sind die Grundsätze der Tariferhebung in ihren Details hier nicht gut wiederzugeben. Die Gesetze, welche diese Schifffahrtsstrassen schufen, haben in dem Auflageverzeichniss nur Maxima der Transportpreise festgesetzt. Diese Maxima sind

---

wieder angekauft wurden, sind: der Rhône-Rheinkanal, der Bourgognekanal, die Kanäle der Bretagne, Nivernais, Berry und der Loire-Längskanal.

*) Hierher gehören laut Gesetz vom 28. Juli und 6. August 1860 und 20. Mai 1863 der Kanal von Arles nach Bouc, Somme und Manikamp-, Ardennen-, Oise-Längs-Kanal, die kanalisirte Oise, die Schleuse von Iway sur l'Escaut, Sensée, Aire à la Bassée, Roanne nach Digoin, Briare, Orleans et Loing.

schon lange nicht mehr in Gebrauch. Aber unterhalb dieser unangewendeten Grenze bewegen sich diese Gesellschaften frei, ohne eine andere Regel zu befolgen, als ihr eigenes Interesse, welches ihnen verbietet, durch Anwendung allzuhoher Sätze den Transport zu beeinträchtigen.

Wirft man nun einen Blick auf die Lage der Kanäle in einem Nachbarlande, so sieht man, dass in *England* deren Herrichtung *meistentheils* und der Betrieb *stets* Sache von Gesellschaften war, dort sind die Tarife lange nicht so niedrig; denn wie bei allen andern industriellen Unternehmungen suchen die Gesellschaften nicht nur die Kosten zu decken, sondern auch Gewinn herauszuschlagen; es giebt dort Tarife zu 3, 4, 5, ja sogar bis 10 Centimes per Tonne und Kilometer.

In Belgien ist die Lage günstiger. Die Unterhaltungskosten der 429 Kilometer seines Kanalnetzes betragen $1\frac{1}{2}$ Millionen Fr. und brachten dem Staate im Jahr 1865 $2\frac{1}{2}$ Millionen ein. Zu dieser Zeit wurden die Tarife herabgesetzt, indessen blieb die Auflage für die Kanäle auf 1 Cts., für die kanalisirten Flüsse auf $\frac{2}{3}$ Cts. festgesetzt.

Die französischen Produzenten erfreuen sich also billigerer Transportbedingungen, als die englischen und belgischen, ungeachtet der ungeheuren Opfer des Staates bei der schnellen Entwickelung des Systems der Binnenschifffahrt.

Die von jetzt ab beschlossenen, aber noch nicht ausgeführten Arbeiten machen eine Ausgabe von 57 Millionen ($15\frac{2}{3}$ Mill. Thaler) nöthig, 44 für die Flüsse*) und 13 für Kanäle; sie können in 4 bis 5 Jahren fertig werden, wenn die jährliche Bewilligung der künftigen Jahre der im Budget von 1868 gleichkommt; im genannten Jahre waren für diesen Zweck 12,300,000 Fr. (3,280,000 Thlr.) ausgeworfen.

Andre Arbeiten, die noch nicht beschlossen, aber für dringend nothwendig gehalten werden, würden 60 Millionen betragen und schliesslich sind noch 50 Mill. für in geringerem Grade wichtige Kanalbauten aufzubringen, die indessen die Verwaltung zu übernehmen Willens ist, sobald es die Staatsmittel gestatten werden.

§ 4. Eisenbahnen.

Drei Punkte sind es hauptsächlich, welche in Bezug auf die Lage und Handhabung des Eisenbahnwesens in der Enquête Gegenstand allgemeiner Kritik gewesen sind:

---

*) Rhein 17,500,000 Fr., Rhône 8,500,000 Fr., Seine 6,600,000 Fr.

1. Die unzureichende Entwickelung des Eisenbahnnetzes,

2. der zu hohe Transporttarif für landwirthschaftliche Produkte und Düngemittel.

3. das Prinzip und die Anwendung der Differential-Tarife.

Ad 1. Einige Zahlen genügen für die Beurtheilung der Sachlage. Am 31. Dezember 1866 waren 14,415 Km. (2000 Meilen) in Betrieb. Die Länge der während des Jahres 1867 eröffneten Strecken wird nur 1236 Km. betragen, was für den 31. Dezember 1867 eine Gesammtlänge von 15,750 Km. ausmacht. Hiervon gehören 8197 Km. dem alten und 7753 Km. dem neuen Netze an. Es bleiben 1557 Km. des alten und 3733 Km. des neuen Netzes herzustellen.

Die am 31. Dezember 1867 gemachten Ausgaben der Gesellschaften werden sich auf 6.528,635,000 Frcs. (1741 Mill. Thlr.) stellen: was sie noch zu leisten haben, beträgt 7,882,680,000 Frcs. (2102 Mill. Thlr.), und vertheilt sich die Summe unter die beiden Netze wie folgt:

Altes Netz { Gemachte Ausgaben . . . 3,236,493,000 Frcs.
{ Noch zu machende . . . 487,323,000 „

Neues Netz { Gemachte Ausgaben . . . 3,292,142,000 „
{ Noch zu machende . . . 866,722,000 „

Ausserdem hat der Staat an Arbeit und Unterstützung den Werth von 984 Mill. Frcs. (263,400,000 Thlr.) geleistet. Bevor die gesammte Subvention sich auf 1446 Mill. Frcs. (385$^{1}/_{2}$ Mill. Thlr.) stellt, hat der Staat noch 61 Millionen in Arbeit oder Geld und 401 Millionen in 92 jährlichen Raten zu leisten, welche letztere mit dem Jahre 1865 begannen.

Unter diesen Staatsopfern sind die Zinsgarantien für die verschiedenen Gesellschaften, noch nicht mit inbegriffen, welche auf 30 Mill. Frcs. (8 Mill. Thlr.) jährlich zu schätzen sind.

Endlich ist zu erwähnen, dass einige Departements schon dem Beispiel des niederelsässischen gefolgt sind in Betreff der Bahnen von lokalem Interesse, und dass die Generalräthe an mehreren Orten ähnliche Fragen zu behandeln hatten.

Ad 2. Man beklagt sich, dass die Tarife zu hoch sind und auf die Produkte der Landwirthschaft einen schweren Druck ausüben. Im Beginn des Betriebes war der gesetzliche Tarif, d. h. der durch das Auflageverzeichniss festgesetzte Maximaltarif wie folgt geregelt: Für die erste Klasse per Tonne und Kilometer 18 Centimes (6,$_{48}$ Pf. per Centner und Meile), für die zweite 16 (5,$_{76}$ Pf. per Centner und Meile), für die dritte 1ster Kategorie 14 und 2ter Kategorie 10 Centimes (resp. 5,$_{04}$ und 3,$_{16}$ Pf. per Centner und Meile). Einige Gesellschaften hatten sogar einen noch höheren gesetzlichen Tarif.

1857 ward das Maximum erniedrigt und zwar auf 16 für die
erste, 14 für die zweite und 10 für die dritte Klasse. Endlich ward
1863 eine 4. Klasse geschaffen. (Dieselbe existirt auf der Nordbahn,
die nicht in die Konvention von 1863 gehört, noch nicht.) Zu den
Gegenständen der 4. Klasse rechnet man Mergel, Aschen, Mist, künstlichen Dünger, Kalk und Gips.

Der gesetzliche Tarif für diese Gegenstände, der vor 1863 noch
10 Centimes betrug, wurde von da an nach den mit den Gesellschaften geschlossenen Uebereinkommen auf 8 Centimes bis zu 100 Kilometer Fahrt, (2,88 Pf. per Centner und Meile bis 13$^1/_3$ Meilen), auf
5 Centimes bis zu 300 (1,8 Pf. per Centner und Meile bei 40 Meilen),
und auf 4 Centimes (1,44 Pf. per Centner und Meile), wenn darüber,
festgesetzt.

Indessen übertrifft der so reduzirte Tarif immer noch den wirklich angewendeten. Wenn man von 1855 bis 1865 die mittleren,
auf Kilometer berechneten Preise durchgeht, so findet man eine Verringerung von 7,65 Cent. auf 6,08 Cent, also um 1,57 Cent.

Von 1850 - 1857 gab es eine grosse Anzahl von Transporten nach
Privattarifen, 1857 bis 1860 traten Abonnementstarife an ihre Stelle.

Die Bedingungen waren hauptsächlich: Die Verladung eines bestimmten Minimums an Gewicht und die Verpflichtung des Absenders,
alle seine Sendungen per Bahn zu befördern. — Da diese beiden Bedingungen zu ausschliesslich erschienen, so hörten sowohl die Privat-
wie die Abonnementstarife 1857 bez. 1860 auf.

Heute giebt es nur allgemeine und besondere Tarife. Die ersteren
erstrecken sich auf alle Waaren und alle Fahrstrecken ohne andere
Bedingungen, als welche aus dem Transportverzeichniss hervorgehen,
aber sie erreichen meist nicht das gesetzliche Maximum.

Die landwirthschaftlichen Produkte, welche die weitesten Transporte erfahren, sind Cerealien, Wein und Vieh. Diese Waaren gehören in die 2. Klasse; das gesetzliche Maximum für sie würde
14 Centimes per Tonne und Kilometer betragen; aber die Cerealien
bezahlen je nach der Länge der Fahrstrecken:

auf der Nordbahn . . .	von	11,8 Cent.	bis	9	Cent.
auf der Ostbahn	„	8	„	„ 6	„
auf der Westbahn . . .	„	10	„	„ 9	„
auf der Orleansbahn .	„	10,2	„	„ 8	„
auf der Mittelmeerbahn	„	7,5	„	„ 6	„
auf der Südbahn	„	13,8	„	„ 7,1	„

Die Weine bezahleu nach der Länge der Fahrstrecke:

Nordbahn . . . . von 11,8 bis 9 Cent.
Westbahn . . . . „ 10 „ 9 „
Orleansbahn . . . . „ 13,8 „ 11,5 „
Mittelmeerbahn . . . . „ 10 ., 8,2 „
Südbahn . . . . „ 13,8 „ 7 „

Nur auf der Westbahn wird der volle Tarif angewendet; indessen kann der Absender, wenn er die Verantwortlichkeit der Gesellschaft nicht in Anspruch nimmt, zu 10 Centimes transportiren lassen.

Die oben genannten Preise werden für Entfernungen in gerader Linie erhoben, bei Umwegen sind die Tarife niedriger.

Neben den allgemeinen giebt es noch Spezialtarife für gewisse Waaren und für bestimmte Fahrstrecken. Bei ihnen tritt eine bedeutende Preisermässigung ein, doch unter folgenden Bedingungen:

1) Verlängerung der Fahrzeit, im Allgemeinen bis zu 5 Tagen.

2) Die Verantwortlichkeit der Gesellschaft erstreckt sich nur auf Beschädigung und Verlust während der Fahrt.

3) Absender hat die Verpflichtung des Auf- und Abladens.

4) Es muss ein ganzer Wagen von 4—10,000 Kilo (80 bis 200 Ctr.) genommen werden.

Nicht alle diese Bedingungen werden zu gleicher Zeit angewendet; die Tarife sind in allen Fällen fakultativ, und der Absender hat das Recht, ihnen den vollen Tarif mit den höheren Verpflichtungen der Gesellschaft vorzuziehen. Die Herabsetzung des Preises bei den Specialtarifen beruht eben auf der geringeren Verpflichtung der Gesellschaften.

Auch werden die besonderen Tarife nicht ex officio angewendet, der Absender muss eigens darum einkommen.

Wie stellen sich nun die besonderen Tarife zu den landwirthschaftlichen Nahrungsmitteln? Während der gewöhnliche Tarif für Cerealien 14 Cm. beträgt, so werden auf dem Nordbahnnetz von 10 bis 4 Centimes im Spezialtarif bezahlt, Osthahn 8—5, Westbahn 9—3,3, Orleansbahn 8—3,5, Mittelmeerbahn 7—3,5, Südbahn 8—3. Also schwanken für Körner die Ermässigungen von 28—25 % auf kleinen und von 64—78 auf grossen Strecken.

Für Weine gelten folgende Spezialtarife:

Nordbahn . . . . 10—4 Centimes (3,6—1,4 Pf. per Centner und Meile.)
Osthahn . . . . . 8—5 „ (2,88—1,8 „ „ „ „ „)
Mittelmeerbahn 7—3,5 „ (2,52—1,26 „ „ „ „ „)
Westbahn . . . . 9—4 „ (3,24—1,44 „ „ „ „ „)
Orleansbahn . . 8—4 . (2,88—1,44 „ „ „ „ „)
Südbahn . . . . 8—3 „ (2,88—1,08 „ „ „ „ „)

Was das Vieh betrifft, so wird es nach Spezialtarifen mit einer zwischen der grossen und kleinen liegenden Geschwindigkeit befördert. Der durch vollständige oder abgetheilte Waggons bewirkte Transport wird zu Preisen taxirt, welche nach Kopfzahl und Kilometer im Mittel berechnet werden; für grosses Vieh 0,065, für mittleres 0,0227, für kleines 0,0083 (resp. 46,8 Pf., 15 1/3 Pf. und 6 Pf. per Meile).

Vom Tarif für Düngemittel ist schon in einem der vorigen Kapitel die Rede gewesen.

Ad 3. Anwendung und Prinzip des Differentialtarifes. Wie man sieht, beruhen alle besondern Tarife auf der Anwendung des differentiellen Prinzipes. Dieses war im Tarif - Verzeichniss mit folgenden Worten ausgedrückt: „In den Fällen, wo die Gesellschaft es für annehmbar hält, die Taxen, welche sie zu stellen das Recht hat, für die ganze Strecke oder einen Theil derselben mit oder ohne Bedingungen unter die durch den Tarif gezogenen Grenzen zu erniedrigen, können die erniedrigten Taxen erst nach wenigstens 3 Monaten für Reisende, und für Waaren nach einem Jahre erhöht werden." — (Art. 14.)

1852 bis 1857 wendeten die Tarif - Verzeichnisse der Bahnen von Lyon zum Meer und von Paris nach Orleans das Prinzip an, indem sie nach der Länge der Fahrstrecke die Preise ermässigten.

1863 ward die ganze 4. Klasse, welche, wie man weiss, die künstlichen Dünger umfasst, nach dem differentiellen System eingeordnet. Diese Klasse zahlt per Tonne und Kilometer: .

Von   0 bis 100 Km. . . . 8 Cent. (2,88 Pfg. per Centner u. Meile).
Von 101 — 300   „ . . . 5 „   (1,8 „   „   „   „   „).
Ueber 300   „ . . . 4 „   (1,44 „   „   „   „   „).

unter der Bedingung eines Maximums von 5 Fr. für die Fahrstrecken von 0—100 und von 12 Fr. von 101—300 Kilometer.

Bei der Enquête hat, wie gesagt, dieses System Beschwerden hervorgerufen und merkwürdiger Weise gerade in *den* Departements, welche durch ihre Produktion und ihre Entfernung vom Mittelpunkte der Konsumtion am meisten durch diese Tarife gewinnen. Aber man muss erwägen, dass die differentiellen Tarife heute nicht mehr dieselbe Bedeutung haben, wie früher. Anfangs nämlich war das System der kilometrischen Preisermässigung auf Grund der weiteren Fahrstrecke die einzige Grundlage dieser Tarife. Es kam dabei vor, dass die Gesammttaxe zwischen zwei Endpunkten einer Linie billiger war, als zwischen einem dieser Punkte und einer Zwischenstation; z. B. war es von Paris bis Nantes billiger, als von Paris nach Angers.

Obgleich analoge Erscheinungen bei Rollfracht und Schifffahrt gewöhnlich waren (z. B. die Rollfrachtfahrt von Paris nach Angers war theurer als von Paris nach Nantes, die Schifffahrt von Châlons sur Saône nach Villefranche theurer als von Châlons nach Lyon), so haben diese Anomalien doch Klagen hervorgerufen, und die Verwaltung hat sie seit mehreren Jahren vom Tarife verschwinden lassen.

Sie lässt jetzt wohl differentielle Tarife bis zur Gleichheit der Taxen für verschiedene Fahrstrecken zu, aber sie duldet nicht ferner, dass auf ein und derselben Linie für eine geringere Entfernung eine höhere Taxe bezahlt wird als für eine weitere.

Eine besondere Klausel zur Wahrung der Interessen von Zwischenstationen wurde zur Verhütung dieser Anomalien in alle Spezialtarife aufgenommen.

Das differentielle System begünstigt die Konsumtion sehr, indem es den Umkreis der Verproviantirung auf Entfernungen möglich macht, die sonst nicht zu erreichen wären. Hierdurch wird denn auch die Produktion in entfernteren Departements begünstigt. Durch die zu Gunsten der Zwischenstationen aufgenommenen Beschränkungen werden dieselben nicht durch Bedingungen für den vortheilhafteren Transport auf weite Entfernungen bedrückt.

Es ist schwierig, in Bezug auf ausländische Eisenbahntarife absolut sichere Angaben zu machen.*) Die häufigen Aenderungen die man vornimmt, und die besonderen Kombinationen, welche sie begleiten, machen stets das Verhältniss etwas unklar. Eine Vergleichung ist daher nicht gut möglich, und wir müssen uns darauf beschränken, die Nachrichten unserer diplomatischen Agenten und Konsuln über die allgemeine Lage der Verkehrsmittel in den einzelnen Gegenden hier wiederzugeben.

In **England** sind die Entwickelung von Handel und Industrie und die stets wachsende Leichtigkeit der Verkehrsmittel Thatsachen,

---

*) Nachfolgende Notizen über Verkehrsverhältnisse des Auslands hätten ohne Schaden für die Lernbegier des deutschen Lesers wegbleiben können; doch konnten wir nicht umhin, wieder einmal handgreiflich die Unwissenheit, Oberflächlichkeit und hohle Arroganz unserer westlichen Nachbarn in Verhältnissen, die Frankreich nicht unmittelbar berühren, zu zeigen.

Die Notizen bedürfen keines Kommentars. Ein Lehrbuch der Geographie hätte dem Berichterstatter bessere Auskunft gegeben, als die diplomatischen Agenten, an die er sich gewendet. R.

die sich auffallend neben einander entwickelt haben. Die Fahrbarkeit hat seit 20 Jahren grosse Fortschritte gemacht; man rechnet auf das vereinigte Königreich 125,104 Meilen (englische) Strassen.

Seit dem Entstehen der Eisenbahnen hat sich der Handel sehr entwickelt und ist dem Fortschritt des Baues der Eisenbahnen gefolgt. 1834 gab es nur 200 Meilen im vereinigten Königreich, heute sind 13289 (2839 M. pr.) in Betrieb.

Schottland hat seit 30 Jahren sehr vollkommene und gut unterhaltene Strassen. Man baut dort noch immer neue, um den Verkehr zu erleichtern. — Alle schottischen Eisenbahnen sind innerhalb der letzten 30 Jahre gebaut. 1865 betrug die Länge der in Betrieb befindlichen Linien 3540 Kilometer (470 M. pr.) Neue Linien sind im Bau begriffen. — Es existiren 4 Hauptkanäle, welche indess nur Schiffe von geringem Tonnengehalt tragen können. Der Clyde ist der einzige Fluss, der eine gewisse Strecke weit schiffbar ist, und die Arbeiten, welche unternommen worden, um auf ihm die Schifffahrt zu verbessern, haben ausgezeichnete Erfolge ergeben.

Auch in **Irland** hat sich die Fahrbarkeit seit 30 Jahren bedeutend gehoben. Die Strassen sind dort wohl unterhalten. Mehrere wichtige Eisenbahnlinien wurden gebaut. Arbeiten zur Hebung der Schifffahrt auf dem Shannon, welche noch viel zu wünschen übrig lässt, sind geschehen. Die Kanäle sind seit dem Entstehen der Eisenbahnen sehr vernachlässigt.

Durch ganz **Belgien** ziehen sich zahlreiche Verkehrsmittel. Die Fahrbarkeit hat in diesem Lande bedeutende Fortschritte gemacht. Landstrassen giebt es zweierlei: vom grossen und kleinen Wegeamt; zu den ersteren gehören die Staats-, die Provinzial- und die grossen konzessionirten Strassen, zu den letzteren die Vicinalwege, welche Kantons und Gemeinden untereinander verbinden. — Diese zweifache Art von Verkehrsstrassen hat eine beträchtliche Ausdehnung erlangt, welche die Entwickelung des Eisenbahnnetzes nur noch vervollkommnet hat. Die Länge der Staatsstrassen hat sich verdoppelt, die der Provinzialwege verdreifacht und die der konzessionirten Strassen verfünffacht. Vom 1. Januar 1831 bis 1. Januar 1865 sind 77 Mill. Frcs. (über 20 Mill. Thlr.) der Verbesserung und dem Bau von Strassen des grossen Wegeamts gewidmet worden, die gewöhnlichen Unterhaltungs- und Reparaturkosten nicht mit einbegriffen.

Seit 1845 hat man zahlreiche Eisenbahnen gebaut und neue sind noch zu erwarten.

Unabhängig von 25, vom Staat verwalteten Schifffahrtsstrassen giebt es noch Wasserwege, welche Privaten konzessionirt sind. Diese waren früher vernachlässigt, aber seit 4 oder 5 Jahren macht man sich ernstlich daran, sie zu vervollkommnen.

In **Holland** ist das Netz der Landstrassen vollständig und in gutem Zustande, man hat dort nur für dessen Instandhaltung zu sorgen, und das geschieht mit Fleiss.

Viele Kanäle giebt es daselbst, auf ihnen findet vorzüglich der Vertrieb landwirthschaftlicher Erzeugnisse statt. Sie sind wohl unterhalten. Vier neue Kanäle hat man zu bauen unternommen, die schiffbaren Ströme sind verbessert worden.

Eine gewisse Anzahl von Eisenbahnen ist schon fertig, andere sind im Bau und werden bald dem Verkehr übergeben werden.

In **Preussen** hat, abgesehen von den grossen Kommunikationswegen, welche den kaiserlichen Strassen Frankreichs analog sind, die Herstellung von Chausseen in den letzten 30 Jahren und zumal seit 1850 einen lebhaften Anstoss bekommen, doch bleibt noch viel zu thun, um das Wegenetz zu vervollständigen.

Auch die Zahl der Eisenbahnlinien ist seit der nämlichen Zeit besonders gewachsen. Man hat einige Kanäle in der Provinz Preussen gegraben, um die Seen jener Gegend unter einander zu verbinden, und um mit den Hauptflüssen einen Zusammenhang zu erhalten. Zwei solche sind nahe bei Berlin geschaffen worden.

Man hat viel für die Verbesserung der Flüsse gethan und thut es noch, um so mehr, als Oder und Elbe eine Tendenz, sich zu versanden, zeigen, welche man ohne Rast bekämpfen muss. Das grandioseste Werk dieser Art war die Regulirung des Weichselbetts und der Brückenbau über diesen Fluss im Jahre 1856.

Die Kommunikationsmittel in **Schweden** sind ziemlich zahlreich und breiten sich noch aus. Der Strassen werden mehr und bessere; während der letzten 5jährigen Periode betrug die Entwickelung 21.878 Kilometer.

Grosse Arbeiten wurden im Laufe dieses Jahrhunderts behufs Verbesserung der Schifffahrt und Herstellung neuer Kanäle, von denen schon eine gewisse Anzahl existirt, unternommen.

In **Norwegen** hat das Wegewesen grosse Fortschritte gemacht. Die Strassen vervielfältigen sich und werden mit Sorgfalt unterhalten. Seit 1851 wurden 5 Eisenbahnlinien von einer Gesammtlänge von 320 Kilometer erbaut. Die wichtigsten unter ihnen sind die von Christiania nach Eidervold und von der erstern Stadt nach der schwedischen Grenze. — Seit 10 Jahren hat man $2^1/_2$ Millionen Franken für die Herstellung verschiedener Kanäle ausgegeben. Die wichtigsten Kanalbauten waren die von Skien, Oiern, und Frederikshald.

Der Wegebau in **Deutschland** macht von Tag zu Tag Fortschritte. Im Königreich *Würtemberg* besonders und im Grossherzogthum *Hessen* hört man nicht auf, neue Strassen zu bauen und die alten zu verbessern.

Die Leichtigkeit und grössere Schnelligkeit der Kommunikation seit Entstehung der Eisenbahnen haben die Versendbarkeit der landwirthschaftlichen Produkte, vorzüglich des Getreides, des Leins, der Früchte und der Wolle sehr vermehrt. — Seit Anfang dieses Jahrhunderts waren Rhein, Neckar und Main Gegenstand zahlreicher Arbeiten zur Hebung der Schifffahrt auf diesen Flüssen.

Die Länge der Eisenbahnlinien im Königreich Würtemberg und Grossherzogthum Hessen zusammen schätzt man auf 908 Kilometer.

In der **Schweiz**, und besonders im Waadtland, sind die Kantonstrassen seit lange, alle ohne Ausnahme, vortrefflich, die Kommunalwege meist gut. Die Seen von Neuchatel, Genf, Murten und Biel dienen dem Transport gewisser landwirthschaftlicher Produkte. Es giebt weder Kanäle noch schiffbare Ströme ausser der Thièle, welche die Seen von Neuchatel und Biel verbindet, und dem kleinen Kanal zwischen dem Neuchateller und Genfer See. Mehrere wichtige Eisenbahnlinien sind dem Verkehr übergeben.

Der Bericht des Grafen Zichy konstatirt, dass von Eisenbahnlinien in **Ungarn** 300 geographische Meilen, also 2100 Kilometer fertig und in Betrieb seien. 141 Meilen oder 987 Kilometer sind konzessionirt und im Bau begriffen, einige andere Projekte liegen zur Prüfung vor.

An der Küste von Fiume und Transsylvanien giebt es noch keine Bahnen. Neue Strassen wurden gebaut, andere verbessert, man hat dafür im letzten Jahr an 3 Millionen Franken ausgegeben. Ungarn besitzt 514 Meilen oder 3598 Kilometer Staatsstrassen, analog unsern kaiserlichen, und 1862 Meilen oder 13,034 Km. Kommunalwege. Beträchtliche Arbeiten hat man behufs Kanalisation der Theiss und mehrerer anderer Flüsse und zur Schiffbarmachung der Drau und Sau unternommen.

In **Russland** hat das Wegewesen keine besonderen Fortschritte aufzuweisen. Die Strassen sind in den baltischen Provinzen ein wenig besser als im Innern, ohne indessen sehr zufriedenstellend zu sein. Der Schnee, welcher 5 bis 6 Monate auf dem Boden lagert, bietet übrigens durch die Schlittenfahrt das leichteste Verkehrsmittel.

Aber im grössten Theil und besonders im Süden Russlands ist

der schlechte Zustand der Wege das Haupthinderniss für die Beförderung und Cirkulation der landwirthschaftlichen Produkte; es giebt
keine Chausseen, und die Poststrassen befinden sich in einer ver-
zweifelten Lage.

Flüsse und Kanäle sind womöglich noch trauriger bestellt. Die
Schifffahrt auf der Wolga, dem Dniestr, Dniepr und Bug würde zahlreiche Verbesserungen erfahren müssen. Die Nothwendigkeit derselben
hat man anerkannt, aber die Studien darüber scheinen noch nicht
beendet.

Es existiren in Russland schon mehrere wichtige Schienenwege,
vorzüglich der von St. Petersburg nach Warschau und an die preussische Grenze, welcher das russische Reich mit den Eisenbahnen
Deutschlands verbindet; die Linie von St. Petersburg nach Moskau,
welche sich einerseits gegen die Provinzen des Kaukasus von Rjäsan
bis Koslow im Gouvernement Tambow fortsetzt, andererseits nach
Westen bis Nischni-Nowgorod; die Linie von Riga nach Dünaburg,
welche die Düna entlang geht und schon bis Witebsk verlängert ist;
sie soll sich an die Linie anschliessen, welche Odessa mit Moskau
und St. Petersburg verbindet, und wird den inneren Provinzen einen
Absatzweg schaffen, der ihnen bisher noch fehlte. Auch in den
südlichen Provinzen arbeitet man an dem Bau von Eisenbahnen.
190 Werst = 203 Kilometer sind schon zwischen Odessa und Balta,
einer kleinen Stadt an den Grenzen Podoliens, dem Verkehr übergeben.
Diese Linie durchschneidet die unbewohnten Steppen, sie soll einerseits über Krementschuk Jekaterinoslaw (ca. 350 Kilometer) und andererseits Kiew erreichen, mit einer Zweigbahn, die sich bei Czerno-
witz an die österreichischen Linien anschliesst.

In **Portugal** sind die grossen Strassen ziemlich gut, aber die
Vicinalwege lassen viel zu wünschen. 1849 existirten nur 42 Kilm.
Strassen, heute 2195.

1865 gab es 505 Kilometer Eisenbahnen, heut ist die Lage fast
die nämliche. — Nur ein Kanal existirt auf dem linken Tajoufer,
dessen Lauf 80 Kilometer lang ist. Die Betten des Tajo und Mon-
dego wurden verbessert. Der Duero, welcher im Norden Portugal
ganz durchschneidet, ist eine oft sehr gefahrvolle Wasserstrasse; er
macht häufige Ueberschwemmungen, die oft grossen Schaden verursachen, und bei der geringsten Steigung ist die Schifffahrt stark
gehemmt.

Das Wegewesen in **Spanien** ist eine von der Regierung eifrig
ventilirte Frage, aber die bedrängte Finanzlage erlaubt nicht, dem

Lande alle für diesen Zweck nothwendigen Steuern aufzuerlegen.
1863 waren 14,643 Kilometer Strassen vollendet und dem Verkehr
übergeben: 10,621 erster, 2931 zweiter und 1091 dritter Klasse.
Seit ca. 20 Jahren ist man zum Bau von Eisenbahnen geschritten.
Am 31. December 1867 waren 5110 Kilometer (700 Meilen preuss.)
im Betriebe und 1834 (245 M. pr.) im Bau. Der Mangel an Strassen
und Vicinalwegen ist ein Hinderungsgrund für die Entwickelung
der Eisenbahnen. — Grosse Arbeiten sind besonders seit einigen
Jahren behufs der Kanalisation des Ebro, ferner für den Isabellen-
kanal in Castilien, für die Verbesserung des Christinenkanals in der
Provinz Albaceta, für den Kaiserkanal in Arragonien und für den
Bau des Kanals von Urgel unternommen, welcher letztere auch bestimmt ist, durch Berieselungen die Getreidekultur der grossen Ebene
von Urgel zu heben, deren Ernten jedes Jahr in Folge von Trockenheit ausfielen.

Mit Ausnahme der neapolitanischen Provinzen, Siciliens und
Sardiniens, wo man sich über Mangel an Departemental- und Vici-
nals'rassen beklagt, hat **Italien** im Allgemeinen guten Fahrbarkeits-
zustand. Die Beförderung landwirthschaftlicher Produkte stösst von
Seiten der Kommunikationsmittel auf kein Hinderniss. Die Regierung hat sich in den letzten Jahren bemüht, den Eisenbahnen die
möglichste Entwickelung zu geben; 1859 waren 1472 Kilometer
(196 M. pr.) im Verkehr, heute 2995 (400 M. pr.); im Bau und
Anschlag sind noch 4428 Kilometer (590 M. pr.). — Für die Verbesserung der Schifffahrt auf den grösseren und kleineren Strömen
braucht man Nichts zu thun, von Alters her ist der Verkehr auf
den Wasserstrassen regelmässig und leicht: einige wichtige Kanäle,
die auch zu Berieselungen dienen, erleichtern noch den Verkehr und
sind in gutem Zustande.

Im **Kirchenstaat** sind die Strassen gut, auch hat man Eisenbahnen gebaut.

Die **Türkei** ist vielleicht in Hinsicht der Fahrbarkeit das am
wenigsten begünstigte Land. Die wenigen Strassen, welche existiren,
sind seit lange schon schlecht unterhalten. Im Verkehr sind nur
zwei Eisenbahnlinien von geringer Wichtigkeit, welche an zwei verschiedenen Punkten das schwarze Meer mit der Donau verbinden:
Einerseits von Kustendsche am schwarzen Meer bis Tschornawoda
an der Donau, andrerseits vom Hafen von Varna nach Rustschuk.
Für Verbesserung von Flüssen und Schöpfung von Kanälen sind
noch keine Arbeiten unternommen.

Aureliano, Direktor der Agrikulturschule in **Rumänien,** konstatirt in seinem Berichte an die Oberkommission, dass Strassen dem Lande unglücklicherweise fehlen; die Regierung indessen habe alle nothwendigen Massnahmen getroffen, sie zu schaffen. — Gegenwärtig giebt es ca. 1200 Kilometer dem Verkehr übergebene und 1000 Kil. vorbereitete Chausseen.

Gleichzeitig hat man fremden Gesellschaften den Bau von ca. 600 Kilometer Eisenbahnen konzessionirt. Eine Linie, von Bucharest nach Giurgewo an der Donau, Rustschuk gegenüber, wo die Linie von Varna nach dem schwarzen Meere ausmündet, soll nächstens dem Betrieb übergeben werden. — Man befördert auch eine grosse Menge landwirthschaftlicher Produkte auf den wichtigen Wasserläufen. Die Natur hat Rumänien in der Flussvertheilung sehr begünstigt. Die meisten Flüsse entspringen auf den Bergen und durchschneiden das Land bis zur Donau, welche die grosse Verkehrsstrasse darstellt. Sicher dürfte, wenn diese Wasseradern einst völlig schiffbar sein werden, das Land, welches sie durchschneiden, eine bedeutende kommerzielle und landwirthschaftliche Entwickelung erhalten.

In **Aegypten** sind die Transportmittel, was Binnenschifffahrt und Eisenbahnen betrifft, verbessert worden; nicht also die Landstrassen; es giebt kaum solche. Durch Lastthiere müssen die Landesprodukte an die Eisenbahnstationen und Einladestellen des Nil gebracht werden.

In den **Vereinigten Staaten** ist die Fahrbarkeit in ziemlich befriedigendem Zustande; die Strassen sind durchgängig gut, einige bedürfen noch der Verbesserung. Der Verkehr auf den Flüssen macht sich ziemlich leicht, einige Kanäle in Süd-Carolina sind vernachlässigt. Die Eisenbahnen haben seit 1850 eine enorme Entwickelung erreicht und erweitern ihre Ausdehnung noch.

In **Chile** hat die Schöpfung von Eisenbahnen dem Cerealienhandel in den letzten Jahren einen bedeutenden Aufschwung gegeben. Bau und Verbesserung von Landstrassen ist kaum nennenswerth. Die Gesammtlänge der Strassen ist nicht zu ermitteln, da die officiellen Dokumente Nichts darüber enthalten. Auch thut der Staat für die Flussschifffahrt Nichts, welche viel zu wünschen lässt; er überlässt sie wie die Kanalbauten der Privatunternehmung.

Nur zu *einem* wichtigen (ca. 40 Kilometer langen) Kanalbau hat er beigetragen; durch denselben kann die grosse Ebene zwischen Santjago und dem Fusse der Anden bewässert werden.

Kapitel VII.

Zollgesetze für die Produkte der Landwirthschaft.

Man kann — gestützt auf die durch die Departemental-
Enquêten festgestellten Resultate — behaupten, dass eine grosse
Majorität sich im Sinne der liberalen Ideen und ökonomischen Grundsätze, welchen die Regierung seit mehreren Jahren Geltung zu verschaffen gesucht hat, ausgesprochen hat.

Die Thatsachen haben den Hoffnungen der mehr oder weniger
eifrigen Anhänger des Schutzzollsystems nicht entsprochen, und die
Ansichten der meisten departementalen Kommissionen, die Wünsche
des grössten Theiles derjenigen, die schriftlich und mündlich Gutachten abgaben, haben laut bezeugt, dass die Ideen, welche die
Regierung bei Lösung dieser wichtigsten Frage geleitet, von Tag zu
Tag besser verstanden und richtiger geschätzt worden sind.

Weit entfernt, die in letzter Zeit in unserer Steuergesetzgebung
geschaffenen Aenderungen zu missbilligen, hat die Landwirthschaft
durch die Stimme der Mehrzahl ihrer befähigtsten und berechtigtsten
Repräsentanten erklärt, dass sie die Aenderungen als unläugbare
Fortschritte annähme, und dass man auf einem Wege beharren
müsse, der allein zu einer wirklichen Verbesserung der landwirthschaftlichen und kommerziellen Lage des Landes und zur Entwickelung des öffentlichen Wohlergehens führen könne.

Indessen haben einige gediegene Leute aus Ueberzeugung und oft
mit Talent Meinungen ausgesprochen, die den heut zu Tage gültigen
entgegengesetzt sind; aber es ist ausserordentlich selten, dass man
vollständig die glücklichen Erfolge des Aufschwunges, welchen durch
das gegenwärtige Regime die Handelstransaktionen und der landwirthschaftliche Fortschritt erhalten, geläugnet und die einfache und
reine Rückkehr zum Schutzzollsystem verlangt hätte. Nur hörte
man manchmal bedauern, dass der Uebergang vom ehemaligen zum

12

gegenwärtigen Systeme sich all zu schnell vollzogen habe. Die Reformen unserer Steuertarife wurden meist selbst von denen, welchen sie unausführbar und unzeitgemäss erschienen, als eine vollendete Thatsache betrachtet, die unserer landwirthschaftlichen Industrie eine vorübergehende Störung zufügen, aber welche nicht ermangeln würden, sie in der Folge unaufhörlich auf der Bahn des Fortschritts vorwärts zu treiben.

Im Ganzen war eine sehr grosse Majorität der in der Enquête ausgesprochenen Ansichten für Beibehaltung der liberalen Gesetzgebung in Handelsangelegenheiten, die sich im Abschluss von Handelsverträgen mit denjenigen Ländern, welche mit Frankreich in den engsten Beziehungen stehen, bethätigt hat.

Man verlangte sogar durch Abschluss neuer Verträge die Ausdehnung des Freihandels-Prinzips, und weit entfernt, für die Landwirthschaft die Umkehr zum Protektionssystem zu befürworten, wollte man im Gegentheil jede Steuer für die Ein- und Ausfuhr beseitigt wissen. Zu gleicher Zeit jedoch hörte man häufig den Wunsch, dass in Betreff der Industrie ebenso und von Grund aus vorgegangen würde, damit die Bedingungen für Alle gleich wären.

Einige, die sich gleichwohl dem Protektionssystem in der Landwirthschaft abgeneigt erklärten, schlugen die Auflage einer sogenannten Ausgleichsteuer vor, welche von fremden Produkten als Aequivalent für die im Auslande von denselben französischen Produkten erhobene Steuer entrichtet werden sollte. Dem aber ward entgegengehalten, dass das erst recht eine Protektionssteuer wäre und nur bewirken würde, dass die französischen Konsumenten die so besteuerten Produkte theurer bezahlen müssten, ferner dass man, wie man billiger Weise alsdann die Steuer auf alle landwirthschaftlichen und industriellen Produkte ausdehnen müsste, welche, von auswärts kommend, den Erzeugnissen einheimischer Arbeit Konkurrenz machten, eben nur dahin gelangen dürfte, die Preise im Allgemeinen in die Höhe zu treiben, ohne der Landwirthschaft die beabsichtigte Begünstigung wirklich zu erweisen.

Wir werden übrigens Gelegenheit haben, sogleich auf diesen Vorschlag, welcher in Bezug auf den Getreide-Import präziser gestellt worden ist, zurückzukommen. Zunächst wollten wir nur, wie eben geschehen, den allgemeinen Eindruck der innerhalb der Enquête ausgesprochenen Meinungen über unsere Steuergesetzgebung schildern, alsdann für jeden einzelnen Hauptzweig der landwirthschaftlichen Produktion die Frage näher beleuchten.

§. 1. Cerealien.

1. *Gesetzgebung für die Ein- und Ausfuhr von Körnern.* Das Gesetz vom 15. Juni 1861 hat die verwickelte Gesetzgebung beseitigt, welche unter dem Namen der beweglichen Skala für die Einfuhr fremden und Ausfuhr einheimischen Getreides ein System von veränderlichen Steuern darstellte, die nach der Preisbewegung des inländischen Marktes stiegen oder fielen.

Statt dieses Systems hat das neue Gesetz die völlig freie Ausfuhr hergestellt und lässt nur die Erhebung einer Einfuhrsteuer zu, die mässig genug ist, um die Handelsoperationen nicht zu beschränken.

Die Einfuhrsteuer beträgt 50 Centimes für den metrischen Centner oder 200 Pfd. (resp. 60 Centimes mit dem Zuschlag) Weizenkörner, die auf französischen Schiffen oder zu Lande eingeführt werden, und 1 Frcs. (resp. 1 Frcs. 20 Cent.) für den metr. Centner der auf fremden Schiffen importirten Körner. Uebrigens soll diese Flaggenmehrsteuer bald verschwinden.*) Sie wurde schon nicht mehr erhoben für den Import auf Schiffen, deren Flaggen durch Spezialverträge der französischen gleichgestellt worden, wie die englische, belgische, italienische, russische, portugiesische, amerikanische etc., und soll laut Gesetz vom 19. Mai 1866 gegen Ende Mai 1869 vollständig aufhören. Wenn man sich Rechenschaft von dem Einfuhrzoll auf fremden Weizen in gewöhnlichen Zeiten ablegt, so sieht man, dass nach der im Laufe eines Jahres, z. B. 1865, eingeführten Centnerzahl von 4,145,217 und der eingenommenen Steuerbeträge von 3,462,086 Frcs. der mittlere Steuersatz 83 Cts. beträgt, (oder pro preuss. Ctr. 3½ Sgr); es kommen auf Schiffe mit französischer oder ihr gleichgestellter Flagge 2,556,217 metr. Ctr. und unter fremder Flagge 1,589,000. Für Mehl zahlt man eine Einfuhrsteuer von 1 Frcs. per metr. Centner (4 Sgr. pr. preuss. Ctr.) unter einheimischer und gleichgestellter Flagge, sowie zu Lande, während man unter fremder Flagge 1 Frc. 50 Cts. (6 Sgr. per preuss. Ctr.) zahlt.

Bei andern Getreidesorten als Weizen ist die Einfuhr unter französischer und gleichgestellter Flagge vollständig frei, unter fremder Flagge zahlt man 50 Cts.

Die Ausfuhr ist ganz und gar zollfrei, und die Landwirthschaft geniesst also den grossen Vortheil, dass das Gesetz der Zufuhr ihrer Produkte nach den Märkten, wo sie sich am besten verkaufen, keine hemmenden Schranken auferlegt.

---

*) Ist seit dem 13. November 1867 bereits aufgehoben.

In den sechs Jahren. seit dieses Gesetz in Kraft ist, hat die Erfahrung evident erwiesen, dass die Absicht. in welcher es erlassen ward, erreicht ist. Es hat die Entwickelung unseres Korn- und Mehlhandels mit dem Auslande begünstigt, es hat denselben von jener Unsicherheit befreit, welche das System der beweglichen Skala ihm aufdrücken musste, es erlaubte, in theuren Zeiten die zur Deckung des Ernteausfalles nöthigen Mengen auf den Markt zu schaffen und in billigen unsern Ueberschuss denjenigen bedürftigeren Nachbarn zuzuwenden, die auf Verproviantirung von unserer Seite angewiesen waren.

Kaum war das Gesetz vom 15. Juni 1861 erlassen, so hatte es eine schwere Probe zu bestehen. Die schlechte Ernte von 1861 erforderte die Herbeischaffung einer grossen Getreidemenge, um der einheimischen Konsumtion zu genügen Befreit von jeder Fessel und Unsicherheit. die aus der früheren Gesetzgebung floss, konnte der Handel seinen Operationen die grösstmöglichste Ausdehnung geben, konnte die Bedürfnisse unmittelbar befriedigen und die zu befürchtende Krise in ihrem Beginne aufhalten.

Später, als die Wiederkehr reicher Ernten die Preise sinken liess, verlangsamte sich die Einfuhr augenblicklich und sank auf wahrhaft unbedeutende Ziffern herab, während die Ausfuhr eine bedeutende Entfaltung erfuhr. Diese Thatsachen lassen sich deutlich aus der Vergleichung der Bewegungen unseres Weizenhandels in Ein- und Ausfuhr einerseits und der inländischen Marktpreise andrerseits ersehen, wie nachfolgende Tabelle zeigt*)

Tabelle des mittleren Weizenpreises und der Bewegungen des Exports und Imports von Weizen (Körnern und Mehl) seit 1861.

Jahr	Mittlerer jährlicher Preis für den preussischen Scheffel.	Einfuhr nach metrischen Ctr. à 2 Ctr. preuss.	Ausfuhr nach metrischen Centnern.
1861	3 Thlr 24 Sgr. 4 Pf.	9,357,824	210,896
1862	3 „ 12 „ 3 „	4,713,002	430,762
1863	2 „ 27 „ 6 „	1,851,681	619,720
1864	2 „ 17 „ 4 „	609,513	1,565,258
1865	2 „ 12 „ 2 „	265,617	3,582,833
1866	2 „ 26 „ 3 „	627,553	5,803,350
1867	3 „ 23 „ 6 „	5,903,141	408,774

*) Im Original ist die Tabelle für die einzelnen Monate gegeben; doch glaubten wir uns mit den Jahresangaben begnügen zu sollen. Auch haben wir dieselbe in preuss. Mass umgerechnet.   Rawack.

Das Gesetz ward also unter allen Umständen den Bedürfnissen des Augenblicks genügend befunden. Sein Verdienst besteht vor Allem darin, dass es in keinem Sinne das Steigen oder Fallen der Kornpreise beeinflusst, dass es die breiteste Entfaltung des Handels zulässt und die Koursschwankungen dem natürlichen Laufe der Dinge überlässt.

Einige Gegner des gegenwärtigen gesetzlichen Zustandes haben, wie wir schon vorher mit einigen Worten andeuteten, zu beweisen sich bemüht, dass das Resultat des Gesetzes sein würde, die Getreidepreise auf einer die Landwirthschaft ruinirenden niedrigen Stufe zu erhalten, dass die Einfuhr fremden Getreides stets einer Preiserhöhung entgegentreten müsse; und wenn man ihnen durch unwiderlegliche Zahlen bewies, dass diese Einfuhren ganz unbedeutend seien, so behaupteten sie, dass ihre Möglichkeit allein schon einen Druck auf die Preise ausübe. Nach ihrer Meinung sei die Landwirthschaft verdammt, nie den zu ihrer Förderung nöthigen Gewinn abwerfen zu können, und sie waren nicht zu überzeugen, dass der vor Kurzem dagewesene niedrige Preis, über welchen sie sich beklagten, die Folge von zwei guten Ernten war, wie ein solcher Preis ja auch unter früheren Zuständen, die ihren ökonomischen Ansichten mehr entsprachen, schon öfter eingetreten ist.

Seitdem sind Ereignisse eingetreten, die ihre Ueberzeugung denn doch erschüttern mussten. In Folge der mittelmässigen Ernte von 1866 stieg der Preis, der bis auf 14—15 Frcs. per Hektoliter gefallen war, allmälig auf 23 – 24 Frcs., die schlechte Ernte von 1867 trieb ihn noch viel merklicher in die Höhe, so dass er 28 bis 30 Frcs. stand (der preussische Scheffel stieg demnach von $2^1/_6$ Thlr. durch $3^1/_3$ auf 4 Thlr.). Währenddess hat die Einfuhr sich verzehnfacht und mehr als je steht sie bevor. Die Argumente der Gegner haben also jegliche Beweiskraft eingebüsst. Die Thatsachen beweisen augenscheinlich die Wahrheit, dass die Schwankungen der Getreidepreise auf dem Gesammtgebiete unseres inländischen Marktes ausschliesslich von dem mehr oder weniger günstigen Ertrage unseres Bodens abhängen, dass in einem wesentlich Ackerbau treibenden Lande, wie Frankreich, die geringen, von ausserhalb nach einigen Plätzen importirten Mengen keinen merklichen Einfluss auf die enorme Masse von nahezu 180 Millionen Scheffel, die wir im Mittel jedes Jahr ernten, ausüben können, und dass endlich der Preis *unseres* Marktes der Regulator der Bewegungen unseres Im- und Exports ist und *nicht* umgekehrt die *fremde* Einfuhr der Regulator für unsere Preise.

Diese Betrachtungen und Thatsachen sind dem grössten Theile derjenigen nicht entgangen, welche sich in der Enquête über die Wirkungen des Gesetzes vom 15. Juni 1861 aussprachen; so hat auch eine überwiegende Majorität, wie schon oben gesagt, eine für Beibehaltung dieses Gesetzes günstige Meinung geäussert, und zwar stimmten 56 Departementskommissionen in diesem Sinne, in 7 Departements waren die Ansichten getheilt oder zweifelhaft bei der Kommission resp. bei den einzelnen Begutachtenden, so dass man ihren Charakter nicht mit Bestimmtheit bezeichnen kann; indessen bemerkte man bei diesen eine Tendenz zur Erhöhung des Einfuhrzolles. Zehn andere Departementskommissionen endlich haben ausdrücklich gewünscht, man möge einen höhern Zoll wiederherstellen, als ihn das Gesetz vom 15. Juni 1861 festsetzt. Von den übrigen 11 Departements fehlen die Berichte.

Eine nicht unbeträchtliche Minderheit also hat gewünscht, man möge den Eingangszoll auf fremdes Getreide höher fixiren, als er heute entrichtet wird. Die Anhänger dieser Ansicht gehen aber über die Grösse der Erhöhung stark auseinander. Man hat 1 Frc. 50 Cent., 2 Frcs. 50 Cent., 3 Frcs. und 4 Frcs. per metr. Centner vorgeschlagen, auch 5, 10 und 15 % ad valorem. Einige verlangten, man solle den Zoll nur erheben, wenn der Preis nicht über ca. 3 Thlr. per Scheffel stiege, was also auch eine Art beweglicher Skala darstellt, und einige, aber sehr vereinzelte Stimmen sprachen sich zu Gunsten der Rückkehr zum früheren Systeme aus.

Die Anhänger einer Erhöhung des Einfuhrzolles über das Mass, welches jetzt für fremde Cerealien gilt, betrachten diesen Zoll, wie sie sagen, nicht als Begünstigung für die Landwirthschaft, denn sie wehren von sich den Vorwurf ab, als wollten sie zu den heute verlassenen ökonomischen Ideen zurückkehren, sondern als Ausgleichung der Lasten, welche auf ihr — zumal als direkte Steuern — ruhen, Lasten, von welchen nach ihrer Meinung die fremden Produkte befreit seien. Sie halten es für einen Akt der Gerechtigkeit, dass das von auswärts kommende, dem unsern Konkurrenz machende Getreide, das auf unsern Märkten zirkulirt, die Sicherheit und die Vortheile unseres staatlichen Zustandes geniesst, einen Theil der Last trage, welche die von der französischen Landwirthschaft für die Sicherung dieser Vortheile gebrachten Opfer unserem einheimischen Getreide aufbürden.

Entscheidende Argumente sind häufig dieser Anschauung entgegengesetzt worden, und die in dem dem gesetzgebenden Körper vorgelegten Berichte vom 9. März 1866 enthaltenen Meinungen haben denselben volle Gerechtigkeit widerfahren lassen.

Ein nur etwas erhöhter Zoll würde alle Unzuträglichkeiten der beweglichen Skala wiederbringen. Es ist einleuchtend (und Niemand in der Equête — das ist ein Faktum — konnte sich der Einsicht verschliessen), dass ein Einfuhrzoll von einiger Bedeutung auf fremdes Getreide in theuren Jahren nicht erhoben werden dürfe. Man müsste der Regierung also nothwendigerweise die Befugniss ertheilen, ihn zu Zeiten einer Krise verschwinden zu lassen; ihr würde es zukommen, — und sie würde dafür die Verantwortung zu tragen haben, — den Zeitpunkt zu bestimmen, wann der Zoll aufzuheben und wann er wieder einzuführen sei. So würde sich der Handel wieder für seine Operationen in einen Zustand der Ungewissheit zurückversetzt sehen, der noch viel gefährlicher ist, als der, welcher aus den Tarifschwankungen der beweglichen Skala resultirte, weil diese letzteren, von der Höhe oder Niedrigkeit der Preise abhängend, doch gewissermassen vorhergesehen werden könnten.

Ausserdem ist es nicht ganz richtig, zu behaupten, dass ausländisches Getreide dem unsern unter Bedingungen der Ungleichheit zu Ungunsten der französischen Landwirthschaft Konkurrenz machen würde. Abgesehen von den Lasten, welche die Landwirthschaft in dem Lande ihres Ursprungs zu ertragen hat, und welche wahrlich meist nicht geringer sind als die für unsere landwirthschaftlichen Produkte*), muss man doch noch in Betracht ziehn, dass die ausländische Waare nicht ohne grosse Kosten und Spesen aller Art zu uns kommen kann, wodurch das Gleichgewicht wieder hergestellt wird. Wenn wir für den Weizen vom schwarzen Meere die Kosten des Handels und der Einladung ins Schiff, die Schiffsfracht, die Versicherungsbeträge, die Gewichts- und Qualitätsverschiedenheiten, — welche von der Beschaffenheit des Weizens und den Bedingungen seines Transports herrühren —, den Einfuhrzoll, die Ausladekosten, die Lootsengebühren nach dem Hafen von Marseille, die Transportkosten ins Innere Frankreichs und den Gewinn des Importeurs in Betracht ziehen, so kommt mindestens zum ursprünglichen Preise der Waare ein Aufschlag von 22 bis 26 Sgr. per Scheffel. Das Getreide von

---

*) Das ist nun freilich z. B. für Preussen nicht richtig, wie sich aus dem IX. Kapitel ergeben wird.   Filly.

Ungarn kann, wie es gegenwärtig der Fall ist, nicht unter 2²/₃ Thlr. per metrischen Centner Aufschlag zu uns gelangen. Offenbar bleibt also ein Aufwand zu bestreiten, der den Preisunterschied zwischen dem einheimischen und fremden Getreide ausgleicht, und es ist eine Bedrückung unserer Landwirthschaft und eine Begünstigung der ausländischen gar nicht zu fürchten.

Was speziell die Grundsteuer betrifft, so fragte man sich in der Enquête, ob der Einfuhrzoll, wie ihn das Gesetz vom 15. Juni 1861 einführt, nicht schon hinreicht, um die Unterschiede auszugleichen, wenn man schon — was doch nicht einmal der Fall ist — zugeben wollte, dass das ausländische Getreide an den Produktionsstätten einer ähnlichen Abgabe nicht unterworfen ist. Ohne Zweifel ist es sehr schwierig, genau die Abgabenverhältnisse des in Frankreich gebauten Getreides in Anschlag zu bringen, indessen kann man bezüglich der Grundsteuer zu annähernden Resultaten gelangen. Diese Abgabe beläuft sich auf ca. 300 Millionen Frcs. im Ganzen und zwar sind 169,300,000 feste Steuer und 130 Millionen Zuschlag. Es kommen davon auf die angebauten Grundflächen 69,800,000 Frcs. feste Steuer und 53,700,000 Frcs. Zuschlag. Die Fläche dieses Areals ist etwa 26,600,000 Hektaren gross, demnach kommt auf den Hektare 4 Frcs. 65 Cent. (9¹/₂ Sgr. auf den preussischen Morgen). Ein Hektare bringt nun im Mittel 14¹/₂ Hektoliter, die Grundsteuer für jedes Hektoliter also betrüge nur 32 Cent., (für den Scheffel also 1 Sgr. 5 Pf.), wenn jeder Hektare eben jedes Jahr Weizen trüge. Dem ist nun aber nicht so. Ohne Zweifel wechselt in Gegenden, wo der Landbau intensiv betrieben wird, die Weizenproduktion mit andern Kulturen ab, die ebenso viel und vielleicht auch noch mehr einbringen. Aber in andern Gegenden ist wieder Weizen die Hauptfrucht; in je drei Jahren kann man ihn wieder bauen, und dazwischen bringt der Boden nicht so vortheilhaft rentirende Früchte. Wenn man diese verschiedenen Verhältnisse in Anschlag bringt, so kann man rechnen, dass in ganz Frankreich innerhalb dreier Jahre der Landwirth zwei Weizenernten, also etwa 29 Hektoliter auf 1 Hektare erntet. Ist die Auflage 4 Frcs. 65 Cent. per Jahr und Hektare, so heisst das 13 Frcs. 95 Cent., und auf das Hektoliter berechnet, kommen auf dasselbe 48 Cent., gleich 2 Sgr. 1 Pf. per Scheffel. — Nun haben wir aber gesehen, dass in gewöhnlichen Zeiten jeder Centner ausländischen Weizens bei der Einfuhr 83 Cent. Zoll bezahlt, das macht 62—63 Cent. auf das Hektoliter, oder 2 Sgr. 9 Pf. per preussischen Scheffel. Nach dem Minimum des gegenwärtigen Tarifs (60 Cent. per Centner für fremdes Getreide auf französischen Schiffen und zu Lande) kommen immer noch 45—46 Cent. aufs Hektoliter oder 1 Sgr. 11 Pf. auf den preussischen Scheffel. Man sieht also, die französische Landwirthschaft hat sich nicht zu beklagen, dass ihre Produkte einer höhern Steuer unterliegen als die ausländischen.

Uebrigens, sagte man, was für Vortheil können unsere Landwirthe von einer Erhöhung des Zolles für fremdes Getreide haben? Absolut unmöglich ist es zuzugeben, dass die Mehrauflage auf einige Tausend Hektoliter fremden Weizens, der in unsere Häfen einläuft, in irgend bedeutendem Masse den Preis der 100 Millionen Hektoliter in die Höhe treiben kann, welche unsere Landwirthschaft in gewöhnlichen Jahren auf den Markt zu bringen im Stande ist. Aber gesetzten Falles, dass gegen alle ökonomischen Gesetze solches sich ereignen würde, wer müsste alsdann den Nachtheil tragen? Nicht etwa der französische Konsument, d. h. die Gesammtbevölkerung? Es würde das heissen: man nimmt eine Last von der Landwirthschaft und bürdet sie der ganzen Bevölkerung auf. Sieht man nicht ein, dass alsdann alle andern Industrien Grund haben würden, gleiche Begünstigungen zu verlangen, und dass man künstlicher Weise schliesslich zu einer allgemeinen Vertheuerung unserer inländischen Erzeugnisse kommen würde, welche ihnen jede Konkurrenz mit fremden Produkten auf ausländischen Märkten unmöglich machen und uns selbst in einen Zustand völliger Isolirtheit bringen würde? Für die Cerealien besonders dürfte das der vollständige Ruin unserer Ausfuhr sein, die so nothwendig für Verwerthung des Ueberschusses unserer produzirenden Departements und für das Wohlergehn unserer Landwirthschaft ist.

Im Ganzen also ist die Enquête zu einem der gegenwärtigen Gesetzgebung günstigen Resultate gelangt. Die Landwirthschaft vorzugsweise kann mit der neuen Lage, in die sie getreten, zufrieden sein und verlangt nur von der Regierung, dass sie durch Massnahmen und nützliche Arbeiten ihre Anstrengungen fördere und ihre Fortschritte begünstige.

2. *Zeitweilige Einfuhr ausländischen Weizens für die Mühle.* — *Transitschein-Ordnung.* — Weniger günstig als das Gesetz vom 15. Juni 1861 wurden in den departementalen Enquêten die unter dem Kaiserreich erlassenen Verordnungen über zeitweilige Einfuhr fremden Weizens beurtheilt, der bestimmt ist, in Frankreich vermahlen und als Mehl wieder exportirt zu werden.

Die dem Handel bewilligte Vergünstigung, ausländischen Weizen frei von allen Abgaben einzuführen, wenn er vermahlen wieder exportirt werden sollte, in der Absicht, der Mühlenindustrie Nahrung zu geben und in Wechselverkehr mit dem Auslande bezüglich der Körner und des Mehles zu bleiben, ist schon alt; sie datirt für den Hafen von Marseille seit 1819.

Heute beruht sie auf einem allgemeinen, durch das Gesetz vom 5. Juli 1836 festgestellten Prinzipe, nach welchem ein Erlass des Staatschefs (unter Vorbehalt des Widerrufs im Falle des Missbrauchs) die zeitweilige Einfuhr fremder Rohprodukte behufs ihrer Verarbeitung oder als Fabrikationsmittel autorisiren kann, wobei der Importeur zur Wiederausfuhr oder Aufbewahrung derselben in einer Niederlage bis zu 6 Monaten Frist und Beobachtung aller gesetzlichen Formalitäten verpflichtet ist.

Eine etwas strenge Ordre vom 28. September 1828 wollte, dass die Identität des exportirten Mehles als aus importirtem Weizen herstammend nachgewiesen werde; da dies zu vielen Klagen der Kaufleute Veranlassung gab, so liess man von dieser harten Bedingung ab, und ein Dekret vom 14. Januar 1860 ordnete die Sache von Neuem: Es gestattete die Ausfuhr von so viel Mehl, als einer bestimmten Menge eingeführten Weizens entsprach; Aus- und Einfuhr durften in allen Niederlagshäfen und bei allen Zollstationen stattfinden, die dem Durch- und Eingang von 20 Frcs. per 100 Kilogramm ($2^2/_3$ Thlr. per preuss. Ctr.) taxirten Waaren offen standen. So konnte man also Mehl von ausländischem Weizen zu einem andern Hafen ausführen, als wo dieser eingeführt wurde. Aber nach dem Gesetze der beweglichen Skala, das damals noch in Kraft war, konnten die Steuern von einer Zone zur andern beträchtlich variiren, und man konnte dadurch das Gesetz umgehen, indem man den Weizen an einem Punkt importirte, wo die hohen Zölle die Einfuhr zu hindern beabsichtigten, und das Mehl auf einer Grenze exportiren, wo durch den hohen Ausgangszoll die Ausfuhr unmöglich gemacht werden sollte. Da dieser Umstand den Steuergesetzen für Cerealien nicht entsprach, so wurde schon am 1. Juni 1850 ein Dekret erlassen, nach welchem die Ausfuhr nur durch eine Zollstation derselben Zone und derselben Klasse wie die, wo die Einfuhr gewesen, stattfinden durfte.

So blieb die Sachlage, bis das Gesetz vom 15. Juni 1861 die Einfuhr ausländischen Weizens bis auf den mässigen und festen Einfuhrzoll völlig frei gab. Man glaubte mit Recht, dass eine Beschränkung, die bei den früheren veränderlichen Zöllen ihren guten Grund hatte, nunmehr ohne Sinn sei, und so hob sie das Dekret vom 25. August 1861 auf.

Nach diesem Dekrete kann ausländischer Weizen ohne Unterschied der Art und des Ursprungs zeitweilig für die Mühle abgabenfrei importirt werden, und muss man für 100 Kilogramm eingeführten Weizens 90, 80 oder 70 Kilogramm gutes Weizenmehl ausführen, je nachdem von diesem nach der Deklaration vor der Zollbehörde 10, 20 oder 30 % abgesiebt sind. Das meiste Mehl war auf 30 % Siebung angegeben.

Die Einfuhr des für die Mühle deklarirten Weizens kann an allen für Getreideeinfuhr offenen Zollämtern stattfinden. Die Mehlausfuhr ist aus allen wirklichen Niederlagshäfen gestattet und an den für Transit oder für Einfuhr von Waaren, die 20 Frcs. per 100 Kilogramm taxirt werden, offenen Stationen. Die Deklaranten verpflichten sich durch Hinterlegung einer Kaution (welche zur Entnahme eines Transitscheines berechtigt), das Mehl wieder auszuführen oder es bis zur Frist von drei Monaten in eine Niederlage zu bringen. In den Zollstationen abgegebene Proben bürgen für die Identität des betreffenden Mehles.

Die vom Mahlen zurückbleibende Kleie soll die Einfuhrsabgaben zahlen und zwar auf 8, 18 oder 28 Kilogramm per Ctr. Weizen je nach der Siebung, wie sie für das zum Export bestimmte Mehl deklarirt ist; da aber nach dem Gesetze vom 15. Juni 1861 die Kleie keinem Einfuhrzoll von 50 Cents. auf 100 Kilogramm unterliegt, wenn sie nicht auf fremden Schiffen nach Frankreich eingeführt ist, so findet auch keine Auflage auf die Kleie von ausländischem Weizen statt, wenn dieser nicht unter fremder, nicht gleichgestellter Flagge importirt worden.

Dies ist der Mechanismus der gegenwärtigen Zollordnung. Man sieht, dass Mehl an jeder beliebigen Grenze ausgeführt werden kann, wo auch immer der Weizen eingeführt wurde. Es kommt auch wirklich häufig vor, dass der Import von Körnern, die frei für die Mühle durch das Mittelmeer z. B. in Marseille eingeführt worden, durch den Export einer äquivalenten Menge Mehl an der Ost- und Nordküste meist zu Nantes, Havre, Dünkirchen ausgeglichen wurde und in noch grössern Mengen an unserer nördlichen Landgrenze, zumal dem Zollamt von Armentières.

Diese Art Handel, die übrigens unter gegenwärtigen Verhältnissen ganz legal ist, ermöglicht sich durch die Verbindung der

Korn-Importeure des Südens mit den Mehl-Exporteuren des Nordens. Im Augenblick der Einfuhr verpflichtet sich der Kaufmann durch einen Transitschein, eine entsprechende Menge Mehl innerhalb der durch das Gesetz vom 25. August 1861 festgestellten Frist und der übrigen Bedingungen wieder auszuführen. Diesen Transitschein schickt er seinem exportirenden Geschäftsfreund, der ihn durch die Ausfuhr von Mehl erledigt. Der Importeur hat auf diese Weise keinen Einfuhrzoll bezahlt, und er giebt dem Exporteur für die ihm von diesem geleistete Gefälligkeit einen Theil des Gewinnes ab. Es versteht sich, dass dergleichen Geschäfte durch Zwischenhändler abgemacht werden, die denn auch an dem Gewinn theilnehmen. — So machte sich das Geschäft vor dem Dekret vom 13. November 1867, welches die Erhebung der Flaggenmehrauflage auf Körner und Mehl, die nach dem Gesetze vom 15. Juni 1861 erhoben ward, wieder abschaffte.

Gewöhnlich wurde ausländischer Weizen unter fremder Flagge eingeführt, und die Importeure konnten darin schon einen gewissen Vortheil hinsichtlich der Fracht haben. Beim Eingange in Frankreich brauchten sie keinen Zoll zu zahlen und fanden sich in einer günstigeren Lage als andere Importeure, welche den Zoll von 1 Frc. 20 Cts. per Ctr. auf fremden und von 60 Cts. auf französischen Schiffen zu entrichten hatten. Die Differenz indessen verringerte sich erstens durch die Verpflichtung des Importeurs, den Zoll auf unter fremder Flagge eingeführte Kleie zu zahlen; dieser betrug ca. 14 Cts. per metr. Ctr. Weizen, zweitens durch Abgabe des Gewinnantheils an den Exporteur, der den Transitschein erledigte, das betrug ca. 12—15 Cts., drittens endlich durch die Mäklergelder an Zwischenhändler.

Heute, wo die Erhebung der Flaggenmehrsteuer beseitigt ist, kann der Gewinn des Importeurs nicht mehr derselbe sein. Zwar hat er jetzt auch keine Abgabe für Kleie mehr zu zahlen, indessen da er überhaupt nur 60 Cts. per Ctr. nicht zu zahlen hat und hiervon der Antheil des Exporteurs und des Zwischenhändlers noch abgebt, so bleiben ihm in Wirklichkeit etwa 40--45 Cts. per metr. Ctr. oder 30 Cts. per Hektoliter Weizen.

Die Untersuchung der Frage hat in der Enquête zu sehr verschiedenen Urtheilen geführt. In 48 Departements hat man sich über dieselbe ausgesprochen: der gegenwärtigen Ordnung günstig, waren etwa 26 Vota; 22 sprachen sich dagegen aus; in 30 Departements hat man keine bestimmte Antwort erhalten, sei es, dass die

Frage nicht ventilirt oder nicht erledigt worden, oder sei es, dass, da die Vermahlung ausländischen Getreides dort nicht vorkommt, die Landwirthe daselbst kein Interesse daran haben, ob die Sache so oder anders geregelt ist. Unter den 30 Departements indessen haben sich mehr als $^2/_3$ im Allgemeinen günstig über die liberale Gesetzgebung für Ein- und Ausfuhr ausgesprochen. Von 11 Departements sind die Ansichten nicht bekannt geworden. —

Unter den dem gegenwärtigen Regime günstig gesinnten Departements befinden sich fast alle aus dem Norden Frankreichs, welche ein reges Interesse für freie Ausfuhr haben. Auch die Departements von Herault, Gard und der Rhonemündungen sind unter diesen, obgleich gerade bei ihnen ausländisches Getreide eingeführt wird; aber da ist eben der Getreidehandel und die zahlreichen Massreduktionen ein Vortheil für sie. — Die Departements, welche sich ungünstig aussprachen, gehören meist dem Centrum und Südwesten Frankreichs an.

Zahlreiche Einwürfe haben sich denn auch gegen die jetzige Ordnung erhoben. Allgemein scheint auf die Opponenten der Umstand einen ungünstigen Eindruck gemacht zu haben, dass bei der zeitweiligen Einfuhr fremden Getreides und dem dadurch entstandenen, oben geschilderten Handel das Billigkeitsgefühl verletzt werde, indem man das Gesetz umgehen und ausländisches Getreide gänzlich steuerfrei auf den Markt bringen könne. Man erblickt darin eine Defraude gegen den Staat, der von jeglichem ausländischen Getreide den Zoll einzuziehn berechtigt sei. Endlich haben einige Personen in den Transitscheinen eine Begünstigung des Mehlexporthandels gesehen, indem für Mehl gleichsam eine Ausgangsprämie gezahlt werde, was doch gerade sehr gegen das Freihandelsprinzip verstosse.

Die Vertheidiger des Systems der Transitscheine erwidern mit dem Eingeständniss, dass in der That ein Theil des zum inländischen Konsum eingeführten Getreides steuerfrei bleibe; es resultire kein Schaden für unsere landwirthschaftliche Industrie daraus, im Gegentheil gerathen wir in ausgedehntere Handelsbeziehungen mit den produzirenden Ländern, zu welchen wir in theuren Jahren doch unsere Zuflucht nehmen müssen; wir bieten ferner unserer Mühlen-Industrie Arbeit und Verdienst und begünstigen so den Export von Mehl, welches für die Konsumtion des nördlichen Europa bestimmt ist

Man hat beobachtet — und das ist unbestreitbar —, dass diese Mehlhandelsoperationen keineswegs die Menge unserer inländischen

Vorräthe vermehren, weil jede Einfuhr von Weizen innerhalb dreier Monate die Ausfuhr einer äquivalenten Menge Mehl veranlasst.

Allein da die Einfuhr hauptsächlich in den südlichen Departements stattfindet, welche sich also theilweise mit ausländischem Weizen verproviantiren, und die Ausfuhr in denen des Westens und Nordens, welche demgemäss ihre Nachbargegenden verproviantiren, so ist die Frage, ob eine solche Sachlage den Interessen des Landes dienlich ist oder nicht.

Folgende Tabelle giebt für die sechs verflossenen Jahre von 1861—66 und für die 10 ersten Monate von 1867 die zeitweiligen Einfuhren fremden, für die Mühle bestimmten Weizens und die Ausfuhr von Mehl an; es werden dabei Mittelmeer-, West- und Nordküste und die andern Grenzen als besondere Kategorien angeführt.

Im Jahre.	Einfuhr von Weizen. Als zeitweilig zugelassen deklarirt.				Rückausfuhr von Mehl. In Centnern Laut Entledigung des Transitscheines.			
	Mittel-meer-küste.	Ost-u Nord-küste, Nan-tes u. Dün-kirchen.	Andere Grenzen.	Ge-sammt-Mengen.	Mittel-meer-küste.	Ost-u Nord-küste, Nan-tes u. Dün-kirchen.	Andere Grenzen.	Ge-sammt-Mengen
1861 . . .	270,894	149,042	37,756	457,492	152,714	73,866	31,445	238,045
1862 . . .	1,143,291	92,881	14,011	1,250,273	131,414	409,612	114,723	655,749
1863 . . .	1,722,864	59,826	13,346	1,796,036	101,739	758,131	373,101	1,232,971
1864 . . .	1,829,000	38,817	30,838	1,898,655	145,780	759,190	305,756	1,210,726
1865 . . .	1,923,484	17,428	44,261	1,885,173	384,326	947,529	368,477	1,700,332
1866 . . .	1,992,949	185,412	105,008	2,883,369	431,563	617,096	137,648	1,186,307
1867 . . .	2,832,723	178,658	31,335	3,042,716	288,810	769,820	994,218	2,052,218

Man ersieht aus diesen Zahlen, dass am Mittelmeer die für die Mühle deklarirt eingeführten Weizenmengen gewöhnlich 1,800,000 Centner betrugen, hiervon muss die durch dieselben Häfen wieder exportirte Mehlmenge ca. 350,000 Ctr. Mehl, entsprechend 500,000 Ctr. Weizen abgezogen werden, bleiben also 1,300,000 Centner ausländischen Weizens für den Konsum der südlichen Departements übrig, welche an vielen Punkten weniger produciren, als sie brauchen. — Für die ersten 10 Monate 1867 waren die zeitweiligen Einfuhren ausländischen Weizens für die Mühle weit bedeutender als in früheren Jahren, und war das vor Allem an der Mittelmeerküste der Fall Aber es erklärt sich das aus dem Ernteausfall desselben Jahres, da in den südlichen Departements das Defizit, statt wie sonst 4 Millionen, dieses Jahr ca. 5½ betrug.

Die stets unzureichende Ernte in einer gewissen Anzahl südlicher Departements ist ein Punkt, der von den Anhängern des gegenwärtigen Systems der zeitweiligen Einfuhren zur Stütze dieses Systems stets betont worden, und sie meinen, dass durch diese Handelsoperationen eine Bewegung im Gange erhalten wird, welche einerseits zu Zeiten des Mangels das Getreide des produzirenden Auslandes leicht zuzuführen und uns zu Zeiten des Ueberflusses den konsumirenden Nachbarländern leicht zu liefern gestattet.

§. 2. V i e h.

Ueber das Vieh ist in Hinsicht auf die Verzollung wenig zu sagen. Nur einige Wünsche betreffs Erhöhung des Einfuhrzolles für dasselbe aus dem Auslande sind im Interesse inländischer Viehzüchter laut geworden.

Diese Zölle sind nach dem Gesetze vom 16. Mai 1863, welches lediglich die Bekräftigung eines früheren Dekrets ist, auf 3 Frcs. (24 Sgr.) per Stück Ochsen und Stier, auf 1 Frc. (8 Sgr.) für die Kuh, Färse und den jungen Ochsen, au. 25 Centimes (2 Sgr.) für jedes Kalb, Schaf und Schwein, auf 10 Centimes endlich für jedes Lamm und Ferkel normirt.

Seit 1853, wo diese geringen Einfuhrzölle statt der früher viel höheren bestehen, hat die Einfuhr ausländischen Viehes bedeutend zugenommen, ausgenommen im letzten Jahre beim Rindvieh, dessen Einfuhr wegen der Rinderpest an unsern Nord- und Ostgrenzen verboten war, überstieg die Einfuhr fremden bedeutend die Ausfuhr französischen Viehes, wie folgende Tabelle es für Ochsen und Hammel angiebt.

Im Jahre	Einfuhr.		Ausfuhr.	
	Ochsen.	Hammel.	Ochsen.	Hammel.
1854	28,963	272,595	13,523	49,308
1855	40,344	309,143	10,949	53,202
1856	35,160	327,305	12,408	50,577
1857	39,961	390,396	12,297	54,669
1858	21,213	339,142	12,958	53,507
1859	22,173	455,361	16,159	62,125
1860	27,683	477,934	18,797	64,094
1861	40,398	555,507	15,967	51,077
1862	42,230	542,389	13,724	48,525
1863	41,769	638,578	15,307	65,060
1864	49,232	775,582	13,716	85,858
1865	50,585	824,337	28,806	147,303
1866	53,534	774,269	60,037	189,239

Die französische Landwirthschaft hat aber unter dieser Thatsache nicht gelitten. Die Fleischkonsumtion ist seit einer Reihe von
Jahren beträchtlich gewachsen, und die Preise sind stark in die Höhe
gegangen. Die Produktion konnte damit nicht Schritt halten, und
das magere Vieh, welches uns in grösserer Menge aus dem Auslande
zugeführt wurde, hat in der nützlichsten Weise dazu beigetragen,
unsere Hülfsquellen mit unsern Bedürfnissen auszugleichen. Die
Mäster haben für ihr Gewerbe sich leicht passendes Material schaffen
und die Landwirthe, denen das Vieh zuwächst, haben es zu bessern
Preisen verkaufen können. So lange die Schlachtviehpreise hoch
sind. und unsere nächsten Nachbarn einen Theil unseres Mastviehes
uns entnehmen und wahrscheinlich noch lange entnehmen werden,
ist es nicht an der Zeit, die gegenwärtigen Zölle für ausländisches
Vieh zu erhöhen.

§. 3. Wein und Alkohol.

Lebhafte Klagen wurden in der Enquête über die schlimme
Lage laut, in der sich französische *Weine* den ausländischen gegenüber bezüglich der Zollgesetzgebung befinden sollten, nachdem mit
verschiedenen benachbarten Staaten Handelsverträge abgeschlossen
sind und in Folge der in unsern Nachbarländern eingeführten Zolltarife.

Die Dekrete vom 30. August und 5. Oktober 1854, welche durch
das Zollgesetz vom 16. Mai 1863 bestätigt worden, haben den Einfuhrzoll auf gewöhnliche Weine oder Liqueure in Fässern, Schläuchen
oder Flaschen auf 25 Centimes per Hektoliter (etwa 2 Sgr. 8 Pf. das
Ohm) in Frankreich festgestellt. Die deutschen und spanischen
Weine zumal können also besonders leicht unseren Weinen Konkurrenz machen. Ohne Zweifel ist diese Konkurrenz nicht im Stande,
der einheimischen Weinindustrie auf unseren Märkten Schaden zuzufügen; aber man will unseren Weinen im Auslande dieselben Ver-
günstigungen zugesichert wissen und beklagt sich, dass dem nicht
so sei.

Folgendes sind die Einfuhrzölle für französische Weine in einigen fremden Ländern: In England zahlen Weiss- und Rothweine,
die nach dem Sykes'schen Hydrometer weniger als 26 % Alkohol
zeigen, 27 Frcs. 51 Cts, die weniger als 42 % zeigen, zahlen 68 Fr.
76 C. per Hektoliter (resp. 302,51 und 756,36 Sgr. per Ohm).

In Belgien zahlt der Hektoliter 23 Frcs. in Gebinden und 24 Frcs.
in Flaschen.

Im Zollverein und Oesterreich 30 Fr. per 100 Kilogr. (4 Thlr. per Ctr.)*)

In Russland wird moussirender Wein mit 3 Frcs. 60 Cts. per Flasche, Wein in Gebinden mit 50 Frcs. 80 Cts. per 100 Kilogramm und in Flaschen mit 1 Frcs 20 Cts. per Flasche versteuert.

Aus diesen hohen Tarifen ist ersichtlich, dass die Einfuhrzölle bei uns und im Auslande sehr ungleich sind. Indessen ist zu bemerken, dass die nach Frankreich importirten ausländischen Weine alle Auflagen der Konsumtion und Cirkulation von Flüssigkeiten zu tragen haben. Ohne Zweifel haben wir in unseren Handelsverträgen mit fremden Ländern einen Ausgleich durch andere Objekte, aber die Steuer, welche auf unseren Weinen bei ihrer Einfuhr in Nachbarländer ruht, wo wir doch schätzbare Absatzpunkte finden könnten, erklären und berechtigen die Wünsche, die gegenwärtige Sachlage zu ändern. Es kann für Niemand zweifelhaft sein, dass die Regierung diesen Wünschen möglichst ausgedehnte Genugthuung gewähren wird, und sie hat öffentlich verkündet, dass sie besonders mit Deutschland ein für unsere Weinindustrie günstigeres Abkommen zu treffen beabsichtigt.

Was den *Alkohol* betrifft, so hat man sich im Departement der Seine inférieure beklagt, dass die Inkraftsetzung des Handelsvertrages mit Preussen, welcher den Einfuhrzoll für Alkohol aus diesem Lande auf die Hälfte erniedrigte, den Getreidebrennereien des Arrondissements von Rouen grossen Schaden zugefügt habe Diese nämlich bereiteten ein äusserst geschätztes Fabrikat, das seines Gleichen eben nur noch in Preussen hat. Gegenwärtig bezahlt preussischer Alkohol 15 Frcs. per Hektoliter (5$\frac{1}{2}$ Thlr. per Ohm) Einfuhrzoll, abgesehen von der Konsumtionssteuer, welcher er wie der französische Alkohol unterworfen ist. Preussen gewährt indess den Spiritusexporteuren eine Ausfuhrvergütigung von 7 Frcs. 50 Cts. per Hektoliter. (Der französische Konsul in Stettin hat diese Bonifikation auf 15 Frcs. berechnet, was dem Einfuhrzoll bei uns gleich wäre.)**)

---

*) Der Zoll ist im Zollverein inzwischen in Folge des Handelsvertrages mit Oesterreich auf 2$\frac{2}{3}$ Thlr. herabgesetzt.   F.

**) Im Zollverein werden für 50 Quartprozente 11 Pf. Ausfuhrvergütung gezahlt, also für 100 Quartprozente 22 Pf. Rechnet man 62 Quart gleich 71 Liter, den Francs gleich 8 Sgr., so beträgt die zollvereinsländische Ausfuhrvergütung für 10,000 Literprozente $\dfrac{100.\ 22.\ 62.}{71.\ 12.\ 8.}$ = 20 Frcs., während für 10,000 Literprozente 15 Frcs. Eingangszoll nach Frankreich gezahlt werden.   Filly.

Im Jahre	Einfuhr fremden Alkohols.	Ausfuhr französischen Alkohols.
1861	134,343 Hektolit.	164,236 Hektolit.
1862	65,983 „	183,924 „
1863	64,665 „	224,152 „
1864	69,468 „	253,440 „
1865	45,670 „	227,136 „
1866	64,156 „	362,658 „

§. 4. Wolle.

Für Wollen galten nach dem Steuergesetze vom 5. Mai 1860 folgende Einfuhrverordnungen: Wenn sie von aussereuropäischen Ländern herkommt, aber zu Wasser unter französischer Flagge eingeführt wird, so ist sie von jedem Einfuhrzolle frei; wenn sie anderswoher zu Wasser kommt, gleichviel ob unter französischer oder fremder Flagge, so zahlt sie 3 Frcs. per 100 Kilogr. Zu Lande eingeführt, bezahlt sie gleicherweise nur 3 Frcs., wenn sie von ausländischen Niederlagen herkommt.

In einer gewissen Anzahl von Departements und besonders im östlichen Frankreich, wo die Wollenindustrie eine grosse Entwickelung zeigt, haben die Landwirthe als Lieferanten des Rohstoffes sich sehr über die geringe Steuer auf ausländische Wollen und über die Konkurrenz, welche diese - zumal die australischen — den inländischen Wollen machen, beklagt.[*]) Ueber diesen Punkt lässt sich nichts Besseres sagen, als was der Staatsrath Genteur im Marne-Departement darüber geäussert hat. Seit dem Gesetz vom 5. Mai 1860 sollen die feinen Wollen eine beträchtliche Preiserniedrigung erfahren haben, man verlangte daher dringend einen Schutzzoll von 10 %. Es hat sich nun zwischen den Fabrikanten von Wollstoffen und den rohstoffliefernden Landwirthen zu Reims eine lange und interessante Debatte erhoben. Aus derselben ging hervor, dass der Schutzzoll keine nennenswerthe Veränderung im Preise der Wolle herbeiführen werde. Niemals waren z. B. die Preise niedriger als 1825 bis 1834, wo der Zoll für ausländische Wollen noch 35 % betrug. Der mittlere Preis während der 36 Jahre, wo der Schutzzoll existirte, war 5 Fr. 42 C., in den letzten 6 Jahren dagegen 5 Fr. 43 C· —

---

[*]) Bekanntlich war auch bei uns und zwar durch den landwirthschaftlichen Verein zu Sondershausen eine Agitation zu Gunsten eines Schutzzolles auf Wolle angeregt; aber die überwiegende Mehrzahl der landwirthschaftlichen Vereine erklärte sich gegen einen solchen.   F.

Wenn die feinen Wollen im Preise gesunken, so sind dafür die ordi-
näreren langen und starken Sorten in die Höhe gegangen; man hat
ausserdem in der Vermehrung des Schurgewichts und der Fleischproduktion, welche von Tag zu Tag beträchtlicheren Nutzen abwirft,
ein volles Aequivalent gefunden. Endlich braucht die französische
Landwirthschaft eine Verdrängung ihrer Wollen durch die australischen nicht zu fürchten, weil sie bestimmte Qualitäten hat, welche
der australischen abgehen, und wird deshalb also stets gefragt
bleiben. Die Industrie kann schliesslich, Dank der Verbesserung
ihrer Maschinen, die groben Wollen eben so gut vorarbeiten, als ehedem die feinen.

Trotzdem hat eine gewisse Anzahl Stimmen sich in der Enquête für die Erhöhung des Zolles auf fremde Wollen ausgesprochen.
Selbst unter denjenigen, welche den gegenwärtigen Zustand beizu-
behalten gesinnt waren, liess sich die Ansicht hören, dass, wenn die
Agrikultur nicht gegen die ausländische Konkurrenz geschützt werde,
man die Industrie nicht mit anderem Masse messen solle. „Es ist
nicht allzuverwegen, anzunehmen", sagt Genteur, „dass die Landwirthschaft dem Widerwillen gegen den Freihandel, dessen Haupt-
ursache Mangel an Aufklärung ist, zum Trotz, an dem Tage, wo zwischen
ihr und der Industrie gleiches Recht hergestellt ist, erklären wird, dass
sie den Freihandel annimmt und seine Konsequenzen zu ertragen
gesonnen ist." Es scheint übrigens, als ob die Industriellen von
Reims auf den Schutzzoll für die Gewebe zu verzichten gedenken.

Einfuhr ausländischer und Ausfuhr französischer Wollen seit 1861.

Im Jahre	wurden ausländische Wollen importirt	inländische Wollen exportirt
1861	56,396,384 Kilogr.	6,446,783 Kilogr.
1862	50,044,992 „	12,179,912 „
1863	65,117,504 „	11,005,852 „
1864	64,777,780 „	12,141,509 „
1865	74,482,531 „	7,912,445 „
1866	88,450,800 „	10,081,169 „

§. 5. Zucker.

Für die Erhöhung des Einfuhrzolles auf fremden Zucker ist in
der Enquête keine Reklamation erhoben worden. Die direkte
Auflage, welche bei der Zuckerfabrikation die Hauptrolle spielt, soll
im Kap. IX, wo von der fiskalischen Gesetzgebung die Rede ist, des
weiteren besprochen werden

§. 6. Krapp.

In der Enquête des Departement Vaucluse haben die Begutachtenden verlangt, dass die Einfuhr ausländischen Krapps, welche nach dem Dekret vom 15. Januar 1861 und dem Gesetze vom 16. Mai 1863 von allen Abgaben frei ist, neuerdings der Steuer unterworfen werde, welche nach dem Gesetze vom 28. April 1816 für trockene Krappwurzeln auf französischen Schiffen eingeführt 12 Frcs. per 100 Kilogr. betrug, und auf fremden Schiffen sowie zu Land 13 Frcs. 20 Cts.

Ihre Forderung motivirten sie durch die Niedrigkeit der Preise in den letzten Jahren, und sie glaubten dieser Baisse durch einen Einfuhrzoll abhelfen zu können. Combes, der Präsident der dortigen Enquête, bemerkte, dass diese Ansicht weder von der Raths- noch von der Handelskammer in Avignon getheilt werde, auch nicht vom Generalrath des Departements, welcher den Vorschlag eines seiner Mitglieder, dem ausländischen Krapp einen Einfuhrzoll von 3 Frcs. per 100 Kilogr. aufzuerlegen, verwarf. *)

§. 7. Käse.

Im Département du Doubs, wo die Käseindustrie stark betrieben wird, zeigte man sich ziemlich eingenommen gegen den Einfluss, welchen der Handelsvertrag von 1864 mit der Schweiz auf diese Industrie ausgeübt haben soll. Nach selbigem bezahlt man für 100 Kilogr. harten Schweizerkäse 4 Frcs. und für weichen 3 Frcs. Einfuhrzoll, während der Generaltarif 16 Frs. 50 Cts. für erstere und 6 Frcs. 60 Cts. für letztere feststellte. Der Präsident der dortigen Enquête, Cornudet, hat diese Frage einer ernsten Prüfung unterworfen, und die Mehrheit in der Departements-Kommission war der Ansicht, dass man die Erfolge eines noch so jungen Vertrages abwarten müsse, um ihn richtig zu beurtheilen.

§. 8. Verschiedene andere Gegenstände.

Unter den Zollfragen, welche die Landwirthschaft interessiren, sind noch die den *Dünger* und die *landwirthschaftlichen Maschinen*

---

*) Man vergisst ganz, dass die Entdeckung der Anilinfarben, die so viel leuchtender sind, dem Verbrauch anderer Farbstoffe so bedeutenden Eintrag gethan hat. Die deutschen Chemikern (Grebe und Liebermann) zuerst gelungene synthetische Darstellung des Alizarins, des Farbstoffes der Krappwurzel (neben dem Purpurin), aus dem Anthracen dürfte vielleicht der ganzen Krappkultur den Todesstoss versetzen.   Filly.

betreffenden zu erwähnen. Diese sind indess schon speziell in
Kap. III. und IV. behandelt worden.

Es wurde auch der Wunsch laut, jeglichen Einfuhrzoll auf fremde
Kohlen aufzuheben. Diese Frage, welche für die Industrie so wichtig ist, muss auch denjenigen Theil unserer Landwirthe interessiren,
welcher technische Nebengewerbe betreibt, wie Zuckerfabrikation,
Branntweinbrennerei u. s. w. Nach dem Gesetze vom 1. Mai 1867
und dem Generaltarif wird für rohe Steinkohle und Coaks, zu Meer
und auf französischen Schiffen eingeführt, 12 Cts. per 100 Kilogr.
Zoll erhoben, auf fremden Schiffen importirt, 72 Cts. Die Einfuhr zu
Lande ist für alle gleichmässig auf 12 Cts. per metr. Ctr. festgesetzt.

*Die Zollverhältnisse fremder, mit Frankreich in Handels-
beziehungen stehender Länder* sind, was die landwirthschaftlichen
Produkte betrifft, im Allgemeinen, wie folgt, normirt:

In **Grossbritannien** existirt Einfuhrzoll auf Cerealien, Weine,
Spirituosen und Zucker, Vieh hat freie Einfuhr. Für Cerealien gilt
schon lange der Satz von 1 Shilling per Quarter (1 Sgr. 10 Pf.
per preuss. Scheffel). Die allgemeine Gesetzgebung hierüber datirt
von der Reform, die Sir Robert Peel 1846 angeregt hat; ihr Prinzip ward am 22. Juli desselben Jahres festgestellt, und erhielt das
Gesetz seine Vollendung am 1. Januar 1849. Es besteht also seit
beinahe 20 Jahren, und Niemand denkt an eine Aenderung, so sehr
ist es im Sinne der öffentlichen Meinung. In England ist man der
Ansicht, dass die Freiheit des Verkehrs zu gleicher Zeit die Verproviantirung des Landes sichert und den Preis regulirt. Der Einfuhrzoll für Körner ist gegenwärtig auf 3 Pence für den englischen
Centner = 59 Cts. für den metrischen festgesetzt und für Mehl auf
$4\frac{1}{2}$ Pence für den englischen = 88 Cts. für den metrischen Ctr.

Für Weine sind die Steuerverhältnisse schon besprochen worden;
für Spirituosen giebt es je nach ihrem Herkommen verschiedene
Sätze, meist betragen sie 10 Sh. 5 d. (13 Frcs.) per Gallon (4 litres 54)
oder ca. $154\frac{1}{2}$ Thlr. per Oxhoft.

Die raffinirten Zucker zahlen 12 Sh. 10 d. per englischen oder
$31\frac{1}{2}$ Frcs. per metrischen Ctr. Rohzucker je nach dem Grade seiner
Farbe von 20 bis $28\frac{1}{2}$ Frcs. per metr. Ctr.

Da die Erzeugung landwirthschaftlicher Nährstoffe und speziell
der Cerealien für den Konsum Englands durchaus unzureichend ist,
so ist es genöthigt, sich aus fremden Ländern zu verproviantiren,
mit welchen sein grossartiger Handel stets sehr enge Beziehungen
aufrecht erhält; in gewöhnlichen oder mittleren Jahren führt es ca.

20 Millionen Hektolitres (fast 36½ Mill. Schffl.) Weizen ein. Frankreich kann ihm seiner nahen Lage wegen einen guten Theil dazu liefern.

Folgende Tabelle bezeichnet die Handelsbewegungen in beiden Ländern für die vorzüglichsten landwirthschaftlichen Produkte in den 2 letzten Jahren (1858 und 59) vor dem Handelsvertrage und beziehentlich 2 Jahren (1865 und 66) nach demselben.

Gegenstände.	Einheit	Export von Frankreich nach England.			
		1858	1859	1865	1866
Cerea-{ Körner	metr. Ctr.	3,278,044	3,726,911	2,249,397	2,607,772
lien \Mehl..	do.	861,950	1,446,068	633,170*)	1,473,172*)
Vieh	Stück	38,055	42,325	146,409	183,146
Wein	Hektol.	43,998	66,485	165,943	211,992
Alkohol	do.	47,387	133,470	102,225	180,147
Wolle.	Kilogr.	106,771	447,481	928,927	2,286,808
Zucker { raffi-nirt .	do.	4,093,963	1,440,029	14,413,204	9,621,007
roh .	do.	16,048,991	9,410,075	27,154,241	22,074,023

Gegenstäude.	Einheit	Import von England nach Frankreich.			
		1858	1859	1865	1866
Cerea-{ Körner	metr. Ctr.	159,669	149,735	—	170,100
lien \Mehl..	do.	—	—	—	30
Vieh	Stück.	—	—	—	—
Wein	Hektol.	4,545	6,251	10,253	8,027
Alkohol	do.	—	—	2,541	2,288
Wolle.	Kilogr.	11,212,549	9,000,734	23,661,735	25,707,200
Zucker { raffi-nirt .	do.	—	—	1,547	13,703
roh .	do.	—	—	932,858	15,409

Frankreich hat ausserdem im Jahre 1865 an Butter, Eiern und Geflügel für 81.206,000 Frcs., im Jahre 1866 für 89,814,996 Frcs., an Früchten für die Tafel im Jahre 1865 nahezu für 8 Millionen und 1866 für 7½ Millionen ausgeführt. 1858 und 59 betrugen die Summen für Butter, Eier und Geflügel nur 13,314,700 Frcs. und

---

*) Bei diesen Zahlen sind die Gesammtmengen des auf Transitschein exportirten Mehl'es nicht mit einbegriffen; thun wir das, so kommen auf das Jahr 1865 = 1,595,530 und auf 1866 = 1,986,062 metr. Ctr.

14,712,800 Frcs.: für Früchte zur Tafel jedes Jahr ca. 2$\frac{1}{2}$ Millionen. —

In **Belgien** ist die Gesetzgebung betreffs Ein- und Ausfuhr landwirthschaftlicher Produkte sehr einfach. Sie gestattet die freie Ausfuhr und hat nur für Weizen, Spelz und Mischkorn einen Zoll von 60 Cts. auf 100 Kilogr. (2$\frac{1}{2}$ Sgr. per Ctr. preuss.), den wir selber auch erheben.

Vieh bezahlt 1 Frcs. per 100 Kilogr. Bruttogewicht. Weine bezahlen 23 Frcs. per Hektoliter, 50 gradige Spirituosen 42 Frcs. 50 Cts. (resp. 253 und 467$\frac{1}{2}$ Sgr. per Ohm).

Ueber 50 Grad werden für jeden Grad mehr je 85 Cts. erhoben. Die Handelsverträge haben den Austausch Belgiens mit fremden Ländern zum Vortheil des Konsumenten und ohne Nachtheil für den Produzenten Belgiens angeregt.

Die Gesetzgebung der **Niederlande** kennt keinen Ausfuhrzoll für landwirthschaftliche Produkte. Einfuhrzoll lastet auf allen Cerealien im Betrage von 10 Frcs. per 100 Hektol. (44 Sgr. für 100 Schffl.), was eher eine Wiegesteuer als ein Einfuhrzoll ist. Vieh kann frei aus- und eingehen. Französische Weine bezahlten bis 1867 für das Hektoliter 26 Gulden = 55 Frcs. Diesem Zoll steht eine Erniedrigung auf 20 Gulden = 42 Frcs. 30 Cts. Ende 1869 bevor. Fünfziggradige Spirituosen zahlen 7 Frcs. 50 Cts. per Hektoliter nebst einer Konsumtionssteuer von 1 Frcs. 6 Cts. per Liter (also im Ganzen pro Quart 10,4 Sgr.).

Das Prinzip des Freihandels für agrikole Produkte hat zur Verbesserung des Zustandes der Landwirthschaft beigetragen, vorzüglich durch Abschaffung des Ausfuhrzolles für Vieh.

Die Resultate der Handelsverträge Hollands mit andern Ländern sind im Allgemeinen als günstig zu bezeichnen. Der Vertrag mit Frankreich ist ganz neu; man glaubt, dass durch ihn ein grösserer Verbrauch französischer Weine erzielt werden wird; bis jetzt war der Zoll für dieses Getränk zu hoch, als dass es allgemeine Verbreitung hätte finden können.

Im **Zollverein** existirt für die meisten landwirthschaftlichen Produkte wie Cerealien und Vieh freie Einfuhr. Für Wein aber zahlt man 30 Frcs. per 100 Kilogr. und für Spirituosen 50 Frcs. per 100 Kilogr.

Ausfuhrzölle giebt es nicht. Für Spirituosen gewährt **Preussen** eine Ausfuhrvergütigung auf die erhobene Maischsteuer. Diese Vergütung, welche eine Exportprämie darstellt, ist nach dem Gehalt

an Alkohol verschieden. Für das Hektoliter wird im Mittel 15 Frcs.
rückvergütet.*)

Gegenstände.	Einheit.	Export v. Frankreich nach dem Zollverein.		Import v. Zollverein nach Frankreich.	
		1865	1866	1865	1866
Cerealien {Körner · {Mehl · ·	Centner} do. }	189,030	252,428 62,876	} 25,784	854,900
Vieh · · · · · ·	Stück	11,017	611	528,746	564,530
Weine · · · · · ·	Hektoliter	75,523	95,136	1,985	443
Spirituosen · · · ·	do.	1,128	1,660	1,314	34,194
Wolle · · · · , · ·	Kilogramm	1,455,694	505,783	5,297,060	5,268,600

Der Zoll, welchen bei der Einfuhr in **Dänemark** einige landwirthschaftliche Produkte, wie Hopfen, Bier, Käse zahlen, ist im
Allgemeinen niedrig. Nur der Zoll für ausländischen Alkohol ist
ziemlich hoch. Ausfuhrzölle giebt es im dänischen Tarife nicht.

Die Handelsbeziehungen zwischen Frankreich und Dänemark
sind nicht bedeutend; nur sei bemerkt, dass 1865 Frankreich
15,057 Hektoliter Wein und 628 Hektoliter Branntwein und Liqueure
dahin versandte.

In **Schweden** sind seit 1855 Cerealien jeder Art, Fleisch und
alle landwirthschaftlichen Produkte des Feldes und Gartens frei von
Einfuhrzöllen. Alle Ausfuhrzölle sind aufgehoben. Nur für Spirituosen existirt noch eine Eingangssteuer. Branntwein in Gebinden
bis 21% zahlt ca. 23 Fr. per 100 Kilogr. (92 Sgr. per Zollcentner),
über 21% das Doppelte. Französischer Cognac in Gebinden zahlt
4 Fr. per Liter, in Flaschen etwas über 4 Fr. 80 Cts. Man bezweifelt nicht, dass in Schweden, wie überall, die Freiheit des Handels und der Industrie den Wohlstand heben wird.

In **Norwegen** zahlen Cerealien einen Einfuhrzoll, für Weizen
beträgt er 2 Fr. 30 Cts. per Tonne = 1 Fr. 65 Cts. per Hektoliter. Ausser Pferden sind alle lebenden Thiere steuerfrei. Für Weine
zahlt man 24 Cts. per Kilogr., und für das Kilogr. reinen Alkohol
1 Fr. 43 Cts. Der Einfluss, den diese Zölle auf die Lage der einheimischen Landwirthschaft haben, ist nicht abschätzbar, ebensowenig
wie die der Handelsverträge. 1865 hat Frankreich nach Schweden
und Norwegen 65,512 Ctr. Cerealien, 11,755 Hektoliter Wein und
5158 Hektoliter Alkohol exportirt.

*) Siehe oben Anmerkung S. 193.

In **Russland** ist der Ausfuhrzoll von $2^0/_0$ für landwirthschaftliche Produkte aufgehoben, nur für Holz besteht er noch. Bei der Einfuhr sind die Cerealien einer Steuer unterworfen, die für Weizen auf 90 Kop. per Tschetwert — 1 Fr. 72 Cts. per Hektoliter beträgt, wenn die Einfuhr vom Meere herkommt, und 30 Kop. (57 Cts.), wenn zu Land. Die Einfuhr lebenden Viehes ist frei. Der Zoll auf Wein ist schon oben besprochen. Zucker bezahlt 4 Rubel 50 Kop. per Pud — 1 Fr. 16 Cts. per Kilogr. (4 Sgr. 8 Pfg. per Pfund). Das ist ein Prohibitivzoll, welcher die sich in Russland entwickelnde Zuckerindustrie schützen soll. — Russland hat keine Handelsverträge im eigentlichen Sinne; es hat Konsular- oder Schifffahrts-Konventionen geschlossen, aber keinem Staate hat es Modifikationen seines Tarifs zugestanden, welcher für alle Staaten, mit denen es Handelsbeziehungen unterhält, gleich gestellt ist.

In **Portugal** hat Weizen 8 Fr. 33 Cts. Einfuhrzoll zu zahlen, Weine 55 Fr. 50 Cts. per Hektoliter (610,5 Sgr. per Ohm), Branntweine bis $33^0/_0$ zahlen 61 Fr. 10 Cts. per Hektoliter und über 30 Grad 83 Fr. 30 Cts. (resp. 672,1 und 916,3 Sgr. per Ohm). — Ochsen zahlen 1 Fr. 88 Cts. per Stück, Schweine 61 Cts., Hammel und Ziegen Nichts. Ausfuhrzölle: Für Weine 40 Cts. per Hektoliter, Branntwein 80 Cts., Vieh $1/_2^0/_0$ ad valorem. Cerealien sind bei der Ausfuhr zollfrei.

1865 hat Frankreich nach Portugal 99,430 Ctr. Getreide, 683 Hektoliter Wein und 3102 Hektoliter Alkohol exportirt. Portugal schickte uns 495 Hektoliter Wein und 175,021 Kilogramm Wolle.

In den Provinzen **Spaniens** ist die Ausfuhr frei, die Einfuhr von Cerealien aber völlig verboten, ausgenommen wenn besondere Verhältnisse und ein ungewöhnlich hoher Preis die Regierung veranlassen, sie zeitweilig frei zu geben. Dann verkündet ein Spezialbefehl die Einfuhr fremden Getreides, manchmal nur für gewisse Theile der Grenzen, und ein Zoll, der nach Umständen höher oder niedriger ist, wird erhoben. Laut königlicher Ordre vom 6. Oktober 1865 zahlt Vieh Einfuhrsteuer und zwar Rindvieh nach Grösse und Herkunft zwischen 4 und 11 Fr. per Stück, für Schafe von 53 Cts. bis 1 Fr.

Fremde Weine in Fässern zahlen je nach der Herkunft zwischen 42 und 48 Fr., und Spirituosen im Allgemeinen 30 Fr. per Hektoliter Einfuhrzoll.

Es existirt vom Juni 1865 eine Konvention mit Frankreich, die aber zu unwichtig ist, um auf die Gesammtproduktion einen merklichen Einfluss auszuüben. Man wünscht allgemein Abschlüsse von

Handelsverträgen in liberalem Sinne mit fremden Nationen, um die
Landesprodukte leicht auszuführen und die fremder Länder einführen
zu können.

Das Prinzip der Handelsfreiheit wurde von der italienischen
Regierung, was Ein- und Ausfuhr landwirthschaftlicher Produkte betrifft, anerkannt und durch die gegenwärtige Gesetzgebung in Kraft
gesetzt.

Dennoch haben neuere Gesetze (1866) echte Aus- und Einfuhrzölle geschaffen. Für Körner zahlt man 75 Cts., für Mehl 1 Franc
25 Cts. per 100 Kgr. — Von lebenden Thieren zahlt man für Ochsen
20 Fr. per Stück, für Kühe 8 Fr., für Kälber 2 Fr., für Schafe
25 Cts. — Für Weine zahlt man in Fässern 5 Fr. per Hektoliter,
in Flaschen 15 Cts. für jede an Einfuhrzöllen. Ausfuhrzölle zahlen
Körner 50 Cts. per 100 Kgr., Mehl 75 Cts, Ochsen 5 Fr. per Stück,
Schafe Nichts. Wein 1 Fr. per Hektoliter oder 5 Cts. per Flasche.

Mehrere Handelsverträge sind mit fremden Ländern geschlossen
worden; der zwischen Frankreich und Italien soll der liberalste sein;
er hat den Beziehungen zwischen beiden Ländern mehr Schwung
gegeben, indem er eine Menge Zölle aufgehoben und den Austausch
von Produkten erleichtert hat, welche, da sie verschiedener Art sind,
einander keine Konkurrenz machen.

Nach dem zwischen Frankreich und der Türkei 1861 abgeschlossenen Handelsvertrage, der dann auch auf alle übrigen Mächte
ausgedehnt wurde, dürfen die Ein- und Ausfuhrzölle auf Waaren
jeder Art nicht mehr als $8^0/_0$ ad valorem betragen. Gegenwärtig besteht ein Einfuhrzoll von $7^1/_2^0/_0$. Nach dem Vertrage von 1861 soll
der Ausfuhrzoll jedes Jahr um $1^0/_0$ erniedrigt werden, bis er nach
Verlauf von 7 Jahren auf $1^0/_0$ stehen bleibt. In Jahren, wo die
Ernte schlecht ausfällt, ist die Ausfuhr von Cerealien, wie Mais,
Gerste etc. vollständig verboten. —

Die Einfuhr von Weinen, Branntweinen und Alkohol von
weniger als 40 Grad ist in den Donaufürstenthümern gegenwärtig
gänzlich verboten; die Regierung hat aber einen Gesetzvorschlag vorbereitet, welcher an Stelle des Verbotes einen Zoll von 25 $^0/_0$ für
selbe, incl. Spiritus über 40 Grad, festsetzt. Die Ausfuhrzölle werden als für die Landwirthschaft unvortheilhaft betrachtet, und die
rumänische Regierung ist beschäftigt, einen neuen Tarif für Ein-
und Ausfuhr vorzuschlagen.

In Tunis hat bis jetzt weder Weizen, noch andere Cerealien,
noch Vieh einen Einfuhrzoll bezahlt, aber Ausfuhrzölle giebt es:

für Weizen 35 Cts. per Hektoliter, Gerste 18 Cts., Mais und Bohnen 15 Cts., Ochsen 15 Frcs. 30 Cts., Schafe 3 Frcs. 25 Cts. — Wein und Spirituosen zahlen 10 %, ad valorem Einfuhrzoll.

Die einzelnen Staatén von **Nordamerika** können auf kein Produkt weder Aus- noch Einfuhrzölle erheben; das ist der Centralgewalt vorbehalten. Die enormen Lasten, welche das Volk in Folge des Bürgerkrieges zu tragen hatte, zwangen die Regierung der Vereinigten Staaten, durch eine beträchtliche Erhöhung der Zölle die ihr nötbigen Hülfsmittel zu schaffen. So sind besonders die Zölle auf Wein und Spirituosen hoch.

In **Uruguay** ist der Einfuhrzoll auf Weizen 6 Frcs. 46 Cts. per Hektoliter, auf Mais und Gerste 4 Frcs. 4 Cts; dazu kommt noch ein allgemeiner fünfprozentiger Zuschlag.

Dor Einfuhrzoll für Mehl ist veränderlich; er wird höher, wenn das Korn im Inland billig ist, und umgekehrt. Vieh bezahlt keinen Einfuhrzoll. Wein und Spirituosen zahlen 22 % ad valorem und 5 % Zuschlag. D.e Ausfuhrzölle sind für Alles gleichmässig auf 5 % festgesetzt.

In **Chile** gibt es für Produkte wie Wein, Spirituosen, gesalzenes Fleisch etc., recht beschwerliche Einfuhrzölle; sie schwanken von 6 bis 25 % ad valorem, aber die Ausfuhr landwirthschaftlicher Produkte ist vollständig frei.

Kapitel VIII.

Allgemeine und Civil-Gesetzgebung.

Ausser den verschiedenen Punkten der Gesetzgebung, welche in den einzelnen Kapiteln dieses Berichtes schon bei spezieller Behandlung der von ihnen berührten Gegenstände besprochen worden, findet man in der Enquête noch eine Anzahl Wünsche, welche die Abänderung mehrerer Civilgesetze bezwecken, und welche in einem eigenen Kapitel zu behandeln passend erscheint.

Unter diesen Wünschen befinden sich solche, die Nichts speziell mit der Landwirthschaft zu thun haben; aber die Lösung der Fragen, welche sie bezwecken, wurden von ihren Erhebern als einflussreich für landwirthschaftliche Interessen gehalten und aus diesem Grunde der Oberkommission zur Beachtung empfohlen.

Wir werden uns hier auf die Wiedergabe der betreffenden Wünsche beschränken und einen sehr summarischen Bericht der gesetzlichen Verhältnisse, auf welche sie sich beziehen, beifügen, nicht aber in die juridischen Diskussionen eingehen, die zu unserer Kompetenz nicht gehören. Es ist das Sache der Rechtsgelehrten und höheren Verwaltungsbeamten.

Die *Mitgiftsordnung*, welche in einigen Theilen des südlichen und mittleren Frankreichs in Anwendung ist, wurde von Mehreren als Fessel betrachtet, welche in gewissen Fällen einen schädlichen Einfluss auf die landwirthschaftlichen Verhältnisse ausüben kann. Von den Begutachtenden haben die Einen die gänzliche Aufhebung, die Andern nur eine Aenderung dieser Mitgifts-Ordnung in liberalem Sinne verlangt und zwar so, dass eine Frau,

die unter derselben sich verheirathet hat, berechtigt sei, durch
Schenkung unter Lebenden die antizipirte Theilung ihrer Güter vor-
nehmen zu können, ohne Rücksicht auf das Prinzip der Unver-
äusserlichkeit, welches Artikel 1554 bezüglich der mitgiftlichen Immobilien feststellt.

In der Enquête wurden mehrfach Forderungen betreffs der
legalen Hypothek von *Frauen* und *Minorennen* aufgestellt. Man
wollte, dass das Gesetz die Wirkungen dieser Hypotheken beschränke,
dass man die geheimen Hypotheken gänzlich abschaffen, und dass
man durch obligatorische Einschreibung diejenigen veröffentlichen
solle, welche das Gesetz den Frauen auf die Güter ihrer Männer
und den minorennen Kindern auf die ihrer Vormünder aufzunehmen
gestattet. Uebrigens ist das eine von den Forderungen, welche in
der Vorbereitung des Gesetzvorlage geprüft worden sind, die gegenwärtig dem gesetzgebenden Körper vorliegt und die gerichtlichen
Verkäufe von Immobilien, die Theilung und Löschung der Hypotheken betrifft. Aber die Urheber dieser Vorlage glaubten dabei
nicht einen Weg einschlagen zu dürfen, der unser ganzes Hypo-
thekenwesen einer Revision unterwerfen würde. Man hielt also
nicht an dem Gedanken fest, den Art. 8 des Gesetzes vom 23. März
1859 zu ändern, welcher die Eintragung der gesetzlichen Hypothek
seitens der Frau, des majoren gewordenen Minorennen, des von der
Kuratel Befreiten, ihrer Erben oder Erbnehmer nur fordert, nachdem
die Ehe gelöst oder die Vormundschaft aufgehoben ist, indem er für
diesen Zweck ein Jahr Frist giebt. Das neue Gesetzprojekt beschränkt
sich in Bezug auf die Löschung der gesetzlichen Hypothek auf Vereinfachung der Formen und Verminderung der Kosten.

Allgemein wurde der Wunsch ausgesprochen, dass das dem
Eigenthümer durch Art. 2102 des Code Napoléon zugestandene Privilegium beschränkt werde. Schon in den vorgehenden Kapiteln wurden
die Forderungen erwähnt, welche die *Bezahlung des natürlichen und
künstlichen Düngers* nach der Ernte, wie dies für das Saatkorn der
Fall ist, der Befriedigung des Eigenthümers vorausgehen lassen
wollen. Aber selbst mit dieser Beschränkung erschien Einigen das
Privileg des Eigenthümers zu weit ausgedehnt, indem er einerseits
ein Vorzugsrecht betreffs des Pachtgeldes für sein Grundstück auf
die im laufenden Jahre eingeernteten Früchte und auf den Werth
alles dessen hat, womit das verpachtete Gut versehen worden ist,
sowie alles dessen, was zur Bewirthschaftung desselben gehört; und
andererseits, wenn die übrigen Gläubiger (sobald der Mieths- oder

Pachtkontrakt öffentlich beglaubigt oder mit Privatunterschrift unter bestimmtem Datum ausgestellt ist) das Gut für die noch übrige Pachtzeit verpachten, der Eigenthümer zuvörderst Alles erhält, was er noch zu fordern hat. — Man hat daher die Beschränkung dieses Privilegs vorgeschlagen, sei es in Anbetracht der Pachtzeit, sei es in Betreff der haftenden Objekte. Es solle, wie von mehreren Departemental-Kommissionen vorgeschlagen, die privilegirte Garantie für das verfallene Pachtgeld auf 2 Jahre, für das laufende auf 1 Jahr festgesetzt und ausschliesslich von der Ernte bezahlt werden.

Mehrere Begutachtende beantragten auch Aenderungen bezüglich der *Viehpacht*. Die zu modifizirenden, hier einschlagenden Artikel des Code Napoléon sind erstlich Art. 1808, nach welchem bei Unglücksfällen der Pächter den Zufall und der Verpächter das Versehen zu erweisen hat, welches er dem Pächter beimisst;

zweitens Art. 1810, welcher lautet: Geht das gesammte Vieh ohne Verschulden des Pächters zu Grunde, so trägt der Verpächter den Verlust; geht nur ein Theil zu Grunde, so wird er gemeinschaftlich getragen;

drittens Art. 1811, welcher Kontrakte, die den *Pächter* für den *Verlust* des *ganzen Viehes verantwortlich machen*, die seinen Antheil am Verlust grösser als am Gewinn feststellen oder ihn zur Ablieferung eines grösseren Viehstandes, als er empfangen, verpflichten, *für ungültig* erklärt;

viertens die Art. 1819 und 1820, welche die für die gewöhnliche Viehpacht gültigen Grundsätze auf die *Halbscheid-Viehpacht* übertragen.

Man beklagt sich über den Zwang, welcher durch diese Artikel den kontrahirenden Parteien auferlegt wird, und es liegt hierin der Hauptgrund, warum die Viehpacht nicht an Ausdehnung gewinnt. Uebrigens schlägt das gegenwärtig dem Staatsrathe vorliegende Projekt über den landwirthschaftlichen Kredit gewisse Modifikationen vor, welche im Sinne der in der Enquête ausgesprochenen Wünsche sind.

Die Art 1716 und 1718 des Code Napoléon über den *Eid des Eigenthümers* und Herrn wurden als für diese zu günstig und als nachtheilig für Pächter und ländliche Arbeiter betrachtet.

Artikel 1716 lautet nämlich:

„Entsteht bei einem mündlich geschlossenen Mieths- oder Pachtkontrakte Streit über den Betrag des Miethzinses oder Pachtgeldes, und ist die Vollziehung des Kontraktes bereits angefangen, jedoch keine Quittung vorhanden: so wird dem Eigenthümer auf seinen Eid geglaubt, dafern der Abmiether oder Pächter nicht auf Taxation durch Sachverständige antragen will; doch fallen diesem, wenn der Anschlag den von ihm angegebenen Betrag des Zinses oder der Pacht übersteigt, die Taxationskosten zur Last."

Artikel 1781 lautet:

„Dem Dienstherrn wird auf seine eidliche Versicherung geglaubt: 1) in Ansehung des Betrages des ausgemachten Lohnes. 2) In Ansehung der Bezahlung des Lohnes auf das *verflossene*; 3) in Ansehung dessen, was für das *laufende* Jahr in Abschlag bezahlt worden ist."

Man hat — und zwar wiederholtermassen — die Abschaffung des Artikels 742 des Code de procédure civile verlangt. Nach diesem Artikel, welcher von der Revision der auf die Haft von Immobilien bezüglichen Verordnung durch Gesetz vom 2. Juni 1841 her datirt, ist jedo *Uebereinkunft*, nach welcher der Gläubiger das Recht haben soll, die *Immobilien* des Schuldners zu verkaufen, ohne die für die Immobilien-Beschlagnahme gesetzlich vorgeschriebenen Formalitäten erfüllt zu haben, *null und nichtig*. — Nach Wegfall dieser Verordnung würde man die Klausel der Zwangsexekution wieder einführen, welche besonders in den nördlichen Departements lebhaft gewünscht wird; sie würde zur Folge haben, dass eine langathmige und kostspielige Procedur vermieden werden und die Geschäfte für alle diejenigen leichter abzuwickeln sind, welche — wie das so häufig in der Landwirthschaft vorkommt — auf nichts Anderes eine Sicherheit bieten können als auf ihr unbewegliches Eigenthum.

Der Wunsch, die *Beschlagnahme des unbeweglichen Eigenthums* zu *vereinfachen*, ist häufig in der Enquête laut geworden und wird in einem Gesetzvorschlage, der dem gesetzgebenden Körper vorliegt, seine Berücksichtigung finden. Dieses Projekt stellt nun zwar nicht die Zwanghaftklausel wieder her, welche man für unstatthaft hält bei den Anordnungen, welche die neue Reform für die kleinen Verkäufe festsetzt; indessen werden zahlreiche Aenderungen der Formalitäten und vorzüglich der Kosten bei gerichtlichen Verkäufen von Immobilien, bei Theilung und Löschung von Hypotheken getroffen werden. — Die Darstellung der Motive enthält Erklärungen und Details, auf die einzugehen hier nicht der Ort ist, weil diese Fragen binnen Kurzem gewiss Gegenstand der öffentlichen Diskussion bilden werden. Es genügt darauf hinzuweisen, dass durch die Gesetzvorlage zahlreiche, in der Enquête laut gewordene Wünsche auf Vereinfachung der Formalitäten und Verringerung der Kosten ihre Berücksichtigung finden werden.

Die Revision der notariellen Tarife ist ferner als wünschenswerthe Massnahme bezeichnet worden; auch haben sich Klagen in Betreff des Honorars erhoben. Man findet sie nicht allein zu hoch, man klagt auch, dass sie nicht einmal in demselben Departement gleichmässig sind; es kommt in der That häufig vor, dass sie von einem Arrondissement zum andern im Betrage wechseln, und es scheint sich hierdurch eine Art von Konkurrenz entwickelt zu haben, welche dem Charakter des Notariats-Amtes Eintrag thut, und selbst Träger desselben haben sich für Feststellung gleicher Honorarsätze ausgesprochen. Aber die Mehrzahl betrachtet eine Tarifirung für unthunlich: nicht nur bedinge der Wohnsitz verschiedene Bedürfnisse, sondern es sind auch durch spezielle Umstände Geschäfte gleichen Namens so verschiedenartig, dass ein gleicher Satz für sie ungerecht wäre.

Uebrigens sind die Notare weit entfernt, den Vorwurf der übermässigen Tarife ihrerseits zu unterschreiben. Die Oberkommission hat die von den Delegirten der Notare angebrachten Entgegnungen berücksichtigt: Sie haben behauptet, dass auf dem Lande die Honorare einem Notare kaum eine billige Entschädigung für Zeit und Arbeit gewähren, auch scheinen ihnen alle Fälle weislich durch Art. 51 des Gesetzes vom 25. Ventose des Jahres XI vorgesehen und angeordnet. Die Honorare und Gerichtsgebühren der Notare werden nach Belieben zwischen ihnen und den Parteien festgesetzt oder durch das Civilgericht am Wohnsitz des Notars — und zwar kostenfrei geregelt.

Ein fernerer Vorwurf wird den Notaren der Landgemeinden gemacht, dass sie nämlich durch Mittelspersonen Gelder verleihen und in Wahrheit die Banquiers des Landes sind, was gegen die Vorschrift der Verordnung vom 4. Januar 1843, Art. 12 verstösst. — Die Thatsache ist sicher und kaum angefochten, aber fast überall wurde anerkannt, dass sie weit entfernt, nachtheilig zu wirken, dem ländlichen Kredit wesentlich Vorschub leistet, da die Notare den bedrängten Landwirthen und Entleihern, die sie kennen, bessere Bedingungen gewähren können und wirklich gewähren, als Gläubiger, welchen die Verhältnisse nicht so genau bekannt sind.

Es sind Forderungen gestellt worden, die dahin gehen, die *Handelsusancen und die Jurisdiktion der Handelstribunale* auf die

landwirthschaftlichen Angelegenheiten auszudehnen; ja man wollte
sogar specielle landwirthschaftliche Tribunale errichtet wissen. Doch
hat sich auch gegen diese Wünsche Widerspruch erhoben: man will
nicht zugeben, dass genügende Gründe vorhanden seien, den Landwirth ausserhalb des gemeinen Rechtes zu stellen; man meint, dass
die bürgerlichen Obrigkeiten durch ihre juridischen Kenntnisse in
allen Sachen, welche die Eigenthumsfragen betreffen, bessere Garantien bieten, als man sie bei irgend einer anderen Jurisdiktion finden könne, und dass die wünschenswertheste Reform die sein würde,
welche die Intervention des Friedensrichters in der Entscheidung
streitiger, die Landwirthschaft berührender Fragen in immer häufi-
geren Gebrauch bringen würde. Indessen ward bei Gelegenheit, als
diese Frage durch eine Spezialkommission für den ländlichen Kredit
in der Enquête besprochen wurde, vorgeschlagen, dem Artikel 634
des Handelskodex einen Passus beizufügen, nach welchem die Handelstribunale in Prozessen gegen den Eigenthümer eines Landgutes,
Pächter oder Meier erkennen sollen, wenn dieser unter welchem Titel
immer seine Unterschrift unter eine Anweisung auf Ordre oder unter
einen Auftrag, eine Schuld für landwirthschaftliche Zwecke zu kon-
trahiren, gesetzt hat. Uebrigens ist nicht zu verkennen, dass jetzt,
nach Aufhebung der Schuldhaft (Gesetz vom 22. Juli 1867) die
Gleichstellung von Landwirthen und Kaufleuten an Interesse für die,
die solches wünschten, verloren haben dürfte. —

Ein anderer Punkt, welcher in der Enquête stark betont worden,
ist der Nutzen, welchen die *Erweiterung* der *friedensrichterlichen
Kompetenz* haben würde. Man kann sich überzeugen, dass in der
That der Friedensrichter durch die Natur seines Amtes und dadurch,
dass sein Wohnsitz am Hauptorte des Kreises ihn am häufigsten mit
der ländlichen Bevölkerung in Verkehr bringt, für diese die Haupt-
obrigkeit bildet, an welche sie sich auch am liebsten wendet. In
den Departementalkommissionen und von vielen Begutachtenden
wurde denn auch eine bedeutende Vermehrung der friedensrichterlichen Funktionen gewünscht. Man wollte diese Beamten mit den
kleinen Licitationen, mit Verkäufen von Immobilien bis zu einer
gewissen Summe und vorzüglich mit den Verkäufen von Gütern
Minorenner betraut wissen, ferner sollten sie die Jurisdiktion erster
Instanz für Theilung und Ausgleich kleiner Erbschaften, auch das
Recht der Expropriation haben, ferner die Kompetenz, alle Pachtverträge zwischen Eigenthümer und Pächter, alle Viehkäufe bezüglich
des Preises und der Gewährsmängel, alle Prozesse über Servituten

14

und Vormundschaftssachen, wenn das Nachlassobjekt gering ist, zu reguliren; sie sollten die Macht haben, in letzter Instanz bis zu 500 Frcs. entscheiden zu dürfen und in Eigenthumsklagen betreffs der Feldmarkung und der Wasserläufe für Irrigationszwecke zu erkennen haben.

Einige dieser Fragen wurden auch in der Vorbereitung des Gesetzvorschlages über gerichtliche Verkäufe, Theilungen etc. berathen, aber der Gedanke, die kleinen Verkäufe etc. vor dem Friedensrichter abzumachen, wurde durch Betrachtungen, die bereits in der Auseinandersetzung der Motive veröffentlicht worden, verworfen.

Um den Handelsoperationen mit landwirthschaftlichen Produkten einen grösseren und freieren Spielraum zu gewähren, welcher ihre Entwickelung mehr begünstigen dürfte, wollten Einige — meist waren sie der Kommission des Departement der Seine und Oise angehörig —, dass die *Artikel* 419 *und* 420 *des Code pénal beseitigt würden.*

Diese Artikel belegen bekanntlich diejenigen mit Strafe, welche durch in's Publikum gebrachte falsche Thatsachen oder Verläumdungen, durch Mehrbieten als die Verkäufer selbst verlangt, durch Vereinigung oder Verabredung zwischen den Inhabern von Waaren oder Lebensmitteln, welche darauf hinzielt, diese gar nicht oder nur zu einem bestimmten Preise zu verkaufen, oder diejenigen, welche durch betrügerische Mittel und Wege irgend welcher Art eine Hausse oder Baisse von Waaren oder Lebensmitteln veranlassen, welche die Preise höher, resp. tiefer stellen, als die natürliche Konkurrenz und der freie Handel es gethan hätte. Wenn diese Manoeuvres Getreide, Futterkorn, Mehl und dessen Derivate, Brot, Wein und andere Getränke betreffen, so beträgt die Strafe zwei Monate bis zwei Jahre und eine Geldbusse von 1000—20,000 Frcs.

Indessen, wenn die Bestimmungen der völligen und regelmässigen Ausübung des freien Handels mitunter auch Schranken setzen, so ist doch nicht zu vergessen, dass sie in den allerhäufigsten Fällen doch nur die wirklich strafbaren Handlungen treffen, welche einer gesetzlichen Repression zu unterwerfen denn doch wichtig ist.

Auch die *Abschaffung des Gesetzes* vom 6. Messidor des Jahres III., welches den *Verkauf des Getreides auf dem Halme* verbietet, wurde verlangt. Dieses Gesetz, welches man als hemmende Schranke des Eigenthumsrechts betrachtet, und welches ein Rest der durch veraltete ökonomische Anschauungen bedingten Massregeln ist, wird überhaupt nicht mehr angewendet. Da es aber nicht förmlich abgeschafft ist, so könnte doch einmal einem Tribunal einfallen, es wieder aufleben zu lassen, und man will die Landwirthschaft von dieser Befürchtung befreien. Es gehört diese Frage zu dem Code rural, der im Staatsrath ausgearbeitet wird.

Auf einigen Punkten und besonders in den südwestlichen Departements Frankreichs hat man gewünscht, dass das *Gesetz* vom 28. Mai 1858, welches die *Gewährsmängel* beim Verkauf und Tausch des Viehes betrifft, in der Weise abgeändert würde, dass die Verantwortlichkeit des Verkäufers verringert und die Gewährsfrist verkürzt werde. Man hat hierbei gewisse Missbräuche gerügt, welche den landwirthschaftlichen Interessen schädlich sind, und es ist hier am Platze, eine interessante Stelle aus dem Berichte des Herrn *Labarrure,* Vorsitzenden der landwirthschaftlichen Enquête in den Departements der Basses und Hautes Alpes und des Landes, anzuführen:

„Eine vielfach rein lokale Frage, welche aber unser gesammtes flaches Land beschäftigt hat und noch beschäftigt, ist der Missbrauch des Gesetzes über Gewährsmängel.

„Unter diesen Mängeln befindet sich die Lungenschwindsucht, die hier gewöhnlich mit dem Namen „la pommelière" bezeichnet wird. Unsere Viehwirthschaft liefert meist Rindvieh. Grosse Verkäufe finden davon auf unsern Märkten statt; auf diesen bewegt sich ein Schwarm von Viehhändlern; sie kaufen auf einem Markte und verkaufen alsbald auf einem andern, manchmal im angrenzenden Department. Wenn nun eine Baisse eintritt, so suchen die Viehhändler, die ein schlechtes Geschäft gemacht, dieses zu annulliren; sie laufen zu den Thierärzten und lassen sich bescheinigen, dass das gekaufte Vieh die pommelière habe. Allzu häufig geben die Thierärzte, sei es aus Unwissenheit, sei es aus Gefälligkeit *), ein Zeugniss zur Konstatirung dieses Gewährsmangels. Die Viehhändler fordern nun mit diesem Zeugnisse in der Hand die Verkäufer auf, ihr Vieh zurückzunehmen oder sich einem Preisabzug zu unterziehen. Die Verkäufer, welche das Geld nöthig, es mitunter auch schon ausgegeben haben, wissen sich nicht zu helfen; lieber ein Abzug, denken sie, als ein Prozess. — Dieser Fälle giebt es unzählbare; sie sind eine Plage beim Viehhandel. Was für Hülfe aber lässt sich gegen diesen Schwin-

---

*) Es wird hiermit den französischen Thierärzten ein Vorwurf gemacht, dessen Aufnahme in den offiziellen Generalbericht nach jeder Seite hin bedenklich erscheint; ist der Vorwurf begründet, so hätte die Verwaltung Abhülfe zu treffen; ist er unbegründet, so war es Pflicht des offiziellen Berichterstatters, dem entgegenzutreten.   Filly.

del vorschlagen? Die Regierung weiss, dass die Schwindsucht in ihren ersten Perioden beim Vieh nicht genau zu konstatiren ist, dass ihre Symptome nicht deutlich ausgesprochen oder mindestens zweifelhaft sind, und das ist so wahr, dass in der That dieselben Thierärzte innerhalb 20 bis 24 Tagen (offenbar in gutem Glauben) bei ein und demselben Thiere die Schwindsucht bescheinigt und bestritten haben; natürlich wussten sie nicht, dass es dasselbe Thier war.

„Diese Symptome werden erst in den letzten Stadien deutlich, wo das Thier dem Tode nahe ist. Diese Schwierigkeit der Diagnose wurde, nachdem das Gesetz einmal da war, von den tüchtigsten Thierärzten Alfort's und anderer Orte zugestanden, als man sie dieserhalb konsultirte. Ihr Votum bestimmte die Deputirtenkammer, zuerst die Schwindsucht nicht als Gewährsmangel aufzunehmen, die Pairskammer aber nahm mit schwacher Majorität dieselbe als Gewährsmangel an, darauf nahm die Deputirtenkammer, da das keinen genügenden Grund für einen Konflikt abgab, die Meinung der Pairskammer an, und das Gesetz ging durch. Da nun unser Departement den Missbrauch, der mit dem Gesetze getrieben wird, erkennt, und die Schwierigkeit, ja die Unmöglichkeit der Diagnose in frühen Stadien der Lungenschwindsucht für erwiesen erachtet, und es keinen anderen Weg weiss, den Schwindel, dessen Opfer der Landmann ist, zu beseitigen, so bittet es die Regierung, dahin zu wirken, dass in dem Gesetze über Gewährsmängel die Lungenschwindsucht nicht als solche aufgeführt werde. Das ist der einzige Schutz für unsere Bauern."

Uebrigens hat die Verwaltung bei der Société impériale et centrale der Thierarzeneikunde angefragt, ob die Erfahrung dafür spräche, in dem Gesetze vom 28. Mai 1838, die Gewährsmängel der Hausthiere betreffend, Aenderungen vorzunehmen und welche. — Die Lösung dieser Fragen über Gewährsmängel ist auch Gegenstand eines besonderen Kapitels des gegenwärtig in Vorbereitung befindlichen Code rural.

Endlich hat man zur Verhütung zahlreicher Streitigkeiten und Prozesse die Modifikation der friedensrichterlichen Gesetze und Verordnungen, auch die der Lokalgebräuche in den Departements verlangt.

Kapitel IX.

Die Steuer-Gesetzgebung.

Eine grosse Zahl der bei Gelegenheit der Enquête gestellten Forderungen betrifft eine *Umgestaltung des Steuerwesens*. Fast alle Steuern haben Widersacher gefunden, aber in sehr verschiedenem Verhältniss.

§. 1. Die Grundsteuer.

Obgleich die Grundsteuer an verschiedenen Orten als eine drückende angegriffen worden ist, so ist sie doch diejenige Steuer, welche den geringsten Tadel erfährt; man kann sogar sagen, dass sie nicht allein leicht gezahlt, sondern dass sie auch allgemein als *nicht* übermässig anerkannt wird.

Dem entsprechen die Thatsachen.

Die Grundsteuer wurde auferlegt durch das Gesetz vom 1. Dezember 1790; in Wahrheit besteht sie nur in einer Umgestaltung der alten Abgaben, welche das Grundeigenthum unter dem Namen „Schoss" (tailles), „Zwanzigster" etc. zu tragen hatte.

Der Ausschuss der National-Versammlung, welcher das Gesetz vorberieth, nahm an, dass die vom Grund und Boden aufzubringenden Steuern, wenn sie auch auf die Güter des Adels und der Geistlichkeit ausgedehnt würden, eine Einnahme von 314,058,724 Livres (à etwa 1 Franc) ergeben würden. Derselbe

normirte sie auf . . . . 240,000,000 L.
und ausserdem auf 5 Sous Zuschlag pro Livre   60,000,000 L.
also im Ganzen auf . . . 300,000,000 L.

Die Schätzungen der *Grundrente* Frankreichs variirten zwischen
1,440 Mill. (Ausschuss der National-Versammlung), 1,100 Mill.
(Deputirter Didelay), 1,281 Mill. (de Lavoisier) und 1,600 Mill.
Livres (Deputirter Aubry).

Das Mittel dieser Schätzungen würde 1,335 Mill. betragen,
aber nach der allgemein herrschenden Meinung wurde sie nicht
höher als 1,240 Mill. angenommen. Die reine Grundsteuer belief sich
demnach auf 18%, der Grundrente, oder mit Einschluss der Zuschlag-
centimes auf 22%, nicht einbegriffen die Erhebungskosten und die
Kommunal-Zuschläge.

Die *Vertheilung* der Grundsteuer unter die verschiedenen Departements rief Reklamationen hervor; man behauptete besonders,
dass ein bemerkenswerther Unterschied der Taxen zwischen den Ver-
fassungsprovinzen (pays d'Etat) und den Wahlprovinzen (pays
d'élection) bestehe. Dies dauerte jedoch nur bis zum Falle der
Assignaten; als man die Steuern in baarem Gelde zahlen sollte, wurden die Reklamationen mit mehr Nachdruck erhoben.

Im Jahre 1797 wurde desshalb eine *Ermässigung* von 22 Mill.
bewilligt, die reine Grundsteuer fiel auf 218,058,000 Mill. Acht
weitere Ermässigungen behufs Ausgleichung der Mängel der ersten
Vertheilung fanden statt in den Jahren 1798, 1799, 1801, 1802,
1804, 1805, 1819 und 1821, so dass die reine Grundsteuer auf
154,676,130 Fr. (41,247,501 1/3 Thlr.) fiel, was eine Ermässigung von
85,321,870 Fr. (21,419,165 1/3 Thlr.) gegen die erste Veranlagung
beträgt.

Das Gesetz vom 17. April 1835, welches eine Besteuerung der
neugebauten Häuser vorschrieb, liess nach Abzug der Steuern für
niedergerissene Gebäude den Staatsschatz einen kleinen Theil dessen
wiedergewinnen, was derselbe durch die Herabsetzungen verloren
hatte.

Die Grundsteuer beträgt nach dem Budget von 1866: 169,300,000 Fr.,
also 14,621,870 Fr. mehr als im Jahre 1821. Hiervon sind etwa
13 Mill. Fr. eine Folge des Gesetzes von 1835.

Wenn man die beiden Jahre 1851 und 1866 vergleicht, so ergiebt sich für das letztere eine *Erhöhung* von etwa 9 Mill. Francs.
Diese Erhöhung fällt grossentheils auf die Gebäudesteuer und zwar
zwei Drittheile derselben auf die Städte. Etwa 3 1/2 Mill. Francs
werden vom platten Lande aufgebracht, wo neue Gebäude errichtet
und die alten, sowohl für Menschen als Vieh bestimmten, verbessert sind.

Die *Rente* vom Grundeigenthum, welche 1790 höchstens sich auf

1,355 Mill. belief, hat sich 1817 auf 1,454 Mill., 1821 auf 1,580 Mill., 1851 auf 2,644 Mill. und 1862 auf 3,216 Mill. Fr. gehoben. Die Grundrente hat sich demnach fast verdreifacht, während die reine Grundsteuer, um mehr als 70 Mill. Fr. ermässigt, nur zwei Dritttheile der Grundsteuer des Jahres 1790 ausmacht. Eine Zuschlagssteuer von 17 Centimes war bestimmt, dieser Werthsteigerung des Bodens zu folgen und würde sich ihr Ertrag auf 27 Mill. belaufen haben; doch ist sie seit 1851 aufgehoben.

Man muss freilich zugestehen, dass die Auflagen, welche seitens der *Departements und Gemeinden* erhoben werden, und die anfangs sehr geringe waren, sich gegenwärtig auf 130 Mill. Fr. belaufen und jedes Jahr zunehmen. Dennoch beträgt die wachsende Höhe der Lokalabgaben nur so viel, als der Staat die Steuer ermässigt hat, und vergleicht man die Gesammthöhe aller Grundabgaben und der Zuschlagssteuern von 1847 und 1866, so ergiebt sich in beiden Jahren dieselbe Zahl, nämlich 299 Mill. Fr.

In Wirklichkeit ist also die Höhe der gesammten Abgaben vom Grund und Boden stehen geblieben gegenüber einer ansehnlichen Steigerung der Grundrente; es ist desshalb nicht richtig zu sagen, wie es so oft geschieht, dass das Grundeigenthum erdrückt werde durch die Auferlegung neuer und ungewöhnlicher Lasten.*)

An vielen Orten hat man eine neue *Grundsteuer-Regulirung* gefordert, indem man weniger eine Verminderung der Gesammthöhe der Steuer erstrebt, als eine neue Vertheilung, wodurch die zu zahlende Steuer in Einklang gebracht würde mit dem gegenwärtigen Ertrage des Bodens, der an einzelnen Orten sich erhöht, an anderen sich vermindert hat. Die Schwierigkeit liegt in der Ausführung; um einzelne Departements zu erleichtern, ohne die Gesammthöhe der Steuer zu vermindern, würde es nöthig werden, den Betrag anderer Departements zu erhöhen.

Mehrere Departements-Kommissionen haben sich diesem Wunsche angeschlossen, einige haben auch reklamirt gegen die Vertheilung in den Departements.

Würde dies billig sein? dürfen diejenigen Eigenthümer, welche ihren Boden verbessert und seine Erträge erhöht haben, dafür durch eine Erhöhung der Steuer getroffen werden zu Gunsten derjenigen, welche ihren Boden ausgeraubt und seine Produktion sich haben ver-

---

*) Ganz Gleiches wird auch bei uns öfter behauptet, als bewiesen.　　F.

mindern lassen durch ihre Nachlässigkeit? Ist es möglich, neben der
Arbeit, alljährlich die Steuerquote zu ändern und neben der Gefahr,
alljährlich eine der wichtigsten Einnahmequellen des Staates und der
Gemeinden in Verwirrung zu bringen, genau den Veränderungen jeder
Parzelle zu folgen? Diese unaufhörliche Umgestaltung würde nur
für diejenigen, welche schlecht gewirthschaftet haben, eine Unter-
stützung sein, dagegen eine Art Bestrafung derjenigen, die durch
Fleiss und Sorgfalt höhere Erträge erzielt haben.

Wollte man andererseits heute die Grundlagen der Steuer ändern,
so würde dies heissen, den Kaufwerth des Bodens für den gegenwärtigen Besitzer verändern, welcher ihn gekauft oder ererbt hat gemäss
einer Schätzung, die nach den darauf ruhenden Lasten berechnet ist.*)

---

*) Wenn man auch den Ausführungen, welche über die Ausführbarkeit einer
neuen Regulirung der Grundsteuer hier vorgetragen sind, nicht beistimmen kann,
zumal Preussen erst im vorigen Jahrzehnt eine solche neue Regulirung mit grosser
Präzision ausgeführt hat, eine solche aber nicht, wie der Berichterstatter meint,
alljährlich wiederzukehren braucht, so giebt doch dieser Abschnitt manchen Bestrebungen, wie sie von Einzelnen in neuerer Zeit hin und wieder geltend gemacht
worden sind, auch unseren Landwirthen Manches zu denken.

Die Grundsteuer in Preussen ist, wie Meitzen in seinem Werke: „Der Boden
und die landwirthschaftlichen Verhältnisse des preussischen Staates“, Berlin, bei
Wiegandt & Hempel, S. 17 ff. ausführt, ein Ersatz für verschiedene Leistungen
des Grundeigenthums aus früheren Jahrhunderten; sie wurde durch die Gesetzgebung von 1820 eingeführt, hatte aber viele Ungleichheiten, ja man darf sagen,
Ungerechtigkeiten im Gefolge, wie sich am besten daraus ergiebt, dass die Differenzen zwischen den jetzigen und den früheren Steuersummen zwischen einzelnen
Landestheilen bis zu 450% betragen. Eine gründliche Reform brachte erst die
Ausführung des Gesetzes vom 31. Mai 1861, welches den ganzen Staat (alten Be-
standes) umfasste und die Steuersumme auf 10 Mill. Thaler (9,57% des Kata-
stral-Reinertrages, der mit der Grundrente nicht zusammen fällt) fixirt. Bei einer
Grösse von rund 5000 Quadratmeilen (genau 5100) beträgt die Grundsteuer pro
Quadratmeile 2000 Thlr.; bei einer Grösse von 10,000 (genau 10,200) Quadratmeilen
Frankreichs beträgt dieselbe aber auf die gleiche Fläche 12,162 Fr. oder 3243 Thlt.
Man könnte dagegen einwenden, dass Boden und Klima Frankreichs um so viel
günstiger wären; indessen scheinen diesem Einwande die Thatsachen zu widersprechen, so weit sie die Bodenerträge betreffen; dieselben betragen z. B. beim
Weizen, wie Kapitel V. angegeben, im Durchschnitt der Jahre 1857 bis 1866 nur
14,6 Hektolitres pro Hektare, also $\frac{14,6 \cdot 1,82}{3,916} = 6,6$ Scheffel, während derselbe
nach den Erdrusch-Nachrichten für 1869 (Wochenbl. der Annalen, 1870) 9,53 Schffl.
beträgt. Man könnte nun einwenden, dass der Durchschnittsertrag des Weizens
bei uns um deswillen höher sei, weil hier nur die besten Böden mit Weizen bebaut würden, in Frankreich aber auch geringe, für den Weizenbau nicht geeignete
Böden dieser Kultur dienten. Dass diese Annahme nicht richtig, beweist die

§. 2. Die Einschreibe-Gebühren (droits d'enregistrement).

Die Höhe der *Erbschaftssteuer*, welche man im Falle direkter Erbfolge als mässig anerkennt, wird oft als eine übermässige im Falle der Erbschaft durch Seitenverwandte verurtheilt; indessen ist sie erträglich in der Erwägung, dass eine Erbschaft von entfernten Verwandten immer eine Art unerwarteter Fund ist, wobei man nicht grosse Schwierigkeiten macht, dem Fiskus einen etwas grossen Antheil zu gewähren. Aber was man allgemein als unbillig erachtet, ist der Umstand, dass bei der Berechnung der Erbschaftssteuer und

---

Seite 124 gegebene Zusammenstellung der Ernteerträge Frankreichs und Preussens, welche beweist, dass auch bei den übrigen Getreidearten die Erträge des ersteren geringer sind.

Wenn man daher bei uns sogar so weit geht, *die Aufhebung der Grundsteuer zu verlangen*, so ist eine solche Forderung schwer begreiflich. Mit dem französischen Berichterstatter kann hier mit weit grösserem Rechte bemerkt werden, dass die gegenwärtigen Besitzer den Grund und Boden *mit allen darauf ruhenden Lasten* erworben haben. Jeder Käufer eines Grundstückes fragt in erster Stelle, welche Lasten auf demselben ruhen und bringt dieselben, kapitalisirt, vom Kaufpreise in Abzug. *Abschaffung der Grundsteuer würde nichts Anderes heissen, als, den augenblicklichen Besitzern des Grund und Bodens Hunderte von Millionen Thalern schenken.*

Die Natur der Grundsteuer ist die einer Reallast, die nicht willkürlich abgenommen, erhöht oder erniedrigt werden kann und darf.

Dagegen ist es ein nicht zu leugnender Uebelstand, der übrigens auch in Frankreich besteht, ohne in vorliegendem Berichte genügend gewürdigt zu sein, dass die Kommunallasten auch nach dem Massstabe der Grundsteuer erhoben werden, ein Uebelstand, der einer Abhülfe bedarf.

Wir wollen nicht unterlassen, nach der „Wiener Jagd-Zeitung" einige Mittheilungen über die Grundsteuer im cisleithanischen Oesterreich zu machen, zumal der Enquête-Bericht über die Steuerverhältnisse Oesterreichs durchaus Nichts darüber enthält.

An Grundsteuer zahlte:

	1788	1865	Erhöhung
Böhmen	3,828,318 Gld.	13,986,570 Gld.	265 %
Galizien	2.351,776 „	4,674,215 „	99 „
Mähren	2,171,002 „	5,353,739 „	147 „
Oesterreich u. E. . .	1,663,230 „	3,836,174 „	130 „
„ o. E. . .	1,143,863 „	2,202,894 „	92 „
Steiermark , . . .	1,051,099 „	2,012,014 „	94 „
Krain	435,243 „	912,729 „	116 „
Kärnthen . . .	423,512 „	703,858 „	66 „
Schlesien	336,212 „	975,700 „	190 „
Summa	13,404,255 Gld.	34,717,893 Gld.	Durchschn. 159 %

Filly.

ohne Rücksicht auf den Verwandtschaftsgrad die Schulden nicht vom Vermögen abgezogen werden. Auf dem Lande, wo weniger als früher, aber noch oft genug die Schulden bei der Erbfolge eine wichtige Stelle einnehmen, ist der Gegenstand beachtenswerth; man hat Beispiele angeführt, in denen der Erbe einer verschuldeten Besitzung in den Staatsschatz eben so viel oder mehr bezahlt hat, als er nach Abzug der Schulden ererbte.

Die verschiedenen Departements-Kommissionen sind darin einig, in dieser Beziehung lebhaft eine Aenderung zu befürworten. Aber man hat auch die Schwierigkeiten begriffen, welche eine derartige Aenderung in der Ausführung mit sich bringt, insbesondere auch, dass falsche Angaben zu fürchten sein würden. Um diesen Schwierigkeiten zu begegnen, hat man ziemlich allgemein vorgeschlagen, dass nur solche Schulden in Berechnung zu ziehen wären, deren Ursprung und Veranlassung durch authentische Nachweise dargethan würden, und zwar wollen die Einen, dass die Schulden 6 Monate oder 1 Jahr, die Anderen, dass sie 2 Jahre vor dem Tode des Erblassers gemacht seien. Viele haben auch das Verlangen ausgesprochen, dass es gestattet sein möchte, die Erbschaftssteuer in 3 bis 4 Jahren nach und nach abzutragen, da die sofortige Zahlung sehr drückend sei und den Erben oft für lange Zeit in Schulden stürze.

Von einem ähnlichen Ideengange geleitet, haben viele Personen gewünscht, dem Pächter, welcher einen authentischen Pachtvertrag vorgelegt hat, zu gestatten, die darauf bestehende Steuer in Jahresraten zu bezahlen, statt, wie bisher, beim Antritt der Pacht, wodurch, wie man behauptet, die in der Regel schon zu geringen Mittel beim Beginn einer Wirthschaft vermindert werden.

Diese *Erleichterungen* in der Steuerzahlung würden ausserdem den Erfolg haben, die Parteien zu veranlassen, *schriftliche* Pachtverträge zu schliessen, deren Mangel vielfach zu Schwierigkeiten zwischen Eigenthümer und Pächter führt.

In den östlichen Provinzen erfolgen die Verkäufe von Immobilien, selbst sehr kleiner, fast ohne Ausnahme durch Spekulanten, welche sie im Einzelnen wieder verkaufen (ausschlachten). Aber das geringe Vertrauen, welches diese Zwischenhändler verdienen. mehr aber noch die Absicht, den Fiskus zu hintergehen, führt dazu, diese Verkäufe unter der Form einer Vollmacht zu verstecken, welche der Verkäufer dem Käufer giebt; obgleich in Wirklichkeit zwei Verkäufe stattfinden, wird doch die Einschreibegebühr nur einmal bezahlt. Um hierin Ordnung zu schaffen, hat man vor-

geschlagen, die Gebühren im Voraus zweimal zahlen zu lassen mit
der Massgabe, dass eine Ermässigung eintritt, wenn der Wiederver-
kauf in einer bestimmten kurzen Frist erfolgt.

Bevor wir die Frage der Einschreibegebühren verlassen, soll
daran erinnert werden, dass der zweite Dezime, welcher durch Gesetz
vom 14. Juli 1855 bis zum 1. Januar 1858 allen ursprünglichen
Steuern hinzugefügt und dessen Erhebung seitdem von Jahr zu Jahr
verlängert wurde, durch Gesetz vom 8. Juni 1864 für die Einschreibegebühren auf die Hälfte ermässigt worden ist. Dieser halbe Dezime
ist durch das Finanzgesetz vom 18. Juli 1866 aufgehoben für Pachtverträge und Kaufverträge über Immobilien, für Obligationen und
Hypotheken-Instrumente etc.

Die Summe der Einschreibe-, Gerichts-, Hypotheken- und verschiedenen Gebühren beträgt im Budget für 1868 im Ganzen
340,748,000 Frcs. (90,866,133 1/3 Thlr.).

§. 3. Zuckersteuer.

Die Departements, welche Zuckerrüben bauen, haben über die
Höhe der auf dem einheimischen Zucker lastenden Steuern geklagt. Es ist am Platze, hierbei zu berücksichtigen, die Steuern,
deren Höhe seit 1855 mehremal geändert ist, und die Menge des
fabrizirten und des verzehrten Zuckers während der letzten 10 Jahre.
Auch habe ich die Zuckerpreise zusammenstellen lassen, doch haben
die Pariser Handelsagenten dieselben nur für die Jahre von 1858/9
an beschaffen können. Die nachstehende Tabelle ist von der General-
Direktion der indirekten Steuern aufgestellt.

Jahrgang.	Steuer pro 100 Kilogr.	Fabrizirte Menge. Kilogramm.	Konsumirte Menge. Kilogramm.	Preis am 1. Januar pro 100 Kilogramm.
1855—56	45 Frcs. ohne Dezime.	92,197,663	79,686,542	—
1856—57	do.	83,126,618	78,071,137	—
1857—58	do.	151,514,435	111,877,112	—
1858—59	do.	132,650,671	105,273,522	76,00 Frcs.
1859—60	45 u. 25 Frcs.	126,479,962	104,974,053	64,00 „
1860—61	25 Frcs.	100,876,286	94,196,332	76,00 „
1861—62	25 u. 42 Frcs. mit Dezime.	146,414,880	132,893,439	63,00 „
1862—63	42 Frcs.	173,677,253	142,376,565	54,75 „
1863—64	42, 44 u. 45 Frcs.	108,466,741	77,528,884	88,00 „
1864—65	do.	149,014,316	57,044,277	64,50 „
1865—66	do.	265,489,352	132,255,878	—

Die Zahl der Zucker-Fabriken während derselben Jahre war folgende:

Jahr.	Fabriken.		Jahr.	Fabriken.	
	Am 31. Dezbr. in Thätigkeit.	Am 31. Dezbr. ruhend.		Am 31. Dezbr. in Thätigkeit.	Am 31. Dezbr. ruhend.
1855	273	11	1862	362	5
1856	282	9	1863	366	5
1857	338	5	1864	397	—
1858	348	13	1865	419	2
1859	335	25	1866	441	6
1860	328	8	1867	438	7
1861	346				

Im Budget für 1868 beträgt die Rübenzuckersteuer 56,583,000 Frcs. (15,088,800 Thlr. *)

§. 4. Steuern auf Spiritus und Wein.

Die Besteuerung der Getränke ist in der Enquête der Gegenstand vielfacher Angriffe gewesen.

Spiritus. Wenige haben über die Steuer von 90 Fr. (über 8 Sgr. für das Quart) geklagt, soweit der Spiritus unmittelbar in den Konsum übergeht.

---

*) Es wäre jedenfalls interessant und belehrend gewesen, wenn man versucht hätte, die höchst erheblichen Schwankungen der Konsumtion, die sich nicht allein durch die wechselnden Preise erklären lassen, auf die veranlassenden Ursachen zurückzuführen.

Wir dürfen bei dieser Gelegenheit unsere Leser daran erinnern, dass in Frankreich die Steuer für Rübenzucker nicht, wie im deutschen Zollverein, von den Rüben, also dem Rohmaterial, erhoben wird, sondern von dem Produkt und zwar in zweierlei verschiedener Weise. In den sogenannten abonnirten Fabriken wird die Steuer von dem wirklich produzirten Zucker erhoben und zwar 45 Fr. pro 100 Kilogramm (6 Thlr. für den pr. Ctr.) vom Zucker einer bestimmten Type. In den anderen Fabriken wird mittelst eines Araeometers der Zuckergehalt des gewonnenen Rübensaftes nach einem bestimmten Verhältniss berechnet, und hieraus in Verbindung mit der Menge des produzirten Rübensaftes die Zuckerproduktion bestimmt, darnach aber die Steuer erhoben. Diese so besteuerten Fabriken arbeiten mit grösserer Sorgfalt, da es darauf ankommt, die zu versteuernde Menge Zucker und wo möglich etwas mehr zu gewinnen. In noch höherem Grade ist dies beim zollvereinsländischen Zuckerfabrikanten der Fall, da es bei ihm darauf ankommt, aus einer möglichst geringen Menge Rüben einen Centner Zucker zu gewinnen. Rechnet man 13 Centner Rüben als zu einem Centner Zucker nothwendig, so beträgt die Steuer für den Centner Zucker 3 Thlr. 14 Sgr., deren Betrag durch die grösseren Fabrikationskosten etwas erhöht wird.

F.

Wenn daher Destillateure und Rübenproduzenten eine Herabsetzung der Steuer verlangen, welche ihrer Meinung nach den Konsum vermehren würde, so hielt doch die grosse Mehrzahl der Vernommenen, wie Eigenthümer, Pächter etc. jede Herabsetzung für äusserst nachtheilig, weil dadurch der schon so verbreitete Branntweingenuss noch verstärkt würde und zwar auch auf dem Lande, was sowohl der Sittlichkeit als der Gesundheit der ländlichen Arbeiter Schaden bringen müsste.

Aber Viele haben sich gegen diese Steuer erklärt, sofern sie von Spiritus gezahlt werden soll, welcher zum *Verschneiden der Weine (vinage)* dient; eine ziemlich grosse Zahl von Departements-Kommissionen hat verlangt, dass für diesen Zweck die Steuer auf 20 Fr. herabgesetzt werde.

So zahlreich indessen diese Reklamationen sind, so finden sie doch ein bedeutendes Gegengewicht in den Anforderungen der eigentlichen Weinbaugegenden, wo der Wein nicht verschnitten wird; es liegen gegenwärtig Petitionen mit zahlreichen Unterschriften in dieser Frage vor. In diesem Kampfe behaupten die Destillateure, die Vertreter von 60,000 Landwirthen zu sein, diejenigen Patenten dagegen, welche sich einer Herabsetzung widersetzen, sagen, sie seien die Vertreter von $1\frac{1}{2}$ Mill. Familienvätern, deren Interessen durch eine Herabsetzung der Spiritussteuer verletzt werden würden.

Die *Spiritusfabrikanten* behaupten, dass, seit durch Gesetz vom 8. Juni 1864 die steuerfreie *vinage* in den 7 Departements des Südens, wo dieselbe gestattet war, aufgehoben ist, der Spiritus weniger Absatz findet, und dass die Spiritusfabrikanten sich gezwungen sehen würden, den Betrieb einzustellen. Damit würde aber der Rübenbau vernichtet und in Folge dessen die Mast mit den Rückständen vermindert werden, die Fleischpreise würden steigen und eine neue Veranlassung gegeben zum Verlassen des platten Landes und zur Einwanderung in die Städte. Dagegen würde eine Herabsetzung der Spiritussteuer dazu beitragen, dass sich auf dem Lande immer Arbeit fände; sie würde der Fleischerzeugung einen neuen Anstoss geben und den allgemeinen Wohlstand erhöhen, wie diese Industrie seit 30 Jahren im Dep. du Nord den Wohlstand Aller gefördert habe.

Seitens der *Weinproduzenten* oder Derer, die sich das Ansehen geben, in ihrem Namen zu sprechen, wird behauptet, dass durch den Zusatz von geringer besteuertem Spiritus zum Weine sein Werth zum Nachtheil der Gesundheit und zum Schaden des guten Rufes aller französischen Weine vermindert werden würde; die wirklich guten Weine würden verringert, geringe Weine würden erzeugt und der Staatsschatz durch zahlreiche Defrauden beeinträchtigt werden. Sie bemerken ausserdem, dass die Zuckerrübe nicht aufhören würde, ihre Verwendung bei der Zuckerfabrikation und bei der Viehfütterung zu finden.

Der Gegenstand ist nicht neu und hat 1864 den gesetzgebenden Körper beschäftigt.

Die Vinage besteht bekanntlich darin, dass dem Weine eine bestimmte Menge Spiritus zugesetzt wird, und zwar geschieht dies bei Weinen, deren hoher Zuckergehalt eine zu lange Gährung veranlasst, wodurch der Wein leicht leidet; der Zusatz von Spiritus soll die Gährung unterbrechen, den Wein konserviren und ihn auf weite Entfernungen transportabel machen. Die zuckerreichen Weine des Südens erhalten daher einen Zusatz von 3,5 bis 1,4 % Alkohol, sind sie aber zur Ausfuhr in ferne Länder bestimmt, einen grösseren, der zuweilen bis auf 25 bis 26 % steigt.

Der steuerfreie Zusatz von Alkohol war bald gestattet, bald verboten und wurde 1824 geordnet. Von da ab wurde die Konsumsteuer nach dem Verhältniss des im Weine über 21 % enthaltenen Alkohols bezahlt, und in Folge einer mangelhaften Redaktion erst von dem über 25 %.

Dadurch wurden dem Staatsschatze und den Weinbauern nachtheilige Missbräuche herbeigeführt, und wurde die Frage durch eine zu diesem Zwecke ernannte Kommission im Jahre 1850 untersucht.

Ein auf Grund des Finanzgesetzes erlassenes Dekret vom 17. März 1852 löste die Frage wie folgt:

„Art. 21. Der zum Verschneiden des Weines benutzte Branntwein soll ferner nur steuerfrei sein in den Departements: Ostpyrenäen, Aude, Tarne, Hérault, Gard, Rhonemündung und Vars.

„Die auf diese Weise steuerfrei verwendete Menge Spiritus soll 5 Liter auf das Hektoliter Wein nicht übersteigen, und nach dem Verschneiden, das nur in Gegenwart des Vorstehers des Steueramtes geschehen soll, darf der Wein nicht mehr als 18 % Alkohol enthalten.

„Wenn der Wein mehr als 18 und nicht über 21 % enthält, wird er wie Wein besteuert und zahlt ausserdem für den Alkohol über 18 % die doppelte Konsum- und Eingangssteuer und das doppelte Oktroi. Weine, die mehr als 21 % Alkohol enthalten, werden nicht mehr wie Weine, sondern wie Branntwein beim Konsum, beim Eingange und beim Oktroi besteuert."

Diese Bestimmungen galten für den im Inlande getrunkenen Wein; Ausfuhrweinen durfte eine grössere Menge Spiritus zugesezt werden, jedoch nur in den Einschiffungshäfen.

Diese Gesetzgebung, welche für 7 Departements eine besondere Besteuerung anordnete, gab zu vielfachem Tadel Veranlassung seitens derjenigen Weinproduzenten, welche nicht daran theilnehmen konnten.

Deshalb schlug die Regierung im Jahre 1864 auf Wunsch vieler Deputirten die Abschaffung dieser Ausnahmebestimmungen vor, und trotz des Widerstandes der Abgeordneten der betheiligten Departements nahm der gesetzgebende Körper mit 212 gegen 33 Stimmen im Finanzgesetz folgenden Artikel an:

„Die Bestimmungen des ersten Paragraphen von Artikel 21 des Dekrets vom 17. März 1852, welche den in dem genannten Artikel aufgeführten Departements ausnahmsweise den Erlass der Spiritussteuer für zum Verschneiden des Weines benutzten Branntwein bewilligen, treten mit dem 1. Januar 1865 ausser Gültigkeit."

Dabei wurde vom Regierungskommissar erklärt, dass die Steuerfreiheit für zur Ausfuhr bestimmte Weine auch ferner statthaben solle, wodurch die Provinzen des Südens in hohem Masse Berücksichtigung fanden.

Es wurden z. B. im Jahre 1862 in jenen Departements 3,700,000 Hektoliter Wein mit Alkohol verschnitten, wozu 73,000 Hektoliter Spiritus verwendet wurden, davon allein 53,000 Hektoliter zu Weinen, die ausgeführt werden sollten (1,261,000 Hektol.) und nur 20,000 H. für Weine für den inländischen Verzehr.

Die Regierung konnte mit Recht sagen: „Die Aufhebung wird auf keine Weise den Weinen des Südens Schaden bringen und wird nur den anderen Weinbau treibenden Departements eine Genugthuung gewähren, welche nicht ohne Grund sich Sorgen machen über die bedeutende Ausdehnung, welche seit der Einführung von Eisenbahnen der Konsum der Weine des Südens in allen Theilen Frankreichs gewonnen hat."

Gegenwärtig verlangt man nicht die Rückkehr einer theilweisen Ausnahmemassregel, sondern man verlangt eine Massregel allgemein für alle Departements zu Gunsten des zum Verschneiden benutzten Spiritus. Es handelt sich nicht mehr um die Erleichterung des Transportes und des Handels mit den Weinen des Südens, es handelt sich hauptsächlich darum, den Rübenbrennereien Absatz zu verschaffen.

Lässt man selbst die von den Weinproduzenten gegen die Herabsetzung der Spiritussteuer erhobenen Einwände bei Seite, so lässt sich doch annehmen, dass der Verbrauch von Spiritus zur *Vinage* nicht diejenige Ausdehnung gewinnen kann, welche die Branntweinbrenner wünschen, dass also durch eine Herabsetzung der Steuer die Lage der Brennereien des Nordens nicht wesentlich verbessert werden würde.

Bevor das Oïdium auftrat, betrug die Weinernte im Mittel 37 Mill. Hektoliter, wovon ungefähr 10 Mill. zur Branntweinbrennerei verwendet wurden (2—3 Mill. in der Charente und 6—7 Mill. in Hérault, Gard etc.). Die Spiritusfabrikation aus Rüben, Melassen und mehligen Stoffen betrug damals nur höchstens ein Zehntheil der gesammten Spiritusproduktion. Als einige Jahre später die Verwüstungen des Oïdiums die Weinproduktion auf im Mittel 21 Mill. Hekt. herabdrückte, die Departements im Süden demnach nur noch die Treber und verdorbenen Weine zur Spiritusgewinnung verwendeten, der Konsum aber in Folge des Mangels an Wein stieg, wurden grosse Mengen Zuckerrüben, Melassen und Getreide in die Branntweinbrennerei eingeführt. So blieb es noch 1863. Zwar wurde wieder mehr Weinspiritus hergestellt, aber der Konsum hatte sich dermassen entwickelt, dass die Nachfrage noch die Produktion übertraf und Spiritus eingeführt werden musste.

Im Jahre 1865 war aber die Weinernte eine so reiche (beinahe 69 Mill. Hektol.), dass trotz der steigenden Ausfuhr (etwa 1 1/5 Mill. Hektol.) und trotz des erleichterten Absatzes im Inlande die Besitzer der Weinberge eine viel grössere Menge Wein als in den Jahren vorher zur Branntweinbereitung verwenden mussten. Die so vermehrten Mengen von Weinsprit machten dem Spiritus aus Rüben und mehligen Stoffen, deren Produktion fast dieselbe geblieben war, natürlich Konkurrenz, und musste diese Steigerung der Produktion, welche die Ansprüche des Konsums und der Ausfuhr übertraf, ein Fallen der Preise zur Folge haben.

Die *Ermässigung der Spiritussteuer* auf 20 Frcs. für den zur *Vinage* verwendeten Spiritus dürfte schwerlich einen ernstlichen Einfluss auf die bezügliche Industrie der Nordprovinzen ausüben. Es sind in den südlichen Provinzen zu diesem Zwecke niemals über 100,000 Hektol. Spiritus verwendet worden, und davon ist mindestens die Hälfte für Ausfuhrweine benutzt; für diesen letzteren ist der Spiritus aber steuerfrei. Was den Spiritus betrifft, der dem Weine für den Konsum im Inlande hinzugesetzt wird, so werden die

Weinbergsbesitzer zunächst immer denjenigen Spiritus verwenden, den sie alljährlich selbst zu fabriziren sich genöthigt sehen. Diese gezwungene Fabrikation erreicht pro Jahr ungefähr 130,000 Hektol. Ausserdem steht es fest, dass der Gebrauch, die Weine mit Spiritus zu verschneiden, jedes Jahr mehr abnimmt. Die Weinbergsbesitzer verkaufen viel zeitiger, als ehemals, und ihre Weine, weniger reich an Zucker, erfordern auch weniger einen Zusatz von Spiritus, so dass im Hérault selbst die Stimmung gegen jede Ermässigung der Spiritussteuer zu Gunsten der *Vinage* ist.

In den mittleren, westlichen und östlichen Departements ist die *Vinage* niemals im Gebrauch gewesen, selbst als der Spiritus hierzu steuerfrei war. Die Branntweinbrenner glauben indessen, dass der Spiritus während der Gährung in die Bottiche gethan werden müsste, und so hat man von verschiedenen Seiten verlangt, dass die Steuerermässigung sich nur auf die also verwendeten Mengen Spiritus zu erstrecken habe.

Dieser Wunsch würde bei der Erfüllung noch ernsteren Schwierigkeiten begegnen; denn man begreift, dass die Steuerbeamten zu derselben Zeit bei allen Weinproduzenten anwesend sein müssten, die dadurch nöthig werdende Vermehrung ihrer Zahl aber bedeutende Kosten verursachen würde. *)

Neben einer Ermässigung der Steuer auf Spiritus, der zur *Vinage* benutzt wird, haben sich noch zwei andere Forderungen geltend zu machen versucht:

1. Soll derjenige Spiritus, der nicht zum Konsum, sondern zu *industriellen Zwecken* dient, steuerfrei bleiben.

2. Soll auch derjenige Spiritus, welcher zum *Hausgebrauch* des Produzenten dient, also nicht in den Handel kommt, von der Steuer befreit werden.

Diese Massregel würde, so meint man, für den Landwirth, der eine Brennerei besitzt, sehr wichtig sein wegen der sich immer mehr befestigenden Gewohnheit, auf dem Lande den Arbeitern Morgens eine kleine Menge Branntwein zu verabreichen.

Die Antwort auf den ersteren Wunsch enthalten die Gesetze vom 8. Dezember 1814, vom 24. Juli 1843 und die königliche Verordnung vom 14. Juni 1844, welche demselben Genüge thun.

---

*) Im Original folgt hier eine Tabelle über die in den Jahren 1854 bis 1864 produzirten und versteuerten Mengen Spiritus, die dafür gezahlte Steuer und den produzirten Wein, die wir glaubten übergehen zu sollen.　　　　F.

Das Gesetz vom 8. Dezembar 1814 nimmt in Art. 80 ausdrücklich den von Fabrikanten verbrauchten Spiritus von der Steuer aus unter der Bedingung, dass derselbe in Gegenwart von Steuerbeamten derartig denaturirt werde, dass er nicht mehr in den Konsum gebracht werden kann. Desgleichen befreit das Gesetz vom 24. Juli 1843 jede Art von Spiritus von allen Steuern (Einfuhr, Konsum, Detailverkauf), welcher auf solche Weise denaturirt ist, *dass er nicht mehr als Getränk verbraucht werden kann.*

Die königliche Verordnung vom 14. Juni 1814 setzt die zu erfüllenden Bedingungen fest, sowie eine Denaturirungs-Abgabe, die je nach der Bevölkerung der Stadt und je nach der Menge des verwendeten Denaturirungsmittels sich ändert, aber niemals, selbst in Paris nicht, 28,8 Frcs. für den Hektol. übersteigen darf. Die Denaturirungs-Abgabe hat folgende Höhe:

Menge des in denaturirtem Spiritus enthaltenen Denaturations-Mittels.	In den Gemeinden					
	ohne Eingangssteuer.		mit Eingangssteuer.			
	Unter 4000 Einwohner.	Von 4000 bis 10,000 Einwohner.	Von 10,000 bis 20,000 Einwohner.	Von 20,000 bis 50,000 Einwohner.	Ueber 50,000 Einwohner.	In Paris
	Frcs. Cts.	Frcs. Cts.	Frcs. Cts.	Frcs. Cts.	Frcs. Cts.	Frcs. Cts.
2—3 Zehntel	19 20	21 60	24 00	28 40	28 80	28 80
3—4 Zehntel	16 80	18 90	21 00	23 10	25 20	25 20
4—5 Zehntel	14 40	16 20	18 00	19 80	21 60	21 60
Ueber 5 Zehntel	12 00	13 50	15 00	16 50	18 10	18 00

Das Princip ist also angenommen; die einzige Schwierigkeit liegt darin, eine Denaturirung auszuführen, welche genügend ist und den Spiritus doch nicht unbrauchbar für industrielle Zwecke macht. Laut der Verordnung sollen zur Denaturirung verwendet werden können Oele aus Theer, Holz, Steinkohle, Terpentin, Schieferöl, Naphta etc. Auch hat man sich des Methylens bedient, aber die Ergebnisse waren nicht genügend. Bezügliche Untersuchungen werden fortgesetzt, und sobald bessere Methoden gefunden sein werden, so ist nicht zu bezweifeln, dass die Verwaltung ihre Anwendung begünstigen wird. Der Staatsschatz würde dabei wenig verlieren, indem gegenwärtig diese Abgabe nur 100,000 Frcs. einbringt. *)

---

*) Diese geringe Summe liefert den Beweis, in wie geringem Masse man von der Denaturirung Gebrauch macht, einerseits wegen der damit verbundenen

Was die zweite Forderung betrifft, so haben die Steuerbeamten den Auftrag, dass nicht zu untersuchen sei, was ein Landwirth für den Hausgebrauch an Spiritus brennt; wenn er dagegen für den Verkauf brennt, so muss er versteuern, was er fabrizirt, denn in diesem Falle ist die Schätzung zu schwierig, wie viel von der deklarirten Menge abzuziehen ist für den Hausgebrauch, was überdem sehr wenig ist.

Wein. Wenn man sich nur in einigen Departements mit der Frage einer Steuerermässigung für *Spiritus* beschäftigt hat, so haben im Gegentheil alle weinbauenden Departements über die *Weinsteuer* und die damit verbundenen Belästigungen geklagt, und sind in dieser Beziehung alle zu den verschiedensten Zeiten gemachten Vorschläge aufs Neue hervorgeholt worden, welche der Hauptsache nach darin bestehen, an die Stelle der verschiedenen Steuern entweder eine Erhöhung der Grundsteuer für Weinberge oder eine andere *einzige* Steuer zu setzen, die im Augenblick der Ernte oder des Verkaufs zu erheben sei.

Aehnliche Ideen sind schon oft ausgesprochen worden, insbesondere bei Gelegenheit der 1850 veranstalteten Enquête, aber sie sind schon damals unausführbar erschienen: die meisten Vorschläge sind sogar schon versucht worden; es sind in der That wenige Steuern so oft, wie die auf den Wein, geändert worden. [*)]

Ohne einen genauen historischen Abriss der Veränderungen zu geben, welche die bezügliche Gesetzgebung nach und nach durchlaufen hat, müssen doch einige Zahlen mitgetheilt und ein Wort gesagt werden über die verschiedenen Systeme und deren Erfolge. Letzteres erscheint um so nothwendiger, als die versuchten und wieder aufgegebenen Systeme auf Grundlagen beruhten, welche heute noch vorgeschlagen werden.

Die Steuer vom *Inventarium*, welche durch Gesetz vom 5. Ventôse des Jahres XII und diejenige, welche auf den *Verkauf* und *Wieder-*

Scheererereien, andererseits weil die vorgeschriebenen Methoden den Spiritus zu vielen Zwecken unbrauchbar machen. Dagegen werden in *England* enorme Mengen Spiritus denaturirt. F.

[*)] Obgleich diese Erörterungen für uns keinen positiven Werth haben, da bei uns auf dem Weine keine besondere Steuer ruht, so dürften sie doch insofern einiges Interesse bieten, als sie den Beweis liefern, dass die Klage, die landw. Produktion sei bei uns von vielen und drückenden Steuern geschädigt, im Vergleich mit den Verhältnissen in Frankreich als vollständig nichtig erscheint; überhaupt giebt dies ganze Kapitel dem unbefangenen Leser sehr viel Material zu belehrenden Vergleichen an die Hand. F.

verkauf im Grossen 1806 gelegt wurde, wurden zusammen 1808 abgeschafft in Folge der unaufhörlichen Unzuträglichkeiten, welche dadurch zwischen den Produzenten, den Händlern und den Steuerbeamten hervorgerufen wurden.

Eine *Cirkulationsabgabe*, verschieden nach den Departements, und eine *Eingangssteuer* für Gemeinden von mehr als 2,000 Seelen, vertheilt gemäss der Bevölkerung und der Lage des Departements, traten an ihre Stelle; gleichzeitig wurde die Steuer auf den *Detailverkauf* von 10 % des Verkaufspreises auf 15 Centimes für jeden Franc des Werthes festgesetzt.

Nachdem diese Steuern mit verschiedenen Modifikationen in Betreff ihrer Höhe bis 1848 bestanden, wollte die provisorische Regierung sie wieder aufheben und an ihre Stelle eine einzige Steuer setzen. Diesmal beabsichtigte man, das ganze bisherige System abzuschaffen, und die Motive der Verordnung vom 31. März 1848 zeigen, welche Wichtigkeit die Regierung darauf legte, ein ganz neues Steuersystem einzuführen. Dasselbo lässt sich darin zusammenfassen: Abschaffung der Cirkulations- und Detailverkaufssteuer, Abschaffung der Ueberwachung, Auferlegung einer allgemeinen Konsumsteuer auf Wein und Branntwein, zahlbar beim Aufkauf oder bei ihrer Ankunft am Orte des Verbrauchs und veränderlich je nach den verschiedenen Departements, nämlich für Departements I. Klasse 1 Fr. 25 Cts. pro Hektoliter, II. Klasse 2 Fr. 50 Cts., III. Klasse 3 Fr. 50 Cts. und IV. Klasse 5 Fr. Für den Spiritus sollte die Steuer in allen Departements 34 Fr. betragen. Aber schon am 22. Juni hob eine Verordnung der Nationalversammlung die Verordnung vom 31. März wieder auf und stellte die früheren Abgaben wieder her, da die Klagen allgemein gewesen waren.

Ein Jahr später wurde jedoch durch Gesetz vom 19. Mai 1849 die *Getränke* - Steuer abgeschafft; aber schon am 20. Dezember desselben Jahres wurde die Steuer wieder hergestellt und eine Kommission beauftragt, eine Enquête über den Gegenstand zu veranstalten.

Seitdem hat das Prinzip der Steuer keinerlei Veränderung erfahren, nur die Höhe und die Art der Vertheilung ist geändert worden.*)

') Das Original bringt an dieser Stelle ausführliche Angaben in Tabellenform über die Höhe etc. der Getränkesteuer in den verschiedenen Abstufungen, wie sie 1816, 1830 und 1852 festgesetzt worden; dieselben bieten für deutsche Leser kein anderes Interesse, als dass sie zeigen, wie verwickelt die ganze Steuererhebung ist. Wir haben sie deshalb fortgelassen.   F.

Im Jahre 1852 hat eine der ersten Verordnungen der kaiserlichen Regierung eine Veränderung getroffen, welche wesentlich für den Konsum im Schosse der Familie sorgte. Das Dekret vom 17. März stellte die 1830 auf 10 % ermässigte Steuer von 15 % wieder her, setzte aber die Eingangssteuer (droit d'entrée) auf die Hälfte herab und bestimmte die Grenze für den Detailverkauf auf 25 Liter, während sie bisher 100 Litres war.

Es ist noch an die neue Bestimmung des Finanzgesetzes vom 25. Juni 1861 zu erinnern, welche von der Cirkulationssteuer befreit: 1. den Wein, den ein Weinproduzent von seiner oder einer öffentlichen Presse zu seinen Kellern schaffen lässt, oder von einem seiner Keller zu einem anderen, in demselben Arrondissement oder in Grenzkantons des Arrondissements, wo er geerntet ist, gelegenen.

2. Die Getränke derselben Art, welche ein Halbscheidpächter oder ein Pächter dem Grundeigenthümer abliefert oder von ihm empfängt innerhalb derselben Grenzen, sei es als Theil des Pachtschillings oder in Folge geltenden Gebrauches.

Hierzu genügt ein Passirschein.

Trotz dieser Erleichterungen sind Klagen erhoben worden. Neu unter den gemachten Vorschlägen ist nur der der Departements-Kommission des Côte d'Or, welcher der Regierung empfiehlt, ein System zu prüfen, welches alle Formalitäten bei der Cirkulation durch einen Stempel ersetzt, welcher am Absendungsorte dem Fasse angelegt werden solle und den Namen des Absenders, sowie den Namen und Adresse des Empfängers enthält.

Es ist werthvoll darauf hinzuweisen, dass, wenn auch Wünsche laut geworden sind, diese doch einen viel ruhigeren Charakter haben als in früheren Zeiten.

Die Lage ist in der That in vieler Hinsicht auch nicht mehr dieselbe. Die Verwaltung der indirekten Steuern hat die Steuerkassen bedeutend vervielfältigt, um überall, wo es nöthig ist, ihre Beamten den Produzenten nahe zu bringen. Die Produzenten sind nicht mehr Reisen ausgesetzt, welche ihnen früher Kosten und Mühen verursachten. Ferner wird nicht bestritten, dass die Steuerbeamten in Folge der Anordnungen des Finanzministers ihr Amt mit mehr Schonung ausüben; es sind von keiner Seite in dieser Beziehung Klagen eingelaufen, und niemals sind die Steuererhebungen mit gleicher Leichtigkeit erfolgt.

Bevor dieser Gegenstand beendet wird, ist es nützlich daran zu erinnern, dass trotz der Klagen, welche jederzeit gegen Steuern erhoben werden, die Kultur des Weinstockes, weit davon entfernt, sich zu vermindern, in Ost- und Mittel-Frankreich sich mindestens ganz gleich geblieben ist, in Süd-Frankreich sich aber erheblich ausgedehnt hat, wo im Departement Hérault allein 40,000 Hektaren, die früher anders benutzt worden, mit Weinstöcken bepflanzt wurden.

§. 5. Die Oktrois.

Die Frage der *Oktrois* (Konsumsteuern), welche wie bei uns die Mahl- und Schlachtsteuer beim Eingange in die Städte von allen denkbaren Gegenständen, selbst von Holz, Kohlen etc. erhoben werden), schon so oft diskutirt, konnte nicht verfehlen, auch bei der Enquête angeregt zu werden. Dennoch spielt dieselbe bei der ländlichen Bevölkerung nicht eine so wichtige Rolle, wie Viele glauben. Wenn von einigen Seiten versichert worden ist, dass die Oktroiabgaben mit ihrer ganzen Last auf den Produzenten fallen, so gestehen doch viele Andere, dass die Stadtbewohner davon mindestens einen erheblichen Theil tragen, wenn nicht das Ganze; im Allgemeinen haben sich wenige Landwirthe gegen das Prinzip selbst ausgesprochen, obgleich an einigen Orten das Beispiel Belgiens von Leuten angerufen wurde, welche im Namen der Landwirthe sprachen.

Dagegen haben sich viele Stimmen für eine *Ermässigung der Tarife* ausgesprochen, sei es in Betreff einiger Departements-Städte, sei es und besonders in Betreff der Stadt Paris, wohin aus so vielen Gegenden die landw. Erzeugnisse gesendet werden. Die Oktrois sind sehr alten Ursprungs. Seit Ludwig dem Kinde haben viele Gemeinden Abgaben von den Lebensmitteln erhoben, welche das Gesetz (resp. der Landesherr) ihnen zu erheben zugestanden (octroyé) hatte; aber der Staat nahm davon einen grossen Theil vorweg. 1848 floss die Hälfte der Oktroi-Erträge in den Staatsschatz.

Die Nationalversammlung hob sie am 19. Februar 1791 auf; aber bald reklamirten die ihrer Einnahmequellen beraubten Städte dagegen, und ein Gesetz vom 9. Germinal des Jahres V. verfügte, dass durch die Centralbehörde des Departements für eine Unterstützung der Einkünfte mittelst indirekter Lokalabgaben gesorgt werden könne, nur sollte der gesetzgebende Körper die Auferlegung und Erhebung bestätigen.

Zwei Jahre später, den 24. Vendémiaire des Jahres VII. führte ein am 27. dess. Monats vom Rath der Alten bestätigter Beschluss des Rathes der Fünfhundert das Oktroi für Paris ein: eine neue gesetzliche Massregel vom 5. Ventôse des Jahres VIII. bevollmächtigte die

Regierung, die Einführung von Oktrois und die dazu gehörigen Tarife in ganz Frankreich zu bestätigen.

Eine vom Staatsrath entworfene Verordnung, von der Abtheilung
für Finanzen und derjenigen des Innern vorher geprüft, ist
nötbig, wenn eine Stadt an ihren Thoren Oktroi erheben will, dessen
Taxe gleichfalls durch das Dekret festgestellt wird.

Bis zu diesem Jahre konnte der Tarif nicht verändert werden,
keine Abschaffung einer schon festgestellten Taxe erreicht werden
ohne dieselben Förmalitäten.

Das Gesetz vom 24. Juli 1867 erweitert die Befugnisse der
Gemeinderäthe dahin: 1. Die Taxen zu ermässigen oder aufzuheben.
2. Die Taxen auf höchstens 5 Jahre zu stunden. 3. Die Taxen auf
höchstens 5 Jahre um ein Dezime (Zehntel) zu erhöhen.

Die über diese Punkte gefassten Beschlüsse sind ohne Bestätigung
seitens des Präfekten verbindlich innerhalb der durch Artikel 18 des
Gesetzes vom 18. Juli 1837 festgesetzen Bedingungen, wenn keine der
Taxen das in einem allgemeinen Tarife festgesetze Maximum überschreitet; der allgemeine Tarif wird nach Anhörung des Generalrathes durch die öffentliche Verwaltung angeordnet. Eine kaiserliche
Verordnung ist nicht mehr nöthig, und eine Bestätigung des Präfekten
genügt zur Verlängerung der Erhebung bestehender Zuschläge, sowie
zur Erhöhung der Taxen um mehr als ein Zehntel, wenn sie sich
innerhalb der durch den Generaltarif gesteckten Maximal-Grenzen hält.

An den Grundprinzipien, welche die Erhebung regeln, ist Nichts
geändert. Mehrere Gesetze haben die Höhe der Steuern begrenzt,
welche von den Konsumenten bei den nothwendigsten Lebensmitteln
erhoben werden können.

Gegenstand des Oktrois sind die Getränke und flüssigen Lebensmittel, die Esswaaren, die Brennstoffe, das Viehfutter und die Bau-
materialien. Zu diesen kommen je nach der Oertlichkeit noch einige
Gegenstände, welche Nichts mit der Landwirthschaft zu thun haben.

Ausnahmsweise muss zu Marseille*), Aix und Martique vom
Mehl Oktroi gezahlt werden, obgleich die Verordnung von 1814 bestimmt hatte, dass von Getreide und Mehl kein Oktroi zu erheben
sei, und obgleich diese Bestimmung niemals ausdrücklich aufgehoben
ist. Im Staatsrath hat das Komité für die innern Angelegenheiten

---

*) Hier beträgt das Oktroi auf 1000 Kilogr. gebeutelten Mehles 11 Frcs. (pro
Centner 4⅘ Sgr.), auf 1000 Kilogr. nicht gebeutelten Mehles 8 Frcs. (pro Centner
3⅘ Sgr.), ausserdem eine zeitweilige Zuschlagssteuer von 29 und resp. 24 Frcs.
(pro Centner 11¾ und resp. 9¾ Sgr.). F.

Gelegenheit gehabt, in dieser Beziehung eine gut motivirte Ansicht auszusprechen, wobei es erklärt, dass seiner Meinung nach das Gesetz von 1816 die Bestimmungen der früheren Gesetze und Reglements nicht aufgehoben habe, dass die in Artikel 16 des Gesetzes vom 9. Dezember 1814 gemachte Ausnahme von einer weisen politischen Volkswirthschaft eingegeben sei, und dass, wenn sie nicht vorhanden wäre, es selbst nothwendig erscheinen würde, sie in unsere Gesetzgebung einzuführen. Wenn die Regierung dennoch den vorhin genannten Städten die bezügliche Erlaubniss gegeben hat, so hat sie sich dazu durch die dringendste Nothwendigkeit gezwungen gesehen, und sie achtet darauf, dass eine solche Nothwendigkeit an keinem anderen Orte eintrete.

Die Steuern vom Vieh sind der Gegenstand besonderer Aufmerksamkeit gewesen; diese Steuern sollen nicht allein nach dem Gewichte der Thiere erhoben werden (wenigstens wenn sie nicht über 8 Frcs. für ein Stück Rindvieh geht), sondern das geschlachtete Fleisch, dessen Konkurrenz für die ärmeren Leute so wichtig ist, soll nicht mehr an Steuer bezahlen, als die Schlachtsteuer und das Oktroi beträgt.

Was den Wein, den Apfel-, Birnen- und Honigwein betrifft, so soll das Oktroi nicht über das Doppelte der Eingangssteuer (droit d'entrée) gehen, welche der Staatsschatz in den dieser Steuer unterworfenen Städten, d. h. in solchen, deren Einwohner mehr als 4000 sind, erhebt. Ausnahmen können nur durch ein Specialgesetz gestattet werden.

Das vom Alkohol erhobene Oktroi darf die Eingangssteuer nicht übersteigen mit Ausnahme der wenigen Städte, welchen, um aussergewöhnlichen Bedürfnissen zu genügen, gestattet ist, ein höheres Oktroi zu erheben, wozu aber ein besonderes Gesetz erforderlich ist.

Bis zum Jahre 1852 nahm der Staat vom Oktroi ein Zehntel vorweg, was durch die schon erwähnte Verordnung vom 17. März 1852 beseitigt wurde.

Trotzdem behauptet man, das Oktroi beeinträchtige durch seine Höhe die Vermehrung des Konsums, zumal in den grossen Städten. Es ist mir daher nothwendig erschienen, der Commission supérieure die Tarife einiger der grössesten Städte vorzulegen. Sie sind unter den höchsten ausgewählt und beginnen mit denjenigen von Paris, die am meisten angegriffen sind. *)

*) Es sind nur solche Gegenstände aufgeführt, welche zur Landwirthschaft in Beziehung stehen.

F

Paris.

Wein in Fässern, pro Hektoliter	10,00 Frcs.*)
dito in Flaschen, dito	17,00 „
Reiner Alkohol in Branntwein, Liqueuren etc., do. . . .	23,50 „
Apfel-, Birnen- und Honigwein, dito	3,80 „
Denaturirter Spiritus { mit 0,2—0,3 Zusatz, do.	7,00 „
„ 0,3—0,4 „ „	6,10 „
„ 0,4—0,5 „ „	5,20 „
mit über 0,5 „ „ . . .	4,30 „
Eingeführtes Bier, dito	3,80 „
In der Brauerei, dito	2,85 „
Rind-, Kalb-, Hammel-, Schweine-, Ziegenfleisch { aus den Pariser Schlachthäusern, 100 K.	8,85 „**)
von auswärts kommend, dito .	10,55 „
Butter jeder Art, dito	10,00 „
Eier, dito	2,50 „
Brennholz { hartes, das Stère (etwas über 32 Kubikfuss)	2,50 „
weiches, dito	1,85 „
Reisig von hartem Holz, dito	1,50 „
dito von leichtem Holz, dito	0,90 „
Holzkohlen per Hektoliter	0,50 „
Steinkohlen jeder Art, per 100 Kilogramm	0,60 „
Nutzholz { hartes, per Stère	9,40 „
weiches, dito	7,50 „
Baumaterialien in Eisen, per 100 Kilogramm	3,00 „
dito in Guss, dito	2,00 „
Heu und andere trockene Futtermittel, pro 100 Bund à 5 Kilogr.	5,00 „
Stroh, dito	2,00 „
Hafer, per 100 Kilogramm	1,25 „

Bordeaux.

Wein in Fässern und in Flaschen, pro Hektoliter	1,20 „
Reiner Alkohol, dito	16,00 „
Denaturirter Spiritus mit 0,2 · 0,3 Zusatz, dito	2,56 „
„ „ „ 0,3—0,4 „ „	2,24 „
„ „ „ 0,4—0,5 „ „	1,92 „
„ „ „ über 0,5 „ „	1,60 „
Apfel- und Birnenwein, pro Hektoliter	1,00 „
Bier . . . . dito	5,00 „

---

*) Bei allen diesen Gegenständen kann ausserdem noch ein Dezime (Zehntel) erhoben werden, und noch ein zweiter Dezime, nur nicht vom Wein in Fässern, vom Apfel- und Birnenwein, von dem in Paris gebrauten Bier und vom Fleisch. Die Einnahmen fliessen allein in die Stadtkasse, während der Staat von den Getränken noch eine besondere Steuer erhebt.

**) Für das in Paris geschlachtete Fleisch ist ausserdem eine Schlachtgebühr von 2 Frcs. für 100 Kilogramm zu entrichten.

Lebendes Vieh: 1) Rinder, Hammel, Lämmer, Ziegen, pro
100 Kilogramm . . . . 4,40 Frcs.
2) Kälber, Fersen, Schweine, dito . . . . 6,20 „
Frisches, auswärts geschlachtetes Fleisch, wie 1, dito . . 8,75 „
    „   „   „   „ wie 2, dito . . 9,05 „
Butter, dito . . . . 10,00 „
Hartes Brennholz, per Stère . . . . 0,90 „
Weiches dito   dito   . . . . 0,04 „
Holzkohle, per 100 Kilogramm . . . . 1,00 „
Heu und andere Futterkräuter, trocken, dito . . . . . . 0,70 „
           dito   grün, dito . . . . . . 0,30 „
Stroh, dito . . . . 0,20 „
Hafer, pro Hektoliter . . . . 0,50 „

Marseille.

Wein in Fässern und Flaschen, pro Hektoliter . . . . . 2,40 „
Alkohol . . . . 16,00 „
Denaturirter Spiritus, wie Bordeaux.
Bier, pro Hektoliter . . . . 16,00 „
Gebeuteltes Mehl, pro 1000 Kilogramm . . . . 11,00 „*)
Ungebeuteltes Mehl, . . . dito   . . . . 8,00 „**)
Rindvieh, Hammel, pro 100 Kilogramm . . . . 6,00 „
Kälber, Lämmer, Schweine, dito . . . . 8,00 „
Fleisch in Stücken, dito . . . . 12,00 „
Heu jeder Art, pro 1000 Kilogramm . . . . 12,00 „
Stroh, dito . . . . 10,00 ,
Hafer, pro 2 Hektoliter . . . . 1,80 „
Französische Holzkohlen, pro 100 Kilogramm . . . . . 5,00 „
Fremde Holzkohlen, . . . dito   . . . . 12,50 „***)

Die mitgetheilten Tabellen zeigen, welche Erzeugnisse der Landwirthschaft vom Oktroi getroffen werden, und in welchem Maasse.
Ein vom Finanzminister aufgestellter und den General-Räthen zur
Begutachtung mitgetheilter Entwurf eines General-Tarifs, durch welchen
das Maximum der Höhe des Oktroi's festgestellt werden soll, hat
kein weiteres landwirthschaftliches Erzeugniss aufgenommen; Mehl
und Getreide bleiben ausgeschlossen.

---

*) Zu dieser Prinzipalsteuer kommt noch eine Zuschlagsteuer von 20 Frcs.
**) Zu der Prinzipalsteuer kommt noch eine Zuschlagssteuer von 24 Frcs.
***) Das Original enthält ausserdem noch die Tarife von Rouen, Lille, Havre
und Aix, doch glaubten wir, dass die oben mitgetheilten genügen würden, um dem
Leser eine Vorstellung von den bezüglichen, von den unsrigen so durchaus verschiedenen Verhältnissen zu geben. Um dies noch deutlicher zu machen, sollen
hier die wichtigsten Tarifsätze in deutschen Maassen und Geldwerthen wiederholt
werden.

Was die Höhe der Steuer betrifft, so ist sie nach dem Entwurfe verschieden je nach der Grösse der Städte, die in dieser Beziehung in 5 Klassen getheilt sind: sie ist nach der mittleren Höhe der gegenwärtig gültigen Tarife berechnet, aber in der Weise, dass sie

---

	per Ohm.	
Wein in Fässern in Paris	3 Thlr.	20 Sgr.
„ in Flaschen in „	6 „	7 „
„ in Bordeaux	— „	13 1/5 „
„ in Marseille	— „	26 2/5 „
Alkohol in Paris	8 „	12 1/2 „
„ in Bordeaux und Marseille	5 „	16 „
„ denaturirter mit mehr als 50% Zusatz in Paris	1 „	17 3/10 „
„ in Bordeaux und Marseille	— „	17 4/5 „
Bier, fremdes, in Paris	1 „	11 1/5 „
„ in Paris gebrautes	1 „	— „
„ in Bordeaux	1 „	25 „
„ in Marseille	3 „	20 „
	per Centner.	
Fleisch in den Pariser Schlachthäusern	1 Thlr.	13 2/5 Sgr.
„ nach Paris geschlachtet eingeführt	1 „	12 1/5 „
„ vom Rind etc. in Bordeaux	1 „	5 „
„ vom Kalb etc. „ „	1 „	6 1/5 „
„ in Marseille	1 „	18 „
Butter in Paris und Bordeaux	1 „	10 „
Eier in Paris	— „	10 „
	per Klafter.	
Brennholz, hartes, in Paris	2 Thlr.	6 2/3 Sgr.
„ „ in Bordeaux	— „	24 „
„ weiches, in Paris	1 „	19 1/3 „
„ „ in Bordeaux	— „	1 1/12 „
Reisigholz, hartes, in Paris	1 „	10 „
„ weiches, in Paris	— „	24 „
Nutzholz, hartes, in Paris	8 „	10 2/3 „
„ weiches, in Paris	6 „	20 „
	per Centner.	
Heu, Luzerne etc. in Paris	— Thlr.	4 Sgr.
„ „ „ „ Bordeaux	— „	3 „
„ „ „ „ Marseille	— „	5 „
Futterkräuter, frisch, in Bordeaux	— „	1 1/4 „
Stroh in Paris	— „	1 1/6 „
„ in Bordeaux	— „	5/6 „
„ in Marseille	— „	4 „
Hafer in Paris	— „	5 „
„ in Bordeaux	— „	4 „
„ in Marseille	— „	7 1/3 „

F.

eher etwas erhöht als erniedrigt ist, geeignet, die Einnahmen derjenigen Städte, welche jetzt die niedrigsten Taxen haben, etwas zu vermehren. Das Oktroi von Paris bleibt zur Zeit von dem General-Tarif ausgeschlossen.

Namens der Landwirthschaft hat man sich vorzüglich gegen diejenigen Taxen gewendet, welche auf den Wein und das Vieh gelegt sind, Namens des Waldbaues gegen diejenigen auf Brennholz, Bauholz und Holzkohle. In Betreff der drei letzteren Artikel haben sich die Abgeordneten des Forstvereins lebhaft über die Erhöhung der Abgaben beklagt, indem sie versicherten, dass die mässigeren Taxen auf Steinkohlen und auf Eisen, das zu Bauten dient, letzteren eine begünstigte Konkurrenz gegenüber den Forstprodukten gewähren.

Auch bei der Fleischsteuer hat man die Höhe derselben als eine übermässige angegriffen. Es mag hier daran erinnert werden, dass am Tage nach der Februar-Revolution (1848), die provisorische Regierung die Aufhebung der Abgaben auf frisches Fleisch und Wurstfabrikate in Paris verfügte, sie sollten durch eine Luxussteuer und eine Miethssteuer von Wohnungen, die 800 Fr. (213$\frac{1}{3}$ Thlr.) und darüber Miethe zahlen, ersetzt werden. Schon am 23. August desselben Jahres beantragte der Minister des Innern bei der konstituirenden Versammlung die Wiedereinführung des Oktroi's, weil sich die Einnahmen der Stadt um 5 Mill. vermindert hatten. Diese erfolgte für den 1. September. In der Zeit zwischen beiden Verordnungen war aber sogar durch eine andere Verordnung ein Ergänzungstarif für eine Reihe von untergeordneten Gegenständen des Konsums erlassen, welcher neben dem ersten Dezime noch einen zweiten zu erheben gestattete von allen Gegenständen, ausgenommen den Wein und das Bier.

Am meisten wird bei der *Weinsteuer* getadelt, dass dieselbe für alle Sorten gleich hoch sei und daher Getränke sehr verschiedenen Werthes ganz gleich belaste. Die Produzenten billiger, gewöhnlicher Weine haben in dieser Beziehung sehr lebhafte Klagen erhoben und haben eine Besteuerung nach dem Werthe gefordert; wie die Sachen jetzt lügen, verdoppele das Oktroi den Preis eines Weines z. B. aus dem Hérault, während dasselbe nur einen äusserst geringen Bruchtheil vom Preise eines feinen Bordeaux- oder Burgunderweines betrage.

Derselbe Vorwurf wird den vom Staate auf den Wein gelegten Steuern gemacht, und die Sache ist ja auch dieselbe, weil beide Steuern gleichzeitig und von denselben Personen erhoben werden, ohne Rücksicht auf den Werth des Weines.

Niemand wird weder die Richtigkeit der erwähnten Thatsachen, noch die Ungleichheit der Last, mit welcher dieselbe Steuer auf einen Wein zum Preise von 200 oder 300 Fr. und auf einen solchen zum Preise von 15 – 20 Fr. drückt, bestreiten. Aber die trotz aller Bemühungen bisher unüberwindlichen Hindernisse bestehen in der Schwierigkeit, den Werth des Weines festzustellen. Vor mehr als 60 Jahren wurde bereits der Versuch gemacht bei der Staatssteuer; im Jahre 1804 wurde bestimmt, dass die Höhe der Steuer nach dem Preise beim Verkauf im Grossen bestimmt werden sollte; aber man musste dies aufgeben.

Im Jahre 1848 suchte die provisorische Regierung auf den Wunsch der Produzenten und der Konsumenten dem Verlangen gerecht zu werden. Eine Verordnung beauftragte den Finanzminister und den Maire (Bürgermeister) von Paris, ein auf dem Prinzipe des proportionalen Werthes beruhendes, die Besteuerung des Weines betreffendes Reglement auszuarbeiten, um dem Arbeiterstande ein gesundes und stärkendes Getränk bieten zu können. Die Verfälschungen sollten mit den strengsten Strafen belegt werden. Diese Verordnung war ohne Erfolg. Bei der zwei Jahre später auf Verfügung der National-Versammlung veranstalteten Enquête über die Getränke äusserte sich der Weinhändler Pellon zu Bercy über jene Verordnung dahin: „Ich nahm an der zu diesem Zwecke eingesetzten Kommission Theil. Gleich zu Anfang wurde dargethan, dass die Menge feinen Weines, die in Paris eingeführt wird, sehr gering ist, und dass die zum Kosten nöthige Zahl der Beamten die Einnahmen verschlingen würden. Es wurde von allen Sachkundigen anerkannt, dass Nichts schwieriger sei, als die Qualität des Weines festzustellen. Alle Welt sah ein, dass man einer solchen Chimäre entsagen müsse."

Dies ist auch die Ansicht aller kundigen Männer, welche in der gegenwärtigen Enquête gehört worden sind. Dennoch fährt man heute noch fort, ein solches System zu empfehlen, obgleich die Hindernisse fortbestehen.

Die Berechtigung des *Verkaufes*, welche den Oktroibehörden beizulegen mehrere Personen vorgeschlagen haben, um Betrügereien und falschen Angaben zu begegnen, ist nicht anwendbar erschienen, denn man müsste immer verlangen, dass der den Verkauf vermittelnde Beamte hinreichend sichere kaufmännische Erfahrungen besitze, um nicht in der Prüfung einer Deklaration getäuscht zu werden. Bei den Zöllen besteht dieses Recht, wird aber sehr selten angewendet, obgleich es hier leichter auszuüben ist. Wenn man

beamten erhebliche Summen in die Hand geben, um die oft bedeuten-
den Ankäufe decken zu können; endlich müsste man die Stadt zum
Verkäufer der gekauften Waaren machen, also einen kostspieligen
Dienst einrichten.

Man hat demnach bis jetzt noch nicht die Lösung der Aufgabe
gefunden: die Interessen der Kassen, welche aus dem Oktroi gefüllt
werden sollen, zu schützen, indem man die Abgaben jedes Wein-
konsumenten mit seinen Ausgaben in Einklang bringt.

Bevor wir diesen Abschnitt beschliessen, soll noch eine bei der
Enquête oft gemachte *Einrede gegen die Herabsetzung des Oktrois*
erwähnt werden. Man meint, dass die Annahme einer solchen
Massregel, indem sie das Leben in den Städten weniger kostspielig
mache, den Zufluss der Landbevölkerung zu den Städten noch vermehre und auf indirektem Wege den Arbeitermangel, über den man
sich überall auf dem Lande beklage, erhöhe.*)

§. 6. S a l z.

Seit dem Beginn des Jahres 1866 hat die Regierung über die
Salzfrage eine besondere Enquête angeordnet. Zwei Kommissionen
haben die Salz produzirenden Departements bereist und Erkundigungen jeder Art eingezogen; der von ihnen zu erstattende Bericht
wird nächstens dem oberen Handelsamte vorgelegt werden.

Welches Interesse übrigens auch das Salz für die Landwirthschaft hat, so bildet seine Produktion doch eine Industrie, die ganz
ausserhalb der landw. Thätigkeit steht. Aber einige Departements-
Kommissionen haben sich mit der Salzsteuer beschäftigt; nur eine
sehr kleine Zahl hat den Wunsch ausgesprochen, dass die Steuer
auf zum Konsum der Menschen bestimmtes Salz vermindert werde.
Obgleich die Landbewohner in weit grösserem Maasse als die Stadtbewohner gesalzenes Fleisch gebrauchen, so hat ihnen doch das In-

---

*) Würde denn in der That das Leben in der Stadt durch eine Ermässigung
des Oktroi's erheblich billiger werden? Würden die dadurch dem Steuersäckel ent-
zogenen Einnahmen nicht auf andere, aber vielleicht gerechtere Weise aufgebracht
werden müssen? Es ist schwer begreiflich, dass man aus einem solchen Grunde
einen wachsenden Arbeitermangel fürchtet, eben so schwer, dass man sich auf die
Aufrechterhaltung von Abgaben steift, deren Ungerechtigkeit so in die Augen
springt Der Mann, der nur eine Flasche Wein zu 5 Sgr. trinken kann, muss
davon genau eben so viel Steuer zahlen, wie Derjenige, der eine Flasche für einen
Thaler trinkt.   F.

teresse, welches eine Verminderung für sie haben könnte, viel zu wenig wichtig geschienen, um sich dabei aufzuhalten. Viele andere Verbesserungen liegen ihnen am Herzen. Es ist übrigens nur gerecht, daran zu erinnern, dass die bis 1848 erhobene Steuer von 30 Fres. (8 Thlr.) auf 10 Fres. herabgesetzt ist.

Die Frage der Anwendung des Salzes in der Landwirthschaft ist in der Enquête als nicht wesentlich betrachtet worden; wenn auch Alle darin einig sind, die Wichtigkeit des Salzes in der Viehfütterung anzuerkennen, so sind im Gegentheil die Ansichten über seine düngenden Eigenschaften sehr weit von einander abweichend; die Mehrheit spricht sich in einem wenig günstigen Sinne aus, und im Ganzen legt man wenig Werth auf eine Verminderung der Salzsteuer.

Indessen haben einige Personen und mit ihnen einige Departements-Kommissionen verlangt, dass das für landw. Zwecke bestimmte Salz von jeder Steuer befreit oder letztere in bedeutendem Grade ermässigt werde. Man hat in dieser Beziehung angeführt, dass die gegenwärtig zu hohe Steuer dem Landwirthe jede Anwendung von Salz unmöglich mache.

Die Regierung beschäftigt sich seit längerer Zeit mit der Frage. Seit 1846 ist durch königliche Verordnung vom 20. Februar die Steuer auf Viehsalz auf 5 Fres. ($1\frac{1}{3}$ Thlr.) herabgesetzt, als dieselbe für Speisesalz 30 Fres. (8 Thlr.) betrug; doch wurde diese Ermässigung von einer Denaturirung abhängig gemacht, wodurch dasselbe für den Menschen unbrauchbar gemacht werden sollte, um einer Beschädigung des Staatsschatzes zuvorzukommen. Die Erfahrung hat die Nothwendigkeit einer solchen Massregel dargethan. Das Coussin-Salz, d. h. das Salz, welches vom Stockfischfang kommt, war Zwecks landwirthschaftlicher Verwendung von jeder Abgabe frei, unter der Bedingung einer vorgängigen Denaturirung, die aber nicht in genügender Weise vorgeschrieben war; die Folge war, dass während mehrerer Jahre bedeutende Mengen (jährlich etwa $2\frac{1}{2}$ Mill. Kilogramm = 750,000 Ctr.) gereinigt und als Speisesalz unversteuert verbreitet wurden. Deshalb wurden durch die Verordnung von 1846 strengere Vorschriften erlassen. Man hat sich seitdem bemüht, einfachere und weniger lästige Denaturirungsmethoden aufzufinden.

So hat die Schule zu Grignon mehrere Mittel geprüft, wie Russ, Holzessig, Eisenoxyd, Holztheer etc., welche in verschiedenen Verhältnissen angewendet wurden. Aehnliche Versuche sind in an-

deren landwirthschaftlichen Etablissements angestellt worden. Bis
jetzt haben dieselben noch keine Erfolge gehabt, welche gleichzeitig
die Interessen der Landwirthschaft und des Staatsschatzes wahren.
Aber die Studien werden fortgesetzt. *)

---

*) Es ist inzwischen eine kaiserliche Verordnung erschienen, die so recht den
Beweis liefert, mit welcher ängstlichen Fürsorge für den kaiserlichen Staatsschatz
und mit welchen lästigen Bedingungen man in dergleichen Dingen in Frankreich
vorzugehen pflegt; die unabhängige landwirthschaftliche Presse hat denn auch
einstimmig erklärt, dass durch diese Verordnung es dem Landwirthe nicht möglich gemacht werde, das Salz in dem Maasse zu verwenden, wie es wünschenswerth
und nützlich wäre.

Die Verordnung ist vom 8. November 1869 datirt und lautet unter Weglassung des Berichtes des Finanzministers an den Kaiser und der Einleitungs-
formel, wie folgt (Journal offiziel vom 10. Nov. 1869):

Art. 1. Unter der Bedingung einer vorhergehenden Denaturirung, entsprechend
den Vorschriften, wie sie im Anhange gegeben sind, soll dasjenige Salz frei von
Abgaben sein, welches zur Viehfütterung, zur Düngerbereitung oder unmittelbar
zum Düngen benutzt wird. Der Finanzminister soll unter Zuziehung des Comité
consultatif des Arts et Manufactures versuchsweise die Anwendung neuer Methoden
der Denaturirung, jedoch höchstens für ein Jahr, gestatten können.

Art. 2. Die Denaturirung wird auf Kosten der Interessenten unter Aufsicht
der Behörden für Zölle und indirekte Steuern ausgeführt. *Sie darf nur stattfinden in den Salinen, den Salzhütten, den Einfuhrzollämtern, in dem General-
Entrepôt für Zölle,* in den unter Steueraufsicht stehenden chemischen Fabriken
oder anderen Etablissements, welche unter vom Finanzminister zu bestimmenden
Bedingungen hierzu die Berechtigung erhalten.

Das Salz steht unter Kontrolle des Entrepôts.

Art. 3. Spezialniederlagen von denaturirtem Salz können mit Bewilligung
der Verwaltung der Zölle und der indirekten Steuern von denjenigen Orten errichtet werden, wo sich eine Agentur der genannten Behörden befindet.

Auch hier steht das Salz unter Kontrolle des Entrepôts.

Art. 4. Frei von Abgaben bleiben ferner diejenigen Salzsorten, welche
gegenwärtig frei in den Handel kommen: unreine Salze, welche zum Düngen
dienen.

Art. 5. Die Bestimmungen der Verordnung vom 26. Februar 1846 sind
aufgehoben.

Art. 6. Der Finanzminister ist mit der Ausführung dieser Verordnung beauftragt.

Anhang betr. die *Methoden der Denaturirung.*

Für je 1000 Kilogr. Salz können als Zusatz je nach Wahl der Interessenten
behufs der Denaturirung angewendet werden:

1. 200 Kilogr. Oelkuchen (20 %).
2. 300 Kilogr. Presslinge von Zuckerrüben oder Früchten (30 %).
3. 5 Kilogr. rothes Eisenoxyd (½ %) und 100 Kilogr. Oelkuchen (10 %).
4. 5 Kilogr. Eisenoxyd und 200 Kilogr. Presslinge wie oben.

In einigen Departements haben die *Käse-* und *Butter*produzenten die Aufhebung der Steuer von für diese Industrie bestimmtem Salz gewünscht; dies Verlangen ist in Form eines Amendements bei der Berathung des Budgets für 1868 eingebracht, bei welcher Gelegenheit der Regierungs-Kommissar darauf hingewiesen hat, dass dasjenige Salz, welches zur Bereitung von im Inlande verzehrtem Käse verwendet würde, doch als Speisesalz in den Konsum überginge und daher nicht anders behandelt werden dürfte. In den Vogesen gebraucht man für 100 Kilogr. Käse, welcher 70—110 Frcs. kostet, 1½ Kilogr. Salz, welches nur 15 Centms. Steuer (à Pfund 5 Pf.)*) zahlt, im Doubs-Departement gebraucht man dazu 3 Kilogr., zahlt also 30 Centms.

Die Gesammteinnahme für die Salzsteuer, die übrigens in den Grenzbezirken geringer ist, beträgt nach dem Budget von 1868: 125,237,000 Frcs. (32,063,200 Thlr.).

§. 7. Die Steuer von Mobilien.

Eine grosse Zahl von Personen und Kommissionen haben als *Heilmittel* für die gegenwärtige Lage und als Ersatz für die gewünschten Ermässigungen eine *Vermehrung der gegenwärtig von Mobiliarwerthen zu tragenden Steuern vorgeschlagen.*

---

5. 5 Kilogr. Eisenoxyd, 10 Kilogr. Wermuthpulver (1 %) und 10 Kilogr. Melasse oder Holztheer.

6. 5 Kilogr Eisenoxyd, 10 Kilogr. Russ und 10 Kilogr. Holztheer.

7. 5 Kilogr. Eisenoxyd und 20 Kilogr. Holztheer.

8. 30 Kilogr. Eisenocker, fein gepulvert (3 %), 30 Kilogr. Gastheer und 30 Kilogr. Guano, Poudrette, Exkremente, verrotteter Dünger.

9. 30 Kilogr. Eisenvitriol und 120 Kilogr. Guano, Poudrette etc.

10. 60 Kilogr. (6 %) fein gepulverter, gebrannter oder ungebrannter Gips und 100 Kilogr. Guano etc.

Das zu denaturirende Salz ist vorher fein zu pulvern und mit den genannten Stoffen innig zu mengen.

Vergleichen wir damit die im Zollverein gültigen Bestimmungen, so wissen die Leser, dass die Denaturirung in den Salinen kostenfrei ausgeführt wird und das denaturirte Salz ohne Weiteres in grösseren und kleineren Mengen in den Handel kommt. Zwar schweben zur Zeit noch die bezüglichen Versuche; inzwischen bedient man sich zum Denaturiren nur zweier Stoffe, des Eisenoxyd und des reinen Wermuthpulvers und zwar von beiden Stoffen nur geringer Prozentsätze..

Nach neueren Bestimmungen ist auf Anregung des Ministers für die landw. Angelegenheiten der Preis des Viehsalzes auf 7 Sgr., für Grosshändler auf 6⅓ Sgr. für den Ctr. herabgesetzt. F.

*) Im Zollverein beträgt die Salzsteuer pro Pfd. 7⅕ Pf. F.

Es kann ohne Uebertreibung gesagt werden, dass die Departemental-Kommissionen fast überall der Ueberzeugung begegnet sind, dass das Mobiliarvermögen keiner Steuer unterworfen sei.*)

Deshalb ist es wichtig, die Thatsachen sprechen zu lassen. Das Gesetz vom 15./22. Mai 1850 hat einer Steuer die Erbschaft oder Schenkung unterworfen: den geschenkweisen Besitzwechsel beim Tode oder unter Lebenden, die Eintragung von Renten in das öffentliche Schuldbuch, den in Folge Todesfalles erfolgenden Besitzwechsel von öffentlichen Fonds, von Aktien jeder Art, fremden Fonds, die unentgeltliche Uebertragung derselben Werthe unter Lebenden zu Gunsten eines Franzosen, endlich die unentgeltliche Uebertragung von Immobilien unter Lebenden oder nach dem Tode.

Kurz darauf hat das Gesetz vom 5. Juni 1850 jede Aktie oder jeden Antheilschein jeder Gesellschaft, beziehe sich das Papier auf eine bestimmte Summe oder einen Antheil, einem Stempel von 50 Centimes für je 100 Frcs. ($\frac{1}{2}$ $^0/_0$) Nominalwerth unterworfen, wenn die Dauer der Gesellschaft nicht mehr als 10 Jahre beträgt, aber einem Stempel von 1 $^0/_0$, wenn die Dauer eine grössere ist. Auf Grund desselben Gesetzes ist für Schuldverschreibungen der Departements, der Gemeinden, der öffentlichen Etablissements oder der Gesellschaften, welchen Namen sie auch führen, deren rechtsverbindliche Cession nicht den Bestimmungen des Art. 1690 des Code Napoléon unterliegt, ein Stempel von 1 $^0/_0$ zu zahlen.

Unabhängig von diesen Abgaben ist bei jeder Cession von Werthpapieren aller Art eine Uebertragungsgebühr von 20 Cts für je 100 Frcs. ($\frac{1}{5}$ $^0/_0$) zu zahlen. Statt dieser von solchen Papieren, die auf Namen ausgestellt sind, zu erhebenden Gebühr, ist bei Papieren au porteur eine jährliche obligatorische Gebühr von 12 Cts. für je 100 Frcs. ($\frac{3}{25}$ $^0/_0$) zu zahlen; dabei wird die Höhe des zu versteuernden Kapitals nach dem mittleren Kurse des vorangehenden Jahres berechnet. Dasselbe gilt für Papiere ausländischer Gesellschaften. Die Renten, Anleihen und öffentlichen Effekten fremder Staaten zahlten nach dem Gesetz vom 3. Mai 1863 eine Stempelsteuer von 50 Centms., die durch Gesetz vom 8. Juni 1869 auf 1 Fr. erhöht ist. Der Staat erhebt ferner vorweg ein Dezime (Zehntel) von den Fahrgeldern der Eisenbahnreisenden und von der Eilfracht auf Eisenbahnen, welche Einnahme auf dem Budget von 1868 in

---

*) Es ist dies eine Anschauung, der man auch bei uns gar häufig begegnet, besonders in ländlichen Kreisen begegnet, so unrichtig sie auch ist. F.

der Höhe von 28 Mill. erscheint; dazu muss man die Abgaben rechnen, welche die Gesellschaften für den Boden, für die Gebäude und für die Ausübung ihres Gewerbes zahlen: bei den Eisenbahnen die ihnen auferlegten lästigen Betriebsbedingungen, den Transport der Post, des Militärs etc.

Was endlich die Staatsrenten betrifft, so sind sie aus leicht begreiflichen Gründen von allen direkten Steuern befreit.*)

In der Mehrzahl der aus dem **Auslande eingegangenen Berichte** findet man viele Einzelheiten über die Abgaben jeder Art, welche auf dem Grundbesitze und den Produkten des Bodens ruhen. Obgleich diese Mittheilungen von den kompetentesten Personen der betreffenden Länder herrühren, oder von unseren Agenten auf Grundlage von Dokumenten bearbeitet sind, so finden sich dennoch einige Lücken oder nicht vollkommen aufgeklärte Punkte. Trotzdem habe ich versucht, daraus einen möglichst kurzen Auszug zu geben.

Das ländliche *Eigenthum* in **England** hat gleichzeitig *direkte* und *indirekte* Abgaben zu tragen. Die *direkten* Abgaben werden durch den Staat oder durch Lokalbehörden erhoben. Vom Staate werden die Grundsteuer (*land tax*) und die Einkommensteuer (*income tax*) erhoben.

Die *land tax* ist eine wirkliche Grundsteuer; sie beträgt 4 Pence vom Pfund Sterling ($1^2/_3$ %) der Grundrente in dem Augenblicke ihrer Auflage. Die Einkommensteuer (*property and income tax*), welche man mit unserer Personal- und Mobiliarsteuer verglichen hat, trifft gleichfalls das ländliche Eigenthum; sie beträgt für den Grundbesitzer 4 Pence vom Pfund Sterling ($1^2/_3$ %), für den englischen Pächter 2 Pence ($^5/_6$ %), für den schottischen und irischen Pächter $1^1/_2$ Pence ($^5/_8$ %). Diese Steuer wird von allem Einkommen erhoben, das mehr als 100 Pfd. St. ($666^2/_3$ Thlr.) beträgt.

Die Grund- und Einkommensteuer wird verwaltet durch vom Parlamente ernannte Generalkommissare, durch Distriktskommissare und Assessoren, welche die Steuer vertheilen, und durch Steuereinnehmer, welche sie einziehen. Die *Lokal*steuern, welche man auch als direkte Steuern betrachten kann, bestehen in der Armentaxe, der Kirchensteuer, der Wegebautaxe, der Taxe für öffentliche Anlagen und im Zehnten.

---

*) Diese Gründe beruhen in dem Wunsche, ihnen einen möglichst hohen Kurs zu geben   F.

16*

Die Armentaxe (*poor rates*) ist in den verschiedenen Parochien verschieden, im Mittel kann man sie auf 18 Pence vom Pfd. St. (7$^1/_2$ $^o/_o$) des reinen Einkommens annehmen. Die Kirchensteuer (*church rates*) beträgt etwa 1 Penny für das Pfd St. ($^5/_{12}$ $^o/_o$) des Einkommens. Die Wegebautaxe ist je nach den Lokalitäten sehr verschieden und wird im Mittel auf 8 Pence vom Pfd. St. (3$^1/_3$ $^o/_o$) des Einkommens geschätzt. Die Grafschaftstaxe (*general rates*) ist bestimmt zur Unterhaltung der Polizei, der Rechtspflege, der Irrenhäuser und zur Besoldung der verschiedenen Lokalbeamten; sie beträgt im Mittel 5 Pence (2 $^o/_o$). Rechnet man die Lokal- und Staatsabgaben zusammen, so hat der ländliche Grundbesitzer etwa 3 Sh. 6 P. vom Pfd. St. (17$^1/_2$ $^o/_o$) des reinen Einkommens zu zahlen.

Für 1 Acre, wenn er einen Reinertrag von 2 Pfd. St. liefert, betragen demnach die direkten Steuern 7 Sh. (für den Morgen bei 8$^8/_9$ Thlr. Reinertrag 1$^5/_9$ Thlr.).

Bemerkt muss werden, dass der Zehnten in mehreren Theilen Englands bereits abgelöst ist. Derselbe wurde früher *in natura* erhoben, ist aber in eine Geldrente umgewandelt, deren Höhe sich nach dem mittleren Ertrage an Getreide in den letzten 7 Jahren richtet; im Mittel schätzt man ihn auf 8 Sh. per Acre (1 Thlr. 23$^1/_3$ Sgr. per Morgen). Im Allgemeinen pflegt der Pächter die Zahlung der Steuern zu übernehmen, so dass er nicht allein die Lokalsteuern, die ihm stets zu zahlen obliegen, sondern auch die Grund- und Einkommensteuer des Grundherrn zu bestreiten hat.

Ausser den genannten giebt es noch eine andere Art von Abgaben, die *indirekten* Steuern, nämlich die Accise, die von der Cichorie als Kaffeesurrogat, vom Malz und vom Spiritus erhoben wird. Bei der Cichorie beträgt dieselbe für den Centner 3 Sh. (1 Thlr.), für Gerstenmalz 2 Sh. 7 P. (26 Sgr.), für den Gallon Spiritus 10 Sh. (das Quart nahe 25 Sgr.).

Die Einnahmen an Malz- und Spiritussteuer betrugen 1865:

Malz . . . . 159,863,825 Frcs. = 42,630,353$\frac{1}{3}$ Thlr.
Spiritus . . . . 254,418,275 „ = 67,844,873$\frac{1}{3}$ „

Zucker und Tabak kommen nur vom Auslande und zahlen Zoll; für raffinirten Zucker beträgt derselbe pro Ctr. 12 Sh. 10 P. (etwas über 4 Thlr.), für Rohzucker je nach der Weisse etwa 10 bis 14 Frcs. (2$^2/_3$ bis 3$^5/_6$ Thlr.), für den Tabak pro Pfd. 3 Sh. 2 P. bis 5 Sh. (1 Thlr 2 Sgr. bis 1 Thlr. 20 Sgr.).

In England zahlt man keine *Einschreibegebühr* für Pacht- und Kaufverträge, dagegen ist für diese sowohl wie für Cession von

Hypotheken eine *Stempelgebühr* zu zahlen, die $\frac{1}{2}$ % des Pachtzinses oder des Verkaufspreises, $\frac{1}{8}$ % bei Cessionen beträgt.

Der *Besitzwechsel* wird nur im Todesfalle besteuert; der Erbe,
wenn er Sohn des Erblassers ist, zahlt 1 %, aber bis 10 %, wenn
er mit demselben nicht verwandt ist. In einigen Städten, z. B. in
London, ist von gewissen Gegenständen eine Oktroiabgabe zu zahlen;
dahin gehört die Steinkohle, wogegen von landw. Erzeugnissen keine
erhoben wird.

Frohndienste sind nur noch in einigen Theilen Englands in
Uebung, wo jeder Pächter gehalten ist, alle Jahre eine gewisse An-
zahl von Arbeitstagen und von Fuhren für die Unterhaltung der
Wege zu leisten.

In **Schottland** haben die ländlichen Grundstücke dieselben Abgaben zu zahlen wie in England; ausserdem lasten theils auf dem
Besitzer, theils auf dem Pächter noch andere Steuern. Die Abgaben
der Besitzer kann man in 6 Arten theilen und ihren Betrag im
Mittel wie folgt annehmen:

des Reineinkommens

1. *Cess*, direkt vom Staate erhoben und ablösbar . . . . $\frac{1}{2}$ %
2. *Stipends*, eine an die Geistlichen zu zahlende und nach
   dem Zehnten berechnete Taxe . . . . 3 %
3. *Besoldung des Lehrers*, fest . . . . $\frac{1}{2}$ %
4. *Parochialsteuer*, zur Unterhaltung der Kirchengebäude, des
   Presbyteriums, der Schulgebäude, veränderlich . . . $\frac{3}{4}$ %
5. *Armentaxe* . . . . $2\frac{1}{4}$ %
6. *Grafschaftstaxe*, für Strassen, Brücken, Polizei etc. . . . 2 %

Im Mittel beträgt die Gesammtsumme dieser Taxen $9\frac{1}{4}$ % vom
Reineinkommen des Grundbesitzers.

Derjenige, der den Boden bewirthschaftet, zahlt $\frac{1}{2}$ % seines
Pachtzinses für die Schule, $2\frac{1}{4}$ % Armentaxe, $1\frac{1}{2}$ % für die Unterhaltung der Wege und Strassen. Uebrigens werden in Schottland
wie in England die Strassen meist durch die Einnahmen aus dem
Wegegeld erhalten. Der *Stempel* auf Kauf- und Pachtverträge ist
derselbe wie in England. Ferner wird eine *Erbschaftssteuer* entrichtet, welche nach dem Werthe der Immobilien, unter Abzug von
Lasten und Schulden, berechnet wird; Kinder zahlen 1 %, Geschwister 3 %, Vettern 5 bis 6 %, Fremde 10 %, Ehegatten bezahlen
Nichts. Die Abgabe für den *Besitzwechsel* von Grund und Boden
wird in acht Terminen bezahlt, und zwar fällt der erste 12 Monate
nach dem Besitzwechsel, die folgenden nach je 3 Monaten. Wird
die ganze Summe sofort bezahlt, so tritt eine Ermässigung ein.

Die indirekten Steuern, welche von landwirthschaftlichen Erzeugnissen zu zahlen sind, betreffen nur das Malz und den Spiritus.
Für letzteren beträgt die Steuer 275 Frcs. pro Hektoliter (101 Thlr.
per Ohm), für das Malz pro Hektoliter 24 Frcs. 13 Cts. (6 Thlr.
13 Sgr.) für Gerste und 13 Frcs. 79 Cts. (3 Thlr. $20\frac{1}{2}$ Sgr.) für Früh-
gerste nebst einer Patentgebühr.*)

Oktroi und dergleichen giebt es in Schottland nicht.

In **Irland** existirt keine *Grundsteuer*, der Staat besteuert den
Boden in keiner Weise. Dagegen wird die *Einkommensteuer* nach
dem Eigenthum bemessen. An *Lokalabgaben* hat man die Armentaxe, die Grafschaftstaxe und den Zehnten. Die Armentaxe zahlt
der Pächter, die mittlere Höhe derselben beträgt 1 Sh. pro Pfd. St.
Pachtzins (5%); sie brachte 1864 in Summa 596,465 Pfd. St.
($3,976,433\frac{1}{3}$ Thlr.). Auch die Grafschaftstaxe zahlt der Pächter;
sie ergab in demselben Jahre eine Einnahme von 1,060,401 Pfd. St.
(7,069,340 Thlr.). Den Zehnten bezahlt der Besitzer; derselbe bringt
etwa 300,000 Pfd. St. (2 Mill. Thlr.)

Malz und *Spiritus* zahlen eine Fabrikatsteuer. Sie beträgt pro
Gallon Spiritus 10 Sh. (25 Sgr. pro Quart), für einen Bushel Malz
2 Sh. 7 P. (für den Scheffel etwa 1 Thlr.).

Die einzige direkte Steuer, welche in **Belgien** vom Grundeigenthum entrichtet wird, ist die Grundsteuer, erhoben wie in Frankreich nach dem Gesetze vom 3. Frimaire des Jahres VII. Dieselbe
brachte im Jahre 1866: 24,152,540 Frcs. ($6,440,677\frac{1}{3}$ Thlr.), wovon
5,296,248 Frcs. den Provinzen und Gemeinden zufielen. **)

Ferner existiren Abgaben, ähnlich den französischen *Einschreibegebühren* auf Kauf- und Pacht-Verträge etc. Beim Besitzwechsel
gilt das Gesetz vom 17. Dezember 1851, das drei Arten unterscheidet, 1. *Droit de succession*, 2. *droit de mutation en ligne directe*,
3. *droit de mutation par décès*. Die Erbschaftssteuer unter Nr. 1.
hat Jeder zu zahlen, der nicht in gerader Linie in den Besitz eines
Bewohners Belgiens tritt; aber die Erben können von dem Werthe
die durch gesetzlich gültige Dokumente nachweisbaren Schulden ab-
ziehen, ferner die Geschäftsschulden, die Löhne für Dienstleute und
die Begräbnisskosten. Zwischen Gatten ohne Kinder beträgt die
Steuer $5\frac{1}{3}$ %, unter Geschwistern $6\frac{1}{2}$ % für das, was sie ohne

---

*) Da in England der Centner Malz nur 26 Sgr. kostet, so dürfte hier wohl
ein Irrthum vorliegen.   F.

**) Belgien ist 536 Quadratmeilen gross, so dass auf die Quadratmeile etwa
$12,012\frac{1}{2}$ Thlr. entfallen, in Preussen nur 2000 Thlr.   F.

Testament erhalten müssen, 13% für das Uebrige, unter Neffen und Nichten, Onkeln und Tanten 7½ und resp. 13%, unter entfernteren Verwandten und Fremden 13%. Unter Nr. 2 fallen die Erbschaften in direkter Linie oder zwischen Gatten, welche eheliche Kinder besitzen: die Steuer beträgt 1³/₁₀ % vom Werthe der in Belgien belegenen Besitzungen und der Hypothekenforderungen, aber nach Abzug der Hypothekenschulden. Die unter Nr. 3 erwähnte Steuer ist zu zahlen, wenn die Besitzer von in Belgien gelegenen Besitzungen, die aber selbst im Auslande wohnen, sterben; sie beträgt 1³/₁₀ % bei der Erbschaft in direkter Linie, 6½ % bei Seitenverwandten oder Fremden, und zwar ohne jeden Abzug vom Werthe des Nachlasses.

Vom *Branntwein, Bier, Essig* und *Zucker* wird eine Fabrikatsteuer erhoben; ferner giebt es Steuern auf die Einfuhr von *Salz, Wein, Rohzucker* und *raffinirtem Zucker, Branntwein, Liqueure.* Diese Steuern betragen beim Spiritus 2 Frcs. 45 C. bis 3 Frcs. 85 C. pro Hektoliter (27 bis 42½ Sgr. pro Ohm) des Gährbottichs, bei Bier und Essig 4 Frcs. pro Hektoliter (44 Sgr. pro Ohm), beim Zucker 45 Frcs. pro 100 Kilogr. (6 Thlr. pro Centner), beim Salz 18 Frcs. pro 100 Kilogr. (2²/₃ Thlr. pro Centner) bei der Einfuhr, beim Wein 22½ Frcs. pro Hektoliter (8¼ Tblr. pro Ohm), beim Branntwein bei der Einfuhr in einen Kreis 42½ bis 47½ Frcs. pro Hektoliter (15³/₅ bis 17²/₅ Thlr. pro Ohm), beim Liqueur 60 Frcs. (22 Thlr. pro Ohm).

In den **Niederlanden** wird wie in Frankreich auf Grundlage des Katasters eine *Grundsteuer* und zwar in der Regel vom Gutsbesitzer selbst erhoben. Sie bringt für bebaute und unbebaute Grundstücke 22 Mill. Frcs. (fast 6 Mill. Thlr.), im Mittel 15 bis 18% der Katastral-Reineinnahme. Dazu kommt eine vom Pächter zu zahlende *Personalsteuer* und zwar 5% des Pachtzinses. Ausserdem hat man *Thüren-, Fenster-, Schornstein-, Dienstboten- und Pferdesteuer.* Neben den Staatssteuern sind Provinzial- und Gemeindeabgaben zu entrichten, die sich in einzelnen Provinzen bis auf 298% der Staatssteuern belaufen. In Holland ist das ländliche Eigenthum ferner noch einer Steuer unterworfen, welche durch die Lage des Landes bedingt wird. Die in den *Polders* gelegenen Besitzungen haben für die Unterhaltung der Deiche und für die Verwaltung der Polders einen Beitrag zu zahlen, der zwischen 6 und 20 Frcs. pro Hektare (12 Sgr. und 1 Thlr. 10 Sgr. pro Morgen) schwankt; droht ein Deichbruch, so haben die Bewohner auf Verlangen des Polder-Vorstandes Hand- und Spanndienste zu leisten.

Für *Kauf-* und *Pachtverträge*, für *Besitzwechsel* etc. giebt es den französischen Einschreibegebühren ähnliche Abgaben, und zwar 4% bei Kaufverträgen nebst 0,38% Zuschlagsabgabe. Bei direkter Vererbung giebt es keine *Erbschaftssteuer*, dagegen sind bei Erbschaften unter Geschwistern 4%, unter Onkel und Tante 6% nebst 0,38% Zuschlag zu zahlen.

Das *Salz*, wenn es nicht zu landwirthschaftlichen Zwecken dient, zahlt Accise, welche 50 Mill. Frcs (13⅓ Mill. Thaler) einbringt.

Die Steuern und Lasten, welche in **Dänemark** das *Grundeigenthum* unmittelbar zu tragen hat, werden nach der Tonne Hartkorn erhoben. Nach der bestehenden Gesetzgebung besteht betreffs der Steuer kein Unterschied in den verschiedenen Arten des Eigenthums, sei es Herrenbesitz oder bäuerlicher. Nur für die Forsten besteht eine Ausnahme, welche die halbe Grundsteuer bezahlen. Zur Bemessung der Steuer dienen zwei verschiedene Kataster, das eine vom Jahre 1682, das andere vom Jahre 1844.

Die vom Staate erhobenen direkten Steuern sind: Die Landsteuer *(landkat)*, welche 44 skilling per Tonne Hartkorn nach dem neuen Kataster beträgt; die „alte Steuer“ *(gammelskat)*, eine unveränderliche Steuer nach dem älteren Kataster von 6 Reichsthaler 80 S. pro Tonne Hartkorn; die 1851 auferlegte Vertheilungssteuer von 1 Reichsthaler 24 S. für die Tonne Hartkorn; der Ertrag der drei Steuern wird auf 3,350,000 Reichsthaler (etwas über 2,535,000 Thlr.) geschätzt. Ausserdem hat man Steuern auf die *Fischerei*, die *Brücken* u. *Fähren*, die *Strassen*, auf *Gebäude*, die nicht zur Wohnung der Landwirthe dienen; ferner müssen Pferde für die Armee gestellt, der Zehnte gezahlt werden und endlich eine Dänemark ganz *eigenthümliche Steuer* zu Gunsten der Reichsbank. Dazu kommt noch eine Amtssteuer von 4 Reichsthaler 12 S. für die Tonne Hartkorn. Die Kommunalsteuern sind 1865 auf 3 Reichsthaler 70 S. gestiegen.

Die *Naturalleistungen* kann man auf 1,300,000 Reichsthaler (983,775 Thlr. pr.) schätzen. Man kann annehmen, dass für eine Tonne Hartkorn 42 Frcs. (11⅕ Thlr. pr.) an königlichen und Amtsabgaben, 24 Frcs. (6⅖ Thlr. pr.) an Kommunal- und anderen Abgaben, 33 Frcs (8⅘ Thlr. pr.) an Zehnten, also in Summa 99 Frcs. (24⅖ Thlr. pr.) zu zahlen sind.

Es ist nicht möglich, die Höhe der jährlich aufkommenden *Einschreibe-* und *Erbschaftsgebühren* vom Grundbesitz anzugeben. Die letzteren betragen 1% bei Ehegatten und direkten Nachkommen, 4%

bei Seitenverwandten und 7"/₀ bei entfernten Verwandten oder Fremden.

Der *Branntwein* zahlt eine Produktionssteuer von 10—11 Pf. für das preuss. Quart; der Einfuhrzoll ist sehr hoch. *)

Die an den Staat in **Schweden** zu zahlenden direkten Steuern sind folgende:

Die *„bewilning"*, allgemeine Benennung einer direkten Steuer auf Immobilien, Renten, Gehälter, Personen etc., welche in jeder Reichstagssession bewilligt wird, und deren Höhe nach den augenblicklichen Bedürfnissen eine wesentlich verschiedene ist; sie beträgt gegenwärtig (1867) 3 Oere von 100 Reichsthalern des Werthes der Immobilien (10³/₄ Pf. pro 100 Thlr. preuss.).

Die *gemeine Rente*, eine Art Grundzins, der seit alten Zeiten entrichtet wird und ursprünglich in einer Naturalabgabe besteht, die aber in Gold nach den herrschenden Preisen gezahlt wird.

Die *„kronotionde"*, der Getreidezehnte, der aber in Geld wie die gemeine Rente berichtigt wird.

Die *Kopfsteuer*, welche pro Mann 40 Oere (55 Pf.), pro Weib 20 Oere (27¹/₂ Pf.) beträgt und zwar nach Vollendung des 18. Lebensjahres.

Ausserdem lasten auf der Landwirthschaft noch *Servituten*; dahin gehören die Verpflichtung, den Reisenden Pferde und Herberge zu liefern, desgleichen der Krone, der Postverwaltung und zwar zu

---

*) Der wiederholt gebrauchte Ausdruck: „*eine Tonne Hartkorn*" ist im französischen Berichte fälschlicher Weise gleichgesetzt 2¼ Hektaren = 10 Morgen preussisch. Von sachverständiger Seite wird uns über den Ausdruck Folgendes mitgetheilt: „En Tönde *Hartkorn*", eine Tonne Hartkorn, ist der Ausdruck für den Güte-Grad, Bonität des Ackerbodens in Dänemark, welcher bei Steuerberechnungen zu Grunde gelegt wird und durch Abschätzung und Berechnung mit Bezug auf die Bonität des Bodens im Einzelnen und im Ganzen durch eine gegebene Zahl (24) für den Humus herausgefunden wird. Die Angabe aber, dass 2¼ Hektaren eine Tonne Hartkorn (Steuertonne) sein sollen, ist durchaus irrthümlich. Dänemark hat auf einen Flächenraum von 683,1 Quadrat-Meilen 375,956 Tonnen Hartkorn auf 6,849,812 Tonnen Land. Davon kommen auf die Inseln 2,320,427 T. Land, von welchen 1,810,739 T. Land matrikulirten Bodens zu 204,932 T. Hartkorn angesetzt sind; Jütland hat 4,529,385 T. Land, 2,630,058 T. Land matrikulirten Boden zu 171,024 T. Hartkorn. Auf den Inseln kommen also 8,8 T. Land auf 1 T. Hartkorn und in Jütland 15,4 T. Land auf 1 T. Hartkorn. Die *Mittelzahl beträgt für das ganze Königreich* 11,8 T. (25¼ Morg. preuss.) Land auf 1 T. Hartkorn — also mehr als 24 Morgen pr. auf 1 T. Hartkorn (Steuertonne). Die grössten Verschiedenheiten weisen das Amt Maribo, 7,8 T. Land auf 1 T. Hartkorn, und das Amt Hjörring in Jütland, 20,1 T. Land auf 1 T. Hartkorn.   F.

einem festen Tarife, der übrigens von Zeit zu Zeit erhöht wird; ferner die Verpflichtung, die Wege und Strassen zu unterhalten mit Inbegriff der Brücken und Fähren, die Errichtung und Unterhaltung der Kirchen, der Predigerhäuser etc.; aber als schwerste Last wird es betrachtet, je nach der Grösse des Grundstückes einen Kavaleristen, Fusssoldaten oder Matrosen unterhalten zu müssen.

Auf die landw. Erzeugnisse giebt es keine besonderen Steuern mit Ausnahme einer solchen auf den *Branntwein;* letztere beträgt 60 Oere auf die Kanne (3 Sgr. pro Quart); die Bruttoeinnahme dieser Steuer beläuft sich jährlich auf 9 bis 10 Mill. Reichsthaler (etwa $3\frac{1}{2}$ bis 4 Mill. Thaler preuss.).

Die den *Einschreibegebühren* ähnlichen Abgaben bei Verkäufen sind:

1. 60 Oere für 100 Reichsthaler (0,6 %) Stempelgebühr.

2. 15 Oere do. (0,15 %) der erhobenen Stempelgebühr als Zuschlag.

Die *Erbschaftssteuern* auf dem Lande sind:

1. Eine Abgabe von 1 % des Werthes, wenn die Erbschaft an entfernte Verwandte fällt; Erben in direkter aufsteigender und absteigender Linie, Geschwister und deren Nachkommen sind davon befreit.

2. Eine Stempelabgabe von $\frac{1}{4}$ %.

3. Eine Einschreibegebühr von $\frac{1}{5}$ % bei Summen von 15,000 Reichsthaler, $\frac{1}{10}$ % bei Summen von 15,000 bis 20,000 Reichsthaler, $\frac{1}{20}$ % bei Summen über 20,000 Reichsthaler. In keinem Falle sind mehr als 150 Reichsthaler ($57\frac{1}{4}$ Thlr. preuss.) und weniger als $\frac{1}{2}$ Reichsthaler (5,7 Sgr.) zu zahlen.

In **Norwegen** belaufen sich die Staats- und Kommunalabgaben auf 6 bis 7 Mill. Speziesthaler (9 bis $10\frac{1}{4}$ Mill. Thlr. preuss.).

Die Gemeindebehörden erheben eine kleine Abgabe von Verkaufs-, Pacht- etc. Verträgen. Bei Verkäufen von Grundbesitz werden $2\frac{1}{2}$ pro Mille an die Armenkasse gezahlt; die Erbschaftssteuer beträgt 4 %.

Die *Branntweinsteuer* bringt 500,000 Spez.-Thaler (750,000 Thlr. preuss.); sie beträgt pro preuss. Quart von 50 % Alkohol nicht ganz 4 Sgr.; beim Detailverkauf werden ausserdem noch $1\frac{1}{2}$ Sgr. vom Quart erhoben. Die Steuer bringt in den Städten 102,500 Spez.-Thlr. (155,000 Thlr. preuss.) und auf dem Lande 9,775 Spez.-Thlr. (14,000 Thlr. preuss.).

Die Strassen müssen meist von den Grundbesitzern unterhalten werden; endlich gelten für die Kirche etc. dieselben Verpflichtungen wie in Schweden.

In **Preussen** wird vom Grundbesitz eine *Grundsteuer* von 10 Mill. Thalern für den gesammten Staat (alten Bestandes) erhoben; sie beträgt im Mittel pro Morgen 3 Sgr.[*]), pro Haupt der Bevölkerung $\frac{5}{9}$ Thlr. Ausserdem hat der Grundbesitz *Kommunal*abgaben zu leisten, welche theils in baarem Gelde, theils durch Arbeiten, besonders beim Bau der Landgemeindewege, erfolgen.

Als den französischen direkten Abgaben entsprechend kann man in Preussen folgende betrachten:

1. Die *Grundsteuer* in Preussen entsprechend der französischen.
2. Die *Gebäudesteuer* von 3,365,823 Thalern entsprechend der französischen Thüren- und Fenstersteuer.
3. Die preussische *Klassensteuer*[**]) von 9,755,000 Thaler entsprechend der französischen Kopf- und Mobiliarsteuer.
4. Die *Gewerbesteuer* von 4,059,000 Thaler entsprechend den Patentabgaben in Frankreich.

Die preussische *Stempelsteuer* entspricht der französischen Einschreibegebühr: sie bringt 5,530,000 Thaler, ist aber einfacher und lastet auf nicht so vielen Dingen wie in Frankreich. Der Stempel von Verkaufsverträgen beträgt 1% des Verkaufspreises. Der *Erbschaftsstempel* beträgt 1 bis 8% der Erbschaft. Die Erben in direkt aufsteigender und absteigender Linie, d. h. Eltern und Kinder, sind davon befreit, ebenso die Ehefrau, die ihren Gatten beerbt, jedoch nur, wenn Kinder vorhanden sind. Der seine Frau beerbende Ehemann zahlt 1%. Die Seitenverwandten ersten Grades zahlen 2%, bei entfernteren Verwandten und Fremden erreicht die Stempelabgabe das Maximum von 8%. Erbschaften unter 50 Thlr. zahlen keine Stempelgebühr.

Die preussische *Branntweinsteuer* entspricht der französischen Getränkesteuer; dasselbe gilt von der *Malz-* (Bier-) Steuer. Die Steuer wird in beiden Fällen vom Rohmaterial, nicht vom Fabrikat erhoben.

Die französische *Salzsteuer* wird in Preussen durch das Salzmonopol ersetzt, das übrigens abgeschafft und durch eine Salzsteuer von 2 Thalern pro Centner ersetzt ist.

---

[*]) Genauer 3 Sgr. 2,93 Pf.   F.

[**]) Sie heisst bei einem Einkommen von 1000 Thalern und darüber Einkommensteuer und beträgt 3%, während die Klassensteuer im Mittel 2% des Einkommens beträgt.   F.

Die *Rübenzuckersteuer* wird von den Rüben, nicht wie in Frankreich vom Zucker gezahlt.*)

.Das französische *Oktroi* wird durch die *Mahl-* und *Schlachtsteuer* ersetzt, welche in den grossen Städten an die Stelle der Klassensteuer tritt.**)

Sie trifft das in die Stadt eingeführte Fleisch, Mehl und Getreide.***) Die Mahlsteuer bringt jährlich 1,570,000 Thaler, die Schlachtsteuer 1,946,600 Thlr. Endlich giebt es eine Steuer auf den im Inlande gebauten *Tabak*, die etwa 100,000 einbringt

Frohndienste giebt es in Preussen nicht.

Seitdem in **Russland** die Leibeigenschaft aufgehoben ist, giebt es daselbst drei Arten direkter Steuern.

1. Die allgemeinen oder *Staats*abgaben.
2. Die *Provinzial*abgaben.
3. Die *Lokal*abgaben.

Die Staatssteuer besteht zunächst in einer *Kopfsteuer*, deren Höhe in den verschiedenen Provinzen eine verschiedene ist, wie auch bei den Provinzial- und Lokalabgaben.

In den baltischen Provinzen beträgt die Kopfsteuer 1 Rubel 25 Kop. (etwa 1 Thlr. 10 Sgr.) für jede männliche Person; in dem Gouvernement Moskau und den angrenzenden Gouvernements zahlt der Grundbesitzer an Grundsteuer 3 Kop. für die Dessätine (etwa 3 Pf. für den Morgen); in den südlichen Provinzen beträgt die Kopfsteuer, von der das weibliche Geschlecht und der Adel frei ist, 2 Rubel pro Haupt (etwa 2 Thlr.).

Die Lokalabgaben belaufen sich in den baltischen Provinzen auf 3 Rubel Kopfsteuer; in den mittleren Provinzen betragen sie 5 bis

---

*) Die angegebenen Zahlen für die Rüben-Zuckersteuer sind viel zu niedrig (5,350,000 Thaler): dieselbe betrug 1864/65 wenig unter, 1865/66 wenig über 9 Mill. Thaler; im norddeutschen Bunde betrug sie 1869 über 11 Mill. Thaler, die Tabakssteuer fast 200,000 Thaler, die Salzsteuer über 7 Mill. Thaler, die Branntweinsteuer über 7½ Mill. Thaler, die Braumalzsteuer über 3 Mill. Thaler.   F.

**) Es ist dies keine korrekte Auffassung; ein Oktroi und dem Aehnliches giebt es in Preussen gar nicht; die Mahl- und Schlachtsteuer tritt in den pflichtigen Städten an die Stelle der vom Staate erhobenen Klassensteuer mit der einzigen Modifikation, dass die Gemeindekasse einen Theil der Mahl- und Schlachtsteuer erhält, was bei der Klassensteuer nicht der Fall ist.   F.

***) Vom Getreide wird *keine* Steuer erhoben, sondern nur von dem vermahlenen, daher der Name „Mahlsteuer“.

Die Angaben über die Höhe der Schlachtsteuer sind nicht korrekt, da letztere meist vom Haupt Vieh, seltener nach dem Gewicht erhoben wird.   F.

16 Kop. pro Dessätine (5 bis 16 Pf. pro Morgen), in den südlichen Provinzen 25 Kop. (25 Pf. pro Morgen).

Die anderen fiskalischen Abgaben, welche die Landwirthschaft zu tragen hat, sind: die *Einschreibegebühren* von Kauf- und Pachtverträgen mit 4 %; die *Erbschaftssteuer* mit 4 %, ausgenommen die Vererbung in direkter Linie; die *Stempelsteuer*, welche bei allen schriftlichen Verträgen und Eingaben an Behörden zu entrichten ist, in verschiedener Höhe. Die *Branntwein-, Bier-* und *Zuckersteuer* ist sehr hoch. *Oktrois* giebt es nicht.

Die Bauern haben *Frohndienste* zu leisten, so oft der Staat dieselben fordert, und zwar zur Unterhaltung der Wege und Brücken und für den Transport von Truppen und Kriegsmaterial. Man ist gegenwärtig mit einem Gesetzentwurfe beschäftigt, diese Dienste in eine Geldabgabe umzuwandeln, welche von allen Grundbesitzern ohne Unterschied des Standes zu zahlen ist. Endlich giebt es noch eine Anzahl von Bauern, welche ihren alten Herren Frohndienste zu leisten haben, die die Ablösung noch nicht zur Ausführung gebracht haben; doch wird die Zahl derselben von Tag zu Tag geringer.[*]

In der **Schweiz** giebt es eine auf dem Kataster beruhende *Grundsteuer* in den Kantonen Genf, Waadt, Freiburg und Solothurn; in anderen Kantonen fehlt das Kataster, und tritt an seine Stelle eine Einschätzung, aber in den meisten kennt man eine eigentliche Grundsteuer nicht, an deren Stelle eine *Vermögens-* und *Einkommensteuer* gezahlt wird. Diese ist theils eine feste, theils eine Progressivsteuer; sie beträgt 1 bis 3% vom Vermögen und 1 bis 4% vom Einkommen. Die Kantone von Unterwalden, Uri, Schwytz und Wallis erheben vom Vermögen nur sehr geringe Abgaben, die Haupteinnahmen erhält die Staatskasse aus dem Salzverkauf. In dem Kanton Basel-Land werden die Grundsteuern zur Unterhaltung der Kirchen, Schulen und Armenanstalten verwendet; da sie nicht genügen, so ist seit 1856 eine Schulabgabe auf das Mobiliarvermögen gelegt.

Nur in den Kantonen Genf und Waadt hat man eine der französischen *Einschreibegebühr* ähnliche Abgabe. Etwa 10 Kantone erheben eine Erbschaftssteuer, die in den französischen Kantonen am höchsten ist und bis 4% beträgt; bei Erbschaften in direkter Linie ist eine solche Steuer nur an wenigen Orten zu zahlen.

Die *indirekten* Steuern entsprechen den französischen Getränke-

[*] In den baltischen Provinzen giebt es keine Frohnbauern mehr.

F.

steuern und sind bekannt unter dem Namen „*Ohmgeld*". *Oktroi* kennt man nur in Genf und Tessin.

Die *Grundsteuer*, welche man in **Portugal** zahlt, stammt erst aus dem Jahre 1852 und ist an die Stelle einer ganzen Reihe von Abgaben getreten, Abgaben, deren Ursprung, wie z. B. der Zehnten auf Grundbesitz (*decimos de predios*) und der Zehnten auf die Grundrente (*dec. de foros*), sehr alt ist.

Die Grundabgaben werden von liegenden Gründen erhoben in einer Höhe, wie sie alljährlich von der Landesvertretung festgesetzt wird. Ein Kataster giebt es nicht, ein bedeutendes Hinderniss einer richtigen Vertheilung der Steuer. Uebrigens trägt nach dem eigenen Geständniss der Besitzer in Portugal der Grundbesitz bei weitem nicht so viel Steuern, als ihm ohne Belästigung auferlegt werden könnten. Die Vertheilung erfolgt auf Grundlage einer Generalliste, welche der Kontrolleur für jeden Bezirk aufstellt; in dieser Liste findet sich aller Immobilienbesitz mit seinem Werthe eingetragen; für das Finanzjahr 1868/67 ist die Einnahme auf 1,872,469,904 Reis (etwa 2,800,000 Thlr.) berechnet.

Die *Gewerbesteuer* hat den alten Zehnten auf die Erzeugnisse der Industrie und den „*maneio*" oder die Fabrikensteuer ersetzt, so wie alle Zuschlagsabgaben. Jeder, der eine Industrie, ein Handwerk oder eine Kunst ausübt, hat Gewerbesteuer zu zahlen im Verhältniss zu seinen Einnahmen aus dem Gewerbe, das er betreibt. Landwirthe haben dann diese Abgabe zu zahlen, wenn sie sich bei ihrem Wirthschaftsbetriebe der Maschinen bedienen.

Eine *Einschreibegebühr* wird beim Kauf und bei der Vererbung erhoben; ausgenommen davon sind Uebertragungen unter Verwandten in auf- und absteigender Linie, unter Ehegatten, Schenkungen an Hospitäler und fromme Stiftungen und Uebertragungen von literarischem oder artistischem Eigenthum. Die Erbschaftssteuer beträgt nach dem Verwandtschaftsgrade 3 bis 10 %.

Der Grundbesitz trägt ferner eine *Wegesteuer (viaçao)* zwecks der Herstellung und Erhaltung von Wegen. Sie beträgt nach dem Budget 697,939,237 Reis (1,033,984 Thlr.); ferner die „*decima de juros*", eine Abgabe von 10 % auf ausgeliehene Kapitalien; ihr Ertrag beläuft sich auf 187,407 Thlr.

Die Tabakssteuer ergiebt eine Reineinnahme von 2,897,000 Thlr. Der Tabaksbau ist nur auf dem Festlande von Portugal und an wenigen Punkten auf Madeira und den Azoren gestattet. Endlich giebt es noch eine Abgabe unter dem Namen „*real d'agua*", deren

Ursprung weit zurück datirt und ursprünglich in einem Real auf jedes Pfund Fleisch und 2 Reis auf jede in Lissabon verzehrte Pinte Wein betrug. Die Einnahme aus dieser Abgabe hatte verschiedene Verwendungen; unter anderen soll sie die Kosten der Wasserleitung zur Hauptstadt (daher der Name) decken. Sie wurde bald auf fast alle Städte ausgedehnt und ihr Ertrag zu Befestigungsbauten oder andern öffentlichen Unternehmungen verwendet. Sie bringt gegen- wärtig 216,920 Thlr.

Nach der gegenwärtigen*) Steuergesetzgebung in **Spanien** liegen auf dem Grundbesitz folgende Lasten:

1. Die *Grundsteuer.*

Sie ist durch Gesetz vom 23. Mai 1845 eingeführt. Ihre offi- zielle Benennung ist: Immobilien-, Kultur- und Viehzuchtsteuer. Die Summe wird alljährlich durch das Finanzgesetz festgestellt und betrug pro 1866/67: 430 Mill. Realen (etwa $30^1/_2$ Mill. Thaler). Mittelst einer einfachen Ministerialverfügung wird die Summe unter die Provinzen vertheilt und muss in vier Terminen — 5. August, 5. November, 5. Februar und 5. Mai — bezahlt werden. Die Immo- biliensteuer, die 20 bis 25 $^0/_0$ des Einkommens beträgt, zahlt der Grundeigenthümer, die Kultursteuer, die 1866 sich auf 25$^0/_0$ des Er- trages belief, der Pächter: die Viehsteuer, die vielfach umgangen wird, beträgt 25 $^0/_0$ eines unveränderlich festgestellten Viehwerthes. Am meisten belastet sind die Provinzen Madrid, Valencia, Sevilla, Barcelona und Malaga; am wenigsten zahlen Santander, Soria, Avila, Huelva und Segovia.

2. Eine *Konsumsteuer,* die theils in die Staatskasse, theils in die Gemeindekassen fliesst und von allen Gegenständen des Verbrauchs erhoben wird.

Verschiedene mal sollte sie aufgehoben werden, doch gestattete dies die Finanzlage nicht; der Staat kann eine Steuer nicht aufgeben, deren Ertrag pro 1867 auf 197 Mill. Realen (etwa $13^1/_2$ Mill Thlr.) geschätzt wurde, soweit sie in die Staatskasse fliesst, und welche nahe eben so viel den Gemeinden einbringt. Man kann annehmen, dass Spanien kein Produkt besitzt, wovon nicht eine Verbrauchs- steuer zu entrichten ist; ihre Höhe übersteigt zuweilen 24$^0/_0$ des wirklichen Werthes der Waare. So zahlt der Wein 8 Realen für 16 Litres (16 Sgr. für 14 Quart), das Oel 20 $^0/_0$ des Werthes.

---

*) In Folge der Vertreibung der Königin Isabella ist in den Steuerverhält- nissen Spaniens seit Abfassung des Berichtes Mancherlei geändert worden.   F.

Ausserdem giebt es nur *eine* indirekte Steuer, nämlich eine *Einschreibegebühr* von 2 % bei Käufen, Besitzwechsel und von Hypotheken, aber keine auf Pachtverträge.

Personalsteuern kennt man nicht, ausser Spann- und andere Dienste im Kriege. Bei *Erbschaften* in direkter Linie wird gleichfalls keine Steuer bezahlt, bei solcher von Seitenverwandten 1 bis 10 %, bei Immobilien, ½ bis 10 % bei Mobilien, je nach dem Grade der Verwandtschaft.

In **Italien** besteht die *Grundsteuer* aus 3 Theilen, nämlich einem für den Staat, einem für die Provinz und einem für die Gemeinde, welcher letztere aber niemals grösser sein darf als die Staatsquote Als Grundlage der Vertheilung dient der Katastralwerth. Sie bringt 170,716,678 Lire (45,364,500 Thlr.), wovon in die Staatskasse 116,633,684 Lire (31,102,316 Thlr.) fliessen. Im Mittel wird pro Hektare 5,4 Frcs. (pro Morgen 11 Sgr.) an den Staat und 2,5 Frcs. (pro Morgen 5 Sgr.) an die Gemeinde gezahlt; aber die Vertheilung ist nicht in allen Provinzen gleich; so beträgt die Grundsteuer in Umbrien 2,6 Frcs. und in der Lombardei 14,47 Frcs., für die Gemeinde resp. 0,56 und 7,14 Frcs.

Die Landwirthe, welche nicht zugleich Eigenthümer des von ihnen bebauten Bodens sind, sind einer Steuer auf den Reichthum ihrer Mobilien (richezza mobile) unterworfen, einer Art *Einkommensteuer,* welche auf den Reinertrag ihrer Arbeit gelegt wird; sie wurde durch Gesetz vom 14. Juli 1864 auferlegt.

Die einzigen Abgaben, welche die Ackerbauerzeugnisse ausser der Grundsteuer zu tragen haben, sind die *Oktroiabgaben* bei der Einführung in die Städte.*)

Seit 1862 besteht ein neues Gesetz betreffs der *Einschreibegebühren,* welches durch Gesetz vom 14. Juli 1866 modifizirt und das dem bezüglichen französischen Gesetze ziemlich gleich ist. Die *Erbschaftssteuer* beim Grundbesitz beträgt je nach dem Grade der Verwandtschaft ⅕ bis 10 %; die Gebühren beim *Verkauf* von Mobilien, Früchten etc. betragen 1 %, von Immobilien 2 %. *Pachtverträge* zahlen ¼ %.

Im **Kirchenstaate** wird eine auf Grund des Katasters veranlagte *Grundsteuer* erhoben, die der Grundeigenthümer zu tragen hat; die Pächter zahlen eine *Viehsteuer.* Die *Einschreibegebühr* bei Ver-

---

*) In diesem Jahre ist eine ziemlich hohe Spiritussteuer eingeführt worden.

F.

käufen und auf Märkten beträgt 2 %. Die *Erbschaftssteuer* beträgt je nach dem Grade der Verwandtschaft 2 bis 6 %, Fremde zahlen 8 %. Auf dem Weine liegt ausser dem *Oktroi* eine *Fassgebühr*.

In **Anatolien** oder der asiatischen Türkei sind die Abgaben zahlreich. Unter denen, die von der Landwirthschaft erhoben werden, sind die wichtigsten:

der *Zehnten;* prinzipiell hat der Grundbesitzer nur den zehnten Theil der Ernte in natura abzuliefern; aber der Steuerpächter schätzt die Ernte auf dem Halme und verlangt den Zehnten in Geld, ohne den Zufällen Rechnung zu tragen, welche die Ernte vernichten können, so dass sich die Ackerbauer genöthigt sehen, ihre sauren Ersparnisse dem Zöllner zu geben, wenn sie nicht gar borgen müssen;

die *Gewerbesteuer* oder „*temettuat*“ ist eine Patentsteuer. Sie muss von allen Handwerkern und Detailhändlern erlegt werden; sie ist nach der Art des Geschäftes verschieden hoch. Obgleich sie nicht direkt auf der Landwirthschaft lastet, so hat sie doch einen wesentlichen Einfluss auf den Preis ihrer Erzeugnisse;

die *Kriegssteuer* haben nur Christen und Juden, welche dafür vom Kriegsdienste frei sind, zu zahlen. Jeder Christ hat sie von seinem 15. Lebensjahre bis zu seinem Tode zu erlegen. Da die Erhebung ihre Schwierigkeiten hat, so ist sie von den christlichen und jüdischen *Gemeinden* aufzubringen, welchen die Vertheilung und Eintreibung unter ihren Glaubensgenossen überlassen bleibt. Jeder Christ hat im Mittel 2 bis 2⅔ Thlr. zu zahlen;

die *Grundsteuer* besteht erst etwa seit 10 Jahren und wurde zuerst in Smyrna erhoben; sie ist auf einige, besonders Küstenstädte beschränkt, wo Europäer Grundbesitzer sind. Ursprünglich betrug sie nur vier vom Tausend, jetzt beträgt sie fünf vom Tausend, und man geht damit um, sie weiter zu erhöhen. Ausserdem giebt es eine feste Abgabe von 3 bis 3½ Thlr. auf die Bauerlaubniss;

die *Viehsteuer,* „*resoumat*“, ist vielleicht eine der lästigsten Abgaben; für einen Hammel oder eine Ziege sind 4 Piaster (7 Sgr.) jährlich zu zahlen; aber ein guter Hammel kostet nur 30 Piaster (1⅘ Thlr.) und eine gute Ziege noch weniger;

die *Salzsteuer* wird von der Verwaltung der Zölle erhoben: die Oka (2⅔ Pfd.) Salz kostet im Innern des Landes etwa 3⅗ Sgr. Die Zollbehörde zieht auch die *Tabakssteuer* ein und zwar etwa 5 Sgr. pro Pfd. (12 Piaster pro Oka): die Steuer auf geistige Getränke ist ausserordentlich drückend.

Endlich ist der Landmann noch einer jährlichen *Kopfsteuer* von beinahe 100 Piaster (6 Thlr.) unterworfen. Die Höhe dieser Abgabe ist für jedes Dorf unveränderlich festgesetzt, ohne der Vermehrung oder der Verminderung der Einwohnerzahl Rechnung zu tragen.

Man kann annehmen, dass die Summe der von dem Landwirthe zu zahlenden Steuern 50 bis 60 % seines Einkommens beträgt. Die Steuern sind übermässig hoch, ungleich vertheilt und werden auf ungeschickte Weise erhoben, worunter Handel und Landwirthschaft seufzen.

Die Steuergesetzgebung **Aegyptens** ist noch dieselbe, wie sie Mehemet Ali geschaffen hat; sie ist durch seine Nachfolger nur wenig verändert worden.

Es giebt nur eine direkte Steuer, die *Grundsteuer*. Die Abgabe, welche von den *Lebensmitteln* bei ihrer Einfuhr in die Städte erhoben wurde, ist durch Saïd Pascha abgeschafft worden, die *Personalsteuer*, welche die ganze Bevölkerung traf, hat Ismaël Pascha aufgehoben.

Die Grundsteuer wird vom „*Feddan*" (etwa 2 Morgen) je nach Art der Kultur erhoben. Sie beträgt gegenwärtig 5 bis 10 Piaster pro Feddan (4$\frac{1}{2}$ bis 9 Sgr. pro Morgen) und bringt jährlich etwa 23$\frac{1}{3}$ Millionen Thaler ein. Der Pächter zahlt keinerlei Abgabe.

Beim *Besitzwechsel* durch Verkauf werden 5 % und zwar zur Hälfte vom Käufer gezahlt, bei *Erbschaften* beträgt die Abgabe nur 1 %, wobei der Grundbesitz stets zu 66$\frac{2}{3}$ Thlr. der Morgen angenommen wird; diese Abgabe besteht erst seit 1866.

Zur Instandhaltung der Kanäle sind *Frohndienste* zu leisten, wie auch zu andern öffentlichen Arbeiten, bei Eisenbahnen, ja zuweilen selbst zu Privatarbeiten des Vicekönigs.

Ausser den Zöllen giebt es keine indirekte Steuer.

In der Regentschaft **Tunis** giebt es eigentlich kein Finanzgesetz; es herrscht nur die *Willkür*. Nach den ursprünglichen Gesetzen sollten die *Abgaben vom Getreide* nur 10 % vom Rohertrage ausmachen; aber so, wie sie jetzt erhoben werden, kann man sie auf 50 % schätzen.

Es giebt den unseren ähnliche *Einschreibegebühren* auf Kauf-, Pacht- etc. Verträge, auch werden *Erbschaftssteuern* etc. erhoben. Indirekte Steuern liegen nur auf dem *Tabak* und dem *Salz*. Der selbst gebaute Tabak zahlt keine Steuer, die unserem Oktroi entspricht, eben so wenig das Salz: aber die anderen Produkte zahlen Oktroi.

In **Marokko** zahlt der Araber nach dem Koran nur den „*jekka*" und „*achur*". Der jekka ist eine Pflugsteuer, welche in den verschiedenen Provinzen und nach den verschiedenen Kulturarten von $1^1/_3$ bis $13^2/_3$ Thlr. für jeden Pflug schwankt. Achur ist der Zehnte von den Bodenprodukten. Aber diese Abgaben werden nach der Willkür der Kaids, Scheiks etc. erhoben, welche oft weit mehr erheben, als die Leute geerntet haben.

Der Grund und Boden erlegt keine Steuer: der Boden gehört gesetzlich dem Sultan: der Zehnte wird in natura oder in Geld bezahlt.

Was die anderen Abgaben, Naturalleistungen, Frohndienste etc. betrifft, so sind sie zahllos, da sie von der Habgier des Kaid oder des Gouverneurs diktirt werden.

Mit Ausnahme Tangers werden in den Städten für Rechnung des Sultans je nach der Grösse der Stadt von jeder Kameellast Waaren, worin diese auch bestehen, 16 bis 24 Sgr. Abgabe erhoben: eine Kameellast wird auf 500 Pfd. geschätzt.

Die Person des Arabers und seine Güter sollen dem Sultan oder seinem Vertreter stets zur Verfügung stehen.

Die allgemeinen Steuern der **Vereinigten Staaten** von Nordamerika können in zwei Hauptklassen getheilt werden: die *direkten* und die *indirekten*. Für gewöhnlich erhob die Central-Regierung keine direkten Steuern, da die Einnahmen aus den Zöllen und den Landverkäufen zur Bestreitung der Verwaltungskosten genügten. Vor dem Bürgerkriege hat es von dieser Regel nur drei Ausnahmen gegeben; aber die bedeutenden Kriegskosten haben zu einer stärkeren Besteuerung gezwungen, weshalb eine direkte Steuer von 20 Mill. Dollars (fast 29 Mill. Thaler), theils dem *Einkommen*[*]). theils dem *Grundbesitz* auferlegt worden ist. Gegenwärtig ist ein für die Vereinigten Staaten ganz *neues Steuersystem* in Kraft, das bisher allen Bedürfnissen genügt hat. Dasselbe besteht in der jedem Kaufmann, Gläubiger, Verkäufer etc. auferlegten Verpflichtung, bei jedem Pacht-, Verkauf-, Hypothekenvertrag. bei den Fakturen etc. einen *Stempel* zu verwenden. dessen Höhe von $^1/_4$ bis zu 1 Dollar (11 bis 44 Sgr.) schwankt.

Die Einnahmen der einzelnen Staaten bestehen im Allgemeinen in Abgaben vom mobilen und immobilen Eigenthum, es giebt solche von den Bankkapitalien, den Versicherungsgesellschaften, den Eisenbahnen

---

[*]) Durch Beschluss des Kongresses ist 1870 die Einkommensteuer abgeschafft worden. F.

etc. Ausser den Abgaben zur Bestreitung der Staatsausgaben giebt es noch Schul-, Strassen- und andere Steuern, und zwar sind die Schulsteuern in der Regel sehr hoch. Es ist schwierig, die Höhe der auf den Immobilien lastenden Steuern anzugeben, da sie nach den Oertlichkeiten sehr verschieden ist. In der Umgegend von New-York beträgt sie mindestens $1\frac{1}{2}\%$ des Taxwerthes. Naturalleistungen, Frohnden und Oktrois sind in den Vereinigten Staaten so gut wie unbekannt.

Dagegen giebt es Abgaben auf *Verkäufe, Erbschaften* und *Verpachtungen,* die den Einschreibegebühren ähnlich sind. Man bezahlt an den betreffenden Amtsstellen eine mässige Abgabe zur Deckung der Kosten für die Beamten. Seit 1864 hat der Kongress durch die *Internal Revenue Act* neue, viel drückendere Abgaben auf dergleichen Dokumente gelegt. So beträgt die Erbschaftssteuer bei Immobilien je nach dem Grade der Verwandtschaft 1 bis 6% des Taxwerthes. Dasselbe Gesetz belegt auch verschiedene landwirthschaftliche Erzeugnisse mit Steuern, namentlich den Zucker, den Spiritus, die gegohrenen Getränke, Häute, den Tabak etc.

Kapitel X.

Verschiedene Fragen.

§. 1. Landwirthschaftliches Gesetzbuch.

Fast einstimmig ist der Wunsch ausgesprochen worden, dass das Gesetzbuch, welches die landw. Interessen zum Gegenstande hat (Code rural), baldmöglichst beendet werde.

Der Staatsrath hat seit mehreren Jahren sich ununterbrochen mit diesem wichtigen Gegenstande beschäftigt und bereits einen ansehnlichen Theil der schwierigen und langwierigen Aufgabe vollendet. Der Gesetzentwurf umfasst drei Bücher.

Das I. Buch behandelt die den *Boden* betreffenden Einrichtungen und umfasst vier Titel:

1. Die mit dem Boden zusammenhängenden Servituten (Marksteinsetzung, Einzäunung, Grenzgemeinschaft, Pflanzungen, Wegegerechtigkeit, Trift- und Stoppelweide);

2. die öffentlichen und die Feld-Wege;

3. die Pachtverträge, die Theilpacht, die Erbpacht und die auf ländlichen Grundstücken haftenden ewigen Renten;

4. die Benutzung und Erhaltung des ländlichen Eigenthums (allgemeine Bestimmungen, Dienstboten und ländliche Arbeiter, Hausthiere etc.).

Dies Buch ist von den Sektionen für Gesetzgebung, für Rechtspflege und für auswärtige Angelegenheiten vollständig durchberathen und bildet gegenwärtig den Gegenstand der Berathung der vereinigten Ausschüsse.

Das II. Buch beschäftigt sich mit den die *Gewässer* betreffenden Einrichtungen und enthält sechs Titel:

1. das Regen- und Quellwasser;
2. die nicht schiffbaren und nichtflössbaren Wasserläufe (Rechte
der Anwohner, Polizei, Erhaltung der Wasserläufe, Auskrauten, Ein-
deichen, Geradelegen);
3. die mit einzelnen Holzscheiten flössbaren Bäche;
4. die schiffbaren und flössbaren Flüsse (Rechte der Domänen
und der Anwohner, Servituten, Freiheiten, Eindeichungen);
5. die stehenden Gewässer (Moore, Trockenlegung von Sümpfen,
Melioration nasser Ländereien, Drainage);
6. die Bewässerungen.

Das ganze Buch ist durchberathen von dem Ausschusse für
Gesetzgebung, zum Theil auch von den vereinigten Ausschüssen für
Gesetzgebung, für Prozesswesen, für öffentliche Arbeiten, Landwirth-
schaft und Handel.

Das III. Buch wird sich mit der *ländlichen Polizei* beschäftigen,
ist aber noch nicht in Angriff genommen.

Die in nicht ferner Zeit zu erwartende Vollendung des Code
rural wird ein fast allgemeines Verlangen befriedigen und in einer
der Landwirthschaft vortheilhaften Weise die Schwierigkeiten und Un-
sicherheiten beseitigen, welche beim gegenwärtigen Stande der Gesetzgebung in verschiedenen Punkten obwalten.

Ausser den schon in den früheren Kapiteln hervorgehobenen
Wünschen hat man auch die *Aufhebung der Trift- und Stoppelweide* verlangt. In Betreff der Stoppelweide insbesondere haben
einige derjenigen Personen, welche nicht gerade die vollständige
Unterdrückung derselben verlangt haben, den Wunsch ausgesprochen,
dass sie auf den natürlichen Wiesen gesetzlich bis nach Entnahme
des zweiten Schnittes verboten werde, und Andere, indem sie dieselbe auf abgeernteten Feldern gestatten wollen, verlangen ein Verbot derselben auf den Wiesen wegen des dadurch verursachten
Schadens*).

Ferner hat man von einigen Seiten die Aufhebung der *Ankündigung der Weinlese*, der Heu- und Getreideernte, wo diese noch

---

*) In dem Theile der preussischen Rheinprovinz, wo der Code Napoléon gilt,
bestehen über die Weidegerechtigkeiten auf Wiesen, besonders auf künstlichen
Wiesen ganz ähnliche Klagen, die das Landes-Oekonomie-Kollegium in seiner
letzten Sitzungsperiode beschäftigt haben. (Vergl. Monatsbl. der Ann. der Landw.,
Mai-Juni 1870.) Filly.

besteht, sowie das vollständige Verbot der *Nachlese*, mindestens für gesunde Arbeiter, gefordert.

Auch hat man gesetzgeberische Massregeln verlangt, welche eine strengere Unterdrückung des *Felddiebstahls* gestatten, und welche eine Verfolgung des öffentlichen Anklägers bei dieser Art Frevel einführen; auch das Herumtreiben und das *Betteln* auf dem Lande sei strenger zu verfolgen; es seien ferner Massregeln zu ergreifen zur Vertilgung der *Maikäfer* und aller andern *schädlichen Insekten*, sowie zur Vermeidung der besonders in der Nachbarschaft der Wälder von dem Wilde angerichteten Beschädigungen, zu welchem Zwecke namentlich das Tödten der *Kaninchen* in allen Jahreszeiten zu gestatten sei.

Die *Vogelschutzfrage* ist an verschiedenen Orten, aber in ganz entgegensetztem Sinne angeregt worden. Neben dem Wunsche, dass wirksame Massregeln zum Schutze der Insekten fressenden Vögel ergriffen werden mögen, begegnet man in dem Berichte des Baron de Benoist lebhaften Klagen der Departements Lothringens wegen des Verbotes der Jagd auf die kleinen Vögel; es wird im Namen von vier Departements gebeten, den Generalräthen das Recht zu verleihen, alljährlich die auf die Jagd der kleinen Vögel nöthigen Bestimmungen zu erlassen.

Um die *ländliche Polizei* wirksamer zu machen, haben einige Personen den Wunsch ausgesprochen, die Feldhüter möchten in bestimmte Rotten eingetheilt, besser und fest besoldet und vorzugsweise dazu ausgediente Soldaten gewählt werden; man hat sogar den Vorschlag gemacht, das Amt des Feldhüters nur Leuten zu übertragen, die in der betreffenden Gemeinde nicht einheimisch sind, um ihnen dadurch mehr Ansehen und Unabhängigkeit zu geben.

Das von einer Seite ausgesprochene Verlangen, dass der *Gemeindebesitz getheilt* werde, hat von anderer Seite Widerspruch erfahren; doch hat man sich auch von dieser Seite dafür ausgesprochen, dass der Gemeindebesitz in Kultur genommen und verkauft oder verpachtet werde.

Bis zu einem gewissen Grade hat das Gesetz vom 28. Juli 1860 bereits den Anstoss zu Arbeiten gegeben, welche den Zweck haben, den Gemeindebesitz in Kultur zu nehmen, und trotz des Widerstandes, welcher nur aus schlecht verstandenem Privatinteresse geleistet werden konnte, haben sich, wie es die Regierung wünschte, Gemeinden zu diesem Zwecke vereinigt. Im Anfange des Jahres 1868 waren bereits 13,630 Hektaren (54,520 Morgen) in Kultur

gebracht mit einem Aufwande von weniger als 900,000 Frcs.
(240,000 Thlr.), während die Grundstücke dadurch einen Mehrwerth
von beinahe 5 Mill. Frcs (1⅓ Mill. Thaler) gewonnen haben. Andere
Arbeiten werden vorbereitet, und eine Ausgabe von 1½ Mill. Frcs.
dürfte einen Mehrwerth von 7 Mill. Frcs. erzeugen.

§. 2. Landwirthschaftliche Verwaltung, Vertretung und Unterrichtswesen.

In Betreff der öffentlichen Verwaltung hat man mehrere Wünsche
ausgesprochen, die hier ohne weitere Besprechung angeführt werden
sollen.

Man verlangt die Gründung eines eigenen *Ministeriums für
Landwirthschaft*, mit welchem die Forstverwaltung zu vereinigen
wäre, da letztere weit mehr eine landwirthschaftliche als eine
finanzielle Verwaltung sei. Andere, indem sie die bestehende Vereinigung der öffentlichen Arbeiten, der Landwirthschaft und des
Handels in *einem* Ministerium zwar als gut anerkennen, halten es
doch für sehr wünschenswerth, dass die Forstverwaltung hinzugefügt werde.

Man verlangt ausserdem die *Erhöhung des Budgets für die
Landwirthschaft*, die Wiederherstellung des Gesetzes vom 20. März
1851, betreffend die *Vertretung* der Landwirthschaft und die all-
jährliche Vereinigung des Generalrathes für Landwirthschaft, endlich
die vollständige Ausführung der Verordnung vom 21. März 1852.

Das *Gesetz* vom 20. März 1851 hatte bestimmt, dass in jedem
Arrondissement eine oder mehrere *landwirthschaftliche Vereinigungen*
(comices agricoles) eingerichtet werden sollten, deren Umfang auf
Vorschlag des Präfekten durch den Generalrath festzusetzen wäre;
zum Beitritt sollten berechtigt sein alle Eigenthümer, Pächter,
Kolonisten und deren Kinder, welche 21 Jahre alt wären, welche
im Bezirke der Vereinigung wohnten oder daselbst Grundbesitz hätten.
In der Hauptstadt jedes Departements sollte eine *Landwirthschafts-
Kammer* ihren Sitz haben, bestehend aus so viel Mitgliedern, als
das Departement Kantone besässe, gewählt durch die landwirthschaftlichen Komitien. Diese Kammern sollten alljährlich eine acht
Tage dauernde Sitzung halten, deren Zeitpunkt sie selbst bestimmten,
und in welcher sie ihren Präsidenten, ihren Vice-Präsidenten und
ihren Schriftführer wählten. Endlich wurde durch dies Gesetz ein
landwirthschaftlicher General-Rath (Conseil général d'agriculture)
eingesetzt, bestehend aus einer der Anzahl der Landwirthschafts-

Kammern gleichen Anzahl von Mitgliedern, die von den Kammern
aus ihrem Schosse oder aus dem Departement zu wählen wären.
Der Generalrath sollte seinen Vorstand gleichfalls selbst ernennen
und alljährlich eine Sitzung halten, welche nicht länger als einen
Monat dauern sollte.

Die *Verordnung* vom 21. März 1852 änderte das Gesetz,
indem sie in jedem Arrondissement eine berathende landwirthschaftliche Kammer schuf, bestehend aus soviel Mitgliedern, als
das Arrondissement Kantone zählt; dieselben sollen vom Präfekten
aus der Zahl der im Kanton Einheimischen oder daselbst Grundbesitz Habenden ernannt werden.. Am Hauptorte führt der Präfekt,
in den Arrondissements der Unterpräfekt den Vorsitz; ein von der
Kammer erwählter Vicepräsident vertritt den Präfekten resp. Unter-
präfekten im Falle der Verhinderung. Der Präfekt ordnet die Zeit
und die Dauer der Sitzungen an, desgleichen setzt derselbe die Tagesordnung fest. Die berathenden Kammern haben die Aufgabe, der
Regierung ihre Wünsche vorzutragen. Sie *können* um ihr Gutachten
befragt werden bei neuen Gesetzen, soweit sie die Landwirthschaft
angehen, namentlich bei der Auflage indirekter Steuern, bei Fragen,
welche die Polizei und den Gebrauch der Gewässer betreffen. Sie
können ferner befragt werden bei der Einrichtung von Messen und
Märkten, bei der Vertheilung der Staats- und Departements-Subventionen, endlich bei der Errichtung von Regional- und Ackerbauschulen. Die Ackerbau-Kammern sind als eine öffentliche Institution
zu betrachten und können in dieser Eigenschaft nach eingeholter
Erlaubniss Rechtsgeschäfte eingehen.

Auf Grund desselben Dekrets giebt es einen Generalrath für die
Landwirthschaft, bestehend aus 100 Mitgliedern, darunter eines für
jedes Departement, ausgewählt aus der Zahl der Mitglieder der Landwirthschafts-Kammern; die übrigen werden von ausserhalb derselben
ernannt. Der Ackerbauminister ernennt jedes Jahr die Mitglieder
des Generalrathes, führt den Vorsitz desselben und ernennt den
Vicepräsidenten. *)

*) Dieser Mechanismus der Gliederung der landwirthschaftlichen Interessen-
Vertretung ist für uns nicht recht verständlich, da er eine Bevormundung bis in
die untersten Stufen involvirt. Selbst das für die spätere kaiserliche Regierung
zu freisinnige Gesetz vom 20. März 1851 erscheint uns viel zu centralistisch und
hemmend für eine gesunde Entwickelung des Vereinswesens. Aber der sich
„demokratisch" nennenden kaiserlichen Regierung war dies Gesetz, wie schon gesagt, viel zu freisinnig, durch Verordnung, nicht Gesetz, hob sie jedes Wahlrecht

Einzelne Departements-Kommissionen und einige Personen, welche mündlich vernommen sind, haben den Wunsch geäussert, dass die berathenden Kammern auf einer andern Grundlage organisirt werden möchten; ihrer Ansicht nach seien die Mitglieder von den Landwirthen zu wählen; sie seien den Handelskammern gleichzustellen in Betreff des Wahlverfahrens, ihres Verkehrs untereinander und mit dem landwirthschaftlichen Ministerium; es solle nur Landwirthschafts-Kammern für die Departements, nicht für die Arrondissements geben; endlich würde man durch eine häufigere Zusammenberufung derselben eine Art beständiger Enquête schaffen. Was den Wahlmodus betrifft, so machte man bemerklich, dass die Mitglieder der Handelskammern von den Notablen unter den Kaufleuten erwählt werden, deren Liste auf Grund des Artikels 619 des Handelsgesetzbuches vom Präfekten aufgestellt wird unter Gutheissung des Ministers für öffentliche Arbeiten, Landwirthschaft und Handel. Nach Artikel 618 desselben Gesetzbuches sind unter den Notabeln vornämlich zu verstehen die Chefs der ältesten und wegen ihrer Rechtlichkeit und Ordnungsliebe geachteten Häuser; in allen Fällen müssen sie ein Patent als Kaufleute besitzen. Für die Landwirthschaft würde

auf und setzte an dessen Stelle die absolute Bevormundung, die Allmacht des Präfekten. Nicht die betheiligten Landwirthe, nein der Präfekt kennt darnach allein die Bedürfnisse der Landwirthschaft, oder sagen wir lieber, die Leute, welche der kaiserlichen Regierung genehm sind, und von denen sie sicher ist, dass sie keine unbequemen Wünsche werden laut werden lassen. Da die ganze Einrichtung nicht lebensfähig war, so ist sie niemals zu rechter Wirksamkeit gelangt, sie führt nur ein Scheindasein.

Wenn, wie aus dem weiter Folgenden sich ergiebt, in der Enquête von Einzelnen der Vernommenen gewünscht worden ist, dass die Landwirthschafts-Kammern ähnlich organisirt würden, wie die Handelskammern, so involvirt dies für die französischen Verhältnisse allerdings eine Verbesserung gegenüber dem bisherigen Zustande, aber es beweist auch, dass die Franzosen in allen Dingen des centralistischen Gängelbandes bedürfen. Wie ganz anders hat sich bei uns das landwirthschaftliche Vereinswesen entwickelt, und unsere Regierung hat nicht umhin gekonnt, diesem frei entwickelten Vereinswesen Beachtung zu schenken, dasselbe zu unterstützen und zu fördern. Auch bei uns hat sich das Vereinswesen, ausgehend von dem Grundsatze: „Einheit macht stark", wenigstens in den Provinzen centralisirt, der Staat hat im Landesökonomie-Kollegium einen Centralpunkt für das ganze Land geschaffen, aber diese ganze Centralisation ist eine freie, nicht von den Präfekten abhängige.

Zwar haben auch bei uns einzelne Stimmen Landwirthschaftskammern in dem Sinne der Handelskammern gewünscht, aber die Diskussion dieser Frage hat bald gezeigt, dass hierdurch eher ein Rückschritt als ein Fortschritt gegeben sein würde. F.

diese Grundlage fehlen; thatsächlich würde die Bezeichnung: „Land-wirth" bald den Grundbesitzern, welche nicht selbst wirthschaften, bald den wahren Ackerwirthen beigelegt. Diese Schwierigkeit würde nur durch eine besondere Kombination gelöst werden können, worüber aber die Enquête schweigt.

Gleicherweise hat man die Errichtung *landwirthschaftlicher Gerichtshöfe* vorgeschlagen, deren Aufgabe es wäre, speciell die landwirthschaftlichen Geschäfte zu kennen; ferner die Schöpfung von ländlichen Schiedsgerichten, welche die Streitigkeiten auf dem Lande zu schlichten hätten.

In Betreff des *landwirthschaftlichen Unterrichtswesens* sind zahlreiche Wünsche laut geworden. Das durch Gesetz vom 3. Oktober 1848 geschaffene Unterrichtswesen begriff in sich: auf der ersten Stufe die niederen Ackerbauschulen (fermes écoles), *) wo ein elementarer Unterricht im praktischen Ackerbau ertheilt wurde; auf der zweiten Stufe die Regional-Schulen mit theoretischem und praktischem Unterricht, und auf der dritten Stufe ein agronomisches National-Institut, welches den höheren Unterricht in der Landwirthschaft übernehmen sollte.

· Nachdem das zu Versailles errichtete agronomische Institut aufgehoben ist, wird gegenwärtig in 3 Regionalschulen und in 48 niederen Ackerbauschulen oder Schulwirthschaften landwirthschaftlicher Unterricht ertheilt. Ausserdem giebt es 10 Lehrstühle für Landwirthschaft und 3 für Agrikultur-Chemie.

Man wünschte, dass eine höhere, der von Versailles ähnliche landwirthschaftliche Lehranstalt errichtet werde; dass weitere Regional-Schulen, wenigstens eine vierte für die südlichen Departements, gegründet würden. Auch die Zahl der niederen Ackerbauschulen wünschte man vermehrt zu sehen und damit die Zahl der Schüler. Von einigen Seiten wurde gewünscht, dass jedes Arrondissement eine solche Schule besitze, zu der alle jungen Leute zuzulassen seien, die sich in der Elementarschule bemerklich gemacht hätten durch ihre Befähigung für landwirthschaftliche Arbeiten; alljährlich sei den beiden besten Schülern jeder dieser Schulen die Befreiung vom Militairdienste zu bewilligen. Andere haben sich darauf beschränkt

---

*) Wir haben fermes écoles mit: „niedere Ackerbauschulen" übersetzt, heben aber ausdrücklich hervor, dass sie *nicht* identisch mit dem sind, was man in Preussen darunter versteht; hier wird theoretischer und praktischer Unterricht ertheilt, in Frankreich *nur* praktischer; ähnlicher den niederen oder theoretisch-praktischen Ackerbauschulen sind die Regionalschulen.   F.

vorzuschlagen, Frankreich in Bezirke zu theilen und in jedem Bezirke eine Musterschule zu errichten. Gleicherweise wurde verlangt, dass in jedem Departement ein Lehrer der Landwirthschaft angestellt würde mit der Verpflichtung, viermal im Jahre in jedem Kanton Konferenzen abzuhalten. *)

Das hauptsächlichste Hinderniss einer Vermehrung der Ackerbauschulen und der landwirthschaftlichen Lehrstühle liegt in dem Mangel disponibler Mittel; übrigens geht man augenblicklich damit um, drei neue Ackerbauschulen zu gründen.

Ein besonderer, beachtenswerth erscheinender Vorschlag beruht auf nachstehenden Grundlagen: Die *erste* Stufe bildet eine höhere landwirthschaftliche Lehranstalt, welche zu Paris oder in deren Umgegend ihren Sitz und Lehrer der Landwirthschaft auszubilden hat. Die *zweite* Stufe besteht aus mindestens zwanzig landwirthschaftlichen Fakultäten in den verschiedenen Gegenden des Reiches, deren jede fünf Lehrstühle besitzt, nämlich: für Landwirthschaft, für Viehzucht, für Botanik und Pflanzenphysiologie, für Agrikultur-Physik und Chemie und für landwirthschaftliche Geologie und Mineralogie. Die Vorlesungen sind öffentlich und unentgeltlich, auf Grund eines Examens werden denen Abgangszeugnisse ertheilt, welche drei Jahre hindurch einen regelmässigen Kursus absolvirt haben.

Endlich hat man den Wunsch geäussert, dass die Zahl der *Thierarzneischulen,* deren es drei giebt, vermehrt werde.

Als Mittel zur Beförderung der Landwirthschaft und des Fortschrittes hielt man es für wünschenswerth, dass die *landwirthschaftlichen Vereine* (comices, Dorfvereine) sich mehr entwickelten und reichlicher unterstützt würden, dass endlich neue Lokal- und Departemental-*Konkurse* ins Leben gerufen würden.

Die in allen Theilen des Reiches bestehenden *landwirthschaftlichen Vereine* sind freie Vereinigungen. In erster Reihe hat man die Ackerbau-Gesellschaften (sociétés d'agriculture), welche oft ein ganzes Departement umfassen und in der Hauptstadt desselben ihren Sitz haben. Ausserdem bestehen die Vereine (comices agricoles), welche in den verschiedenen Departements in grösserer oder geringerer Zahl bestehen, und deren Sitz im Hauptorte des Arrondissements oder des Kantons sich befindet. Uebrigens sind die Verhältnisse in den verschiedenen Gegenden so verschieden, dass die Zahl,

---

*) Es scheint dies eine unserem Wanderlehrer-Institute ähnliche Einrichtung zu bezwecken.   F.

— 269 —

die Einrichtung und der Umfang der landwirthschaftlichen Vereine sehr verschieden sein müssen.

In einigen Departements giebt es sehr wenige, in anderen sehr viele solcher Vereine; sie entstehen nach dem lokalen Bedürfnisse. Die Regierung greift nicht ein in die Thätigkeit derselben, ausser, dass die Statuten von den Präfekten bestätigt werden müssen, und dass ein Bericht zu erstatten ist über die gewährten Subventionen. Gegenwärtig bestehen 874 solcher Vereine, von denen 775 im Jahre 1866 Subventionen erhielten. Es wurden etwa 400,000 Frcs. (gegen 107,000 Thlr.) und Medaillen im Werthe von 40,000 Frcs. bewilligt. Ihre Gesammt-Einnahme belief sich auf 2,021,000 Frcs. (fast 539,000 Thlr.), worunter die von den Generalräthen bewilligten Subventionen 593,897 Frcs. betragen; der Rest wurde von mehr als 100,000 Mitgliedern aufgebracht.

Die Einnahmen werden in der Regel für *Ausstellungen* verwendet, sowie zur Vertheilung von Prämien.

Ausser diesen von den Vereinen veranstalteten Ausstellungen finden alljährlich zwölf *Regional-Ausstellungen* (concours régionaux) statt. Zu diesem Ende sind die Departements Frankreichs in zwölf Kreise getheilt, und die Konkurse werden abwechselnd in jedem der Departements, die zu einem Kreise gehören, abgehalten. Aus Staatsmitteln wurden 1867 allein 825,000 Frcs. (220,000 Thlr.) auf diese Konkurse verwendet, während die Aufwendungen der betreffenden Departements und Städte für 1866 auf mehr als 450,000 Frcs. (120,000 Thlr.) geschätzt werden können. Ausser einigen *Schlachtvieh-Ausstellungen*, veranstaltet von Privaten und vom Staate subventionirt, werden acht Regional-Schauen von Schlachtvieh abgehalten, unter denen die von Poissy die wichtigste ist. Bei diesen Schauen kommen Kunstsachen, Medaillen und Staatspreise zur Vertheilung, deren Werth sich 1867 auf 231,000 Frcs. (61,600 Thlr.) belief.*)

§. 3. Der Tabaksbau.

Gegen die strengen Bestimmungen und Vorschriften, welche in Frankreich in Betreff des Tabaksbaues bestehen, sind vielseitige Klagen laut geworden.

---

*) Es ist charakteristisch, dass man in Frankreich immer noch mehr Subventionen zu Ausstellungen etc. ertheilt, während bei uns die Stimmen immer zahlreicher werden, welche sich gegen jede Subvention aus Staatsmitteln erklären.

F.

Man verlangt, dass der Tabaksbau freigegeben werde, oder,
wenn dies nicht geschehen könne, dass in denjenigen Departements,
wo diese Kultur gestattet ist, die Bestimmungen gemildert würden
zu Gunsten des Tabaksbaues. Vor Allem wünscht man die Zusammensetzung der Abschätzungs-Kommissionen geändert und zwar
dahin, dass die Sachverständigen zum Theil von den Kultivateuren,
zum Theil von der Verwaltung ernannt würden, dass die Klassifizirung eine billigere sei, und dass die Typen nach Mittelernten, nicht
nach den besten Produkten festgestellt würden. Man verlangt, dass
der Staat einen lohnenderen Preis bewillige, und beklagt sich namentlich über die neuerdings erfolgte Preisherabsetzung bei den
gewöhnlicheren Tabakssorten, eine Herabsetzung, die keineswegs durch
die den besseren Sorten bewilligte Erhöhung ausgeglichen werde.
Endlich hat man den Wunsch, dass die Ausfuhr des Tabaks allgemein gestattet werde, oder dass sie mindestens weniger Scherereien
verursache.

Einige Zahlen und Mittheilungen der Generaldirektion der Staats-
fabriken werden den Werth dieser Wünsche in das rechte Licht
setzen.

Es darf gegenwärtig in 19 Departements Tabak gebaut werden,
in 6 in Folge des Gesetzes vom 28. April 1816; diese letzteren
sind: Ille et Vilaine, Lot, Lot et Garonne, Nord, Pas de Calais und
Niederrhein. Diese Departements besitzen auch das Recht, Tabak
auszuführen, aber die vier ersten haben demselben entsagt. Das
Pas de Calais führt nicht mehr als 60,000 Kilogramm (1200 Ctr.)
im Mittel aus, wogegen der Niederrhein in erheblicherem Umfange
ausführt: indessen erreicht die Ausfuhr der Jahre von 1860—1866
im Mittel noch nicht diejenige von 1829, nämlich 1 Mill. Kilogramm
(20,000 Ctr.). Die ungeheure Produktion Ungarns, Belgiens und
Deutschlands, geschützt durch Zölle, welche bis 30 Frcs. für 100 Kilogramm (4 Thlr. für den Centner) betragen, gestattet unserm Erzeugniss auf den auswärtigen Märkten keine Konkurrenz. Der Verkaufspreis des vom Niederrhein ausgeführten Tabaks ist niedriger,
als der vom Staate bewilligte Preis für Tabak desselben Ursprungs (?).

In 13 anderen Departements ist der Anbau des Tabaks seit
1853 gestattet, doch darf von dort nicht ausgeführt werden; es sind
dies: Seealpen, Rhonemündung, Dordogne, Gironde, Landes, Meurthe,
Mosel, Obere Pyrenäen, Oberrhein, Ober-Saône, Savoyen, Ober-
Savoyen und Var.

Für den Tabaksbau günstige Bodenverhältnisse allein genügen der Verwaltung nicht, weitere Erlaubniss für den Anbau von Tabak zu geben. Im Gegentheil liegen zwei gewichtige Gründe vor gegen die Ausdehnung dieser Kultur. Einerseits würden das Aufsichtspersonal und die Errichtung von Niederlagen etc. die Verwaltungskosten vermehren, während es im Interesse der Verwaltung liegt, die Tabaks-Produktion zu konzentriren. Andererseits würden die Defrauden trotz der strengsten Vorsichtsmassregeln sich vermehren, wie denn mit der Ausdehnung des Tabaksbaues seit 30 Jahren der Tabaksverbrauch sich vermindert hat, was der Staatskasse zum schweren Nachtheil gereicht. Der Staat verdient am Pfund verkauften Tabaks netto 28 Sgr., was für die Gesammtkonsumtion 185 Mill. Frcs. (49 $\frac{1}{3}$ Mill. Thlr.) beträgt, während der Rohertrag sich auf 242 Mill. Frcs. (64 $\frac{1}{3}$ Mill. Thlr.) beläuft. Ferner sind nachfolgende Punkte in Betracht zu ziehen:

1. Der einheimische Tabaksbau hat in den letzten 6 Jahren der Verwaltung im Mittel 22,700,000 Kilogramm (454,000 Ctr.) Tabak geliefert, davon Frankreich 19,851,840 Kilogr. und Algier den Rest.

2. Der Verbrauch des einheimischen Tabaks hat sich gegenüber dem des fremden in den letzten 20 Jahren von 45 auf 67 °/₀ gehoben (1845 bis 1866); 1866 wurden im Ganzen 29,326.889 Kilogramm Tabak verarbeitet. worunter sich 19.608,188 Kilogramm einheimischer befanden.

3. Nach dem Gesetze vom 12. Februar 1835 darf der einheimische Tabak nicht mehr als $\frac{4}{5}$ des Gesammtverbrauchs ausmachen, ein Verhältniss, das bald erreicht ist.

Was die Klagen der Tabak bauenden Departements betrifft, so antwortet die Verwaltung darauf:

Die *Kommissionen*, welche die Tabaksblätter abnehmen, bestehen aus fünf Mitgliedern, wovon zwei höhere Beamte der Verwaltung, drei vom Präfekten ernannte Sachverständige, die nicht Tabaksbauer sein dürfen. Die Kommission bildet aus dem Produkte Musterproben, welche die verschiedenen Klassen der Güte darstellen, entsprechend den alle drei Jahre von der Verwaltung erneueten Mustern.

Wie man sieht, besteht in diesen Kommissionen die Majorität nicht aus Beamten der Tabaksverwaltung*); aber die direkte Wahl seitens der Tabaksbauer der bisher vom Präfekten ernannten Sachverständigen würde viele Unzuträglichkeiten haben. Es wäre zu

---

*) Aber aus Leuten, von denen der Präfekt weiss, dass sie nicht opponiren.

F.

fürchten, dass der Wunsch, sich den Dank der Produzenten zu erwerben, die Sachverständigen zu einer der Güte des Erzeugnisses
und damit dem Verbrauch schädlichen Nachsicht veranlassen würde.

Was die beklagte *Herabsetzung der Preise* betrifft, so antwortet
die Verwaltung, dass dieselben seit 1858 in zehn Departements erhöht worden sind, besonders für die dritte Qualitätsklasse von 70
und 75 auf 80 und 90 Cts., und für die nicht kaufrechten Qualitäten (qualité non marchande) von 40, 50 und 65 auf 60 und 70 Cts.

In fünf anderen Departements sei der Preis der ersten Klasse
seit 1864 von 1 Fr. und 1 Fr. 10 Cts., auf 1 Fr. 30 Cts., der
zweiten von 80 und 90 Cts. auf 1 Fr. erhöht worden, während die
dritte einen Preis von 70 Cts. beibehalten habe. Nur in den nicht
kaufrechten Klassen sei er in der ersten von 60 auf 50 Cts. herabgesetzt.

Diese Veränderungen haben den Zweck, durch eine grössere
Produktion der besseren Sorten den Verbrauch des einheimischen
Tabaks zu erhöhen, was aber nur möglich ist, wenn in dem fran-
zösischen Produkte sich Deckblätter für Cigarren finden.

Diese Absicht ist am Niederrhein schon in merklicher Weise
erreicht, dessen Produktion doppelt so gross ist als in den sechs
anderen Departements. Während von 1860 bis 1863 im Mittel die
Menge der nicht kaufrechten Waare 54 % betrug, ist sie seit der
Einführung des neuen Tarifs auf 42,5 % gefallen.

§. 4. Seidenbau.

In den Departements, wo die Seidenzucht einen der wichtigsten
Produktionszweige bildet, hat die *Krankheit des Seidenwurmes* seit
einigen Jahren ungeheure Verluste verursacht. Dieser Erscheinung
gegenüber hat sich die Regierung nicht unthätig verhalten.

In Folge einer an den Senat gerichteten Petition hat Dumas
1865 einen Bericht erstattet, und im Juli desselben Jahres ordnete
der Kaiser eine Kommission an, mit dem Auftrage, die Ursachen
der Krankheit zu erforschen und Abhülfsmittel gegen dieselbe auf-
zusuchen. Den Vorsitz der Kommission übernahm der Minister für
Ackerbau etc., während Dumas zum Vizepräsidenten ernannt wurde.
Zuerst beschäftigte sie sich damit, zu bestimmen, wie die von der
japanischen Regierung angebotenen Graines zu vertheilen seien, und
alsdann ordnete sie eine allgemeine Untersuchung an über die
Seidenraupenkrankheit, über deren Ursprung, Kennzeichen, Ursachen

und die nöthigen Bekämpfungsmittel, zu welchem Ende ein ausführlicher Fragebogen entworfen wurde.

Die aus *Japan* eingeführten Graines sind der Gegenstand zahlreicher Versuche gewesen, und um den Betrügereien im Graineshandel zu begegnen, beschloss die Kommission, dass der französische Generalkonsul in Japan alle aus Japan nach Frankreich ausgeführten Kartons mit einem Stempel versehen sollte, welcher die Jahreszahl der Sendung zu enthalten hätte. Uebrigens stellten sich der Ausführung dieser Massregel sehr ernstliche Schwierigkeiten entgegen.

Das Mitglied des Instituts, Pasteur, wurde beauftragt, 1866 und 1867 die Spezialstudien fortzusetzen, welche er über die Seiden- raupenkrankheit ein Jahr vorher begonnen hatte. Die Ergebnisse dieser sehr interessanten Untersuchungen sind veröffentlicht worden.*) Nach dem letzten Berichte des genannten Gelehrten wird die Krankheit zum Theil durch „Körperchen" verursacht, welche man in den kranken Raupen findet: diese Krankheit ist ansteckend, aber man kann hoffen, ihr durch Auswahl und gute Grainirung zu begegnen.

Man ist zu der Erkenntniss gekommen, dass man in der Praxis der Seidenzucht des Mikroskop's bedarf, um den Gesundheitszustand der Raupen zu untersuchen. Auf den Vorschlag der Kommission hat die Regierung 50 Mikroskope gekauft und in den Süd- und Ostdepartements vertheilt, wo sie den Lokalkommissionen zur Verfügung stehen. Pasteur hat während seines Aufenthaltes zu Alais die Seidenzüchter mit seinen Rathschlägen unterstützt und sie bei ihren mikroskopischen Beobachtungen geleitet.

Die Kommission war der Ansicht, dass eine Subskription zu dem Zwecke zu eröffnen sei, die *kleinen* Zuchten zu unterstützen, und die Regierung hat 26,000 Francs zu Prämien für die Seidenbau treibenden Departements bestimmt. Den Präfekten sind zur Regelung der Vertheilung von Prämien Instruktionen eingehändigt, welche von der Kommission entworfen waren.

Endlich ist den Herren v. Chavannes und Guérin-Mèneville der Auftrag ertheilt, den Zustand der Seidenproduktion zu studiren und der Regierung Bericht zu erstatten.

Die in der Enquête ausgesprochenen Wünsche haben daher in den angeführten Massregeln die möglichste Berücksichtigung erfahren.

---

*) Diese Arbeiten sind mehr oder weniger ausführlich auch durch die Annalen der Landwirthschaft (Verlag von Wiegandt & Hempel) veröffentlicht worden, und zwar im Monatsblatte Bd. 46, 48, 53 und im Wochenblatte, Jahrgang 1867 und 1868. F.

Was die Frage des *Steuererlasses* von den mit Maulbeerbäumen bepflanzten Ländereien betrifft, so ist der Finanzminister geneigt, einen Aufschub zu gewähren, wenn das Einkommen aus diesen Pflanzungen bedroht ist und die Seidenraupenkrankheit dem Besitzer Verluste gebracht hat; aber man hat es nicht für nothwendig erachtet, die Steuern allgemein erlassen zu sollen.

§. 5. Forstwirthschaft.

Die Abgeordneten des Forstvereins haben folgende Hauptpunkte hervorgehoben:

1. Die Erhöhung des Preises der Waldprodukte seit 20 Jahren um 65%.

2. Den schlechten Zustand der Landwege.

3. Die übertriebene Höhe der Einschreibegebühren und die Kombination der Tarife, welche ihrer Meinung nach zur Vernichtung des Hochwaldes führt.

4. Die Höhe der Oktroiabgaben, besonders in Paris, auf Brennholz und Holzkohle.

Der Forstverein verlangt eine Herabsetzung der *Eisenbahn-Tarife* für Holz und Holzkohlen, da Steinkohlen und Eisen in dieser Beziehung begünstigt seien, und eine *Steuerermässigung* für Waldgrundstücke gegenüber der Grundsteuer auf Ackerland, dessen Erträge sich in viel höherem Grade gesteigert hätten. Der Verein erklärt sich auch gegen die seiner Meinung missbräuchliche Anwendung des Art. 14 des Gesetzes vom 21. Mai 1836, wie sie in einzelnen Departements vorkommt, indem den Waldbesitzern *Subventionen* ausser im Falle aussergewöhnlicher Beschädigungen auferlegt werden. Ja der Verein geht noch weiter: Er meint, dass der Waldboden, da er durch die Steuer zur Herstellung und Unterhaltung der Vicinalwege beiträgt, in Zukunft von jeder ausserordentlichen Last befreit werden müsse.

Ferner hat man die Unterdrückung der *Waldfrevel* zur Sprache gebracht; man erkennt zwar die im Jahre 1853 erlassenen Verbesserungen des Code an, aber man will mehr und verlangt, dass diejenigen Waldfrevel, welche eine wirkliche Beschädigung des Eigenthums zur Folge haben, auf Grund des Strafgesetzbuches wie gewöhnliche Verbrechen verfolgt und bestraft werden.

In Betreff der *Zölle* verlangt man, dass allen vom Auslande eingehenden Forsterzeugnissen ein Werthzoll von 5 % auferlegt werde.

Endlich spricht der Forstverein den Wunsch aus, dass das auf den landwirthschaftlichen *Kredit* bezügliche Gesetz die Waldbesitzer ermächtige, ohne Schädigung des Rechtes Dritter als Garantie bei einer Anleihe den ganzen Waldbesitz zu verpfänden, d. h. das wachsende Holz ohne Rücksicht auf die Art, das Alter und die Behandlung desselben. Es würde dies mit anderen Worten eine Verpfändung ohne Uebergabe sein an Stelle eines hypothekarischen Darlehens.

§. 6. Veterinärwesen.

Es ist der Wunsch laut geworden, dass *für jeden Kanton ein Thierarzt* ernannt, und dass die Thierärzte durch ein besonderes Gesetz gegen die Konkurrenz der *Pfuscher* geschützt werden.

Die Ernennung von Thierärzten für jeden Kanton könnte ohne Zweifel sehr nützlich sein; aber es ist allein Sache der Generalräthe, das Bedürfniss zu prüfen und demgemäss vorzugehen, da mit einer solchen Massregel die Frage der Besoldung verbunden ist, die Besoldung der Thierärzte für den öffentlichen Dienst aber auf dem Budget der Departements lastet.

Uebrigens sind in allen Departements Thierärzte zur Ueberwachung der Epizootion angestellt. Die einen haben beständige Departements-, Arrondissements- und Kantons - Thierärzte, welche Besoldungen empfangen; in anderen giebt es nur *einen* Departements - Thierarzt oder Arrondissements- oder Kantons - Thierärzte. Einige Departements besitzen keinen Thierarzt, der dauernd mit einer Funktion betraut wäre, und der Präfekt bezeichnet eintretenden Falles den nächstwohnenden Thierarzt, welcher die Ueberwachung etc. zu übernehmen und das Honorar dafür zu empfangen hat. In einigen endlich gewährt man dem Thierarzte eine Unterstützung, der sich an einem Orte niederlässt, wo die Praxis ihm nicht die nöthigen Mittel zum Unterhalte gewähren würde.

Die Mittel sind demnach nach den verschiedenen lokalen Verhältnissen verschieden, und die Generalräthe sind am geeignetsten, in dieser Angelegenheit das zu thun, was nöthig ist.

Zu wiederholten Malen, namentlich 1854, 1857, 1861 und 1862, sind Petitionen an den Senat gerichtet, welche einen gesetzlichen *Schutz der Thierärzte* verlangten. Indem der Ackerbauminister wünschte, dass diese Angelegenheit einer ernstlichen und vollständigen Prüfung unterworfen würde, hat er 1863 den Staatsrath darüber um ein Gutachten ersucht, ob die Ausübung der Thierheilkunde einer gesetzlichen Ueberwachung zu unterwerfen sei, wobei demselben die Verhandlungen des Senats über die erwähnten Petitionen vorgelegt wurden. Nach einer gründlichen, in zwei Sitzungen vorgenommenen Prüfung der Frage hat der Staatsrath sich dahin entschieden, dass die betreffende Gesetzgebung nicht zu ändern sei.

§. 7. Versicherungswesen.

Ueber die Einrichtung und Thätigkeit der landwirthschaftlichen Versicherungsanstalten sind einige Klagen laut geworden.

Einer der Wünsche geht dahin, dass die Regierung das System *einer allgemeinen Versicherung*, welche alle Zweige der landwirthschaftlichen Versicherung umfasse, einer Prüfung unterwerfen lassen sollte; ein allgemeines System würde den landwirthschaftlichen Kredit wesentlich stärken.

Auch hat man vorgeschlagen, dass die Versicherungsanstalten vom Staate in die Hand genommen, und dass die Versicherungen bei geringer Prämie *zwangsweise* angeordnet werden sollten; der Staat sollte ein System von Versicherungen gründen gegen Hagel, Brandschäden, Viehsterben und Ueberschwemmungen.

Endlich hat man im Besonderen gewünscht, dass die Bildung von *gegenseitigen* Viehversicherungs-Gesellschaften gefördert werde.

Es giebt eine sehr grosse Zahl von Versicherungs-Anstalten gegen alle Arten von Verlusten, und Nichts steht im Wege, dass sie sich noch weiter entwickeln, besonders die auf dem Princip der Gegenseitigkeit beruhenden, weil ihre Bildung nur von dem Willen derjenigen abhängt, die ein Interesse daran haben, davon Gebrauch zu machen. Die Frage der Versicherung durch den Staat ist eine schwierige, über die hier eine Aeusserung nicht am Platze ist; aber ich glaube, dass sie zahlreiche Einwürfe hervorruft.

§. 8. Masse und Gewichte.

Als Ursache vielfacher Schwierigkeiten beim Handel mit landwirthschaftlichen Erzeugnissen, besonders mit Getreide und Wein, wird die grosse Verschiedenheit der lokalen Masse bezeichnet. Das Getreide wird verkauft bald nach Hektolitern, bald nach metrischen Centnern (200 Pfd.), oder vielmehr nach dem Doppeldekaliter (20 Liter) nach $1\frac{1}{2}$ Hektoliter etc., alles nur Darstellungen alter Lokalmasse, die man mit diesem Namen belegt, um dem Gesetze zu genügen. In Betreff des Weines hat man mit dem verschiedenen Rauminhalt der Stückfässer zu kämpfen.

Um diesen Uebelständen zu begegnen, wird vorgeschlagen, die

Anwendung der gesetzlichen Masse auf's strengste zu fordern; man verlangt, dass beim Getreidehandel statt des Masses allgemein das Gewicht von 200 Pfd. vorgeschrieben werde; desgleichen soll für die Weinfässer die Grösse von 2 Hektoliter streng angeordnet werden.

· Es wäre ohne Zweifel sehr wünschenswerth, dass auf den öffentlichen Märkten Einheit des Masses und Gewichtes hergestellt werden könnte; die Regierung thut alles Mögliche, um dieses Ziel zu erreichen; aber wenn man durch Zwangsmassregeln dahin gelangen will, so begegnet man sehr gewichtigen Einwürfen.

Nach dem gegenwärtigen Stande der Gesetzgebung hat Jedermann das Recht, unter den gesetzlichen Massen und Gewichten diejenigen Einheiten anzuwenden, die ihm am besten passen. Das Gesetz vom 4. Juli 1837, indem es als Einheit des Hohlmasses das Liter und als Einheit des Gewichtes das Gramm erklärte und gleichzeitig den Gebrauch des Mehrfachen und Unterabtheilungen dieser Einheiten gestattete, hat der Freiheit des Handels einen bedeutenden Spielraum gelassen, und es entsteht die Frage, ob man es mit den gegenwärtigen Interessen des Handels für vereinbar hält, gesetzliche Vorschriften zu erlassen, welche diese Freiheit beschränken.

Was insbesondere den Handel mit Getreide betrifft, so hat die Verwaltung stets dahin gestrebt, den metrischen Centner als Gewichtseinheit in Gebrauch zu bringen*), aber weiter zu gehen, scheint ihr nicht möglich. Eine andere Schwierigkeit besteht darin, festzustellen, welches diejenige Einheit des Masses oder des Gewichtes sei, welcher unter allen Umständen der Vorzug zu geben ist. 1853 wurde den berathenden Landwirthschaftskammern die Frage vorgelegt, ob es nicht rathsam sei, beim Getreidehandel auf den Märkten die Anwendung einer und derselben Mass- oder Gewichtseinheit zwangsweise einzuführen. Die grosse Mehrheit der Kammern, welche sich über die Frage geäussert haben, erkannte die Nützlichkeit einer solchen Massregel an und erklärte sich in Betreff der Gewichtseinheit für den metrischen Centner, in Betreff der Masseinheit für das Hektoliter. Indessen befand sich unter ihnen doch noch eine ziemlich ansehnliche Zahl, welche andere Einheiten befürworteten, als da sind 80, 75, 50, 1 Kilogramm; 20,

---

*) Auch das preussische Landes-Oekonomie-Kollegium hat sich mit der Frage der Regelung des Getreidehandels beschäftigt (vergl. Monatsbl. der Ann. d. Landw., 1863, Aprilheft); obgleich die Mehrheit sich für den Handel nach Mass erklärte, gewinnt bekanntlich der Handel nach Gewicht auf den grossen Plätzen immer mehr Ausdehnung und dürfte schliesslich die Alleiuberrschaft erringen.　　　F.

5 und 1 Liter. Es folgt daraus, dass, wenn man auch ziemlich einstimmig sich für die Einheit der beim Getreidehandel anzuwendenden
Masse und Gewichte erklärte, so war man über die Grösse dieser Einheit doch sehr verschiedener Meinung, die von den lokalen Gebräuchen
beeinflusst wurde.

Grössere Schwierigkeiten würden sich noch darbieten, wenn
man für den *Weinhandel* ein einheitliches Mass für die Fässer vor-
schreiben wollte. Uebrigens kann ein Fass nicht als eine unveränderliche Grösse betrachtet werden, eine Einheit der Eichung würde
schwerlich zu erreichen sein. Ueber diese Frage hat erst jüngst im
Senate eine Debatte stattgefunden bei Gelegenheit einer Petition, über
die man schliesslich zur Tagesordnung überging.

Der Vorschlag, auf gesetzlichem Wege den Getreidehandel auf den
Märkten nach dem Gewichte statt nach dem Masse für verbindlich
zu erklären, ist ein solcher, bei dem man fragen darf, ob er wohl
vom volkswirthschaftlichen Standpunkte aus zu billigen wäre in einer
Zeit, welche mehr und mehr die grösstmöglichste Freiheit in den
Bewegungen des Handels erstrebt. Ausserdem stehen derselben die
Artikel 1585 und 1586 des Code Napoléon gegenüber, laut welcher
die Verkäufe im Ganzen, nach der Zahl, nach Gewicht oder Mass
stattfinden sollen.

Nichtsdestoweniger ist beim Getreidehandel das Wägen dem
Messen vorzuziehen, denn beim Wägen ist der Käufer stets sicher,
eine genau bestimmte Menge Getreide zu erhalten, und er hat sich
nur noch mit der Qualität zu beschäftigen, während das Messen je
nach Art der Ausführung oft sehr erhebliche Differenzen ergiebt;
und aus diesem Grunde sucht die Verwaltung, soweit die bestehende
Gesetzgebung dies gestattet, die Anwendung des Wägens zu fördern.
So werden in die allgemeinen Preislisten der Getreidepreise, welche
die Präfekten alle 14 Tage einzureichen haben, alle Angaben, sowohl
diejenigen, welche die Menge des zu Markt gekommenen Getreides
betreffen, als diejenigen, welche sich auf die gezahlten Preise beziehen, gleichzeitig nach Hektolitern und nach metrischen Centnern
eingetragen. Die Kommunen, wo die Getreidemärkte abgehalten
werden, sind aufgefordert worden, Wagen zum öffentlichen Gebrauche
aufzustellen, und andererseits wird nach dem Gesetze vom 15. Juni
1861 der Ein- und Ausgangszoll für Getreide ausschliesslich
nach dem metrischen Centner erhoben. Weiter zu gehen schien
nicht möglich, das Uebrige ist dem allmäligen Fortschreiten des
modernen Handels gegenüber den alten Handelsgewohnheiten zu

überlassen. Uebrigens wird thatsächlich im Getreidehandel das Mass mehr und mehr durch das Gewicht verdrängt.

§. 9. Märkte und Messen.

Die Einrichtung und das Gedeihen der Märkte, wo sich die Landleute mit ihren Erzeugnissen einfinden, um sie abzusetzen und andererseits diejenigen Gegenstände einzukaufen, deren sie bedürfen, haben für die Landwirthschaft eine sehr grosse Wichtigkeit. Man sieht daher auch im Allgemeinen die Kommunen sich bemühen, diesen Einrichtungen eine immer grössere Wichtigkeit zu geben, und sie bestreben sich, die Erlaubniss zur Herstellung neuer zu erhalten.

Man kann drei Arten von Märkten unterscheiden: 1. die *Jahrmärkte* (foires), welche je nach der Wichtigkeit der Lokalität in grösseren oder geringeren Zwischenräumen periodisch wiederkehren, sei es alle Jahr einmal, sei es selbst zwölf mal im Jahre. Es werden auf ihnen alle Arten von Gegenständen ausgeboten, und einige dieser Jahrmärkte haben eine grosse Bedeutung.

2. Die Handels-Märkte (marches commerciaux), diejenigen Märkte, wo Güter verkauft werden, welche für den Produzenten und den Kaufmann eine gewisse Wichtigkeit haben, wie Vieh, Getreide, Wein, Wolle, Leder etc. Sie werden gewöhnlich wöchentlich einmal abgehalten, einige nur alle 14 Tage.

3. Die einfachen *Wochen-Märkte* zur Versorgung des lokalen Konsums. Sie werden in der Regel gleichfalls einmal in der Woche abgehalten, in grossen Städten täglich.

Wegen der Wichtigkeit, besonders der beiden ersten Arten von Märkten, und um den Ansprüchen der verschiedenen Gemeinden möglichst gerecht zu werden, sind seit langer Zeit die bezüglichen Festsetzungen in Bezug auf die abzuhaltenden Jahrmärkte den höchsten. in Bezug auf die gewöhnlichen Märkte den höheren Behörden vorbehalten.

Bis in die jüngste Zeit war eine auf Grund eines Berichtes des Staatsrathes zu erlassende kaiserliche Verordnung zur Errichtung eines Jahrmarktes oder eines Viehmarktes nöthig; für alle übrigen Märkte bedurfte es eines Ministerialbeschlusses. Wurde die Errichtung eines Marktes gewünscht, so wurden alle Gemeinden vernommen, welche in einem gewissen Umkreise diejenige Gemeinde umgaben, wo der Markt errichtet werden sollte, ferner die Ansicht des Arrondissements- und des Generalrathes gehört und nach Bedürfniss die Präfekten der angrenzenden Departements.

Durch die Verordnung vom 25. Mai 1852 ist die Nothwendigkeit eines Ministerialbeschlusses für andere als Viehmärkte beseitigt
und dem Präfekten die Funktion übertragen worden, unter Beobachtung der oben mitgetheilten Formalitäten die Erlaubniss zur Abhaltung von Märkten zu ertheilen. Seitdem ist die Angelegenheit
durch die Verordnung vom 13. August 1864 noch weiter vereinfacht
worden, indem die Befugnisse des Präfekten erweitert und auf
Jahrmärkte und Viehmärkte ausgedehnt worden sind. Der Präfekt
muss sich aber mit den Präfekten derjenigen Departements ins Ein-
vernehmen setzen, die dem Orte, wo ein Markt eingerichtet werden
soll, am nächsten liegen; erfolgt keine Einigung, so entscheidet ein
Ministerialbeschluss.

Die zu beobachtenden Formalitäten sind dieselben geblieben,
ausgenommen bei Wochenmärkten, die auf Vorschlag des Munizipal-
rathes vom Präfekten gestattet werden können.

Bei der Enquête hat man sich von verschiedenen Seiten über
den Einfluss geäussert, welchen die Märkte für die landwirthschaftlichen Interessen besitzen. Ein Wunsch, der auch häufig bei den
Berathungen der Generalräthe wiederkehrt, ist ziemlich allgemein
laut geworden, dass nämlich die *Zahl der Märkte* nicht zu sehr vermehrt werden möge; man hat selbst verlangt, dass man Massregeln
zur Verminderung ihrer Zahl ergreife, da diese schon über das Mass
des Bedürfnisses hinausgehe.

Auch hat man vorgeschlagen zu bestimmen, dass in solchen
Orten, wo es Wochenmärkte giebt, die Jahrmärkte stets an einem
Wochenmarkstage stattfinden müssten; man sähe darin ein Mittel,
die Zahl der Markttage zu vermindern und ihnen mehr Wichtigkeit
zu geben, gleichzeitig auch ein Mittel, die ländliche Bevölkerung vor
zu häufiger Störung und vor Zeitverlusten zu bewahren. Einige
Personen sähen auch gern, dass statt der beweglichen Jahrmärkte
unveränderliche Kalendertage festgesetzt würden, an denen sie abgehalten werden müssten, um mehr Regelmässigkeit einzuführen und
zu verhüten, dass, wie es oft geschieht, die Märkte in benachbarten
Gemeinden zusammenfallen. Da aber die Jahrmärkte häufig mit
religiösen Festen zusammenhängen, so dürfte es schwierig erscheinen,
diesem Wunsche zu entsprechen.

Die *Reglements*, welche auf den Märkten gelten, sowie die daselbst erhobenen *Abgaben* sind bei der Enquête vielfach angegriffen
worden. Man verlangte, dass die Vereinigungen zu Handelszwecken
befreit würden von allen Reglementirungen und Abgaben, welche

den Verkehr beschränkten; das Stättegeld, die Abgabe auf Zufuhr von Vieh und auf die Masse sollten abgeschafft oder mindestens herabgesetzt werden; ferner seien die Bestimmungen abzuschaffen, welche einer bestimmten Klasse von Käufern den Zutritt zu den Märkten zu bestimmten Stunden verbieten.

Von einer vollständigen Beseitigung der Abgaben würde keine Rede sein können. Die Kommunen, welche den Verkäufern die nöthigen Einrichtungen zur Abhaltung des Marktes zur Verfügung stellen, wie Hallen, Wagen, Masse etc., sind darauf angewiesen, gewisse Abgaben zu erheben, durch welche sie für die aufgewendeten Kosten entschädigt werden.

Die Präfekten, welche die aufgestellten Tarife zu bestätigen haben, sollen allein darüber wachen, dass dieselben nicht so hoch sind, den Handel zu belästigen oder auf den Preis der Produkte einen den Produzenten oder Konsumenten nachtheiligen Einfluss auszuüben. Uebrigens liegt es auch im Interesse der Gemeinden selbst, den Erfolg der Märkte nicht zu schädigen; indessen ist nicht zu läugnen, dass einzelne, die wegen ihrer Lage eine Art Monopol für den Markt besitzen, die Tarife höher zu stellen sich bemühen. Aber es giebt auch eine Anzahl von Märkten, wo keinerlei Abgabe erhoben wird.

Die höheren Verwaltungsbehörden haben sich wiederholt gegen solche Bestimmungen der Reglements erklärt, welche bestimmten Personen, wie Bäckern, Müllern, Wiederverkäufern, Hökern, Getreidehändlern etc. zu bestimmten Stunden den Zutritt zum Markte verbieten. Ueberall, wo das Bestehen derartiger Bestimmungen zur Sprache gebracht worden ist, wird ihre Aufhebung erstrebt, nicht allein, weil sie dem Prinzipe der Freiheit des Handels ganz entgegengesetzt sind, sondern auch, weil sie das Gegentheil von dem zur Folge haben, was man bei ihrer Aufstellung im Auge hatte; sie sollten den Einwohnern Gelegenheit geben, die zu ihrem Verbrauche nothwendigen Lebensmittel leicht und zu mässigem Preise anzukaufen ohne Konkurrenz der ausgeschlossenen Händler; aber die Folge ist, dass die Verkäufer die Preise höher halten und schwieriger nachgeben, so lange nicht alle Käufer am Markte sind, indem sie hoffen, von den später kommenden bessere Bedingungen zu erlangen.

Seitens der Kommission des Departements der Seine ist gewünscht worden, dass das Verhältniss der Faktoren der Hallen und Märkte (eine Art konzessionirte Makler) im Sinne des freien Verkehrs verändert werde, dass an Stelle des heutigen Monopols ein

Reglement erlassen werde, ähnlich demjenigen, das neuerdings für die Kaufmannsmäkler erlassen sei. Die Frage ist schon seit mehreren Jahren Gegenstand eines gründlichen Studiums und wird ohne Zweifel in nicht ferner Zeit eine endgültige Lösung erhalten.

§. 10. Bäckerei und Schlächterei.

In Betreff der *Freiheit der Bäckerei und Schlächterei* sind in den Departements ganz widersprechende Ansichten laut geworden.

Die Einen wünschten, dass diese Freiheit aufrecht erhalten würde, und dass, um gewissen Bestrebungen, welche sich in einzelnen Gemeinde-Verwaltungen noch zeigten zu Gunsten einer Reglementirung, zu entgehen, man das den Bürgermeistern verbliebene Recht, eine Brod- und Fleischtaxe festzustellen, aufheben solle. Die Anderen möchten im Gegentheil, dass die Taxen ganz allgemein wieder hergestellt würden, insbesondere die Brodtaxe.

Die freisinnigen Ansichten, welche die Regierung bei Erlass der Verordnung vom 22. Juni 1863 geleitet haben, indem der Handel mit Brod wie jeder andere Handel unter das gemeine Recht gestellt wurde, lassen keinen Zweifel darüber, wie diese Frage zu behandeln ist.

In den Augen der Regierung ist die *freie Konkurrenz* bei der Bäckerei jeder Bevormundung vorzuziehen. Wenn der Uebergang von der Bevormundung zur Freiheit eine nicht zu vermeidende Verwirrung erzeugt hat, so ist dies nur eine Folge der Schwierigkeit, alte Gewohnheiten und Vorurtheile zu beseitigen. Die Langsamkeit, mit welcher die Konkurrenz sich geltend macht, kommt zum grossen Theil daher, dass das Gesetz vom 19/22. Juli 1791 noch nicht abgeschafft ist, das den Bürgermeistern erlaubt, die Taxe wieder herzustellen, wodurch das Bäckergewerbe, über die Zukunft im Unsichern, verhindert wird, neue und grosse Bäckereien ins Leben zu rufen. Das Steigen der Brodpreise, welche das Publikum nur zu geneigt ist, dem übermässigen Gewinn der Bäcker zuzuschreiben, ist eine Folge geringer Ernteerträge, woran die Gemeindebehörden Nichts ändern können. Uebrigens bezeugt die geringe Entwickelung der Konkurrenz, über die man sich beklagt, zur Genüge, dass der Gewinn der Bäcker im Allgemeinen durchaus nicht übermässig hoch ist; es würde sonst nicht an Leuten fehlen, die an diesem Gewinne theilnehmen möchten. Es ist allerdings häufig ein Unterschied vorhanden zwischen dem Verkaufspreise der Bäcker und demjenigen, welcher als Kontrollmassregel seitens der Lokalbehörden berechnet wird; aber man findet dafür eine Erklärung in der geringen Genauigkeit jener Berechnungen, in der Unsicherheit der Grundlagen, worauf sie beruhen, und selbst in dem Alter der Tarife, welche oft aus sehr alter Zeit stammen und mit den gegenwärtigen Verhältnissen nicht im Einklang stehen. Die Aufstellung öffentlicher Taxen kann den Gemeindebehörden kein Mittel bieten, den natürlichen Verlauf der Dinge zu ändern, giebt ihnen vielmehr eine grosse Verantwortlichkeit und bereitet ihnen Unannehmlichkeiten, verhindert aber die Entwickelung der Konkurrenz und hat als Folge, dass das gefährliche Vorurtheil an Boden gewinnt, das leider noch zu verbreitet ist, dass es nämlich in der Hand der Regierung liege, auf den Preis der Nahrungsmittel einzuwirken.

In Betreff der *Schlächterei* gelten dieselben Erwägungen, wozu noch kommt, dass die Aufstellung einer Taxe des Fleisches eine unlösbare Aufgabe ist wegen des Unterschiedes, der in Betreff des Werthes der Schlachtthiere an erster Stelle und der einzelnen Theile der Thiere an zweiter Stelle obwaltet.

Ohne gerade die Abschaffung der Freiheit des Bäckergewerbes zu verlangen, hat man doch von einigen Seiten gewünscht, dass das letztere an den Orten überwacht werde, wo es keine Konkurrenz giebt, und dass man diejenigen Bäcker streng bestrafe, welche unrichtiges Gewicht liefern. Diese, den Gemeindeverwaltungen anvertraute Ueberwachung wird streng gehandhabt, und Vereinbarungen unter den Bäckern zum Nachtheil der Konsumenten werden auf Grundlage des Strafgesetzbuches streng verfolgt. In Betreff des Brodgewichtes haben die Gerichte Grundsätze angenommen, welche geeignet sind, die Konsumenten hinreichend zu schützen.

In Betreff des Schlächtergewerbes ist noch eine Reihe von Wünschen laut geworden, welche hauptsächlich den Vieh- und Fleischhandel zur Versorgung von Paris im Auge haben.

So fordert man die *Freigabe des Hausirhandels* (colportage) mit Fleisch, eine Frage, die schon wiederholt angeregt worden ist. Die kaiserliche Central-Ackerbau-Gesellschaft hat darüber eine sehr gründliche Berathung gepflogen, wobei die Ansicht überwog, dass es in der That nützlich sein würde, in Paris den Hausirhandel mit Fleisch zu gestatten. Sollten dadurch auch einige Unzuträglichkeiten entstehen, so meinte man doch allgemein, dass es leicht sein würde, Abhülfe zu schaffen; die Massregel würde den weniger begünstigten Ständen die Beschaffung billigen Fleisches erleichtern.

Es besteht in Paris eine *Auktion für Fleisch* jeder Art, wohin gewöhnlich das ausserhalb Paris geschlachtete Fleisch gebracht wird; es würde dies eine Gelegenheit für die Produzenten sein, die Konsumenten direkt zu versorgen, ohne des Zwischenhändlers zu bedürfen, um sich so den Gewinn zu sichern, der in die Taschen der letzteren fliesst. Aber man beklagt sich, dass diese Fleischauktionen den Produzenten nicht in dem Masse mit den Konsumenten in unmittelbaren Verkehr bringen, wie man es wünsche; dieser Verkehr würde erleichtert werden, wenn das zu versteigernde Fleisch in kleinen Theilen zum Verkauf gelange. Wie die Sachen jetzt liegen, können nur ziemlich grosse Mengen auf einmal losgeschlagen werden, so dass die Auktionen nur von den kleinen Metzgern besucht werden, welche hier ihren Fleischladen versorgen, oder von Gastwirthen etc., die unbemittelte Bevölkerung kann von dieser Einrichtung aber keinen Nutzen ziehen. Es ist vielleicht sehr schwierig, es anders einzurichten; man hat es früher versucht, solche Auktionen in verschiedenen Lokalitäten einzurichten, aber die Versuche sind nicht gelungen. Die Auktionen fanden keine Bieter, die Käufer verloren dabei zu viel Zeit und waren überdem nicht sicher, solche Stücke zu bekommen, wie sie wünschten. Ausserdem verursachten sie der Stadtkasse Kosten, die in keinem Verhältnisse standen zu den gebotenen Vortheilen. Versuchsweise 1853 eingerichtet, mussten diese Auktionen im Laufe des Jahres 1858 aufgehoben werden, kurze Zeit, nachdem der Fleischhandel frei gegeben worden war.

Man beklagt sich auch über gewisse Missbräuche bei der Fleischauktion, über zu hohe Abgaben und verlangt eine Aenderung des bezüglichen Reglements.

Die Kommission des Departements der Seine hat die Erhaltung eines Viehmarktes für den südlichen Theil von Paris gewünscht. Die Aufhebung des Viehmarktes zu Sceaux ist gegenwärtig eine vollendete Thatsache; es giebt in dem Departement der Seine nur *einen* Viehmarkt, welcher am nördlichen Ende der Stadt Paris in der alten Gemeinde la Villette abgehalten wird.

Was endlich den Viehhandel von Paris betrifft, so ist noch der Wunsch zu erwähnen, dass die auf den Märkten Sceaux und Poissy geltende Bestimmung aufzuheben sei, wonach die Besitzer der auf diesen Märkten verkauften Ochsen den Käufern verantwortlich sind, wenn die Thiere ohne Verschulden der Käufer innerhalb neun Tagen eines natürlichen Todes sterben. Diese ausserordentliche Bestimmung, die vielleicht nothwendig war, als das Vieh noch nicht mit den

Eisenbahnen transportirt werden konnte und weite Märsche zurück-
zulegen hatte, hat gegenwärtig gar keinen Nutzen. Die Züchter,
deren Interesse durch Vorkommnisse, für die sie nicht verantwortlich
sind, geschädigt werden kann, verlangen schon lange die Aufhebung
der geforderten Garantie von neun Tagen Da es jedoch den Anschein hat, dass die bezügliche Bestimmung nur durch ein Gesetz
beseitigt werden kann, so ist die Frage durch die Verordnung vom
24. Februar 1858, welche die Freiheit des Schlächtergewerbes her-
stellte, noch nicht gelöst.

§. 11. Jagd, Fischerei etc.

Von verschiedenen Seiten ist der Wunsch ausgesprochen, dass
im Interesse der Landwirthschaft die *Jagd* weniger leicht gemacht
werde, und dass das Jagdgesetz in dem Sinne grösserer Berücksichtigung des Eigenthums geändert werde. Zu diesem Ende verlangt
man, dass nur solchen Personen die Jagderlaubniss ertheilt werde,
welche einen Grundbesitz von bestimmter Ausdehnung nachweisen
könnten oder eine bestimmte Steuer bezahlten. Die Gebühren für
die Jagdscheine sollen zu Gunsten der Gemeinden erhöht werden
und zwar auf 50 Fr. (13½ Thlr.). Die Jagd solle ferner nur alle
zwei Jahre erlaubt sein und endlich solle, um eine Umgehung der
Jagdgebühren zu vermeiden, dieselbe in Form einer Steuer vom
Schiesspulver erhoben werden. Indessen scheinen diese Fragen vom
landwirthschaftlichen Standpunkte aus nur ein untergeordnetes Interesse zu bieten.

In Bezug auf den mehrfach ausgesprochenen Wunsch, dass die
auf die *Flussfischerei* bezüglichen Bestimmungen strenger gehandhabt und die *Fischzucht* ermuthigt werden mögen, ist zu bemerken,
dass dem letzteren Wunsche bereits in grossem Umfange genügt worden ist.

Was den lautgewordenen Wunsch betrifft, dass alljährlich *landwirthschaftliche statistische Erhebungen* veranstaltet werden möchten,
so werden solche schon lange gemacht und zwar auf regelmässige
und möglichst vollständige Weise.

Um keinen der geäusserten Wünsche, die ein besonderes Interesse bieten, zu übergehen, erwähne ich zuletzt noch denjenigen, der
sich auf die Errichtung von *Feuerwehren* für jede Gemeinde bezieht,
und auf die Herabsetzung des *Briefporto's* auf 10 Cts. (10 Pfg.) für
Briefe, die von einem Orte eines Departements an einen andern desselben Departements gesendet werden.

Endlich sind noch eine Menge anderer Wünsche laut geworden, die ein ausschliesslich lokales Interesse bieten; sie beziehen sich auf den Bau von Eisenbahnen, Landstrassen, Kanälen, auf die Oktroiabgaben einzelner Städte, auf die Errichtung von Ackerbauschulen, von Jahrmärkten und Märkten etc. etc. Diese Wünsche werden den zuständigen Behörden überwiesen und können hier übergangen werden.*)

---

*) Den Schlusssatz, welcher sich direkt an den Minister wendet, übergehen wir, da er ohne allgemeines Interesse ist. Wir erwähnen nur, dass ausser dem inzwischen verstorbenen Direktor der Landwirthschaft und General-Kommissar der Enquête, J. de Monny de Mornay, an der Ausarbeitung des General-Berichtes mitgewirkt haben Faubert, Baron de la Coste und Miret.   F.

Anhang.

Bericht des Ministers für Ackerbau und Handel, Louvet, an den Kaiser über die Arbeiten der Commission supérieure der Ackerbau-Enquête.

Paris, den 19. Mai 1870.

Sire!

Die Commission supérieure der Ackerbau - Enquête, eingesetzt durch Verordnung vom 10. März 1866, hat jüngst ihre Arbeiten beendet, und erstatte ich Ew. Majestät hiermit Bericht über die Ansichten, welche die Kommission über die hauptsächlichsten Fragen, mit denen sie sich beschäftigt, ausgesprochen hat.

Mein Vorgänger, Herr de Forcade la Roquette, hat Ew. Majestät in einem Berichte vom 15. Dezember 1868 bereits gemeldet, dass die Commission supérieure nicht geglaubt hat, *alle* Fragen prüfen zu sollen, welche in der Enquête zur Sprache gekommen sind.

Mehrere dieser Fragen sind ausgeschieden worden, einestheils, weil sie nach Ansicht der Kommission einen nützlichen Erfolg nicht haben konnten, anderntheils, weil sie gesetzgeberische oder reglementarische Massregeln betrafen, die seit Beginn der Enquête entweder bereits zur Ausführung gelangt sind oder sich doch in der Vorbereitung befinden; einige endlich deshalb, weil sie über die Grenzen ihrer Zuständigkeit (compétence) hinauszugehen schienen.

Nachdem diese Ausscheidung erfolgt war, blieb der Kommission doch noch ein weites Feld der Arbeit. Sie hatte sich über mehr als *hundert* Fragen auszusprechen, welche Bezug haben auf die bürgerliche und allgemeine Gesetzgebung, auf das Zollwesen, auf unser Steuersystem und auf die so verschiedenen Interessen des landwirthschaftlichen Gewerbes.

Diese Fragen, welche ihrer Natur nach vielfach in einander greifen, so dass sie in eine kleine Zahl von Hauptfragen zusammenzufassen waren, haben zu vierzig Berichten Veranlassung gegeben, deren Schlussfolgerungen den Gegenstand ebenso vieler Spezialdiskussionen bildeten.

Die von der Commission supérieure ausgesprochenen Gutachten, obgleich sie sich auf sehr verschiedene Gegenstände beziehen, lassen sich in folgende beiden grossen Gruppen von Fragen zusammenfassen: die *einen*, die nicht *rein* landwirthschaftliche zu nennen sind, während die *anderen*, betreffend die ländliche Gesetzgebung, die Düngerfrage, die Bewässerungen, die Drainagen und ähnliche Gegenstände, *rein* landwirthschaftlicher Natur sind. Auf diese Eintheilung ist der nachstehende Bericht basirt.

Ich werde mich übrigens darauf beschränken, die Thatsachen zu geben, ohne sie zu beurtheilen, um der Regierung die nöthige Freiheit zur Prüfung und zu weiterem Vorgehen zu bewahren, so weit es angezeigt erscheint, auf die von der Commission supérieure ausgesprochenen Wünsche einzugehen.

I.

Die Steuern. — Modifikationen für ihre allgemeine Veranlagung. — Wie es leicht vorauszusehen war, sind im Verlaufe der Enquête in Bezug auf diesen schwierigen und delikaten Gegenstand zahlreiche Anforderungen gemacht worden: Umgestaltung unseres Steuersystems in dem Sinne, dass ein Theil der auf dem Grundbesitze ruhenden Lasten auf das mobile Vermögen abgewälzt werde; Abzug der Schulden von dem Aktivvermögen der Erbschaft bei Berechnung der Erbschaftssteuer und Verringerung der letzteren; Herabsetzung der Einschreibegebühren und des Stempels beim Besitzwechsel von Grundeigenthum unter Lebenden; Verminderung der Abgabe auf Pachtverträge und die Berechtigung, dieselben in Jahresraten zahlen zu dürfen, gleichwie auch die Erbschaftssteuer; Umgestaltung der Getränkesteuer; Unterdrückung oder Reduktion der Oktroiabgaben. Dies sind die Wünsche, welche an die Commission supérieure herantraten, und über welche sie ihr Gutachten abzugeben hatte. Eine aus mehreren Mitgliedern bestehende Unterkommission war beauftragt worden, unter Zuziehung von höheren Finanz-Verwaltungs-Beamten über diese schwierigen und delikaten Fragen in Berathung zu treten.

Der Gedanke, einen Theil der auf dem Grundbesitze ruhenden Lasten auf das bewegliche Vermögen abzuwälzen, hat seit einiger

Zeit viele vernünftige Köpfe gefangen genommen (séduit); sie betrachten dies als eine natürliche Folge der wirthschaftlichen Veränderung, welche sich seit dreissig Jahren in der Gesellschaft vollzogen hat; aber in ihren Berechnungen haben sie vielleicht die
Lasten nicht in Betracht gezogen, welche die industriellen Unternehmungen zu tragen haben, welche auf dem mobilen Vermögen in
Form von Aktien und Obligationen beruhen; ausserdem hat man,
wenn man verlangte, dass das bewegliche Vermögen entweder von
einer direkten Steuer oder von einer höheren Stempelabgabe getroffen
werde, und dabei die Hoffnung hegte, dem Grundbesitz eine Erleichterung zu schaffen und gleichzeitig den Rückstrom der Kapitalien
zur Landwirthschaft zu bewirken, die Gefahr nicht genügend in Betracht gezogen, welche darin liegt, das Kapital zu schädigen und es
zu verhindern, sich der so wünschenswerthen Vollendung unseres
Eisenbahnnetzes und der Ausführung aller unserer grossen Unternehmungen darzubieten.

Wenn man übrigens untersucht, wie weit es möglich sein würde,
das bewegliche Vermögen direkter zu besteuern, als es durch unser
bestehendes Steuersystem geschieht, so würde man bald erkennen,
dass eine Steuer auf die Industrie-Werthe das vorgesetzte Ziel nur
unvollkommen erreichen würde; durch eine logische Verknüpfung der
Gedanken wird man auf die *Einkommensteuer* geführt. Diese Steuer-
form ist in mehreren Staaten Europa's angenommen; aber haben
diese Staaten nicht das Bestreben, sie jetzt nach einer mehr oder
weniger langen Erfahrung abzuschaffen?*) Würde sie übrigens in
unserem Lande leicht und vortheilhaft durchzuführen sein? Würde
die grosse Vertheilung des Vermögens und die allgemein anerkannte
Nothwendigkeit, das kleine Einkommen von dieser Art Steuer auszunehmen, nicht den Ertrag derselben bedeutend schmälern? Würde
es sich andererseits vom politischen Standpunkte aus mit dem Charakter einer demokratischen Gesellschaft, wie die unsrige, wo das
Gefühl der Gleichheit (égalité) ein so entwickeltes ist, vertragen, die
kleinen Leute von der Besteuerung auszunehmen und somit auf
Grund des Vermögens die Bürger in *zwei Klassen* zu theilen? Würde

---

*) Es ist uns nicht bekannt, dass man in irgend einem europäischen Lande
mit dem Gedanken umginge, die Einkommensteuer abzuschaffen; im Gegentheil ist
das Bestreben in allen in freiheitlichem Sinne geleiteten Staaten, insbesondere auch
in Preussen, dahin gerichtet, die Einkommensteuer zu verallgemeinern. Es ist dies
eine Annahme des Ministers Louvet oder vielmehr der Commission supérieure,
gemacht, um leichten Kaufs über eine Schwierigkeit fortzukommen.   F.

man ferner, was die Einhebung und Veranlagung der Steuer betrifft, wollte man wie in England die Selbsteinschätzung zu Grunde legen, auf die nöthige Aufrichtigkeit rechnen können, wenn man weiss, wie viele und tiefe Spuren die fiskalischen Missbräuche einer früheren Zeit noch bei den neuen Generationen zurückgelassen haben?

Und wenn man, wie in anderen Ländern, den Beamten des Staatsschatzes oder den Gemeinden die Sorge anvertraute, das Vermögen jedes Einzelnen zu schätzen, würden nicht Missbräuche anderer Art und die Anwendung von inquisitorischen Massregeln, die unserem Nationalcharakter so sehr widersprechen, zu fürchten sein? Wird endlich nicht das Einkommen jedes Bürgers bereits schon durch Abgaben jeder Art belastet, welche auf demselben in verschiedenen Gestalten ruhen, seien sie direkt oder indirekt? Müsste deshalb eine Abgabe von dem Einkommen nicht als eine mit unserem gegenwärtigen Steuersysteme schwer zu vereinbarende Ueberbürdung betrachtet werden?

Der Art sind die Betrachtungen, welche im Schoose der Commission supérieure vorgewaltet haben bei der Prüfung dieser wichtigen und schwierigen Frage: auch hat sie sich darauf beschränkt, die Regierung zu bitten, zu untersuchen, ob es nicht möglich sei, in der Vertheilung der Steuern auf bewegliches und unbewegliches Vermögen eine grössere Gleichheit (égalité) zu erreichen.

Einschreibegebühren und Stempelabgaben. — Für eine Verminderung der Abgaben dieser Art hat sich im Schoosse der Commission supérieure die Majorität erklärt. Indessen hat die Kommission anerkannt, dass diese Herabsetzung *nicht unmittelbar* Platz greifen könnte wegen der bedeutenden Opfer, welche sie dem Staatsschatze auferlegen würde. In Folge dessen hat sie eine Reihenfolge der Herabsetzungen aufgestellt, und zwar wären an erster Stelle und in gewissem Masse ohne Rücksicht auf das Budget bei der Erbschaftssteuer die Schulden vom Aktivvermögen in Abzug zu bringen; die Kommission hat diese Reform nicht blos als eine Erleichterung für den Grundbesitz, sondern besonders als einen Akt der Gerechtigkeit betrachtet. Die übrigen Wünsche hat sie folgendermassen geordnet: 1. Verminderung der Abgaben bei der Uebertragung von Grundbesitz ex titulo oneroso unter Lebenden; 2. Verminderung der Steuer bei Erbschaften und bei Schenkungen unter Lebenden; 3. besondere Ermässigung der Steuer bei Vererbung in direkter Linie, wenn der Besitzwechsel sich auf Grundbesitz erstreckt, für den innerhalb von mindestens drei Jahren schon einmal die Steuer hat gezahlt werden müssen; 4. Stundung der Erbschaftssteuer, welche jetzt innerhalb sechs Monaten nach dem Ableben des Erblassers zu erlegen ist, auf ein Jahr; 5. Ersetzung des fixirten Stempels durch den proportionalen bei Akten, betreffend die Uebertragung von unbeweglichem Vermögen.

Indem sie eine Herabsetzung der Einschreibegebühren im Allgemeinen befürwortete, ist die Commission supérieure übrigens nicht der Ansicht gewesen, eine ausnahmsweise Verminderung dieser Abgaben bei der Theilung vor dem Tode befürworten zu sollen, wie man es in der Enquête gewünscht. Wenn man auch anerkannte, dass derartige Theilungen den Vortheil haben, die Erbschaft in jüngere und thätigere Hände zu bringen, so hat die Commission supérieure doch nicht geglaubt, dass es gut sei, durch geringere Abgaben eine Gewohnheit zu begünstigen, die in gewissen Fällen die Quelle bedauerlicher Missbräuche wird.

Dagegen hat sie sich lebhaft für den Austausch des ländlichen Grundbesitzes interessirt. Sie hat gemeint, dass es wichtig sei, durch fiskalische Bestimmungen nicht die Wiederherstellung von zusammenhängendem Grundbesitz unmöglich zu machen, die an sich schon schwierig genug sei, während die Zerstückelung ununterbrochen fortschreitet; zur Erleichterung des Austausches von Bodenparzellen, die aneinander grenzen, hat sie den Vorschlag gemacht, dass für Einschreibung und Uebertragung keine höhere Abgabe als $1/4$ % erhoben werden möge. Das Budget von 1871 trägt diesem Wunsche bereits Rechnung, indem es die Gebühr auf $1/3$ % fixirt.

Getränkesteuer. — Die Reklamationen, welche im Verlaufe der Enquête gegen die Getränkesteuer oder gegen die Art ihrer Erhebung geltend gemacht sind, sind seitens der Commission supérieure einer eingehenden Prüfung unterworfen worden. Nach einer aufmerksamen Untersuchung der Thatsachen hat die Kommission erkannt, dass sie weder der Forderung, die Abgaben ganz aufzuheben, beistimmen könne, noch den Vorschlägen, nach denen dieselben mehr oder weniger in direkte, den Grundbesitzer oder den Produzenten treffende Steuern zu verwandeln seien.

In Betreff der Einhebung dieser Abgaben hat die Kommission nicht zu erkennen vermocht, dass durch die Art dieser Einhebung irgend eines der Leiden der Weinproduzenten veranlasst sei; andererseits sind die verschiedenen Vorschläge ihr nicht als solche erschienen, dass sie das gegenwärtige Einhebungssystem mit Erfolg ersetzen könnten.

19*

Aus diesen verschiedenen Gründen hat sie sich darauf beschränkt, die Regierung zu bitten, fort und fort diejenigen Mittel zu prüfen, mit deren Hülfe die mit der Einhebung verbundonen Belästigungen vermindert werden können.

Oktroi-Abgaben. — Die Frage der Oktrois ist im Schosse der Commission supérieure mit derjenigen Aufmerksamkeit behandelt worden, welche dieser wichtige Gegenstand verdient. Ueber den einen Punkt war man von Anfang an allgemein einverstanden, dass die Oktrois *nicht* abgeschafft werden können, ohne dass man den Gemeinden durch andere Abgaben Einnahmequellen schaffe, um diejenigen zu ersetzen, die man ihnen nehmen wolle; aber auch nach Anerkennung dieser Sachlage wurde die Frage höchst lebhaft besprochen. Indessen muss ich hinzufügen, dass die sehr grosse Majorität der Commission supérieure nicht einen Augenblick gezaudert hat, sich für die Aufrechthaltung der Oktrois zu erklären. Sie hat in der Einrichtung dieser Abgaben, welche dazu bestimmt sind, zu den Lokalausgaben einen Beitrag zu liefern, eine sehr rationelle Anwendung unseres allgemeinen Steuersystems erkannt, welches letztere die Staatsausgaben theils durch direkte, theils durch indirekte Steuern bestreitet. Das belgische System, nach welchem die Gemeinden einen Theil der Zollerträge erhalten, besitzt nach der Ansicht der Kommission zwei bedenkliche Nachtheile: den einen, dass die Gemeinden dadurch in Betreff ihres finanziellen Gebahrens von der Regierung abhängig sind, also gewissermassen in ihrer Autonomie geschädigt werden*), den anderen, dass die Bewohner des platten Landes einen Theil der Ausgaben der Städte aufbringen müssen. Sie hat übrigens auch unter den in Vorschlag gebrachten Systemen, welche die Oktroi-Abgaben ersetzen sollen, keines gefunden, das eine gleiche Dehnbarkeit besitzt, und dessen Erträge in gleichem Masse, entsprechend dem zunehmenden Reichthume und den immer wachsenden Bedürfnissen, sich entwickeln könnten. Aber in demselben Masse, als sich die Kommission der Aufrechterhaltung der Oktrois günstig gezeigt hat, war sie einstimmig in dem Verlangen, dass die Taxen nur einen sehr kleinen Theil des Werthes der denselben unterworfenen Gegenstände betragen dürften; es sollen nach und nach die Zuschlagstaxen und die Ueber-

*) Eine rührende Sorge für die Autonomie der Gemeinden, die in Frankreich bekanntlich so gut wie keine Selbstverwaltung besitzen; der Präfekt befiehlt und die von der Regierung ernannten Bürgermeister führen aus. F.

taxen (taxes additionelles et surtaxes) abgeschafft werden; die Oktroi-Abgaben sollen nicht auf die die Städte umgebenden ländlichen Distrikte ausgedehnt werden dürfen; endlich sollen die mit der Erhebung verbundenen Scheereien so viel als möglich vermindert werden.

Uebrigens hat der Finanzminister neuerdings eine Special-Enquête über das Oktroi beschlossen, und die Arbeiten der Commission supérieure werden sicherlich eines der wichtigsten Elemente der neuen Untersuchung bilden.

Zölle. — Die Zölle haben in der Enquête nicht eine gleich wichtige Rolle gespielt, wie die innern Steuern; dennoch hat die Commission supérieure diesem weiten Gebiete lange Sitzungen gewidmet. Vom allgemeinen Standpunkte aus hat sie konstatirt, dass das Prinzip einer weise angewendeten *Handelsfreiheit* der Entwickelung des ländlichen Reichthums günstig gewesen ist, dass die Landwirthschaft, dieses grosse Gewerbe, die Mutter aller übrigen, verlangen kann, auf dem Fusse vollkommener Gleichheit mit allen übrigen Zweigen der nationalen Produktion behandelt zu werden, und dass bei dem Abschluse von Handelsverträgen seitens des Gesetzgebers den Erzeugnissen des Bodens die gleiche Aufmerksamkeit zu schenken sei als denjenigen der Fabriken; dass endlich die mit dem allgemeinen Zolltarif vorzunehmenden Modifikationen weit mehr den Zweck haben müssten, die Einnahmen des Staatsschatzes zu vermehren, als die Bestrebungen der Schutzzöllner zu begünstigen.

In Betreff der Detailfragen hat die Commission supérieure an erster Stelle in Betreff der *Wollfrage* keinen Augenblick gezaudert, sich *gegen* die Wiederherstellung eines Eingangszolles auf Wolle zu erklären. Ihrer Ansicht nach steht die zollfreie Einfuhr dieses Rohstoffes im Einklange mit dem allgemeinen Systeme, das heute in unserer Zollgesetzgebung überwiegt. In demselben Sinne hat die Kommission die Aufhebung der Uebertaxe (surtaxe) vom *Guano* in Niederlagen verlangt, desgleichen die Herabsetzung des Zolles von ausländischen *Pferden* und *Füllen* auf die Hälfte. Die anderen Zollfragen, mit denen sich die Commission supérieure zu beschäftigen hatte, betrafen die landw. Maschinen, den Wein und die zeitweise Einfuhr von Getreide.

Die Kommission hat sich gegen die in der Enquête verlangte zollfreie Einfuhr *landw. Maschinen* erklärt. Eine solche Massregel würde sich ihrer Meinung nach nicht mit einem Tarifsysteme vereinigen lassen, das zwar ein liberales, aber auch ein fiskalisches sein solle, wonach jede Waare bei ihrem Eintritt in Frankreich einen Eingangszoll an den Staatsschatz zu zahlen habe.

Was die *fremden Weine* betrifft, so erstreckte sich die Berathung auf das Maximum des Alkoholgehaltes, mit dem ein Wein eingeführt werden dürfe, ohne die Spiritussteuer zu zahlen. Die Commission supérieure hat geglaubt, dass die Bestimmungen des Finanzgesetzes vom 8. Mai 1869 diese Frage in befriedigender Weise gelöst haben. Im Interesse unserer Weinproduzenten hat sie übrigens den Wunsch ausgesprochen, dass die Regierung fortfahre, für unsere Weine auf den ausländischen Märkten möglichst günstige Bedingungen zu erlangen.

Wie Herr v. Forcade la Roquette in seinem Berichte vom 15. Dezember 1868 konstatirt hat, hat die Commission supérieure gleich beim Beginn ihrer Arbeiten die Frage der *Einfuhr von Getreide* von der Berathung ausgeschlossen, da dieselbe durch die Erfahrung im Sinne des freien Verkehrs nach dem Gesetze von 1861 gelöst sei; aber sie hatte sich gleichzeitig vorbehalten, die Reklamationen zu prüfen, zu welchen die zeitweise zollfreie Zulassung von Getreide, wenn eine entsprechende Menge von Mehl dagegen ausgeführt wird, Veranlassung gegeben hat. Die Klagen erstrecken sich besonders darauf, dass nach dem bestehenden Geschäftsgange auf Grund von *aquits à caution* (Passirschein) das Mehl an einem Punkte der Grenze ausgeführt werden könne, der sehr entfernt von demjenigen sich befinde, wo das Getreide eingeführt sei. Abgesehen von den Verlusten, welche hieraus für den Staatsschatz erwachsen, habe die dem Müllergewerbe bewilligte Erleichterung ihre Wichtigkeit verloren, seitdem die Abschaffung der Surtaxe auf die Flagge gestatte, auf fremden Schiffen überseeisches Getreide gegen einen Zoll von 50 Ctms. für den metrischen Centner (2 Sgr. für den preuss. Centner) einzuführen. Nach einer langen und lebhaften Berathung hat die Commission supérieure den Wunsch ausgesprochen, die Regierung möge untersuchen, ob hierin nicht eine Aenderung am Platze sei.

Bürgerliche und allgemeine Gesetzgebung. — Zu der Zeit, als die Commission supérieure sich mit der Prüfung der in der Enquête enthaltenen Reklamationen und Wünsche beschäftigen konnte, war dem gesetzgebenden Körper bereits seitens der Regierung ein Gesetzentwurf vorgelegt worden, welcher den Zweck hat, die Formalitäten bei der Beschlagnahme von Mobilien, beim Verkauf oder der Theilung der Güter Minorenner, bei gerichtlichen Theilungen, beim Verkauf von Grundbesitz und bei der Expropriation zu vereinfachen und die Kosten zu vermindern. Auch sind die auf eine Modifikation unserer Civilgesetzgebung bezüglichen Fragen auf eine kleine Zahl zurückgeführt worden.

Die Bestimmungen des Code Napoléon, welche die *Erbtheilungen* (Art. 826 und 836) betreffen, haben die besondere Aufmerksamkeit der Kommission in Anspruch genommen. Sie ist der Meinung, dass man, ohne in Etwas das Prinzip der Theilungs-Gesetzgebung zu verletzen, bis zu einem gewissen Masse die durch die Erbtheilungen zu weit getriebene Zerstückelung aufhalten könnte, wenn man die Verpflichtung abschaffte, der zu Folge jedes Erbtheil in demselben Verhältniss aus Mobilien und Immobilien bestehen soll. Desgleichen hat sie den Wunsch befürwortet, der dahin geht, bei Klagen gegen Theilungen unter Verwandten in aufsteigender Linie die Besitzungen nicht nach dem Werthe, den sie am Todestage haben, sondern nach dem Werthe am Tage der Theilung zu schätzen, was in der That billiger erscheint: auch hat sie vorgeschlagen, wie es in der Enquête verlangt worden ist, die Klagefrist wegen Annullirung bei Theilungen unter Lebenden auf zwei Jahre, bei testamentarischen Theilungen auf fünf Jahre festzusetzen; aber sie hat sich *gegen* den Vorschlag erklärt, die unter dem Dotalsysteme (mit einem Brautschatz) verheiratheten Frauen zu bevollmächtigen, über ihre Güter durch Schenkungen unter Lebenden zu Gunsten der Theilung der Erben zu verfügen. Die Nachtheile, welche dieses Recht vom Standpunkte der Familie mit sich bringen könnte, würden durch die der Landwirthschaft daraus etwa erwachsenden Vortheile nicht genügend aufgewogen werden.

Die Kommission hat ferner nicht geglaubt, die Gestattung *langer Pachtverträge* für *Minorenne* und *Geistesschwache* befürworten zu sollen. Es handelte sich darum, die Dauer derselben von 9 auf 18 Jahre auszudehnen. Obwohl sie anerkannte, dass die Pachtverträge von langer Dauer dem Fortschritte der Landwirthschaft günstig seien, so hat sie doch gefürchtet, es könnte durch diese Massregel schweren Missbräuchen Thür und Thor geöffnet werden, besonders könnten junge Leute, welche die Verwaltung ihrer Güter nicht zu passender Zeit übernehmen konnten, von dem landwirthschaftlichen Gewerbe entfernt und in der freien Verfügung über ihre Güter beschränkt werden.

Die übrigen hierher gehörigen Fragen, womit sich die Commission supérieure beschäftigt hat, bezogen sich auf die Artikel 419 und 420 des Strafgesetzbuches: „betrügerische Vornahmen zur Fälschung des Getreidepreises," auf die Freiheit des Zinsfusses und auf die Modifikation lokaler Gebräuche.

Die verlangte Veränderung des Art. 419 im Strafgesetzbuche betrifft die Uebergebote der Käufer, welche unter gewissen Verhältnissen durch die Bedürfnisse des Getreidehandels erklärt werden können; aber die Commission supérieure hat gemeint, dass es nicht am Platze sei, aus dem Art. 419 die auf Ueberbieten bezüglichen Bestimmungen zu entfernen, weil dieselben ausschliesslich auf betrügerische Handlungen Anwendung finden und die Freiheit der Geschäfte nicht berühren. Was den Art. 420 betrifft, welcher betrügerische Handlungen, die den Zweck haben, den Preis der Waaren zu beeinflussen, wenn sie sich auf Nahrungsmittel beziehen, strenger bestraft, so hat die Kommission anerkannt, dass derselbe mit den Prinzipien der von der Regierung in Betreff der Nahrungsmittel vertretenen Freiheit nicht unvereinbar sei.

In Betreff der *lokalen Gebräuche* (Usancen) hat die Kommission es lebhaft gebilligt, dass die Regierung jedes Departement aufgefordert hat, dieselben zusammenzustellen, und sie war der Ansicht, dass diejenigen Departements, welche diese Arbeit noch nicht beendet hätten, dazu aufgefordert werden sollten; aber sie macht mit Recht bemerklich, dass es wegen der Verschiedenheit dieser Gebräuche schwierig sein dürfte, dieselben zu kodifiziren.

Kommunikations-Mittel. — Das Gesetz vom 15. Juli 1868 über die *Vicinalwege*, die ins Budget aufgenommene Bewilligung zur Unterstützung der Ausführung von *sekundären Eisenbahnen* unter den durch das Gesetz von 1865 festgestellten Bedingungen, die mit den grossen Eisenbahngesellschaften abgeschlossenen neuen Uebereinkommen über die Vollendung neuer Eisenbahnstrassen, die in den Entwurf des Code rural aufgenommenen Bestimmungen über Land- und Feldwege hatten die Aufgabe der Commission supérieure, soweit sie die auf die Kommunikations-Mittel bezüglichen Wünsche berührt, bedeutend vereinfacht. Sie hatte als Gegenstand der Prüfung nur die auf die *Binnenschifffahrts-Abgaben* und auf die *Eisenbahn-Tarife* sich beziehenden Reklamationen zurück behalten.

Mit Bezug auf den *ersten* Punkt hat sie geglaubt, dass das Interesse der Landwirthschaft weit mehr berührt werde von der Vollendung und Vervollkommnung der schiffbaren Wege, als von der Aufhebung der sehr geringen Abgaben.

Was die Eisenbahn-Tarife betrifft, so hat sie nachstehende Wünsche ausgesprochen:

1. Beförderung einer Modifikation der Tarife beim Viehtransport zu Gunsten kleiner Thiere, was den Züchtern, die Hammel kleiner Race aufziehen, ermöglichen würde, sie nach den grossen Bevölkerungsmittelpunkten unter billigen, mit ihrem wahren Werthe im Verhältniss stehenden Bedingungen zu bringen;

2. Erlass der nöthigen Befehle auf den Bahnhöfen, die Expedienten in die Lage zu setzen, den allgemeinen oder den Spezial-Tarif zu wählen;

3. Beförderung des Druckes der Tarife in Form kleiner Hefte, welche für ein bestimmtes Netz die gebräuchlichsten Tarife enthalten;

4. Möglichste Vergrösserung der Fristen für die Abholung der Waaren von den Bahnhöfen, die oft von dem Wohnsitze des Empfängers entfernt liegen;

5. Aufstellung eines steigenden Tarifs für die Uebersendung kleiner Zahlungen unter;Feststellung eines Minimums, da der gegenwärtige Tarif als zu hoch betrachtet wird.

Die Commission supérieure war geneigt, andere Herabsetzungen und namentlich die Annahme einheitlicher Tarife auf allen grossen Linien zu verlangen; aber nachdem sie die Mittheilungen des General-Direktors der Eisenbahnen vernommen hatte, welche sich über die beständigen Bemühungen der Regierung, alle diejenigen Ermässigungen zu erreichen, die mit den bestehenden Kontrakten verträglich sind, und über die Unmöglichkeit, zu einer Einheit der Tarife wegen der verschiedenen Nutzungsverhältnisse der einzelnen Linien zu gelangen, verbreiteten, hat sie geglaubt, nicht darauf bestehen zu sollen.

Verschiedene Fragen.

Unter dieser Ueberschrift sind mehrere Fragen zusammengefasst, welche sich über das Stättegeld, über Vermessung und dergl. auf den Märkten, über die obligatorische Intervention der in den Markthallen angestellten Makler (facteurs) für den Verkauf gewisser Gegenstände, über die Bäckerei, die Schlächterei, über Masse und Gewichte, endlich über Jagd- und Fischereiabgaben verbreiten.

Stättegeld. — Die Commission supérieure hat lebhaft darauf bestanden, dass die Gemeinde-Verwaltungen aufgefordert würden, diejenigen Mittel und Wege einer Prüfung zu unterziehen, welche geeignet sind, die Abschaffung oder wenigstens die Herabsetzung derjenigen Abgaben zu ermöglichen, welche gegenwärtig auf den Märkten und in den Markthallen erhoben werden, und zwar in einer

Weise, dass Verkäufer und Käufer nur die wirklich geleisteten Dienste zu bezahlen hätten und die Waaren mit den möglichst geringsten Kosten belastet würden.

Die Makler. — Die Kommission ist auch der Ansicht gewesen, dass es an der Zeit sei, den Handel auf den Märkten und in den Hallen dem gemeinen Rechte zu unterstellen, also in den Städten, wo dies nicht der Fall ist, namentlich in Paris, das Privilegium der Makler abzuschaffen, indem der obligatorische Verkauf nach Meistgebot und jede ähnliche Bestimmung den Erfolg habe, die Kaufleute oder Produzenten abzuhalten, welche die Märkte versorgen, sei es, dass sie einen Vermittler nach ihrer Wahl benutzen, sei es, dass sie in einer Weise verkaufen wollen, wie sie ihnen zusagt.

Bäckerei. Indem sich die Kommission für die Aufrechterhaltung der Freiheit des Handels mit Backwaaren erklärt, hat sie die Ansicht ausgesprochen, dass diese Freiheit die Aufhebung der Brodtaxen in sich schliesse, dass aber die Regierung den günstigen Moment zu wählen habe, wann die Abschaffung des Gesetzes vom 19—22. Juli 1791 vorzuschlagen sei, welches letztere den Gemeindebehörden das Recht verleiht, Brodtaxen zu erlassen.

Schlächterei. — Eben so hat sich die Kommission der Freiheit des Schlächtergewerbes und der Abschaffung der Fleischtaxen geneigt gezeigt, und sie hat gemeint, dass es nützlich sein würde, den Hausirhandel mit Fleisch und das Aufsuchen der Käufer in den Städten, namentlich in Paris, zu gestatten und alle entgegenstehenden Bestimmungen abzuschaffen.

Masse und Gewichte. — Die Commission supérieure hat anerkannt, dass es ein grosser Vortheil sein würde, wenn auf allen Märkten dieselbe Mass- und Gewichtseinheit angewendet würde; aber sie glaubt nicht, dass es passend wäre, zur Erreichung dieses Zweckes Zwangsmittel anzuwenden; es würde richtiger sein, sich innerhalb der Grenzen des Gesetzes vom 4. Juli 1837 zu halten welche Jedem die Freiheit gewährt, seine Vereinbarungen so zu treffen, wie es ihm gut scheint, unter der Bedingung, dass er sich allein der metrischen Masse und Gewichte bedient.

Jagd- und Fischerei-Polizei. — Man hatte im Interesse der Landwirthschaft verlangt, dass die Jagd weniger leicht gemacht und das Gesetz vom 3. Mai 1844 zu Gunsten des Grundbesitzes geändert werde. Die Commission supérieure hat nicht geglaubt, dass es am Platze sein würde, die vorgeschlagenen Einschränkungen zuzulassen, welche namentlich darin beständen, für die Aushändigung eines

Jagdscheines den Beweis zu verlangen, dass der Jagdliebhaber einen
gewissen Grundbesitz inne habe oder eine bestimmte Steuer bezahle.
Diese Einschränkung hat ihr der Art geschienen, dass sie in einem
demokratischen Lande, wie das unsrige, die ernstlichsten Einwürfe hervorrufen würde. Andererseits hat die Kommission den
Wunsch geäussert, dass die Generalräthe stets um ihre Ansicht befragt würden, ob die Jagd auf kleine Vögel zu verbieten oder zu
gestatten sei, in welcher Beziehung in der Enquête verschiedene
Ansichten laut geworden sind.

Was endlich die Fischerei betrifft, so hat die Kommission,
ohne sich über die Kritiken zu äussern, deren Gegenstand das noch
neue Gesetz vom 30. Mai 1865 gewesen ist, den Wunsch ausgesprochen, dass die Arrondissements- und General-Räthe um ihr
Gutachten gefragt würden über diejenigen Massregeln, welche hier
Platz greifen könnten.

II.

Bevor ich den zweiten Theil dieses Berichtes beginne, scheint
es mir unabweislich, in der Kürze die allgemeinen Ergebnisse der
Enquête zusammen zu fassen, um diejenigen Arbeiten der Commission supérieure, worüber ich Ew. Majestät noch Rechnung zu
legen habe, in das richtige Licht zu stellen.

Wenn man die Dinge in ihrer Gesammtheit betrachtet, so
glaube ich ohne Uebertreibung sagen zu können, dass unsere Landwirthschaft Fortschritte macht, dass aber die gemachten Fortschritte
in einigen Gegenden sehr erhebliche, in anderen weit weniger schnelle
gewesen sind. Im Allgemeinen verwendet man mehr Sorgfalt, und
die Erträge sind gestiegen.

Die Aufzucht von *Vieh* wird mit mehr Sachkenntniss betrieben,
und die dauernde Verbesserung unserer Hausthierracen macht sich
alljährlich auf den Regional-Ausstellungen bemerklich. Der *Weinbau*
ist trotz der Schläge, die ihm mehrere Jahre die Verwüstungen des
Oïdium und neuerdings die neue Weinkrankheit zugefügt haben,
voll Kraft und Lebensfähigkeit. Die *Lage unserer ländlichen Bevölkerung* hat sich verbessert. Es ist in allen Theilen der
Enquête und durch die Aussagen von Männern, die über andere
Punkte sehr verschiedener Meinung waren, festgestellt, dass unsere
ländlichen Arbeiter besser genährt, besser gekleidet sind und besser
wohnen als früher, und dass die Pächter in gewissen Gegenden Ge-

wohnheiten des Wohlstandes und selbst des Luxus angenommen haben, die ihren Vätern vollständig unbekannt waren.

Die Erbauung von Eisenbahnen, die Entwicklung und Vervollkommnung der andern Kommunikationsmittel, die durch Handelsverträge unseren Produkten eröffneten neuen Absatzgebiete, die Staatsunterstützungen, die Initiative einiger grossen Grundbesitzer, die von Ew. Majestät selbst gegebenen Beispiele in einigen unserer traurigsten Gegenden, die, wenn auch noch beschränkte Einführung von Maschinen in den landwirthschaftlichen Betrieb, endlich die ausdauernde Kraft unserer ländlichen Bevölkerung sind die hauptsächlichsten Elemente dieser befriedigenden Lage.

Unglücklicherweise zeigt dies Bild mehr als einen Schatten; die *Krankheit der Seidenraupe* ist für unsere Seidenbau treibenden Departements vernichtend gewesen. Der *niedrige Preis der Wolle* ist für weite Strecken, wo die Schafzucht eine der wesentlichen Bedingungen der Kultur bildet, eine Ursache von Leiden geworden, welche durch die hohen Fleischpreise nicht ausgeglichen werden. Fast überall beklagt man sich über den *Mangel an Kapital*: aber der *Mangel an ländlichen Arbeitern* und die daraus folgende *Höhe der Löhne* sind ganz besonders für die grossen und mittleren Wirthschaften die Quelle grosser Schwierigkeiten. Dieser Mangel an Armen auf dem Lande bildet unbestreitbar eine offene Wunde unserer Landwirthschaft, und man muss anerkennen, dass die Enquête kein wirksames Heilmittel entdeckt hat. Diese noch immer zunehmende Noth hängt fast gänzlich von Ursachen ab, welche mit der allgemeinen Entwicklung der Gesellschaft im Zusammenhange stehen, und welche zu bewältigen nur in geringem Grade in der Macht des Menschen steht.

Die erste dieser Ursachen ist ohne Widerrede die mächtige Anziehungskraft, welche die grossen Städte auf die ländliche Bevölkerung ausüben, besonders seit die Eisenbahnen den Zug dahin so leicht gemacht haben. Diese Bewegung vom Lande nach den Städten findet übrigens nicht allein in Frankreich statt; dieselbe Erscheinung bietet fast ganz Europa. Doch wird diese Bewegung ihr Heilmittel in sich selbst finden, d. h. in ihrer Uebertreibung oder, noch besser gesagt, in dem Zusammentreffen von Verhältnissen, welche nur im Verlaufe der Zeit erfolgen kann; man kann hierher neue und bedeutende Fortschritte in der Landwirthschaft rechnen, welche eine reichlichere Löhnung für die Arbeit gestatten.

Die zweite, unserem Lande mehr eigenthümliche Ursache liegt

in der leichten Zugänglichkeit des Grundbesitzes für die ländliche Bevölkerung. Diese Thatsache, zu der man sich nur Glück wünschen kann, wenn man sie von einem anderen Gesichtspunkte aus betrachtet, hat zur Folge gehabt, eine zahlreiche Klasse kleiner Eigenthümer zu schaffen, welche nur für sich selbst arbeiten, und von grundbesitzenden Arbeitern, welche jetzt einen Theil ihrer Zeit ihrem eigenen Boden zuwenden, welche sie früher dem Dienste der grossen und mittleren Wirthschaften widmeten. Die Anwendung von Maschinen scheint das beste Mittel zu sein, die fehlenden Arme zu ersetzen, indem sie den Vortheil bieten, mit ihnen die Arbeit leichter und schneller ausführen zu können.

Landwirthschaftlicher Kredit. — Wenige Fragen sind in der Enquête häufiger behandelt als der landwirthschaftliche Kredit. Dies und die Wichtigkeit des Gegenstandes an sich haben die besondere Beachtung der Commission supérieure erregt.

Die Kommission hat die in den Departements-Enquêten gesammelten wichtigsten Aussagen geprüft, desgleichen die verschiedenen, in den letzten Jahren veröffentlichten Projekte; sie hat die in der Sache erfahrensten Männer gehört; diese haben über die wichtigsten, in Frankreich und im Auslande gemachten Versuche berichtet und haben zugleich die Ursachen angegeben, welche dazu beigetragen haben, die Thätigkeit der Gesellschaften für Grund- und landwirthschaftlichen Kredit zu beschränken; sie hat ausserdem theils aus den durch unsere Konsuln gesammelten Mittheilungen, theils aus dem Berichte des General-Kommissars der Enquête schätzenswerthe Belehrung geschöpft.

Zwei wichtige Thatsachen haben sich aus der Gesammtheit dieser Untersuchungen und aus der Debatte darüber ergeben:

1. Die Meinungsverschiedenheit, welche zwischen den Landwirthen und den Männern, die sich mit agronomischen Studien beschäftigen, besteht über den Kredit und über die Vortheile, welche eine grössere Zugänglichkeit des Kredits gebracht haben würden;

2. der gemeinsame Charakter der verschiedenen vorgelegten Projekte, welche entweder die Hülfe des Staates oder der Bank oder eine bedeutende Veränderung in der Gesetzgebung voraussetzen.

Während man auf der einen Seite versichert, dass sich die Landwirthschaft nur mit Mühe und zu übertrieben hohen Zinsen das nöthige Geld verschaffen kann, behauptet man von der andern Seite nicht minder entschieden, dass diejenigen Eigenthümer und Pächter, welche *Ordnungsliebe, Thätigkeit und allgemein anerkannte*

Redlichkeit besitzen, sich in Betreff des Kredits in derselben Lage befinden, wie die anderen Stände. Einige behaupten sogar, dass das Borgen der Verderb der Landwirthe sei, weil einerseits die Erträge des Bodens gewöhnlich geringer sind, als der normale Zinsfuss, und weil der Landwirth seine Auslagen erst später wieder erhält und fast immer unsicher.

Die Commission supérieure hat zwischen diesen abweichenden Ansichten, welche übrigens alle, je nach Zeit und Umständen, Wahres enthalten, keine Entscheidung getroffen; aber sie hat sich entschieden *gegen die Einmischung des Staates* in Einrichtungen erhoben, welche ihrer Ansicht nach wesentlich einen privaten Charakter behalten müssen. Die Einmengung der Regierung in ähnliche Geschäfte würde von jedem Gesichtspunkte aus traurige Folgen haben. Selbst eine Einwirkung des Staates, welche sich auf die Bestätigung von kantonalen und privilegirten Banken beschränkt, hat sie geglaubt zurückweisen zu müssen. Es ist die persönliche und freie, unter den Bedingungen des gemeinen Rechtes geübte Initiative, von welcher die Landwirthschaft, wo es am Platze ist, die für ihre besonderen Bedürfnisse geeigneten Einrichtungen zu fordern hat. Indem sich die Kommission auf diese Prinzipien beruft, hat sie geglaubt, der Regierung keinerlei Prüfung der vorgeschlagenen, den Kredit betreffenden Veränderungen der bestehenden Gesetzgebung empfehlen zu sollen, und welche besonders in der Bestellung des Pfandes auf die Wohnung des Schuldners (constitution du gage au domicile du débiteur) und in dem Vorbehalt des Vorrechtes des Eigenthümers des verpachteten Grundstückes (restriction du privilège du propriétaire du fonds affermé) bestehen. Die Bestellung des Pfandes auf die Wohnung hat ihr geeignet geschienen, die schwersten Einwürfe hervorzurufen, theils wegen der beständigen Veränderungen, welchen die in Pfand gegebenen Gegenstände unterliegen, theils wegen der Missbräuche, wozu die dem Schuldner überlassene freie Verfügung über die Pfandstücke Veranlassung geben könnte, theils endlich wegen der Benachtheiligung, welche ein Pfand häufig Dritten verursachen würde, welches geheim (occulte) sein würde, indem Oeffentlichkeit (publicité) in dieser Angelegenheit nur mittelst kostspieliger und für den Schuldner schädlicher Formalitäten zu erreichen wäre. Was endlich die vorgeschlagene Abschaffung des Vorbehalts zu Gunsten des Grundbesitzers betrifft, so hat die Kommission dieselbe eher für schädlich für den Pächter als für nützlich gehalten, indem letzterer alsdann den Eigenthümer weniger geneigt finden werde wie heute, ihm dieselben Erleichterun-

gen für die Erhaltung der Pacht und dieselbe Nachsicht bei der
Zahlung des Pachtzinses zu gewähren,

Dünger. — Nachdem am 27. Juli 1867 ein Gesetz verkündet
worden[*]), welches eine wirksamere Unterdrückung der beim *Dünger-
handel* vorkommenden Betrügereien sichert, hat sich die Kommission
nicht mit den Klagen zu beschäftigen gehabt, welche in der Enquête
in dieser Beziehung erhoben waren; aber ihre Aufmerksamkeit hat
sich auf die Frage der *städtischen. Dünger* richten müssen, welche
einen so hohen Werth für den Landwirth haben.

Die jährliche vollständige Wiedererstattung der dem Boden durch
die Ernte entnommenen Elemente der Fruchtbarkeit ist gegenwärtig
als die Grundlage jeder fortschreitenden Landwirthschaft anerkannt;
die Konsequenz dieses Prinzips ist die Nothwendigkeit, dem Lande
alle diejenigen befruchtenden Stoffe wieder zu erstatten, welche alle
menschlichen Abfälle enthalten. Wenn es demnach vom Standpunkte
der Gesundheit und Reinlichkeit der Städte genügt, dass sie sich
der Exkremente und aller anderen Abfälle entledigen, so ist es vom
Standpunkte der Landeskultur von der höchsten Wichtigkeit, diese
Stoffe zu benutzen. Auch hat die Commission supérieure erklärt, dass
sie den Verlust dieser Stoffe, namentlich wenn sie in die Flüsse ge-
schwemmt würden, als eine Schädigung der Landwirthschaft und der
allgemeinen Wohlfahrt betrachte.

Man hält gegenwärtig vom volkswirthschaftlichen und sanitären
Standpunkte aus dasjenige Verfahren als das vortheilhafteste, welches
darin besteht, alle Abfälle der Häuser und Strassen ohne jede vor-
herige Verarbeitung sofort in flüssiger Form weit wegzuführen. Es
ist dies das von London angenommene System, und könnte man die
beste Verwendung des flüssigen Düngers in der Bewässerung von
Wiesen und Futterfeldern erkennen.

Die Kommission hat nicht geglaubt, sich über die Vorzüge der
verschiedenen Systeme der Entfernung der Abfallstoffe aussprechen
zu sollen. Es hat ihr scheinen wollen, dass es bedenklich sei, die
Annahme des einen oder des andern Systemes zu empfehlen, das
den verschiedenen lokalen Verhältnissen nicht angepasst werden könnte
und in gewissen Fällen Schwierigkeiten in der Anwendung begegnen
würde. Aber sie hat gewünscht, dass die Aufmerksamkeit der Gemeindebehörden auf die Wichtigkeit der Ansammlung aller Düng-

---

[*]) Das Gesetz ist im Wochenblatte der „Annalen der Landwirthschaft“,
Verlag von Wiegandt & Hempel, 1867, S. 409 mitgetheilt.   F.

stoffe ohne Ausnahme und der leichten Erlangung derselben durch die Landwirthe gerichtet werde; es seien für jede Lokalität hierzu diejenigen Hülfsmittel zu benutzen, welche am besten gleichzeitig die Forderungen der Reinlichkeit und des landwirthschaftlichen Bedürfnisses befriedigen könnten. Sie hat ausserdem verlangt, dass die Regierung die Mittel einer Prüfung unterziehe, welche erlaubten, in Zukunft die Einleitung der Exkremente und aller übrigen Abfälle in die Wasserläufe, welche nicht zur Wiesenbewässerung dienen, zu verbieten, um zu bewirken, dass diese Stoffe gesammelt und der Bodenkultur zugänglich gemacht würden.

Bewässerungen und Drainage. — Erleichterung der Ableitung des Wassers im Interesse derjenigen, die mit ihren Grundstücken nicht an den Fluss stossen, aber allein zu landwirthschaftlichen Unternehmungen von öffentlichem oder genossenschaftlichem Interesse unter Ergreifung der zum Schutze des Eigenthums der Uferanwohner nöthigen Vorsichtsmassregeln;

Erlaubniss, dass sich Bewässerungs- und Drainage-Genossenschaften in der Art wie Entwässerungs-, Räumungs- und Deich-Genossenschaften bilden dürfen auf Beschluss der Majorität der Interessenten, gemäss den Bestimmungen des Titels III. des Gesetzes vom 22. Mai 1825;

derart sind die Punkte, deren Aufnahme in das zweite Buch des Rural-Gesetzbuches (code rural) die Kommission glaubt fordern zu müssen, da dasselbe alle auf das Wasser bezüglichen Bestimmungen behandelt. Die Kommission hat geglaubt, dass die Ausführung von Bewässerungen und Drainagen, im gemeinsamen Interesse durchgeführt, von so allgemeinem Nutzen seien, dass es gerechtfertigt erschiene, sie den Arbeiten von öffentlichem Interesse, wie Flussräumungen und Trockenlegungen, gleich zu stellen, für welche letzteren das Gesetz von 1865 der Majorität der Interessenten das Recht gegeben habe, auch die Minorität bindende Genossenschaften zu bilden. Dennoch ist sie der Ansicht gewesen, dass diese Genossenschaften nur konstituirt werden könnten auf Grund einer Deklaration, dass sie von öffentlichem Nutzen seien, welcher Deklaration eine Prüfung voranzugehen oder zu folgen habe, bei welcher eine aus Mitgliedern des Generalrathes, Ingenieuren und unbetheiligten Grundbesitzern bestehende Lokal-Kommission diejenigen Grundstücke zu bezeichnen habe, welche wegen ihrer Beschaffenheit oder wegen der Lage ihrer Besitzer von der Theilnahme an den auszuführenden Arbeiten auszuschliessen seien.

Endlich ist die Kommission der Ansicht gewesen, dass die endgültig unter die Zahl der Interessenten aufgenommenen Besitzer sich aller Beiträge zu den Kosten der Arbeiten entledigen können, indem sie der Genossenschaft den durch ihr Gut gewonnenen Mehrwerth in Anrechnung bringen.

Um andererseits den in der Enquête erhobenen Klagen in Betreff der Räumung der Flüsse und Gräben Genüge zu leisten, hat die Kommisson es für billig erklärt, dass die Kosten der Räumung der nicht schiffbaren und nicht flössbaren Bäche zum Theil und zwar entsprechend ihrem Interesse auch denjenigen auferlegt werden, welche nicht an den Bach mit ihren Grundstücken grenzen, wenn sie von der Instanderhaltung der Wasserläufe Nutzen ziehen; desgleichen seien die Gemeinden zu den Kosten für diejenigen Wasserläufe heranzuziehen, welche ihr Territorium durchfliessen, wenn die Arbeiten für die öffentliche Reinlichkeit von Werth sind.

Im ersteren Falle wäre die Beitragsliste der Grundbesitzer vom Präfekten aufzustellen, aber nach Einholung des Gutachtens einer Lokal-Kommission, bestehend aus Mitgliedern des Generalrathes, aus Ingenieuren und nicht bei der Sache betheiligten Grundbesitzern. Im zweiten Falle hätte der Präfekt unter Zuziehung des Generalrathes vorher die öffentliche Nützlichkeit zu erklären.

Endlich hat die Kommission verlangt, dass auf die Wasserläufe, um die es sich hier handelt, die Bestimmungen des Gesetzes vom 21. Mai 1836 Anwendung finden, betreffend die Verbreiterung und Geradelegung der Vicinalwege, jedoch nur unter Zuziehung des Generalrathes.

Die Kommission hat sich übrigens nicht blos vom Gesichtspunkte der Genossenschaften mit der Drainage beschäftigt. Sie hat auch untersuchen wollen, woher es kommen möge, dass der Grundbesitz und die Landwirthschaft so wenig den Fonds von 100 Mill. Frcs. benutzt, welcher durch die Gesetze vom 17. Juli 1856 und 28 Mai 1858 für Drainage-Arbeiten zur Verfügung gestellt worden ist, und sie hat geglaubt, die Ursache dieser Erscheinung zum Theil in der Umständlichkeit der zu erfüllenden Formalitäten und in einigen der einzugehenden Bedingungen zu finden.

Sie hat deshalb die Vereinfachung der fraglichen Formalitäten verlangt, besonders dahin, dass die Präfekten bevollmächtigt würden, an Stelle der höchsten Behörde die nöthige Bestätigung zu ertheilen, dass der Crédit foncier der Anleihe zustimmen könne. Gleichzeitig hat sie vorgeschlagen, die Dauer für die Anleihe, welche jetzt nur 25 Jahre beträgt, auf 50 Jahre auszudehnen und demgemäss den

Amortisationszinsfuss auf 4,65 % zu ermässigen. Sie setzt voraus, dass die Möglichkeit, zu weniger als 5 % einschliesslich der Amortisationsquote zu leihen, auf Eigenthümer und Pächter anziehend wirken werde. Sie verlangt endlich, von demselben Gedankengange geleitet, die Veränderung des Artikels 7 des Reglements vom 23. September 1858, welches nur in Form von Abschlagszahlungen nach Massgabe des Fortschrittes der Arbeiten die Auszahlung des Darlehens gestattet, so dass der Schuldner die erste Abschlagszahlung nur erhält, wenn er bereits einen Theil der Arbeiten ausgeführt hat. Die Kommission macht bemerklich, dass diese Bestimmung sich begreifen liesse, wenn der Staat direkt den Vorschuss gewähre und sich mit seinen Ansprüchen an den Mehrwerth des drainirten Grundstückes begnügte; indem aber der Crédit foncier eine Hypothek auf den ganzen Grundbesitz beanspruche, wäre eine solche Vorsichtsmassregel nicht zu rechtfertigen, die nur geeignet wäre, alle diejenigen fern zu halten, welche nicht in der Lage wären, ohne Vorschüsse die ersten Arbeiten zu beginnen. Sie schlägt vor, als erste Abschlagszahlung vor dem Beginne jeder Arbeit $\frac{1}{4}$ oder $\frac{1}{5}$ der Anleihe zu bewilligen. Ausser diesen Veränderungen empfiehlt die Kommission eine Erweiterung des Kreises, innerhalb dessen Vorschüsse in der Art derjenigen für Drainage gewährt werden könnten. Es würde sich darum handeln, die Darlehen wie in England auszudehnen auf Berieselungen, auf Deicharbeiten, auf Urbarmachung des vom Meere angeschwemmten Landes, auf die Erbauung von Kanälen, auf ländliche Wege aller Art etc. Durch das Finanzgesetz vom 8. Mai 1869 ist bereits einer der Wünsche der Commission supérieure erfüllt, welches Be- und Entwässerungsarbeiten zur Theilnahme an den Wohltaten der Gesetze zulässt, welche sich auf die Darlehen zu Drainagen beziehen. Unglücklicher Weise werden wegen der ausserordentlichen Zerstückelung des Bodens die Darlehen für landwirthschaftliche Verbesserungen keine sehr grosse Ausdehnung gewinnen, selbst mit den neuen Erleichterungen, um deren Bewilligung es sich handelt.

Verschiedene Fragen.

Die anderen Fragen der landwirthschaftlichen Gesetzgebung, über welche die Commission supérieure sich auszusprechen hatte, betreffen das Triftrecht, die Stoppelweide, das Recht der Nachlese, das Anfangen der Weinlese, des Heuschnittes und dergl., die Disciplinirung der Feldhüter, die Waldweide, die Nutzung der Kommunalländereien, die Seidenzucht, die öffentliche Unterstützung auf dem Lande, die

Beförderungsmittel der Landwirthschaft, den landwirthschaftlichen Unterricht, die Vertretung der Landwirthschaft etc.

Trift- und *Stoppelweide.* Das gegenwärtig dem gesetzgebenden Körper vorliegende erste Buch des *Code rural* schafft das Trift-recht ab und modifizirt das bestehende Weiderecht. Die Commission supérieure hat gegen die Abschaffung des Triftrechtes keine Ein-wendung erhoben, aber sie hat eine Veränderung der die Stoppel-weide betreffenden Bestimmungen gewünscht. Sie glaubt, dass die unmittelbare und vollständige Aufhebung des Weiderechtes auf natür-lichen Wiesen, wie es der *Code rural* vorschlägt, in gewissen Gegen-den Frankreichs, wo dies Recht ein kostbares Hülfsmittel der Klein-kultur ist, ernstliche Uebelstände bringen könnte. Sie sähe auch lieber, dass man den Gemeinderäthen, nicht den Generalräthen, das Recht gebe, die Zeit und die Art der Ausübung der Stoppelweide zu regeln, sie an einzelnen Punkten und unter bestimmten Verhält-nissen zu suspendiren und selbst, wenn es angezeigt erschiene, die vollständige Aufhebung zu beschliessen, wogegen jedoch ein Rekurs an den Generalrath zu gestatten sei. Endlich hat sie den Wunsch geäussert, dass der Begriff der „Einzäunung (*clôture*)*)" eines Grund-stückes" weniger streng gefasst werde, als dies Art. 648 des Code Napoléon thue.

Nachlese. — Die Commisssion supérieure hat sich nicht dafür erklärt, dass die alte Sitte der Nachlese verboten werde, eine Sitte, die auf dem Gefühle der Menschlichkeit beruhe, gegen welches die Rücksicht auf die Achtung vor dem Eigenthum zurück zu treten habe; um aber den damit verbundenen Missbräuchen zu begegnen, würde es sich empfehlen, dem Bürgermeister (maire) das Recht zu verleihen, unter Zuziehung von zwei Mitgliedern des Gemeinderathes die Liste derjenigen Personen aufzustellen, welche zur Nachlese zu-zulassen sind. Sie glaubt auch, dass es zu empfehlen sei, das Recht des Grundbesitzers anzuerkennen, dass er seine Heerden oder seine Pferde sofort nach abgebrachter Ernte auf sein Feld schicken kann, was er jetzt erst zwei Tage nach der Ernte darf, wie in dem Art. 22 des Gesetzes vom 28. September und 6. Oktober 1791 ver-fügt wird.

Ausrufen des Beginnes der Heu- und Getreideernte und der Weinlese. — Das Ausrufen des Beginnes der Heu- und Getreide-

---

*) Nach französischem Gesetz darf ein eingezäuntes Grundstück von fremdem Vieh nicht betreten werden.   F.

ernte ist von der Commission supérieure mit Recht als unzeitgemäss erachtet worden; dagegen hat sie für einzelne Lokalitäten es für einigermassen wichtig erkannt, dass der Beginn der Weinlese an einem bestimmten und im Voraus festgesetzten Tage stattfinde, dass es daher nicht thunlich sei, den Bürgermeistern die Berechtigung zu entziehen, diesen Tag festzusetzen und damit die gebräuchliche Ankündigung vollständig abzuschaffen.

Formirung der Feldhüter in Brigaden. — Die Kommission hat sich dieser Idee nicht günstig gezeigt. Es ist ihrer Meinung nach geboten, dass der Feldhüter unter dem unmittelbaren Befehle des Ortsvorstandes bleibe.

Waldweide. — Man hat bei der Enquête verlangt, dass in den Staats- und Gemeindewaldungen die Weide nach dem sechsten Laubfalle gestattet werden möge. Die Kommission hat sich nicht dafür erklärt, aber sie ist der Ansicht gewesen, dass es passend sein würde, den Gemeinden gegen die Entscheidung der Forstbeamten in Bezug auf die Waldweide einen Rekurs an die obere Behörde zu gestatten. Der Präfekt müsste im Auftrage des Finanzministers über solche Klagen zu entscheiden haben.

Nutzbarmachung der Gemeindeländereien. — Die Commission supérieure hat als das beste Mittel, aus den Gemeindegründen Nutzen zu ziehen, die Verpachtung anerkannt. In diesem Sinne hat sie die Aufmerksamkeit der Regierung auf den Nutzen eines Gesetzentwurfes gelenkt, welcher im Jahre 1848 von der konstituirenden Versammlung über die Verpachtung aller wüsten Gemeindegründe ausgearbeitet worden ist.

Hierher gehören auch die Klagen in Betreff des Tabakbaues, der landwirthschaftlichen Patente und der Bestimmungen, welche das Einsammeln von Seegras ordnen.

Die Kommission hat die Forderungen nicht befürwortet, welche darauf hinausgingen, Erleichterungen für den *Anbau des Tabaks* in Frankreich zu erlangen. Die bestehenden Bestimmungen erschienen ihr genügend gerechtfertigt im Interesse des Monopols, das in ihren Augen eine vortreffliche Steuerquelle bildet.

Was die Ertheilung von *Patenten auf die landw. Nebengewerbe* betrifft, so hat die Kommission ein Rückgreifen auf das Patent-(Gewerbe-) Gesetz von 1844 empfohlen, damit die Aufhebung des Art. 18 des Gesetzes vom 15. Mai 1850, welches die bisher von der Patentabgabe bestandene Befreiung für solche ländlichen Gewerbe aufhob, die sich mit der Verarbeitung der Ackerbau-Erzeugnisse mittelst chemischer Mittel, Maschinen und Utensilien, welche nicht für gewöhnlich in der Landwirthschaft gebraucht werden, beschäftigen. Der Budgetentwurf für 1871 soll eine hierauf bezügliche Bestimmung enthalten.

Durch ein Dekret vom 8. Februar 1868 ist den meisten Wünschen entsprochen worden, welche die Küstenbevölkerung der Bretagne in Betreff zu gewährender Erleichterungen bei dem *Sammeln des Seegrases* erhoben hat. Aber die Kommission würde es für nützlich halten, wenn der Marineminister die Frage prüfen liesse, ob es nicht möglich wäre, entweder wie bei dem Fischfange bestimmte Zonen festzusetzen, oder den Landwirthen zu erlauben, das Seegras in einer bestimmten Ausdehnung zu sammeln, ohne nöthig zu haben, sich einschreiben zu müssen.*)

Seidenzucht. — Die Krankheit der Seidenraupe, welche eine der glücklichsten unserer Industrien vollständig zu vernichten drohte, erregte die Aufmerksamkeit der Regierung, welche die Ursachen derselben erforschen liess und diejenigen Massregeln, welche zu ergreifen wären, sie zu bekämpfen oder ihre Folgen mindestens abzuschwächen. In dieser Absicht wurden Gelehrten und Praktikern Aufträge ertheilt. Eine aus den berühmtesten Gelehrten, Geschäftsleuten und den erfahrensten Seidenzüchtern bestehende Central-Kommission wurde von Ew. Majestät in das Ackerbau-Ministerium berufen. Nach dem Vorschlage dieser Kommission hat die Regierung in den Seidenbau treibenden Departements Prämien ausgesetzt, um zu bewirken, dass die Zahl der kleinen Zuchten für gesunde Graines vermehrt werde.

Ein im Jahre 1865 Herrn Pasteur ertheilter und seitdem verlängerter Auftrag hat wichtige wissenschaftliche Erfolge gehabt. Der hervorragende Akademiker hat die Mittel kennen gelehrt, auf praktischem Wege die Anwesenheit jener *Körperchen* zu entdecken, welche die Krankheit verursachen, und der Krankheit vollständig zu begegnen dadurch, dass man alle von „Körperchen" enthaltenden Schmetterlingen stammenden Graines von der Zucht ausschliesst.

Damit die Züchter von den Entdeckungen und Belehrungen Pasteur's Nutzen ziehen könnten, hat der landwirthschaftliche Minister auf Vorschlag der erwähnten Central-Kommission eine grosse

---

*) Wer den Seefischfang betreiben oder Seegras sammeln will, muss sich in die Listen der Kriegsmarine eintragen lassen, wird also vorkommenden Falles zum Dienste in der Marine herangezogen. **F.**

Zahl von Mikroskopen in den Seidenbau treibenden Departements verbreiten, auch die Berichte Pasteur's drucken und vertheilen lassen.

Andrerseits haben Ew. Majestät den Züchtern die Graines zur Verfügung gestellt, welche der Herrscher von Japan geschickt hatte, und die Verwaltung hat alle Massregeln ergriffen, welche in ihrer Macht standen, um den Ursprung der aus Japan kommenden Graines als Originalsendung sicher zu stellen.

Die Enquête-Kommission hat gewünscht, dass die Regierung den eingeschlagenen Weg weiter verfolge und insbesondere fortfahre, die Anwendung der von Pasteur vorgeschlagenen Methode zu unterstützen.

Oeffentliche Unterstützungen (Armenpflege) *auf dem Lande.* — Trotz der Opfer, welche sich die Departements alljährlich behufs der Unterstützung armer Gemeinden auferlegen, ist doch alle Welt darin einig, zu gestehen, dass die Armenpflege, besonders in den grossen Städten reichlicher und vollständiger ist als auf dem platten Lande. Dieses Zurückstehen des platten Landes dürfte, so meint man, dazu beitragen, das Zuströmen der ländlichen Bevölkerung zu den Städten zu vermehren. Die Enquête-Kommission hat sich daher aus zweifacher Ursache, nämlich wegen des landw. Interesses und aus Menschenliebe, mit dieser Frage eingehend befasst. Sie hat vor Allem nach Mitteln gesucht, mit deren Hülfe man den bestehenden Zustand verbessern könnte, hat aber von vorn herein jeden Gedanken an staatliche Organisation abgewiesen.

Sie ist der Meinung gewesen, dass die Armenpflege wesentlich lokaler Natur sei, daher die Frage nach Massgabe der Verhältnisse verschiedene Lösungen zulasse. Sie hat auch dem Gedanken an obligatorische Taxen nicht Raum gegeben, welche zu sehr den *Armentaxen* gleichen würden, gegen welche das Beispiel Englands spreche. In Betreff der Kantons-Hospitäler (Kreis-Armenhäuser) hat sie, abgesehen von den enormen Kosten, welche die unmittelbare Errichtung derselben im ganzen Reiche verursachen würden, geglaubt, dass man in derartigen Einrichtungen nicht in gleichem Grade wie in den Städten die nothwendigen ärztlichen Hülfsmittel zur Hand haben werde, wenn schwer Kranke oder Verwundete zu Hause behandelt werden müssten. Sie hat geglaubt, dass eine Lösung wesentlich in einer ausgedehnteren Anwendung der weisen Bestimmungen des Gesetzes vom 7. August 1851 zu suchen sei, welches den Krankenhäusern und Hospitälern der Städte die Verpflichtung auferlegt, die Kranken vom

Lande gegen eine festgesetzte, nach Tagen zu berechnende Gebühr auferlegt. Es sei die Ueberweisung Kranker und Unheilbarer armer Gemeinden an das zunächst gelegene Hospital durch Unterstützung der Departements oder des Staates zu fördern. In Betreff der armen, aber gesunden Personen, der Greise, Weiber und Kinder hat die Kommission gewünscht, dass die Regierung aufgefordert werde, die häusliche Unterstützung mit allen nützlichen Mitteln zu organisiren, besonders durch Errichtung von Armenkassen, ohne dieselben indessen für die Gemeinden obligatorisch zu machen.

Unterstützungen der Landwirthschaft. — Die Commission supérieure hat dem von der Regierung befolgten Systeme der der Landwirthschaft zu gewährenden Unterstützungen lebhaft zugestimmt, welche Unterstützungen hauptsächlich in zahlreichen, den Vereinen bewilligten Subventionen, in der Einrichtung der Regional-Konkurse, in Ehrenpreisen, Ausstellungen, Schlachtviehkonkursen etc. bestehen. Sie hat nur die Regierung ermuthigen wollen, auf diesem fruchtbringenden Wege zu verharren.

Landwirthschaftlicher Unterricht. — Zur Zeit, als die Commission supérieure sich mit der Frage des landwirthschaftlichen Unterrichts beschäftigte, hatte der Minister für den öffentlichen Unterricht soeben am Muséum d'histoire naturelle (zu Paris) den berühmtesten Lehrern der Naturwissenschaften einen landwirthschaftlichen Unterricht übertragen, welcher den Zweck hat, junge Lehrer auszubilden, die dazu bestimmt sind, unter den Elementarlehrern die wesentlichsten landwirthschaftlichen Kenntnisse zu verbreiten. Die Kommission hat geglaubt, dass es passend sein würde, neben dieser nützlichen Einrichtung eine solche zu schaffen, wo die Söhne der grösseren Grundbesitzer und der reichen Pächter für ihren künftigen Lebensberuf nützliche Kenntnisse und Fertigkeiten im Experimentiren erwerben könnten.

Die Regierung wird zu untersuchen haben, ob es nicht möglich sein wird, den Wünschen der Kommission zu entsprechen, ohne neue Institute zu errichten, nämlich durch Hebung des Unterrichts in den bestehenden drei *Regional-Anstalten.* Die vor Jahresfrist reorganisirte Anstalt zu Grignon hat diesen Weg bereits eingeschlagen, die von Saulsaie nach Montpellier übergesiedelte Schule wird unter ähnlichen Verhältnissen und mit einem ähnlichen Programme eingerichtet. Wenn der eingeschlagene Weg Erfolg hat, so haben wir nicht nur eine, sondern drei Anstalten für den höheren landw. Unterricht, welche durch ihr Programm den Bedürfnissen der verschiedenen

Gegenden entsprechen, wo sie sich befinden. Selbst wenn sich später, wie die Kommission meint, das Bedürfniss einer neuen Regional-Schule dringend fühlbar machen sollte, so würde man nach Massgabe der vorhandenen Geldmittel und der Möglichkeit, die hierzu nöthigen Lehrer zu gewinnen, die Errichtung einer solchen ins Auge fassen.

Entsprechend den Wünschen der Kommission wird meine Verwaltung darüber wachen, dass die Schulwirthschaften oder *niederen Ackerbauschulen* (fermes écoles) ihre Aufgabe nicht aus dem Auge verlieren. Ihr Zweck ist, für die französische Landwirthschaft Leute auszubilden, die geeignet sind, Unteraufseher und geschickte Arbeiter abzugeben. Der Wirkungskreis dieser Anstalten ist dahin erweitert worden, dass sie ferner nicht allein aus ihrer Gegend, sondern aus allen Departements Zöglinge aufnehmen dürfen. Auch ist der Ansicht der Kommission, die Art der Prämiirung zu modifiziren und die Zahl der Prämien ansehnlich zu vermehren, entsprochen. Gleichzeitig ist die Pensionssumme erhöht worden, da sie zur Unterhaltung der Zöglinge nicht mehr genügte und den Vorstehern schwere Opfer verursachte. Die Verwaltung hat demnach Alles gethan, was zu thun möglich war, und sie hat Grund zu hoffen, dass immer bessere Erfolge die eingeführten Reformen rechtfertigen werden.

Was die von der Commission supérieure gewünschten Unterstützungen betrifft, welche den ländlichen Waisenanstalten und für die Entwickelung der von den Departements und den landwirthschaftlichen Vereinen zu gründenden *Versuchs-Stationen* zu gewähren sind, so theilt meine Verwaltung die Absichten der Kommission vollständig. Sie ist nur durch ihr Budget beschränkt.

Vertretung der Landwirthschaft. — Die letzten Sitzungen der Kommission sind der Untersuchung gewidmet worden, auf welchen Grundlagen eine offizielle Vertretung der landwirthschaftlichen Interessen organisirt werden könnte, indem sie als Prinzip annahm, dass durch die *Wahl* Personen zu berufen wären, welche bei der Regierung die Bedürfnisse und Wünsche der Landwirthschaft zu vertreten hätten.

Die Frage, welche augenblicklich im gesetzgebenden Körper den Gegenstand zweier, von Mitgliedern desselben eingebrachter Gesetzentwürfe bildet[*]), bietet bedeutende, in der Natur der Sache liegende

---

[*]) Einer dieser Entwürfe ist im Wochenblatte der „Annalen der Landwirthschaft", 1870, S. 128 mitgetheilt worden. F.

Schwierigkeiten; nach reiflicher Erwägung derselben hat die Commission supérieure folgende Beschlüsse gefasst:

1. Sie glaube nicht, dass Landwirthschafts-Kammern, sei es für die Departements, sei es für die Arrondissements, zu errichten seien. Das zerstreute Wohnen der Landwirthe, welche die landwirthschaftlichen Interessen am besten vertreten, die geringe Neigung derselben, kostspielige Reisen zu unternehmen, die Schwierigkeit für dieselben, sich in der Stadt aufzuhalten, wenn die Feldarbeit dringend ihre Gegenwart verlangt, erscheinen ihr als zu viele Hindernisse, als dass Einrichtungen dieser Art jemals eine solche Lebensfähigkeit erhalten würden, um Dienste von einiger Wichtigkeit zu leisten. Würden übrigens die landwirthschaftlichen Vereine, überhaupt alle freien Einrichtungen dieser Art, ·die sich täglich in den verschiedenen Gegenden Frankreichs vervielfältigen, nicht offiziellen Einrichtungen vorzuziehen sein?

2. Die Kommission ist der Ansicht, dass ein *höherer Landwirthschaftsrath* (conseil supérieur de l'agriculture) zu schaffen sei, gewählt von den Generalräthen und zwar für jedes Departement ein Mitglied, zu welchem die Regierung berechtigt sein müsste, eine bestimmte Anzahl Mitglieder zu ernennen, um diejenigen wissenschaftlichen und landwirthschaftlichen Kapazitäten hineinzubringen, welche bei der Wahl übergangen sind.

Die Mitglieder würden auf 3 Jahre zu ernennen und immer wieder wählbar sein. Jedes Jahr hätte eine nicht länger als einen Monat dauernde Sitzung in Paris stattzufinden.

Wie Ew. Majestät aus dem Vorgetragenen ersehen haben werden, sind einige der von der Commission supérieure ausgesprochenen Wünsche bereits erfüllt oder befinden sich auf dem Punkte, erfüllt zu werden. Eine andere Reihe von Wünschen, welche sich auf die Zollgesetzgebung beziehen und augenblicklich den Gegenstand besonderer Enquêten bilden, kann nicht sofort in Angriff genommen werden; andere endlich werden ihre Lösung durch den in der Berathung befindlichen Code rural erhalten. Diese Punkte bei Seite gelassen, habe ich die besondere Aufmerksamkeit der andern Minister auf diejenigen Beschlüsse der Commission supérieure gelenkt, welche in das Ressort derselben gehören. Meinerseits werde ich mich ohne Säumen mit der Prüfung derjenigen Fragen beschäftigen, welche meiner besonderen Verwaltung angehören.

Ich kann diesen Bericht nicht beenden, ohne Ew. Majestät und dem Lande die hervorragenden Männer zu empfehlen, welche das schwere Werk übernommen haben, die landwirthschaftliche

Enquête zu einem gedeihlichen Ende zu führen, und welche ihre Aufgabe auf so würdige Weise erfüllt haben. In der kurzen Zeit, in welcher mir vergönnt war, bei den Berathungen der Commission supérieure den Vorsitz zu übernehmen, habe ich den erleuchteten Eifer und die ununterbrochene Ergebenheit ihrer Mitglieder zu erkennen vermocht, und ich freue mich, hier Gelegenheit zu haben, diese gerechte Anerkennung öffentlich auszusprechen.

Die Berathungen der Commission supérieure und die denselben vorausgegangenen gewissenhaften Berichte bilden die kostbarsten Dokumente der landwirthschaftlichen Enquête. Die Enquête selbst wird lange Zeit eine fruchtbringende Fundgrube sein, aus der die Männer, welche sich mit dem Studium der landwirthschaftlichen, mit dem Gedeihen des Landes so innig verbundenen Fragen le schäftigen, schöpfen werden.

Ich habe die Ehre zu sein

mit der tiefsten Ergebenheit

Ew. Majestät

sehr unterthäniger, sehr gehorsamer und sehr getreuer

Unterthan,

Der Minister für Landwirthschaft und Handel,

Louvet.

Druck von Eduard Krause in Berlin.

www.ingramcontent.com/pod-product-compliance
Lightning Source LLC
Chambersburg PA
CBHW020456270326
41926CB00008B/631